[증보개정판]

정치적 비판이론을 위하여

서규환

다인아트

[증보개정판]

정치적 비판이론을 위하여

서문

독일 빌레펠트(Bielefeld)대학교 역사학부 역사이론 세미나에 백발의 거장 라인하르트 코젤렉(Reinhart Koselleck)교수가 문을 열고 들어섰다. 홍안의 엷은 미소를 지으며 그는 책의 시작을 읽어보자고 푸른 눈빛으로 말했다. 학생들은 어수선하게 저마다 가져온 장 자크 루소(Jean-Jacques Rousseau)의 *Du Contract Social* 책을 폈고, 읽었다. 학생들이 각기 책의 서언, 책을 시작하는 말로 (무의식적으로) 생각한 그것과는 매우 달랐다. — 코젤렉 교수는 책의 표지를 읽는 것에서 세미나를 시작했다. 왜 *Contract Social*이 아니고, *Du Contract Social*인가 하고 그는 물었고, 책의 크기, 형태, 표지화, 책 제목, 저자 이름, 출판사와 그 레이아웃 등등에 대해서 그 역사적 변화과정에 대해서 의문을 던졌다. 이 의문은 저자의 방법론 정립에 이르게 하는 "서문"(Vorwort)으로 작용했다.

서문은 시작하는 말/텍스트라는 뜻을 담고 있지만, 책을 시작하는 말은 아니다. 서문은 서문이 아니다. 책의 서문은? 표지는 서문이라 말하지 않지만 서문의, 본론의, 아니 책 전체의 서문이다. 그런데, 표지에 대해서 저자는 무엇을 할 수 있는가? 책 제목을 정하는 것, 그리고? 책의 주체인 저자의 권한은 절대적이지 않다.

독자는 표지를 어떻게 읽는가? 표지의 시각적 언어를 어떻게 읽는가? 책의 저자는 책을 쓴 자이지, 그린 자는 아니라는 견해가 지배적이다. 대개의 경우, 저자는 화가가 아니다. 여기에서 여전히 읽고 쓰는 기능이 그리고 이미지를 "느끼는" 기능과 분리되어 있다. 저자는 책 전체에 대해서 주권적 지위를 가지고 있지 못하는 경우가 많다. 더구나 책이 상품으로 간주되는 한에서는. 그러므로 저자는 책의 완전한 주인은 아니라고 말할 수 있겠다. 그렇지만 출판사는 책의 내용과 무관하게 자의적으로 책을 시작하는 표지언어를 그려서는 안된다. 책의 내용을 파악하고 그것을 이미지로 표현해야 한다. 그러므로 저자는 표지에 대해서도 이미 말을 했던 셈이다. 물론 "나쁜" 출판사가 있다. 나쁜 사례를 준거하여 저자의 죽음을 주장할 수는 없다. 저자의 책 내용은 배타적으로 책 전체에 대해서 주권적 지위를 가지고 있지는 않지만, 책 (내용) 밖의 공간에까지 의미론적 맥락을 구성한다. 저자는 직접적으로 표현한 것을 넘어 표현하지 않은 것까지도 표현한다.

책의 서언은 책의 얼굴이다. 서문, 책의 얼굴에는 저자의 이름이 있다. 저자라는 이름은 모든 텍스트에서 매우 강한 의미론적 언어이다. 책의 얼굴, 서문에 저자의 이름이라는 언어가 있어야 하는 정당한 이유가 있다. 저자의 이름은 책의 핵심 주제어에 속한다. "저자"가 떨어져 있고 흩어져 있던 책들과 글들을 잇게 하는 주체이다. 저자는 책의 안과 밖, 그리고 책 이전과 이후에, 있다. 저자는 텍스트적 자기정체성의 역사이고, 역사적 서사의 주체이며 결과이다. 저자의 이 책을 이해하기 위해서는 저자를 이해해야 하며, 독자가 지금 읽고 있는 이 책의 이해가 저자의 이해이다.

물론 저자 또한 독자이다. "자연"을 읽어내는 독자로서의 저자의 주권적 시대는 지나갔지만, 저자는 세계와 사회와 자연과 책과 사람을, 그 사이를, 읽는 독자이다. 책을 탈고하고 난 뒤에도 저자는 또 (다시) 읽고, 읽어야 한다. 저자는 자신의 이전의 글(들)을 망각할 자유가 없다. 오류와 실수에 대해서 겸허하게 고백할 책임에서, 자기비판할 책임에서 저자는 떠날 수 없다. 저자의 자기정체성은 이렇게 서사적이다.

서문은 서론과/이나 결론을 대체할 수 있다. 서문은 서론일 수 있다. 본론이 전개되고 결론에 이르는 논술구조에서 맨 먼저 위치하는 서론. 그렇지만 서문이 서론이어야 할 필연적인 이유가 있는 것은 아니다. 형식상 서론이 없는 텍스트가 있을 수 있는데, 서론은 처음에만 있고 사라지는 것이 아니라 텍스트의 시작에서 끝에 이르는 전 과정에 존재한다. 이러한 의미에서 서론은 본론의 시녀가 아니다.

서문의 형식과 내용은 상대적으로 자유롭다. 대체로 형식상으로 보면 서문은 "결론(末文)" 이후의 말이다. 그러므로 책 안에 있지만, 책 밖의 말이다. 그러나 실질적으로는 결론(末文) 이전에, 본론 이전에, 구상했던, 쓰고자 했던 모든 것, 동기, 목적, 의도, 계기 등이 있었고 그것을 "뒤늦게" 구체적으로 표현한 것에 지나지 않는다. 그렇지만, 책 밖의 언어 공간인 서문 공간은 그것을 항상 표현해야 하는 의무의 장소는 아니다.

서문은 본문(혹은 결론)을 재현하는 공간으로 기능하는 것으로 오랫동안 믿어왔다. 책의 총체적 내용을 총체적으로 요약할 수 있다고 믿었던 형이상학 시대의 종언을 수사법적으로 선언하면서 서문의 문제 틀을 급진적으로 탈구성하려한 텍스트는 프랑스의 탈구조주의자 자크 데리다(Jacques Derrida)의 "비작품(非作品, Hors d' Oeuvre)"이었다. 서문이 본문을 총체적으로 요약할 수 있다면, 본문은 서문 앞에서 잉여일 뿐이고, 그렇게 할 수 없다면, 길을 잘못 들게 하는 독약이라는 식이다. 그리하여 데리다는 서문의 형이상학적 이해를 해체하면서 책의 끝을 선언한다. 서문은 책 밖의 책일 수 있고, 책 속의 책일 수 있다. 데리다가 전자에 형식적으로, 논리적으로 주목하여 책의 해체를 주장하는데, 그가 잊었던 것은 저자의 의미론과 함께 책 밖의 책과 책으로 책이 구성된다는 점이다. 텍스트의 주체로서 저자는 살아 있다. 서론은 본문과 다를 수는 있으나 그것을 본질적으로 위반할 수는 없다. 혹시 사실상(de facto)의 위반이 있을 수 있겠으나 해석학적으로 그것은 주체의 서사적 전형에 다름 아니다. 서문은 본문 이전과/이나 이후에 해석학적으로 선(先)지식과/이나 지식으로 작용하며, 그런 한에서 "추가텍스트"(extratext)(Jacques Derrida)가 아니다.

인간은 정치적 존재이다. 인간 자신을 제약하는 조건들을, 인간의 자유를 현실화하는 제약조건들을 스스로 결정해야 하는 범주와 밀도가 더욱 급진화되고 있다. 인간 주체의 자율성을 제약하는 역사적, 사회적 조건들을 분석해야 하는 과제는 중요하고, 그 이유는 분명하다. 그 조건들에 대한 비판적 성찰만이 자율력을 배양할 수 있는 기회가 생겨날 수 있기 때문이다. 인간 주체의 자율성은 궁극적으로 인간의 사유의 자율성이라 파악하고, 사유를 구조적으로 제약하는 언어의, 시스템의 조건을 폐쇄적으로 한정하는 사유가 20세기 이후 점차 강화되어 왔다. 하지만 인간의 상상력은 언어의 감옥 속에 거주하지 않는다. 타자들과의 대화와 함께 상상력은 자율력을 발휘한다. 상상력은 언어 속에 갖혀 있는 것이 아니라, 상상력과 언어는 대화적으로 발전한다.

이 책 『정치적 비판이론을 위하여』는, 『현대성의 정치적 상상력』, 『비판적 현대성의 정치적 이론』과 함께 현대성의 정치이론과 사회이론과의 제법 긴 대화를 일단 정리하는 의미를 갖는다. 대화들 속에서 저자의 논술이 전개되었다. 물론, 글의 대화자들만 있는 것은 아니다. 빌페펠트대 토요회, 문화와사회연구회, 비판과사회연구회, 인천문화발전을 위한 전문인문화사랑방, 학제간사상연구회 등 이들 회원들과의 살아있는 대화에 감사한다. 또한 무엇보다 인하대 대학원 세미나에 참여하여 예리한 비판과 토론의 즐거움을 나누웠던 저자의 제자들, 박동진박사, 오현철박사, 강재호박사, 이진희석사, 김종한석사, 김은경석사, 허남철석사, 윤형민석사, 이진영석사, 김우재, 박상희를 기억하고 싶다. 이 책을 내는 데 인하대 박사과정생 김은경과 이진영의 헌신적인 노고가 있었다. 김은경은 표지의 다성악 곡을 작곡해 주었고, 이진영은 면밀한 독해의 눈으로 원고를 읽고 예리한 의문들을 던진 최초의 본격 독자였다. 깊은 감사의 뜻을 전한다. 그리고 본서의 간행을 흔쾌히 맡아준 다인아트 유봉희 사장님, 편집부에 감사한다.

부족하지만 이 책으로 저자의 학문활동을 한결같이 믿고 전폭적으로 지원해주셨던 아버님(서동창, 1922-1995)을 기리고자 한다.

인하대 연구실에서
저자 서규환

* 이 저서는 인하대연구비지원(INHA-33819-01)에 의해 수행되었음.

증보개정판을 내면서

2006년 『비판적 현대성의 정치적 이론』과 『정치적 비판이론을 위하여』를 거의 동시에 출간하였는데, 그 해 12월에 한국정치사상학회에서 주최한 일종의 책 심포지엄(book symposium)에서 서평대상으로 삼았다. 이번 개정판을 내면서 그날 저자가 발표한 논고 "저자의 말: 물음이 있고, 답이 있다"를 실었다. 답이 있고, 그 다음에 물음이 있는 것이 아니라 물음이 있고, 답이 있다고 말하는 사유를 해석학적 사유들과 대화하면서 얻었다.

우리시대의 학문적 흐름을 통찰하고 있는 자라면, "정치적 비판이론을 위하여"라는 말에서 정치(적) 이론과 비판이론이 결합된 사유 정향을 감지했을 것이다. 하나의 확고한 진리를 전제하고 그것으로 환원하려는 형이상학적 태도와 결별하면서 다양한 발상들이 논전을 벌리고 있는데, 그 가운데 칼 슈미트(Carl Schmitt)의 르네상스도 있다. "정치적인 것"을 이론화하려는 지적 분위기가 농축되고 있다고 말할 수도 있겠다. 나의 입장은 이 맥락에서 분명하게 밝혀져 있다. 범례를 들면, 칼 슈미트와 예리하게 대결했던 "헤르만 헬러의 의미적 맥락 정치"에 나는 가치를 부여하고 있다. 그리고 이렇게 할 때 나는 독일 프랑크푸르트학파의 비판이론을 비판적으로 재구성하려는 이론적 기획을 가지고 있다고 밝힌 바 있다. 좀더 분명하게 말하면 초기 비판이론가 아도르노(Th. Adorno)에서 하버마스(J. Habermas)로 걸어왔던 비판이론의 궤적을 역으로 읽어가면서 아도르노의 미학적 이론을 정치적 이론으로 다시 시작해야 하는 사유를 논술해왔던 셈이다. 나의 정치적 비판이론을 구성하는 핵심적 구성요소는 대화하는 주체들, 탈역사철학적 역사, 열린총체성의 이론화로 "요약"할 수는 있다.

나의 논술들을 읽고서 소화되지 않는다고 불평하는 독자들이 있다는 것을 잘 알고 있다. 가볍게 씹고는 한꺼번에 쉽게 삼키려 하는 이런 종류의 불평에 대해서는 더 이상 길게 얘기하고 싶지는 않다. 나의 글쓰기 양식에서 독자들은 수전 벅-모스가 벤야민을 연구한 저술 "벤야민과 아케이드 프로젝트"에서 "좌표적" 사유라고 불렀던 사유의 위상론에 주목해 주었으면 한다. 물론 내가 이런 사유만을 고집하지는 않지만, 나의 글쓰기에서는 동일성과 차이성을 범주화하는 유형론을 제시하고 기준들의 의미를 밝힌 다음에, 내가 논의, 비판하려는 주장들을 형식상 관찰하는 언어로 진술하는 양식을 쓸 때가 적지 않다. 나의 이론적 위상과 타자들의 그것이 어떻게 다른지를 표현하는데 그것은 일종의 내재적 비판이다.

이번 개정판에서, 초판을 내면서는 미처 알지 못했던 탈자, 오자를 발견하고, 바로 잡았다.

2011년 8월

연구실에서 저자 서규환

차 례

제2부 정보사회론의 사회이론적 동향과 과제

제3부 비판정치학의 논리를 위하여

제1부 구조분석과 시스템분석을 넘어서

제1장 논술이론과 국가이론

Ⅰ. 오늘날 마르크스는 우리에게 무엇인가?

오늘날 마르크스는 우리에게 무엇인가? 이렇게 질문을 던진 까닭은 오늘날 마르크스는 이미 마르크스의 해석사와 함께 변화하고 있기 때문이다. 하나의 마르크스가 아니라 다양한 이질적인 "마르크스들"이 있다. 이곳에서 이 모두를 균형 있게 살펴볼 수는 없겠다. 여기에서 나는 마르크스를 독특하게 독해한 알뛰세르와 그 학파의 이데올로기 문제틀을 중심으로 논술이론과 국가이론에 관한 몇 가지 생각과 논평을 제시하려 한다. 이는 최근 부상해 온 라클라우(Ernesto Laclau)와 무페(Chantal Mouffe)의 포스트마르크스주의에 대한 비판을 내재적으로 접근해서 전개해 보려는 의도를 반영한다. 이들은 알뛰세르의 이데올로기론의 늪에서 빠져나오려 하고 있는 것이다.

라클라우와 무페는 강한 논술주의를 제시하면서 그들이 '표준 마르크스주의'라 부른 것을 비판하면서, 포스트마르크스주의를 유포시키고 있다. 우선 짧게 그들이 청산하려는 표준 마르크스주의가 무엇인지 알아보자. 첫째, 객관적이거나 구조적인 계급 지위가 사회적 정치적 정체성을 설명해 주는 일차적 설명 변수라는 것이다; 생산 관계 혹은 경제 구조가 설명에서 일차적 중요성을 갖는다고 판단하면서 표준 마르크스주의는 상하부 구조라는 은유를 사용하면서 정치와 이데올로기를 이차적으로 간주한다는 것이다. 둘째, 표준 마르크스주의는 노동 계급이 사회주의에 대한 객관적 관심을 내재적으로 가지고 있다고 판단한다; 계급의 객관적 이익을 얘기하는 것은 정당하다; 노동 계급을 통합시키는 구조적 경향은 있다; 노동 계급은 다른 급진 사회 세력들과 비교해 볼 때 사회주의를 실현시키기 위한 투쟁과 관련해서 특별한 '우선적인' 지위를 획득하고 있다. 사회주의는 자본주의적 생산 관계의 폐지를 의미하고, 이것은 해방적 사회 변형의 기획 내에서 결정적인 목표이다. 그리고 셋째, 역사와 사회는 어떤 일체성 있는 원리, 혹은 원리들에 의해 진행되고, 또 설명될 수 있고, 설명과 인식에서 일체화된 설명틀 내에서 움직여간다. 결정적인 것은 환원주의의 문제이다.[1]

샹탈 무페는 지성사적으로 좌파는 세 단계를 거치면서 경제환원주의를 변형시켜왔다고 본다.[2] 이는 다음과 같이 구분할 수 있다.

제 1단계는 제2인터내셔널시기로서 순수 계급적 형태의 경제주의(모든 경제적, 정치적, 이데올로기적 주체는 그 바닥에서 계급 주체이다)로 특징된다. 제 2단계는 코르쉬(Korsch)와 루카치(Lukacs)에 의해 대표된다. 이 시기는 정치적 심급/이데올로기적 심급의(상대적으로) 고유한 효과성을 인정하지만, 정치적/이데올로기적 실천의 기원을 자신의 지위에 걸맞는 계급의식의 진화에 의해 자신의 행위가 결정되는 그러한 계급주체들에서 되찾아 가는 경제주의이다. 그리고 제 3단계는 그람시(Gramsci)와 톨리아티(Togliatti)에 의해 대표된다. 이 시기는 경제적 관계의 선구조에 의하지 않고, 또 계급 귀속성을 필연적으로 가지는 것이 아니라는 입장으로 크게

---

1) 라클라우와 무페가 그람시를 경제 환원주의로부터 결정적인 이탈로 해석하는 시기에서도 여전히 "계급환원주의의 중대한 잔여 요소"가 남아 있었다. B. Jessop, *The Capitalist State*(Martin Robertson, 1982), p.194. 대략 1980년을 기점으로 완전히 계급 환원주의와 결별하고, 논술주의라 부를 수 있는 입장으로 넘어간다. E. Laclau, "Populist Rupture and Discourse", *Screen Education* 34, 1980.

2) Jessop, *The Capitalist State*, p.192.

대두한다. 즉 이데올로기적 실천은 주체를 구성하는 독립된 것으로 파악하는 독립된 것이라는 것이다.

라클라우와 무페는 이러한 그람시의 헤게모니 개념을 마르크스주의를 넘어서는 사상적 자원으로 활용하면서 이른바 포스트마르크스주의를 주장한다. 이러한 라클라우와 무페를 우리는 본격 포스트마르크스주의의 라클라우와 무페로 부르고자 한다. 이 본격 포스트마르크스주의의 라클라우와 무페의 한계를 다음과 같이 정리할 수 있다.[3]

첫째, 이들은 논술 중심주의에 강하게 빠지고 있다는 것이다. 라클라우와 무페는 논술이 텍스트 이상을 포함한다고 언명하고는 있으나, 궁극적으로 그들의 저술들 중심에 자리하고 있는 것은 "텍스트"이다. 논술 밖의 조건들(extra-discoursive conditions)이 논술들을 통해 선제적으로(prior) 매개됨으로써 일어나는 효과도 실제에서는 무시하고 있다. 또한 더 내포적인 의미에서의 논술이 그러한 논술의 효과들을 제한시키는 의도치 않은 구조적 효과들이나 새로 부상하는(emergent) 속성들을 발생시킬 수 있다는 것에 거의 주목하고 있지 않다. 라클라우와 무페는 논술을 사회적 의미의 생산으로서 개념지우는 일반적인 관점보다는 이데올로기적 논술에 대한 특수한 관심을 가지고 있는 것 같다. 바로 이러한 협소한 특수한 관심 때문에 특수한 형태의 정치적 대표제, 정부 개입, 정치적 조직, 특수한 정도의 경제적 작동(manoeuvre) 등이 논술(들)에 미치는 영향력을 망각하고 있다. 제솝이 이러한 논술중심주의를 겨냥해서 날카롭게 지적하고 있듯이,[4] 요컨대 논술 이론적 분석이 "로고스중심주의"나 "텍스트환원주의"라는 부담을 피하려면 논술의 논술적 요소들과 비논술적(extra-discoursive) 요소 모두를 고려해야 할뿐만 아니라 "논술들의 논술"(헤게모니)과의 관계뿐만 아니라 논술적 실천의 다른 장들과의 관계에서 그렇게 고려해야 한다.

둘째, 이들의 포스트마르크스주의 이론에서는 정치적 헤게모니의 유기

---

3) Jessop, *The Capitalist State*, pp.199-202.

4) Jessop, *The Capitalist State*, p.200.

적(organic) 이데올로기의 혼규가 일어나고 있다는 것이다. 라클라우와 무페는 양자를 정치하게 구별하지 못함으로써, 예컨대 파시즘을 정확하게 이해하지 못한다. 파시즘은 국가 장치의 재조직화를 포함하는 헤게모니 프로젝트이다. 헤게모니의 "구조적 결정 요인"을 분석 지평에서 이데올로기와 구별하는 시각이 필요하다는 것이다.

셋째, 이들은 논술적 실천의 생산 및 수용 조건에 대해 깊게 이론화하고 있지 못하다는 것이다. 라클라우와 무페는 논술을 생산, 수용하는 특수한 조건이 있음을 강조하고 있으나 이를 이론화하지는 않고 있다. 특히 이들은 논술수용조건에 대해서는 거의 성찰하지 않고 있다. 적어도 논술적 실천의 생산 및 수용 조건을 이론화할 때 우선 전략적 지지 세력과 저항(잠재)세력이 어떻게 작동하는지를 고려해야 하고, 또한 "상호논술적으로" 구성된 이데올로기 공간에서 논술적 개입의 "삽입적"(interruptive) 양식을 검토해야 하며, 셋째로 어떤 특수한 프로젝트에 대해 주체들이 얼마나 개방적일 수 있으며 어떻게 주체들이 동원될 수 있는지를 규정해 주는 사회적 조건들을 포함해야 하고, 그리고 억압 논술과 억압에 대한 저항 논술을 구별하고, 본질적 희생을 단행하는 것을 받아들이는 논술이 무엇인지 등을 고려해야 한다.

라클라우와 무페의 포스트마르크스주의의 한계는 그들의 지적 기반이었던 알뛰세르에 이미 내재해 있다고 나는 판단한다. 마르크스를 구조주의적으로 독해하는 알뛰세르에서 빠져나오는 그들의 방식에서 그 한계가 나타난다는 것이다.[5]

---

5) 최근 이들은 더욱 더 데리다의 해체주의에로 기울어져 가고 있는 듯하다. E. Laclau, "Power and Representation," Mark Poster(ed.), *Politics, Theory and Contemporary Culture*(Columbia University Press, 1993), pp.277-296.

II. 역사유물론과 알뛰세르의 문제제기

1. 역사유물론 비판의 두 사조

알뛰세르는 역사유물론을 비판하는 과정에 참여했다. 마르크스 이래의 역사유물론 비판 역사에서 알뛰세르의 위상을 우선 짚어보는 것도 의의가 없지 않으리라. 역사유물론에 대한 비판적 입장을 나누어 보면, 크게 두 그룹으로 나누어 볼 수 있다. 우선 "비판적 마르크스주의"의 전통이라 부를 수 있는 입장이 있다. 루카치, 그람시, 코르쉬, 초기 프랑크푸르트학파, 오스카 넥트(Oscar Negt), 유고 실천 그룹 등이 여기에 속한다. 둘째로 역사유물론의 "재구성"을 시도하는 하버마스의 입장과 이른바 주체 없는 과정을 중심으로 재구성을 시도하는 알뛰세르의 입장으로 구분할 수 있다. 그러니까 알뛰세르는 마르크스 이래의 역사 유물론을 비판적으로 독해하는 한 입장을 대표하고 있고 그 영향력이 막강하다 하겠다.

2. 이데올로기론에 대한 기본 의문

알뛰세르는 자신의 저술들에서 이데올로기를 다면적으로 정의하면서도 그것을 체계적으로 논의하고 있지는 않다. 우리는 그의 저술들에서 대체로 다음 네 가지 종류의 정의를 읽어낼 수 있다.[6] 첫째, 이데올로기는 시스템이라는 것이다. 이 경우에도 이데올로기는 다음과 같이 다양하게 규정되고 있다. ① 장(field) 혹은 문제틀(problematic), ② 표상(Vorstellung), ③ 중첩결정을 구성하는 부분(역사적 역할), ④ 실천적 기능(이론적 기능과 대조된다. ①, ②, ③과는 달리 ④는 알뛰세르의 전체 논리에서 벗어나는 일종의 오류이다.) 둘째, 환상적인 것과 실재적인 것은 대조되는 것으로서, 이데올로기는 이미 현존하고 있는 관계들, 즉 인간이 자신의 세계와 맺는 관

6) P. Ricoeur, *Lecture on Ideology and Utopia*(Columbia Univ. Press, 1986), pp.134-139.

계인 무엇을 이미지너리한(imagenary) 관계 형태에서 반영하는 것으로 규정되기도 한다. 셋째, 이데올로기는 심급의 언어로 표현되기도 한다. 이데올로기의 물질성 명제가 논의되는 것은 주로 이 맥락에서이다. 그리고 우리가 사회일반에서 변화의 현실 조건들을 변화시킬 수 있게 우리의 능력을 편성하려 할 때 사용하는 수단체계와 같은 것으로 이데올로기가 규정되기도 한다. 이데올로기는 삶의 사건들, 실존의 고뇌스러운 측면들을 의미롭게 하는 기능을 행사한다는 것이다.[7)]

알뛰세르의 이데올로기 개념규정들 사이의 일관성 문제를 접어둔다고 해도 그가 전개하려는 문제틀은 근본적으로 비판적으로 재숙고되어야 한다고 나는 판단한다. 알뛰세르가 이데올로기에 대해 논술하려는 핵심 논지는 분명하다. 즉 그것은 우리의 이론이 현재 허약하기 때문에 우리는 이데올로기에 대해 말해야 하고 그렇게 말하기 위해서는 우리는 이데올로기 언어가 필요하며, 그렇지만 어느 날에는 우리의 이론은 이 어휘를 잊어버리기에 충분할 만큼 강해질 수 있다는 것이다. 나는 이러한 논술구조가 근본적으로 잘못 세워진 것이라 본다. 이제 좀 더 가까이 다가가서 보자. 알뛰세르는 주어진 어떤 이데올로기적 장의 내부구성(inner constitution)과 그것의 기능을 구별하지 않고 있다. 그가 이데올로기와 과학의 급진적 이분법을 주장하면서 잊고 있는 것은, 과학이 이데올로기적으로 사용될 수 있다는 것이다. 초기 프랑크푸르트학파, 특히 마르쿠제가 주목한 바 있듯이 과학은 이데올로기적으로 사용될 수 있는 것이다.

3. 토대상부구조론 재해석

알뛰세르는 이른바 중첩결정론을 강조하면서 이것이 마르크스주의의 상하부구조론을 극복한 것으로 스스로 이해하고 있다. 우리의 의문은 그의

7) 리꾀르의 상세한 설명은 반복하지 않는다. Ricoeur, *Lecture on Ideology and Utopia*, pp.134-139.

중첩결정 개념이 하부 구조와 상부 구조 사이의 인과론적 틀을 벗어나고 있는가 하는 것이다. 알뛰세르가 마르크스와 엥겔스의 언어 그 자체를 살려보려고 안간힘을 쓰고 있기는 하지만, 이데올로기들의 독립성, 자율성, 일관성을 주장하려면, 그 동안 마르크스주의 전통 속에 굳건히 자리를 차지하고 있었던 상하부구조론의 틀을 벗어나야 한다.

알뛰세르는 특수이데올로기론과는 구분되는 이른바 일반이데올로기론을 구성하려는 가운데, 여전히 이른바 상하부구조론을 (새로운) 문헌학적 주석들을 가하여 구제하려고 시도한다.[8] 알뛰세르의 의도는 기본적으로 헤겔주의적 역사주의를 넘어서는 마르크스의 논술을 재해석하는 데 있는 것 같다. 공간적인 비유, 더 정확히 말하면 건축 비유라는 지적을 새삼 들추어내면서 알뛰세르는 곧바로 자신의 유명한 논술어 "최종 심급에서의" 경제 결정론을 정당화시키려 한다. 알뛰세르는 이렇게 말한다.

> 건물이라는 비유의 목적을 그러므로, 무엇보다 경제적 토대에 의한 '최종심에서의 결정'을 표현하는 것이다. 이 공간적 비유의 효과는 그러므로 '경제적 토대에서 일어나는 것에 의한, (상부구조의) '층들'에서 일어나는 것들의 최종심에서의 결정'이라는 유명한 표현 아래 알려진 효과지표를 토대에 부여하는 것이다.[9]

알뛰세르가 이렇게 해석함으로써 얻어내는 내용은 "토대에 대한 상부구조의 '상대적 자율성'이 존재한다"는 명제와, "토대에 대한 상부구조의 '반작용'이 존재한다"는 명제이다.[10] 나의 의문은 여기에서 "상대적 자율성"은 진정 어떻게 자율적인가 하는 것이다. 더구나 건축을 비유할 때 의문의 정도는 더 깊다. 건축은 토대 구성에서 시작하고, 그 위에서 상부구조

---

8) 루이 알뛰세르, 『아미엥에서의 주장』(서울: 솔, 1991), p.81이하.
9) 알뛰세르, 『아미엥에서의 주장』, p.82.
10) 알뛰세르, 『아미엥에서의 주장』, p.82.

가 구성된다. 그렇다면 토대 구성은 처음부터 결정적이다. "최종심"이 아닌 것이다. — 물론, 토대 구성은 앞으로 그 위에 세워질 상부구조를 예상하여 실천될 성질의 것이다. 여기에서 나는 토대구성과 상부구조구성의 비분리성을 오히려 읽는다. 이는, 역으로 토대의 불변성은 상부구조의 불변성을 함의하고 있다. 여기에서 다시 알뛰세르가 사회 건축을 어떻게 그리고 있는지를 보자.

> 우리는, 헤겔의 '총체성' 개념과 구분되는 '사회적 전체' 라는 마르크스주의적 견해의 혁명적 성격을 주장할 기회가 있었다. 우리는 (이 테제는 역사유물론의 유명한 명제를 다시 취하는 것일 뿐인데) 마르크스가 모든 사회의 구조를, 특수한 결정에 의해 분절되는 '수준들' 과 '심급들', 즉 하부구조 또는 경제적 토대(생산력과 생산관계의 「통일」)와, 스스로 두 가지 '수준' 또는 '심급', 즉 법률-정치(법과 국가)와 이데올로기(종교적 · 윤리적 · 법적 · 정치적인 다양한 이데올로기)를 포함하는 상부구조로 구성되는 것으로 파악했다고 말한 바 있다.[11]

그리고 알뛰세르는 마르크스가 공간 언어로서의 건축을 택하는 정당성을 원과의 대비를 통해서 부여하려 한다.

> 최종심급은 여기에서 원이나 공간의 정태적인 양상을 깨뜨리기 위해 작용한다. 마르크스가 원의 비유를 포기하고 건물의 비유를 택한 것은 우연이 아니다.[12]

물론 이것은 헤겔의 논리가 원을 그리고 있다는 비판을 염두에 둔 것이고, 건축이라는 비유, 그 자체의 정당화는 아니다.

---

11) 알뛰세르, 『아미엥에서의 주장』, p.81.
12) 알뛰세르, 『아미엥에서의 주장』, p.151.

4. 그람시

"수정"은 논술언어에 관한 문헌학적 해석에서 먼저 일어나고 있다.[13] 마르크스-레닌주의에서 "국가"란 "국가장치"라는 것이다. 더 정확히 말하자면, "억압적인 국가장치"로 부르는 그것이라고 한다. 알뛰세르는 다음과 같이 말한다.

> 이데올로기적 국가장치란 무엇인가? 그것은 (억압적) 국가장치와 혼동되지 않는다. 마르크스주의 이론 속에서 국가장치는 정부 · 내각 · 군대 · 경찰 · 재판소 · 감옥 등 우리가 이후 억압적 국가장치라고 부르게 될 것들을 포함한다는 사실을 기억하자. 억압적이라는 말은, 문제의 국가장치가, 최소한 궁극적으로(왜냐하면 예컨대 행정적인 억압은 물리적이지 않은 형태를 띨 수 있을 것이기 때문이다), '폭력에 의해 기능한다는 것'을 가리킨다.[14]

알뛰세르는 그람시 이래의 헤게모니이론으로부터[15] 영향을 받았다. 알뛰세르 스스로가 그람시의 독자성을 다음과 같이 평가하고 있다.

> 그람시는 우리가 알기로, 우리가 접어든 길을 따라 나아간 유일한 사람이다. 그는 국가가 (억압적) 국가장치로 환원될 수 없으며, '시민사회'의 수많은 기관들(교회 · 학교 · 조합 등)을 포함하고 있다는 '특이한' 생각을 가지고 있었다. 불행하게도 그람시는 자신의 직관들을 체계화시키지 못했으며, 그것들은 날카롭지만 부분적인 요약들에 머물고 있다.[16]

---

13) 알뛰세르, 『아미엥에서의 주장』, p.84이하.

14) 알뛰세르, 『아미엥에서의 주장』, p.89.

15) 밀리반트가 『자본주의 사회에서의 국가』에서 제기한 이슈, 즉 정당성 문제를 국가의 역할과 관련하여 제기한 그 맥락을 기억하기를 바란다.

알뛰세르는 그람시의 흩어져 있는 헤게모니 논술들을 체계화, 종합화하려는 인상마저 준다.[17)]

억압적 국가장치(RSA)	이데올로기적 국가장치(ISAs)
정부 내각 군대 경찰 재판소 감옥	종교(다양한 교회들의 체계) 교육(공적, 사적인 다양한 학교들의 체계) 가족 법률 정치(다양한 정당들을 포함하는 정치적 체계) 조합 커뮤니케이션(잡지, 라디오, 텔레비전 등) 문화(문학, 예술, 스포츠 등)
하나의 동일성이 있다: 명령적 단일체(commanding unity)	다수의 동일성이 즉각적으로 발견되지 않는다 다수의 실체: 서로 구별되고 전문화된 제도들
완전히 공적인 영역	대부분이 사적인 영역

물론 여기에서 우리의 관심은 이데올로기 문제를 논의하고 있으므로 ISAs론에 모아져 있는데, 여기에서도 의문은 있다. 우선 RSA와 ISAs의 구분이 타당성을 지니고 있는가 하는 의문 말이다. 개념규정이 아니라는 비판이 있을 수 있다.[18)] RSA와 ISAs의 구별이 오직 전자는 오직 강제, 후자는 오직 동의에 의해 움직이는 데 있는 것이 아니라 상대적으로 전자는 강제에 의해 후자는 동의에 의해 그러하다는 데 있다. 만약 그렇다면, 강제와 동의의 상대적 분포를 엄밀히 밝혀낼 수 있는 개념화 작업이 개발되어야 한다. RSA와 ISAs의 구분이 엄밀히 말해 개념규정의 수준에서 아니라고 한다면, 알뛰세르가 이 구분에서 의도했던 바가 무엇이며, 그것은 설득력 있는가? 알뛰세르는 RSA와 ISAs을 구분하여 의도하는 ISAs를 거쳐 나타나는 "무의식적 길들이기"를 밝혀내는 데 있고, ISAs에서의 "계급투쟁들 사

16) 알뛰세르, 『아미엥에서의 주장』, p.88.

17) 알뛰세르, 『아미엥에서의 주장』, pp.89-91.

18) T. Benton, *The Rise and Fall of Structural Marxism*(New York: Martin Press, 1984), p.101.

이의 균열의 효과"[19]를 강조하려는 것이다.

그런데 그의 의도가 ISAs들에서 국가 권력의 작동이 있음을 단순하게 밝히는 데 있다면, 이는 너무나 단순하거나 불충분하다. ISAs에서의 국가권력 작동에서도 가시적인 것과 비가시적인 것이 있고, 게다가 그것들이 뒤섞여 작동하기 때문이다. 이 때의 가시적인 것은 주로 정책을 통해서 구체적으로 나타난다. 만약 비가시적인 것에 알뛰세르의 초점이 있다면, 무엇 때문에 국가권력인가? 국가라는 의미가 여기에서 무엇을 의미하는지를 설득력 있게 밝혀야 한다. ISA의 영역을 균열의 장소로 보는 시각은 중요하다. 알뛰세르는 이 점을 다음의 진술에서 말하고 있다.

> RSA는 하나의 조직된 전체를 이루고 있으며, 그것의 상이한 부분들은 하나의 명령적 단일체, 즉 국가권력을 장악하고 있는 지배계급의 정치적 대표들에 의한 계급투쟁의 영역에 집중되어 있다. — 반면, ISA는 복수적이고 각기 독특한 상대적으로 자율적이다. — 그리고 자본가 계급투쟁과 프롤레타리아 계급투쟁 사이의 균열의 효과를 표현하려는 객관적인 모순의 장도 제공한다.[20]

5. 계급론과 이데올로기론

알뛰세르는 재생산의 관점에서 ISAs를 이해하고 있음을 "환기"하려 하면서, "계급 투쟁" 개념 자체에 내재해 있는 대립 혹은 저항의 요소를 기억시키려 한다. 달리 말해 알뛰세르는 이데올로기 이론을 전개하면서 재정정을 거듭한다. 해석상으로 짚어야 할 내용은 이 자기 정정이 일관된 테제의

19) 알뛰세르, 『아미엥에서의 주장』, p.149.

20) 김수정, 「L. Althusser의 이데올로기론의 성립과 발전과정에 대한 일고찰」, 서울대 사회학 석사논문(1991), p.70 재인용.

방어인가 아니며 질적 수정인가 하는 해석적 판단의 문제이다.[21] 알뛰세르의 이데올로기론은 국가와 이데올로기가 결합하고 있는 양식에 조망력을 지니고 있다는 점에서 강점이 있는 것이 사실이다. 물론 그것은 알뛰세르 자신의 고유한 이론적 분석은 아니다. 마르크스에서 출발하여 그람시에 이르는 사상적 발전을 그가 수용한 것이다. 다음의 진술에서도 우리는 그러한 흔적을 분명하게 식별할 수 있다.

> 도대체 무슨 권리로 우리가, 그 대부분이 공적인 지위를 가지지 않으며 단지 사적인 기구일 뿐인 기구들을 이데올로기적 국가장치로 간주할 수 있는가, 라는 질문이 제기될 것임에 틀림없다. 명석한 마르크스주의자로서 그람시는 이미 단 한마디로 이러한 이의제기를 예방한 바 있다. 공적인 것과 그 '권력들'을 행사하는 (종속된)영역들 속에서만 유효하다. 국가의 영역은 그로부터 벗어나는데, 왜냐하면 국가란 '법 위에' 존재하기 때문이다. 지배계급의 국가인 국가는 공적이지도 않고 사적이지도 않으며, 그것은 반대로 공적인 것과 사적인 것간의 모든 구별의 조건이다. 이제 이데올로기적 국가장치에 대해서도 같은 말을 할 수 있다. AIE를 구성하는 기구들이 '공적'인가 '사적'인가 하는 것은 별로 중요하지 않다. 중요한 것은 그것들의 기능이다. 사적인 기구들도 이데올로기적 국가장치로서 완벽하게 '기능'할 수 있다.[22]

---

21) ⓐ1969년 4월의 ISA본문, ⓑ1970년 4월에 쓴 ISA논문 후기, ⓒISA논문 독일어 판에 붙인 주석("Anmerkung über die ideologischen Staatsapparate(ISA)", L. Althusser, *Ideologie und ideologische Staatsapparate : Anfsättze zur marxistischen Theorie*(VSA, 1977)(이것의 영역본은 M. Gane, 'On the ISAs Episode,' *Economy and Society* vol.12, no.4(1983)에서 부록으로 수록되어 있음) 김수정(「L. Althusser의 이데올로기론의 성립과 발전과정에 대한 일고찰」, p.62)은 재생산의 관점이라는 일관된 맥락의 방어로 해석한다. 김수정은 재생산 관점 제기가 지닌 의의를 ①노동력의 재생산의 관점을 "전술적이고 기계적으로 파악해온" 경향에 대한 비판, ② 중층(첩)결정론 속에서 이데올로기 영역의 (재)발견, ③인간주의적 마르크스주의의 극복으로 정리한다. 김수정, 「L. Althusser의 이데올로기론의 성립과 발전과정에 대한 일고찰」, 서울대 사회학과 석사논문, pp.64-65.

22) 알뛰세르, 『아미엥에서의 주장』, p.90.

알뛰세르가 여기에서 말하는 이들 장치의 "기능"은 구체적으로 무엇인가? 우선 이것이 쟁점이다. 그는 "자본주의적 생산관계의 재생산"[23]을 염두에 두고 있다. 여기에서 다음과 같은 두 가지 반론이 가능하다. 그 하나는 탈자본주의적 저항 논술을 생산, 유통, 소비하는 비판시민사회[24]의 위상에 관한 것이다. 알뛰세르는 자본주의적 생산관계에 순응하는 논술들의 경우만을 보고 있는 듯하다.

알뛰세르는 "ISAs를 구성하는 기구들이 "공적"인가 "사적"인가 하는 것은 별로 중요치 않다"[25]고 말하고 있으나, 이는 잘못이다. 이 맥락에서 정확하고 정당한 판단을 내릴 수 있으려면 다음과 같은 또 하나의 기준이 필요하다.

	공적	사적
영리적	A	B
비영리적	C	D

이 도식에서 가로축에서는 공적인가, 아니면 사적인가를 구별하고 있고, 세로축에서는 영리적인가, 아니면 비영인가를 구별한 다음, 이 두 축을 교차시키고 싶다. 영리적/비영리적이라는 범주를 투사시켜 보면, 알뛰세르가 말하는 "사적"이라는 논술어의 성격을 수정할 필요를 느낄 것이다. 나는 특히, 유형 "D"에 주목하고 있다. 비영리적이지만, 알뛰세르의 용어에서 볼 때, "사적"인 집합적 사회 결사체, 곧 비판시민사회의 집합적 표현들, 예컨대, 갖가지의 시민단체들.

다른 하나는 보다 근본적인 것으로서 현대 사회를 이해하는 기존 태도에 관한 것이다. 알뛰세르에 있어서 자본주의만이 현대사회를 구성하는 축으

23) 혹은 "자본주의적 착취관계들의 재생산" 알뛰세르, 『아미엥에서의 주장』, p.99. 강조는 서규환.

24) 이 개념에 관해서는 서규환, 『현대성의 정치적 상상력』(서울: 민음사, 1993), 제11장을 참조할 것.

25) 알뛰세르, 『아미엥에서의 주장』, p.90.

로 몰아가는 경향이 강하다. 특히 국가이론의 관점에서 보면 분명하다. 하지만 자본주의(혹은 사회주의) 이외에도 민주주의, 평화주의, 생태주의도 자본주의에 못지 않은 중심 축들이다(그리고 다른 지평에서 페미니즘도 있다). 이러한 다양한 축들의 현존을 고려할 때, 예컨대 자본주의적 경제와 정치적 민주주의 사이의 긴장관계를 조망하는 알뛰세르의 태도는 대단히 단순하고 축소된 것이다. "사적인 기구들도 이데올로기적 국가장치로서 완벽하게 '기능'할 수 있다"[26]는 그의 판단은 현실을 무시한 단순한 고찰이며, 일면적이다. 국가의 공적인 기구들은 아니지만, 국가와 사회 그리고 세계의 공적 문제들을 제기하고 해결하려는 다양한 단체들이 발전해 온 것을 외면하고 있다. 자본 축적의 논리와 정당성의 논리가 긴장하는 형식과 내용을 균형 있게 잡아내는 데 실패하고 있다.[27]

> 역사적 유물론 속에서 마르크스의 이론적 반인간주의는 그러므로 사회구성체와 그 역사를 이론적 의도에서의 인간 개념 속에서 — 즉, 욕구의(homo oeconomicus), 사유의(homo rationalis), 행동과 투쟁의(homo moralis, juridcus et politicus) 원초적 주체로서 — 기초하기를 거부하는 것이다. 왜냐하면 인간으로부터 출발할 경우, 여러분은 자유와 창조적 노동의 전능성에 대한 관념론적 시도로부터 피할 수 없기 때문이다. 달리 말하자면, 여러분은 모든 '자유' 속에서, 인간의 자유로운 힘을 은폐하고 부과하려는 부르주아 이데올로기에 굴복할 수밖에 없게 된다. 만일 마르크스가 인간으로부터 출발하지 않고, 사회와 역사를 인간이라는 개념으로부터 끌어내지 않는다면, 그것은 자본주의적 생산관계에 기초한 이데올로기적 역

---

26) 알뛰세르, 『아미엥에서의 주장』, p.90. 강조는 서규환.

27) 서규환, 『현대성의 정치적 상상력』; 오페, 『국가이론과 위기분석』(서울: 전예원, 1998)을 참조할 것. 알뛰세르가 『독일 이데올로기』를 읽는 방식은 잘 알려져 있다. 그는 후기 마르크스와 구별되어 청년 마르크스를 역사주의, 실증주의라 비판한다. 알뛰세르, 『아미엥에서의 주장』, p.103. 여기에서 의문은 과연 청년 마르크스가 인간주의적이며 역사주의적인가 하는 것이다. 이에 대한 비판을 위해서는 서규환,『현대성의 정치적 상상력』, 제9장.

관계를 표현할 뿐인 이러한 신비화와 단절하기 위해서이다. 마르크스는 그러므로, 인간으로부터 출발해야 한다는 환상을 견지하고 있는 이러한 부르주아 이데올로기적 효과를 낳은 구조적 원인으로부터 출발한다. 마르크스는 주어진 경제구성체로부터, 그리고 『자본』의 경우에는 자본주의적 생산관계와 그것이 최종심에서 결정하는 상부구조의 관계들로부터 출발한다. 그리고 매번, 그는 이 관계들이 인간들을 결정하고 특징짓는다는 사실을 보여주며, 어떻게 이 관계들이 인간들을 그들의 구체적 삶 속에서 특징짓는가, 그리고 계급투쟁의 체계를 가로질러 어떻게 구체적 인간들은 이 관계들의 체계에 의해 결정되는가를 보여준다. 1857년 『정치경제학 비판을 위하여』에서 마르크스는 다음과 같이 말했다.: 구체는 수많은 결정들의 종합이다. 우리는 그의 말을 따라 다음과 같이 말할 수 있을 것이다.: 구체적 인간들의 종합에 의해 결정된다. 만일 그러므로 마르크스가, 부르주아 이데올로기를 과중하게 짊어지고 있는 공허한 생각인 인간으로부터 출발하지 않는다면, 그것은 구체적인 인간들에 도달하기 위해서이다. 만일 그가, 구체적인 인간들은 단지 그 '전달자' 일 뿐인 이러한 관계들을 통해 우회한다면, 그것은 그들의 구체적인 삶과 투쟁을 규정하는 법칙에 대한 인식에 도달하기 위함이다.[28]

알뛰세르는 "이데올로기와 절연하고자 하는 담론"[29]을 주장하는데, 이는 "이데올로기"의 성격이 무엇인지를 시사한다.[30]

알뛰세르에서도 다양한 일상들의 존재를 전제한다. 그러나 이것에서 곧

28) 알뛰세르, 『아미엥에서의 주장』, pp.176-177.

29) 알뛰세르, 『아미엥에서의 주장』, p.118.

30) 알뛰세르가 이데올로기에서 과학으로 이행해나가는 이론을 주장하는 배경에는 스피노자(Spinoza)의 사상이 있다. 스피노자는 다음과 같이 썼다. "이해 [오성]와 상상을, 혹은 진정한 이념과 그 밖의 것들, 즉 허구적인 것, 허위적인 것, 의아한 것, 그리고 기억에만 의존해 있는 모든 것을 구별하는 일이 모든 사안 앞에서 필요하다." Ch. Norris, *Spinoza and the Origins of Modern Critical Theory*(Basil Blackwell, 1991), p.43에서 재인용. 스피노자에서는 "상상의 지식"의 시원들은 대부분 경험의 사실에 있다.

바로 현상학에로의 편향을 읽는 것은 성급하다.[31]

> 그리고 모든 인간주의적 관념론에 대항하여 마르크스는, 이 관계가 인간들 사이의 관계도 사람들 사이의 관계도 아니고, 상호주관적(inter-subjective)이거나 심리학적이거나 인류학적인 관계도 아니며, 이중적 관계, 즉 인간 집단들과 사물들(생산수단)간의 관계와 그것에 관한 인간 집단들간의 관계라는 점을 보여준다.[32]

여기에서 알뛰세르는 인간 집단과 수단의 관계, 인간 집단과 인간 집단의 관계, 그리고 인간 집단과 생산 수단의 관계에 다른 인간 집단이 개입하는 복합적인 관계들을 말하고 있다. 말하자면 그는 집단들 사이의 갈등과 저항을 논의할 수 있는 이론적 모색을 시사하고 있는 셈이다. 하지만 여전히 그에게서는 계급 범주에 의한 집단 개념화를 넘어서는 것은 아니다.[33]

6. 갈등과 저항의 양식

알뛰세르의 구조적 마르크스주의에 대해 논의할 때 핵심 쟁점의 하나는 그가 갈등과 저항의 양식을 이론화할 수 있는가이다. 사실 알뛰세르에서 심급이란 전장(Kampfplatz)개념을 떠나서는 이해되기가 어렵다. 그는 『미래는 오래 지속된다』에서 다음과 같이 쓰고 있다.

---

31) 알뛰세르, 『아미엥에서의 주장』, p.172.

32) 알뛰세르, 『아미엥에서의 주장』, p.172.

33) 아미엥에서의 "주장"(1975년 10월), 아니 고백은 너무 늦은 것이었다. 알뛰세르(알뛰세르, 『아미엥에서의 주장』, 141.)는 델라 볼페(della Volpe)를 승인한다. 이 맥락에서 꼴레티와 알뛰세르의 관계에 주목해 볼 필요가 있을지도 모르겠다. 이병천 · 박형준, 「루치오 꼴레티와의 정치적-철학적 대담」, 『마르크스주의의 위기와 포스트마르크스주의 I』(서울: 의암출판사, 1992), pp.274-278 참조.

이렇게 하여 나는 마침내 철학에 있어서 나 자신의 위치를 전장 위에서, 사회적 계급투쟁의 전체적 작용 속에서 취해지는 입장들을 최종 심급에서 반영하는 것들, 즉 팽팽히 맞서는 반대 입장들의 전장 위에서 찾게 된 것이다.[34]

곧 최종심급에서 일어나는 형식과 내용은 단선적인 것이 아니다. 문제는 이 최종심급에서 결정하는 "경제"가 어떻게 "팽팽히 맞서는 반대 입장들의 전장"과 연결되는가이다. 스프린커(Sprinker)는 『이데올로기와 이데올로기적 국가장치』의 초판 발간 후 1년 뒤에 알뛰세르가 붙인 「후기」에서 한 구절을 인용하면서 새로운 의미를 붙였다.[35]

ISA가 지배계급의 이데올로기가 필연적으로 실현되어야 할 형태를, 또 지배계급의 이데올로기가 필연적으로 측정되고 대결되어야 하는 형태를 재현하는 것이 사실이라면, 이데올로기들(ISAs)은 '태어나는' 것이 아니라 계급투쟁 속에서 맞붙잡고 있는 사회적 계급들로부터, 즉 사회적 계급들의 실존조건들, 실천들, 투쟁경험 등등으로부터 태어난다.[36]

스프린커는 이 구절에서 주목하면서 알뛰세르의 ISAs론을 변호한다.

ISAs는 지배계급지배의 '표현'이 아니라(따라서 ISAs는 지배계급 이데올로기에 의해 통합되는 것이 아니다), 오히려 그 지배의 장소(site)이며 수단이다. 이로부터 귀결되는 것은, ISAs는 계급투쟁에서 갈등소(a stake)일 뿐만 아니라 계급투쟁에 의해서 끊임없이 통과되고, 따라서 계급투쟁 속에

34) 루이 알뛰세르, 『미래는 오래 지속된다』(서울: 돌베개, 1993), p.210.
35) M. Sprinker, "Politics and Theory: Althusser and Sartre", *MLN* p.100, 2(1985), p.1000. 알뛰세르에 대한 가장 강력한 비판의 하나였던 허스트(Hirst)의 논술이 나온 후, 알뛰세르를 옹호하려는 논술을 스프린커가 내어놓았던 것이다.
36) Sprinker, *ISA*, p.186

서 구성된다는 점이다.[37)]

스프린커의 이러한 알뛰세르 해석은 예리한 점이 없지 않다. 알뛰세르에서 ISAs는 단순하게 지배계급의 지배의 "표현"은 아님이 분명하다. 하지만 알뛰세르에서는 ISAs를 둘러싼 대립관계를 정교하게 조망하고 있지 못함도 사실이다. 또 계급투쟁 내에서의 대립구도를 잡고 있다는 사실은 여전히 비판의 대상이 될 수 있다. ISAs투쟁은 여전히 계급범주에서의 투쟁이다. 이러한 점에서 알뛰세르는 계급환원주의를 벗어나는 것은 아니다.[38)]

그리고 "개인들은 항상 이미 주체들이다"는 알뛰세르의 명제는 논쟁의 초점이었다. 스프린커는 승인/호명을 인간의 내재적 능력으로 보는 사르트르(허스트와 톰슨(J. B. Thompson)도 그 확대, 연장선상에 있다고 본다)주의를 비판하면서, 하레(R. Harre)와 매이든(E. H. Madden), 바슈카(Roy Bhaskar)등의 분석철학의 성과를 끌어들이면서 알뛰세르의 주체/호명이론을 변호한다.

> 인과적 권력은 할 수 있는 바가 곧 존재인 단위체(an entity that just is what it can do) — 인력 또는 elatro-magnetigm과 같은 — 를 지시한다. 따라서 인과적 권력들은 용어의 일상적 의미에서의 사물, 즉 허스트의 '인지적 능력'이 그러할지 모르겠는데 — 자질들을 가진 본질체(substance with qualities), 거칠게는 라일의 '기계 속의 영혼'(ghost in the machine)이 아니라, 구조들이다. 그것들은 그것들의 효과들 속에서만 알 수 있는 것이다. 이 견해에서는 승인/호명은 구조의 관찰가능한 잠재력인데, 그 본질에 관해서는 노이폰 심리학과 인지심리학에서의 현 연구수준에서는 알려져 있지 않다. 알뛰세르가 ISA에세이와 프로이드와 라깡에 관한 논문에서 이데올

37) Sprinker, "Politics and Theory: Althusser and Sartre", p.1000.

38) 이러한 비판은 미셸 페쇠(Michel Pecheux)의 논술이론에서도 해당한다고 판단할 수 있다. 페쇠는 ISAs는 생산관계들의 관계를 재생산하고 변형(reform)시킨다고 보면서 ISAs의 이해를 예리하게 이해하고 반복하고 있다.

로기 메커니즘을 무의식에 비교했을 때 그가 염두에 두었던 것이 바로 이것이며, 나는 이를 받아들인다.[39]

그러나 알뛰세르가 이를 철저하게 깨닫고 일관되게 이론화하고 있는지는 최소한 의문으로 남는다. 알뛰세르는 국가이론을 상당하게 변전시킨 후에 「마침내 마크스주의의 위기가!」에서 꼴레띠와의 이탈리아 국가론 논쟁자였던 보비오가 제기했던 마르크스와 레닌의 국가이론의 공백을 승인해 버린다. 그는 마르크스와 레닌에게는 대단히 중요한 두 가지 이론적 공백이 존재하는데, 그 하나는 국가에 대한 것이고, 다른 하나는 계급투쟁의 조직에 대한 것이라고 뒤늦게야 고백하고 말았다.

이제 우리는 '국가에 대한 마르크스주의 이론' 은 진정으로 존재하지 않는다고 솔직히 말해야만 한다. 마르크스주의와 레닌이 이 문제들을 회피한 것은 아니다. 오히려 그들은 이것을 사고의 중심에 놓았다. 그러나 한편에서 국가와 다른 한편에서 계급투쟁 및 계급지배 사이의 관련방식들에 관한 논의(이것은 결정적인 지적들임에도 불구하고 분석되지 않은 채로 남아 있다)를 포함한 고전적 저서 속에서 벗어나라는 반복적인 경구 — 본질적으로 부정적인 구분선과 규정 — 뿐이다. 마르크스와 레닌은 '국가의 유형들' 이 존재한다고 말한다. 그러나 국가가 어떻게 계급지배를 보장하고 국가기구는 어떻게 작동하는가? 마르크스도 레닌도 이 문제들을 분석하지 않았다.[40]

ISAs론은 1978년 「제한된 이론으로서의 마르크스주의」[41]에서도 강력히 살아있다.

---

39) Sprinker, "Politics and Theory: Althusser and Sartre", p.1004.

40) L. Althusser, "Der Marxismus als eine endliche Theorie", E. Altvater & O.Kallscheuer(eds.), *Den Staat diskurieren: Kotroversen über eine These von Althusser*(Berlin: Ästhetik und Kommunikation, 1979)와 이병천 · 박형준, 「루치오 꼴레티와의 정치적-철학적 대담」, pp.312-313 참조.

7. 엥겔스지평과 라깡지평

알뛰세르주의자들에게서는 알뛰세르의 중첩결정개념은 알뛰세르가 정통 마르크스주의의 환원주의를 넘어서 있다는 결정적 이론적 자원으로 작용했다. 이 중첩결정 개념에는 다음 두 지평이 혼합되어 있다. 그 하나는 하부구조 요소(심급)와 상부구조 요소(심급)의 관계에 관한 것으로서 나는 이를 중첩결정의 엥겔스지평이라 부른다. 다른 하나는 실제적인 것과 이매지너리한 것의 관계로서, 나는 이를 중첩결정의 라깡지평이라 부른다. 쟁점은, 이 두 지평이 어떻게 연결되는가 하는 것이다. 달리 말하면 라깡과 엥겔스가 잘 조화되고 있는가 하는 의문이다. 요컨대 알뛰세르는 양자를 매개지우는 종합을 제시하고 있지 못하고, 따라서 심각한 균열이 있다는 것이다. 라깡의 논리란 무엇인가? 그것을 단순화시키자면, 이데올로기에서 과학으로 "비약"이 일어난다는 것이다. 과학의 근거가 객관적인 진리가 아니라 이데올로기라는 것이다. 엥겔스의 논리란 무엇인가? 토대에서 상부 구조로 나아간다는 것이다. 그런데 알뛰세르는 이 양자를 동시에 토대로 놓고 있다. 이것은 출발의 모순이다. 이데올로기는 상부 구조에 속하기 때문이다. 라깡과 엥겔스, 그 어느 쪽에서 시작할 수밖에 없다. 그렇다면 후자에서 시작해 보면, 여전히 정통 마르크스주의의 결정주의에로 회귀할 수밖에 없으며, 전자에서 시작해 보면, 라깡이 그러하듯이 반환원주의 혹은 급진 상대주의로 나아갈 수밖에 없는 것이다.

그렇다. 알뛰세르의 이데올로기 이론은 라깡의 독해에도 근거하고 있는 것이다. 「프로이트와 라깡」에서 알뛰세르는 다음과 같이 쓴다.

> 라깡은 (궁극적으로 순수한) 생물학적 실존에서부터 인간적 실존(인간적 어린이)로의 이행이 질서와 법, 내가 문화의 법이라 부르고자 하는 그 법 내에서 얻어진다는 것과, 이 문화의 법이 그 형식적(formal) 핵심에는 언

41) 「루치오 꼴레티와의 정치적-철학적 대담」, pp.317-330

어의 질서와 혼합되어 있다는 것을 밝혔다.[42)]

그는 문화와 법을 언어가 완전히 흡수할 수 있는 것이 아님을 강조한다. 이러한 불일치의 가능성을 제안한다는 점에서 알뛰세르에서는 라깡이 중요하고, 라깡을 이해하지 못하고서는 알뛰세르(주의)를 정당하게 평가할 수 없다.[43)]

여기에서 마르크스와 라깡을 연결 지우려는 알뛰세르(주의)를 원칙적으로 다음 두 방향에서 비추어 볼 수 있다. 그 하나는 "마르크스주의 고전"의 분석 속에서 라깡의 분석이 허용하는 요소들을 찾아내는 방향이다. 여기에서 전자를 재해석하는 일이 병행된다. 알뛰세르와 그 학파는 부분적으로 이런 방향 내에서 논술한다. 다른 하나는 마르크스(주의) 사상 속에 라깡의 틀을 끌어들이는 방향이 있다. 여기에는 사상적 균열이 문제이다. 알뛰세르(주의)가 주로 논술했던 방향은 주로 이 방향이다. 그러나 마르크스와 라깡을 종합하는 제 3의 이론을 얻어내고 있는 것은 결코 아니다.[44)]

알뛰세르는 라깡을 수용하는 방식은 일면적이고 단편적이다. 일단 여기에서 마르크스주의와 라깡의 차이가 무엇인지를 요약해 보자. 첫째, 마르크스주의가 경제를 중심으로 하는 환원주의 혹은 일원주의를 주장하고 있다면, 라깡은 이 일원주의를 넘어서려 한다. 둘째, 마르크스주의가 생산 과정에서 주체가 처음부터 통합되어 있다고 논술을 전개하는 데 반하여, 라깡은 이 점을 부정하려 한다. 셋째, 마르크스주의는 논술의 단일성을 주장한다. 이 맥락에서 우리는 과학적 마르크스주의의 강령은 이데올로기의 최종적 종언을 주장하고 지식 논술을 우선시하는 전형적인 모습을 읽을 수 있다. 하지만 라깡은 처음부터 논술의 다양성을 전제한다. 넷째, 마르크스

42) Althusser, "Der Marxismus als eine endliche Theorie", pp.193-194.

43) 라깡의 이해를 돕고 있는 도정일, 「자크 라깡이라는 좌절/유혹의 기표」, 《세계의 문학》 56(1990년 여름호), pp.155-176 참조.

44) 이와 관련하여 마르크스와 라깡을 비교하는 Alfred Lorenzer, *Sprachspiel und Interaktionformen*(Frankfurt am Main, 1977), pp.162-179 참조.

주의가 생산 범주를 우선시 했다면, 라깡은 두 기표 사이의 관계에 주목하여 상징, 언어, 무의식을 분석의 중심에 세운다. 그리고 라깡은 주체의 육체성에서 실재적인 것은 그 잔여로 나타나며, 이른바 상징적인 것이 완전하게 그것을 흡수하는 것이 아님을 주장한다.

알뛰세르의 이론에서는 통합된 주체라는 이념을 부정하는 라깡의 결정적인 이론적 태도는 수용되고 있지 않다. 히긴스(J. Higgins)가 이 맥락을 예리하게 비판하고 있듯이, 사실상 알뛰세르의 "구체적 주체", 이데올로기와 호명의 주체는, 통합된 주체의 대단히 강한 형태이며, 데카르트적 확신의 입장과 차이가 있다면 알뛰세르의 이론에서는 주체의 통일성의 용어들이 오인(misrecognition)의 용어들이라는 점에서 만이다. 주체의 경험은 단일성(unity)이지만 허위적이고 환상적이라는 것이다.

알뛰세르는 역사유물론에 따라 이데올로기의 물질성을 강하게 주장한다. 하지만 "물적"(material)이라는 낱말의 사용방식은 다양하다.[45] 예컨대, 무릎꿇기를 보면 ① 물리적인 육체 동작 행태, ② 종교적 행위로서 실행, ③ 숭배의 한 부분으로서 제식, ④ 제도로서의 교회, 즉 이데올로기적 장치 등 다양하게 사용된다. 하지만 알뛰세르는 이 다양성을 축소시킨다. 알뛰세르에 의하면, "이데올로기는 항상 어떤 한 장치와 그리고 그 실천, 혹은 실천들 속에 실재하고 있다".[46] 알뛰세르는 "이데올로기"개념을 진리와 허위라는 대립쌍으로 지나치게 합리주의적으로 축소시킨다.[47]

8. 환원주의 극복 과제

이 맥락에서 알뛰세르가 말하는 "최종심(급)에서의 경제"를 환원주의를

45) Ricoeur, *Lecture on Ideology and Utopia*, p.147.

46) Althusser, *Lenin and Philosophy and Other Essays*(London: Verso, 1971), p.166; P. Ricoeur, *Lecture on Ideology and Utopia*, p.146 재인용.

47) U. Jaeggi, *Theoretische Praxis. Probleme eines strukturalen Marxismus*(Frankfurt am Main, 1976), p.133.

완전히 넘어서는 것으로 해석하는 시도들이 있었음을 우리는 잘 기억하고 있다. 알뛰세르에서 최종심급에서의 경제는 무엇을 의미하는가? 첫째, 관념론과 유물론의 대비이다. "정신", "이념", "국가"가 아니라 "경제"가 결정적이다(반(反)관념론 명제). 여기에서 단선론적 역사철학 그 자체가 변함이 없다면, 이 관념론과 구별되는 것으로 설정된 유물론은 그 의미를 근본적으로 죽여버리는 것이다. 둘째, 경제를 유일한 규정요소로 보는 기계론적 철학으로부터 벗어남을 의미한다(반(反)기계론 명제). 이것은 (적어도 최종심급 이전에) 경제 이외의 요소들이 구성 요소로서 작용함을 주장하려는 의도를 담고 있다. 그러나 여전히 최종심급이 존재하고 있음을 부정하지 않는 한, 이미 경제는 결정적으로 작용할 수 있다.

여기에서 다시 알뛰세르가 이른바 관념론을 어떻게 넘어서는가를 살펴보자. "주체없는 과정" 명제를 제시할 때, 알뛰세르는 마르크스가 헤겔의 변증법으로부터 끌어오는 핵심으로 간주한다. 첫째, 헤겔은 인간학적 역사이론을 대변하지 않는다고 해석한다. 이 해석은 프랑스 지성사에서 꼬제브(A. Kojeve)의 헤겔 『정신현상학』해석 이래 잘 알려져 있다. 역사는 "주체없는 과정" 명제를 제시할 때, 알뛰세르는 마르크스가 헤겔의 변증법으로부터 끌어오는 핵심으로 간주한다. 역사는 "인간"이라는 주체의 소외과정이 아니라는 해석. 소외과정과 역사과정은 다양하게 확장될 수 있지만, 배타적인 특징은 아니다. 헤겔은 과정의 주체를 인정하지 않았다. 이념의 학으로서의 "논리학"은 길, 과정으로서의 과정, 그 종말은 절대적 이념 속에서 구현되지만, 환원되어온 그 길 자체이다. 시원과 종말이 같은 궤를 그리는 하나의 원이다. 둘째, 이미 앞에서 논의했지만, 마르크스는 헤겔의 원과는 달리 건축학적 범론을 사용한다는 점을 알뛰세르는 강조한다. 알뛰세르는 헤겔을 넘어설 때 헤겔 그 자체를 완전히 극복하는 것이 아니라 그 일부를 넘어서고, 그 다음에 헤겔 밖에서 헤겔과는 다른 것을 도입하는 방식을 채택하고 있는 것이다. 그것은 알뛰세르가 환원주의를 완전하게 극복하지 못했음을 간접적으로 시사하고 있다.

헤겔에게도 일종의 중첩 결정이 있다. 『정신현상학』에서 각 형상은 서로 갈등하는 여러 요소들이 지니고 있어서 변증법은 또 다른 형상으로 전개되고 있다. "형상의 불안정성이 형상의 중첩결정의 산물이다."[48] 헤겔에서도 알뛰세르에서와 마찬가지로 — 엥겔스에서와 마찬가지로 — 이질적인 요소들을 포함하는 중첩결정이 있다.

다른 측면에서 보면, 환원주의의 단순성을 헤겔에서 발견할 수 있듯이 알뛰세르의 중첩결정 개념에서도 환원주의를 읽어낼 수 있다. 알뛰세르는 엥겔스의 논리를 "해석"하여, 더 엄밀히 말하면 엥겔스의 정통 마르크스주의를 주석하여 중첩결정개념을 세우고 있다. 상하부구조론의 인과론 논거위에 주석을 붙인 것이 중첩결정이라면, 인과론의 허약성을 극복했다고 보기는 힘들다.[49]

9. 국가, 이데올로기, 권력

갈등과 저항의 양식을 이론화할 때 권력을 어떻게 보는가는 결정적이다. 알뛰세르는 권력의 부정성에 주로 주목한다. 풀란차스는 알뛰세르를 비판할 때, 이 맥락에 주목했다. 알뛰세르가 국가나 권력을 개념 지울 때 "억압·금지와 이데올로기·은폐"라는 국가의 부정적 기능만을 주목할 뿐, "국가가 현실을 창조하고 변혁하여 만들어 냄으로써 긍정적 방식으로 기능하는" 양상을 잊고 있다는 점에서 비판을 받아야 한다.

이 망각은 국가와 이데올로기가 어떻게 연관되어 작동하는지를 고찰하는 맥락에서 보면 더욱 심각하다. 알뛰세르는, 앞에서 지적했듯이 "이데올

---

48) Ricoeur, *Lecture on Ideology and Utopia*, p.126.

49) 리쾨르는 *Lecture on Ideology and Utopia*에서 알뛰세르를 비판하는데 『자본독해』 이전의 저술들을 대상으로 삼았다. 알뛰세르의 사상을 초기와 후기로 구분하는 해석에 비추어 리쾨르의 논평에는 주의가 필요하다. 하지만 인간학적 입장("강한 휴머니즘")에서 알뛰세르의 반인간주의의 오류를 지적한 기본맥락은 근본적으로 틀리지 않은 것이라 판단한다.

로기에서 과학으로" 나아가는 지식 형성의 과정을 전제하고 있는데, 이데올로기적 국가 장치론은 이 과정과는 분리된 논의이다. 이데올로기적 국가 장치들이 이데올로기에서 과학으로 나아가는 과정에서 행사하는 역할들이 무엇인지 알뛰세르가 밝히고 있는 내용은 분명 부정적 성격의 것이다. 이는 어쩌면 제도의 틀을 갖추고 있는 이데올로기적 국가가 장치들 그 자체의 성격이 근본적으로 규제적이기 때문에 귀결되는 것인지도 모른다. 더 엄밀히 말하면, 이데올로기적 구가 장치들은 각기 상대적으로 고유하게 사회의 상상력이 잘 발휘되도록 제도적 조정의 역할을 행사할 수는 있으나 상상력 그 자체는 아니다.

III. 알뛰세르 이후의 알뛰세르주의자들

알뛰세르는 주체의 구성은 이데올로기 내에서 일어나고 이데올로기 밖에서는 또 이데올로기 이전에는 계급 주체에 대한 아무런 내재적 본질도 없다는 전제에서 출발한다. 그런데 이데올로기가 생산 관계를 재생산하는 기능만으로 이해된다면 알뛰세르의 마르크스-레닌주의에 핵심의 하나일 계급 투쟁이 자리할 곳이 뒤로 물러난다. 모든 주체가 생산 관계의 재상산에 굴복하는 곳에서는 갈등의 주체가 설 공간은 사라진다.

알뛰세르의 이데올로기 문제틀의 이 한계를 넘어서려는 시도는 알뛰세르 이후 다양하게 나타났다. 나는 여기서 알뛰세르의 문제틀을 근본적으로 비판하지 않으면서 알뛰세르를 비판적으로 재구성하는 대표적인 세 알뛰세르주의자들을 — 풀란차스(N. Poulantzas), 테르보른(G. Therborn), 그리고 페쇠 — 비판적으로 살펴보고자 한다. 이들의 비판들 속에서 알뛰세르의 한계를 읽어내는 것이 혹시 설득력에서 보다 더 크지 않을까 하는 기대도 있다.

알뛰세르에 남아있는 기능주의의 그늘은 그가 분석대상으로서 주로 일

반이데올로기에 집중하였기 때문인지도 모른다.[50)]

특수이데올로기들 사이의 차이와 갈등을 조망할 필요가 있다는 것이다. 실제로 알뛰세르 이후의 포스트 알뛰세르 이론가들 가운데 이 필요를 충족시키려는 시도들을 보여왔다.

1. 알뛰세르에 대한 문제제기 : 풀란차스의 회의

1) 알뛰세르가 엥겔스의 토대, 상부구조 문제틀에 주석을 새롭게 붙임으로써 경제환원주의로부터 상대적으로 자유로운 여지를 제법 넓히긴 했으나 여전히 환원주의에 갇혀 있다. 알뛰세르에서는 이데올로기란 계급지배를 재생산하는 기능이다. 예컨대 이데올로기는 사회구성체의 한 수준을 구성하지만 궁극적으로는 경제에 의해 결정된다는 것이다.

풀란차스의 『국가, 권력, 사회주의』(1978)는 이데올로기적 심급 내에서 다양한 여러 영역들이 있음을 논의하는데, 이는 계급환원주의로부터 벗어나려는 자세를 시사한다. 그는 이 다양한 영역들이 계급지배에 의해 구조화되고 있으나 계급이익으로 환원될 수 없음을 주장하고 있다. 하지만 1978년 이 저서의 다른 여러 곳에서 계급환원주의를 청산하지 못하는 흔적을 남기고 있는 것도 사실이다. 이른바 후기 풀란차스에서 나타나는 구조주의의 논리를 넘어서려는 동요는, 달리 말해, 풀란차스의 초기 이론과 후기 이론의 차이는 알뛰세르주의의 한계를 시사한다고 말할 수 있다.

풀란차스는 『국가, 권력, 사회주의』에서 자신의 초기이론의 한계를 고백하고 있다.[51)] 그런데, 이는 ISA(Ideological State Aparatus의 약어이다)들에서 "재생산"뿐만 아니라 "전형"을 인정한다는 사실에서 알뛰세르주의의 한계가 지적되는 것은 아님을 지시하고 있다. 하지만, 권력을 보는 시각에서 근본적인 이론적 차이가 나타나고 있다는 점을 지적해야 한다. 그것은

50) T. Boswell et al., "Recent Development in Marxist Theory of Ideology", *The Insurgent Sociologist*, Vol. 13. Nr.4, Summer(1986), pp.5-22. 여기서는 특히 p.18.

적어도 권력의 비단일성을 인정하는 입장으로 나아가고 있다는 점에서 그러하다. 사회에 "또 다른" 권력의 센터가 있다는 풀란차스의 주장은, 하버마스의 용어를 빌려 말하면, (비판적) 공론 영역이 있으며, 이것이 국가와 맺는 관계를 염두에 두고 있는 듯하다.

이 가운데 결정적인 것은 "국가권력의 통일성" 명제를 비판하는 맥락이다.[52] 이 맥락을 좀더 자세하게 살펴보자면 다음과 같다.

첫째, ISA들에 대한 중앙집중화된 통제가 어렵다는 것이다. ISA들의 성격이 "사적인" 경우, 특히 그러하다.

둘째, 나아가 ISA들내에서의 갈등을 인정해야 한다는 것이다. 이러한 갈등은 국가가 기능하는 데 일차적이다. ISA들라 부르는 것들 사이에서 형식과 내용에서의 차이성이 존재한다는 주장이다.

셋째, 국가 경영자들은 헤게모니 계급의 정치적 대표자로서 볼 수 없다는 것이다(풀란차스는 이 점을 철저하게 분석해 내고 있지는 못하다).

넷째, 자본주의 국가 자체 내에서 피지배계급이 자신의 권력의 실질적인 센터를 확보할 수 있다는 것이다. 풀란차스는 "자본주의적 국가" 비판에서 "자본주의사회에서의 국가"에 대한 비판으로 옮겨간다. 초기에는 저항의 센터로 인정하였는데, 후기에는 권력의 센터로 인정하는 수정이 일어난 것이다.[53]

제솝은 후기 풀란차스에 나타나는 관계론적 흔적들을 체계화하려고 하는데, 자본주의 국가의 '제도적 물질성'을 다음 세 측면에서 고찰한다.[54] ① 정치의 개별화, ② 조직화된 공적 폭력의 법전으로서의 법의 역할, ③ 그리고 민족성과 민족국가의 부르주아적인 형태, 이 가운데 나는 특별히 ②의 측면에 주목하고 싶다. 그 이유는 이것이 자유주의 정치이론과의 차

51) 밥 제솝, 「영역이론에서 관계이론으로?: 풀란차스의 국가론」, 한국정치연구회 정치이론분과 엮음, 『국가와 시민사회』(서울: 녹두, 1993), pp.56-57.
52) 제솝, 「영역이론에서 관계이론으로?: 풀란차스의 국가론」, pp.46-47.
53) 제솝, 「영역이론에서 관계이론으로?: 풀란차스의 국가론」, p.47.
54) 제솝, 「영역이론에서 관계이론으로?: 풀란차스의 국가론」, pp.25-31.

별성을 결정적으로 보여주기 때문이다. 마르크스주의 국가이론에서 국가 소멸을 제시하는 논리도 이와 관련이 있다.[55] 국가를 여기서 물리적 폭력의 "정당한" 독점으로 규정한다. 아마도 이는 폭력독점보다는 폭력독점의 정당성을 인정하는 방향에 초점을 두는 것 같다. 그리하여 풀란차스는 법을 단순하게 부정성과 억압성으로만 이해하는 시각을 넘어선다. 법의 긍정성을 인정한다.[56]

풀란차스의 초기 이론과 후기이론의 차이를 짧게 정리해 보면 아래와 같다. 첫째, 초기이론에서는 알뛰세르의 구조주의를 비교적 충실하게 수용하고 있다면, 후기이론에서는 푸코의 후기구조주의를 반영하면서 구조주의의 경직성을 넘어서려 한다는 점이다. 둘째, 첫 번째 점과 이어지는 것이지만, 초기에서는 환원주의의 잔재가 강하게 남아 있었다면, 후기에서는 예컨대 국가를 이해할 때 국가는 복합적이고, 국가가 설사 단선적인 제도적 앙상물로서 사회적 재생산에서 역할을 행사한다고 해도 여전히 그 역할은 다양한 세력들 간의 균형에 달려 있는 것으로 파악한다는 점이다. 그리고 풀란차스는 후기에 가서 논술이론에 관심을 점차 강하게 가지게 된다는 점이다.

2) 그리하여, 풀란차스는 후기에 가서 알뛰세르의 구조주의에서는 빈곤할 수 밖에 없었던 투쟁의 양상에 눈을 뜨게 된다. 그래서 그는 민중민주주의의 투쟁에 주목할 것을 시사한다. 이 민중민주주의의 투쟁이 일어날 수 밖에 없는 정치행동영역은 다음 세 가지다.[57]

첫째, 국가/경제영역/시민사회의 제도적 분리에서는 형식민주주의 수준에서 통제될 수 없는 문제들이 발생한다는 것이다. 자유방임주의에서 후기

---

55) N. Poulantzas, *State, Power and Socialism*(London: NLB, 1978), p.81.

56) Poulantzas, *State, Power and Socialism*, pp.81-84; "동의의 조직화". 풀란차스는 자살하기 얼마 전에서야 논술이론에 관심을 가졌다. 이는 푸코의 논술이론으로부터 깊은 영향을 받은 것이다. Jessop, *The Capitalist State* 참조.

57) Jessop, *The Capitalist State*, pp.249-250.

자본주의에로(단순 독점자본주의를 거쳐 국가 독점자본주의로) 이행해 가면서 개인적 수준의 시티즌십과 의회주의의 한계가 더욱 뚜렷해진다. 둘째, 민중민주주의의 표적에 대해서 화합과 협상이 필요할 뿐만 아니라 정치적, 지성적, 도덕적 리더십의 역할도 중요하다. "민중"은 순수하게 동질적이지 않기 때문이다. 그리고 셋째, 형식민주주의의 한계를 넘어서는 실질적 민주주의가 필요하다는 것이다.

하지만 이러한 "후기 풀란차스"의 암시적이고 시사적인 의미는 정치학에 논의될 수 있기에는 너무나 외연이 넓은 언담들이 뒤엉켜 있다는 점을 지적하지 않을 수 없다. 물론, 그것은 알뛰세르의 문제틀이 알뛰세르를 추종하는 이론가들 내부에서도 근본적으로 동요되고 있음을, 그리고 알뛰세르의 이론적 한계가 무엇인지를 보여주기에는 충분하다고 판단된다.

2. 이데올로기들의 갈등과 그 전형 : 테르보른의 이데올로기론

1) 테르보른 역시 알뛰세르의 구조주의를 재구성하는 길을 선도적으로 개척했다. 테르보른은 신민화, 보증(알뛰세르)에서 신민화, 자질화(테르보른)로 알뛰세르의 이데올로기론을 전형시키면서, 알뛰세르의 이데올로기론을 세 관점에서 재구성한다.: ① 일반 이데올로기론에서 호명 양식, ② 특수이데올로기론의 섬세한 조망, ③ 이데올로기의 물적 모형. 지면이 제한된 이곳에서 이 모두를 세밀히 부기하며 논평할 수는 없겠다. 여기에서 주목하고 싶은 것은 ② 특수이데올로기에 관해서이다.

특수이데올로기론의 조망을 전개하면서 테르보른은 우선 이데올로기들 사이의 갈등과 그것들의 전형에 주목한다. 여기에는 세 요소가 재구성된다. 첫째. 그는 알뛰세르가 말하는 호명개념 속에 갈등 잠재력을 도입한다. 둘째, 알뛰세르와는 달리, 그는 서로 경쟁하는 이데올로기들의 상대적 권력을 제한하는 물적 세력들을 확인한다. 그리고 셋째, 알뛰세르의 이데올로기론보다 복합적이고 세련되게, 그는 이데올로기의 다양한 차원들을 구별하고, 이들 차원이 이데올로기적 논쟁에 들어오는 방식을 확인한다.[58] 이러한 재구성 속에서 테르보른은 신민화와 자질화의 변증법을 주장한다. 알뛰세르는 신민화의 실제적 관계를 가능케해 주는 이미지너리한 관계에서 일차적으로 "주체"를 정의한다. 테르보른은 이데올로기는 주체들을 착취의 관계를 신민화시킬뿐만 아니라 주체들이 태어나는 그 사회에서 주어진 역할 레파토리를 취하여 수행하게 하고, 나아가 사회적 변동의 실행자들의 역할을 맡게 하는 자질화를 포함한다고 주장한다. 예컨대, 알뛰세르가 현대자본주의사회에서 가장 중요한 ISA라고 판단한 교육은, 착취관계에 필요한 요건을 재생산하는 "숨은 의제"에 학생들을 신민화시키지만, 대항헤게모니를 발전시키는 데 필요한 요소들도 재생산한다. 테르보른이 "이데올로기의 변증법"이라 부르는 그것은 신민화와 자질화 사이의 원칙적인 조응관계가 인정되는 것은 아님을 말한다. 양자 사이의 균열에서 이데올로기적 갈등이 발생할 수 있다.[59]

타자의 이데올로기가 테르보른의 특수이데올로기론을 구성하는 또 하나의 부분이다. 테르보른은 각 특수이데올로기는 자아와 타아를 동시에 규정하는 정의를 내포한다고 본다. 에고(Ego) 이데올로기와 알터(Alter) 이데올로기 사이의 갈등을 테르보른은 다음과 같이 적었다. 즉, "입장적 이데올로기들은 내재적으로 이중적 성격을 가진다. 즉 한 특수이데올로기에의 신민화와 특수이데올로기를 위한 자질화에서 자신과 타자들 사이의 차이를 알게 된다. 그런데 '지배'가 큰 타자와의 특수하고 결정적인 관계를 정확히 지시하고 있는 한에서 지배하는 주체들의 이데올로기가 관련되는 한에서 이 구별은 특별히 적실성이 있다".[60]

테르보른은 타자의 이데올로기와의 갈등을 인식함으로써 이데올로기 투쟁의 핵심이 기초 이데올로기와 다른 이데올로기들과 접합하는 데 있음

58) Boswell et al., "Recent Development in Marxist Theory of Ideology", pp.11-12.
59) G. Therborn, *Ideology and the Power of Ideology*(London: Verso, 1980), p.17.
60) Therborn, *Ideology and the Power of Ideology*, pp.27-28.

을 시사한다.

2) 테르보른이 말하는 이데올로기 호명의 근본양식[61]을 구성하는 근본 문제는, ① 무엇이 존재하는가? ② 무엇이 선한가? ③ 무엇이 가능한가? 이 세 가지이다. 바로 이 맥락에서 테르보른은 자유주의와 전통적 마르크스주의를 모두 비판한다. 전자는 ②에만, 후자는 ①, ②에만 집중했다는 것이다. 달리 말해 양자 모두 세 가지를 균형있게 처리하지 못하고 있다는 비판이다.[62] 상대적으로 그의 강조점은 ③에 있는 것 같다.

3) 이데올로기의 물적 모형 : 이는 알뛰세르의 이데올로기의 "물질성 명제"에 실체를 부여해주려는 테르보른의 시도이다. 테르보른은 이데올로기를 긍정과 제재의 비논술적 물질적 모형 속에 각인된 논술적 실천으로 규정한다. 테르보른은 알뛰세르가 이데올로기를 산 체험으로 보는 관점을 받아들이지만 사회관계의 경험이 필연적으로 이미지너리하다는 것의 함의를 부인한다. 테르보른은 자신의 저서『권력의 이데올로기와 이데올로기의 권력』[63]에서 주체이론의 재구성의 관점에서 이데올로기적 논술의 유형을, "존재"의 주관성이 실존적이냐 역사적이냐를 기준으로 한 축을 구별하고, 세계 속에서의 주관성이 내포적이냐 입장적이냐를 기준으로 다른 한 축을 구별한 다음, 그것을 교차시켜 <표1>과 같이 그리고 있다.

〈표1〉 이데올로기적 호명의 세계

'존재'의 주관성들 / 세계 속에서의 주관성들	실존적	역사적
내포적	1	2
입장적	3	4

61) Therborn, *Ideology and the Power of Ideology*, p.18.
62) Therborn, *Ideology and the Power of Ideology*, pp.19-20.
63) Therborn, *Ideology and the Power of Ideology*, p.22ff.

테르보른은 이와 같이 인간적 주체에는 4차원이 있음을 확인하고, 다음과 같이 명제화하고 있다.

> 나의 명제는 이들 네 차원이 인간 주관성의 근본형태들을 구성한다는 것이고, 또 이데올로기들의 세계는 이들 네 가지 형태를 구성하는 네 가지 주요형태의 호명에 의해 완전히 구조된다는 것이다.[64]

그런데, 이 명제는 다음과 같은 비판을 받을 수 있다.[65] 첫째는, 알뛰세르와 그 학파의 핵심의 하나인 반주관성(주체성) 명제와는 반대로 테르보른의 이것은 주관성에로 다시 복귀하는 논리적 모순이 나타난다는 비판이다. 인간적 주체성이 이데올로기의 형체들을 결정한다고 주장한다면, 이 주장은 모든 이데올로기의 토대로서 주체를 설정하는 논리를 드러내어 보이고 있는 것이다. 둘째는, 알뛰세르와 그 학파 일반에 나타나고 있지만 주체를 개인 실행자(an individual agent)로 보는데, 이 시각은 집합적 실행자들(예컨대, 주식회사, 전문결사체, 노동조합)을 설명하려 할 때 어려움에 부딪힌다는 비판이다. 알뛰세르식 호명이론에 의해 조합구조들의 형성이 이루어질 수 있는가 하는 의문을 제기할 수 있다. 셋째, "몸"(body)과 "인격"(person)을 개념적으로 구분하지 못한다는 비판이 있다. 이데올로기는 "인격"을 탈구성하기도 한다. 예컨대, 기업은 법적 인격(법인체)을 가지지만 그 "몸"는 단지 허구적일 뿐이다. 반면에 노예는 "몸"은 가지지만 "인격"은 가지지 않는다.[66]

---

64) Therborn, *Ideology and the Power of Ideology*, p.23.

65) N. Abercrombie et al., " Determinancy and Indeterminancy in the Theory of Ideology", *NLR* 142(1983).

66) 법은 국가와 시민사회 사이의 매체이다. 이러한 관점에서 좌파이론내에서는 법 연구는 거의 발전되어 있지 못하다. 그리고, 알뛰세르의 ISA론에서 보면, 국가/시민사회 문제틀은 중요하지 않거나 잘못된 것이다. 이 문제틀은 국가 법형태들을 근거로 한 것인데, 알뛰세르는 국가장치들을 분석하는 토대로서 국가의 법률형태를 부정하고 있는 것이다. 그의 이론적 틀 속에서는 국가는 법 위에 있으며, 국가는 계급사회의 기능재현, 방어로

그리고, 알뛰세르는, 헤겔마르크스주의에서 이데올로기를 "허위의식"으로 이해해온 바에 대하여 강한 비판을 전개하면서도, 다른 한편에서는 이데올로기를 "허위의식"과 같은 기능을 행사하는 것으로 이해하기도 한다. 주체의 발생에서는 부정적이지 않은 기능을 하는 이매지너리 관계를 형성시킨다고 보면서도 여기에서는 이데올로기가 비판의 대상으로 나타난다.

> 이 메카니즘에서 문제가 되는 실재는 즉 승인의 바로 그 형태들 속에서 필연적으로 무시되는(오인되는) 실재는, (이데올로기 = 오인/무시), 참으로 최종적인 장소에서는 생산관계들의 재생산이며 생산관계들로부터 도출되는 단계들의 재생산이다.[67]

알뛰세르가 여기에서 문제시하는 것은 과학적 지식(인식)의 효과들로부터 발생되는 승인/오인일 뿐인데, 기존 질서를 유지시킨다는 의미에서 오류로 파악된다. 그러니까 알뛰세르는 이따금식 주관성이론의 여유를 허용하는 듯하면서도 최종적으로는 기능주의적 사유 체계 속으로 회귀하고 있는 것이다.[68]

만 정의된다. 우리가 여기에서 논의하지만, 알뛰세르는 국가의 형태의 통일성에 의문을 던지지만 국가의 기능의 통일성을 인정한다. 알뛰세르가 이렇게 보았던 것은 아마도 그가 속해 있는 좌파이론전통에서 법/권리론을 정치하게 발전시키지 못한 이론적 성찰의 빈곤을 반영하는 것인지 모른다.

67) L. Althusser, *Essay in Self Criticism*(London: NLB, 1976), p.170 ; P. Q. Hirst, "Althusser and Theory of Ideology", *Economy and Society* Vol. 5, no. 4(1976), p.385ff.

68) 그런데 이러한 알뛰세르의 비판적 논의 과정에서 흥미로운 것은 알뛰세르 스스로가 이데올로기적 국가장치라는 문제틀의 이론적 필요성을 방어할 생각이 없어져갔다고 밝히고 있다는 점이다. 이 사실을 테르보른은 알뛰세르 스스로가 자신에게 개인적으로 1979년 4월 말했다고 밝히고 있다. 알뛰세르는 오직 '이데올로기적 장치'와 국가사이의 내재적 연관에만 관심을 표명했다는 것이다. 물론 이렇게 제한된 관심 속에서 이데올로기 문제를 논의했다고 해서 그의 이론적 틀이 변호되는 것은 아니다.

3. 이데올로기와 언어학 : 페쇠의 논술구성체론

1) 페쇠는 알뛰세르의 이데올로기론을 언어학의 방향에서 재구성하려는 매우 독특한 시도를 단행했다. 페쇠는 언어 내재적 의미론을 부정하는 데에서 출발한다. 페쇠에서는 언어 의미란, 언어 의미의 내재성 자체를 부정할 정도로 급진적으로 외재적으로 규정된다는 인상마저 줄 정도이다. 그는 언어 내재적 의미를 부정하고 있다.[69] 여기에서 이 전제 속에서 그가 "이데올로기적 구성체들의 복합적 전체"(the complex whole of the ideological formations)라 부르는 맥락이 세워지고 있는 것을 이해해야 한다. 이 가운데 핵심적인 것의 하나는 논술의 물질성을 얘기하는 맥락이다.

> 낱말, 표현, 명제 등등의 의미는 '그 자체 속에서' (즉, 지시하는 것의 문자적 성격에 대한 투명한 관계를 맺는 가운데서) 존재하는 것이 아니라 오히려 낱말들, 표현들, 명제들 등이 생산되는(즉 재생산되는) 사회역사적 과정 속에서 행사하게 되는 이데올로기적 입장들에 의해서 결정된다는 명제.[70]

페쇠는 언어의 본질을 아마도 주장을 담고 있는 논술로 보는 것 같다. 달리 말해서 순수한 서정의 세계란 그의 언어세계에서는 존재하지 않는 것이다. 그가 언어의 의미가 "그 자체 속에서" 존재하는 것이 아니라, 언어 밖에서 언어를 사용하는 입장에 의해서 결정된다는 것은 그만의 독특한 것은 아니다. 그의 독특성은 언어의 의미가 생산과정 속에서 행사하게 되는 이데올로기적 입장들에 의해서 결정된다고 보는 데 있다. 이를 페쇠는 이렇게 압축한다.

> 단어들, 표현들, 명제들 등등은 이것들을 사용하는 자들이 취하는 입장

69) M. Pêcheux, *Language, Semantics and Ideology*(New York: St. Martin' s Press), pp.111-113.
70) Pêcheux, *Language, Semantics and Ideology*, p.111.

들에 따라 그 의미가 변화된다.

페쇠의 논술구성체(discursive formation) 개념은 이 맥락에서 나온 것이다. 그런데 넓은 의미에서 일종의 화행이론이 페쇠의 논술구성체 개념을 특징짓고 있는데. 중요한 것은 언어 밖에서 언어의 의미를 결정짓는 그것의 내용이다. 그는 계급투쟁상태가 입장을 결정한다고 본다. 페쇠는 비언어내재적 의미론을 따라가다가 그것을 **계급환원주의**로 몰아가고 있는 것이다.

페쇠는 "계급투쟁이 결정하는 논술구성체"라는 명제에 이어, 계급투쟁의 구체적 형상을 가리키는 "상호논술"(interdiscursive) 명제를 얘기한다.[71] 페쇠는 이 상호논술을 이데올로기 구성체들의 복합체를 특징짓는 불균등성, 모순, 종속관계의 법칙(law of unevenness- contradict in-surbordination) 속에서 규정한다. 상호논술이란 모든 논술구성체 속에 들어 있는, 지배적인 복합적 전체(complex whole in dominance)이다. 페쇠는 이런 파악 속에서 예컨대 자본주의에서의 상호논술을 비판할 것을 주장하는 것이다. 그의 이 상호논술개념에서 중요한 것은 첫째 그것의 선구성물의 삽입효과(the embeddimg effect of the preconstructed), 둘째 그것의 절합(articulation)효과[절합론]이다. 그리고 이 구성요소들 사이의 관계가 어떠한지도 중요하다.[72]

페쇠가 주체 형태(형식)에 관심을 기울이는 것은 주체 "이전의" 무엇의 존재를 밝힘으로써 주체를 "해체"하려는 것이다. 페쇠가 주체 형태를 논의하는 까닭은 알뛰세르와 그 학파 일반이 그러하듯이 주체없는 과학을 정당화하려는 것이다.

페쇠에 의하면, 주체는 (주체 자신의) 망각에 의해서 구성된다. 페쇠는 "주체로서 구성된 개인이 그것이 '만들어지고', '구성되는' 것임을 망각한다

71) Pêcheux, *Language, Semantics and Ideology*, p.113.
72) Pêcheux, *Language, Semantics and Ideology*, p.115.

는 사유"를 제시한다. 물론 페쇠가 말하는 망각은 일상적인 것은 아니다.

페쇠의 망각이론은 알뛰세르의 호명이론을 발전시키는, 그것을 보완하려는 일종의 보충이론적 성격을 갖는다. 페쇠는 망각을 두 종류로 구분한다. 제 1망각과 제 2망각이 그것이다. 전자는 발화주체가 자신을 지배하는 논술구성체 외부에 위치할 수 없는 '존재론적' 언어의 감옥에 그 근거가 있다. 주체는 페쇠가 선구성된 것(선구성물)이라 부르는 그것을 망각한다는 것이다. 후자, 즉 제 2망각은 언어의 대체관계가 어느 특정한 방향으로 진행하여 의미를 규정해주는 그것을 망각하는 것을 가리킨다. 페쇠는 이를 횡단논술(transverse discourse)라 부른다. 이는 무한한 "수평적"인 연쇄의 고리가 전도되어 위계질서화됨을 시사한다.

페쇠는 이 두 망각이 상호논술에 모아지는 것으로 본다. 그리고 상호논술 속에는 언어 밖의 무엇이 작용하고 있다는 논리 속에서 알뛰세르의 이데올로기론을 세련화시키려 한다.

2) 상호논술에서 주체는 어떠한 위상을 가지는가? 이 경우 결정주의 문제가 결정적인데, 페쇠는 이 결정주의를 극복하는 문제에 답하기 위해 다음 세 가능성을 구별하고 있다.

① "선한 주체"(good subject)가 있는 경우 : 주체와 상호논술이 완전히 일치하는 경우인데, 즉 주체가 지배하는 논술구성체에 조건 없이 복종하는 경우인데, "호명" 과 "선구성물"(preconstruct) 개념들에서 설명된다. 이것은 다름 아니라 동일화의 경우이다.

② "사악한 주체"(bad subject)의 경우 : 주체가 상호논술의 틀 내에서 관장할 수 있는 주장을 전도시킴으로써, 동일화메커니즘을 무너뜨리는 경우. 페쇠는 다음 문장을 그 예로 들고 있다.

> 십자가에 자신의 죽음을 버림으로써 세계를 구원한 그러한 자는 결코 존재하지 않는다.[73]

이것은 다름 아니라 반동일화의 경우이다.

③ 주체없는 과정의 경우 : 알뛰세르가 주체없는 과정이라 명명하고 설명한 그 경우에 해당한다. 이것을 그는 역동일화라 이름짓고 있다. 이와 같은 내용을 다음과 같이 도식화할 수 있다.

〈표2〉 주체와 동일화의 양상

양상	제 1양상	제 2양상	제 3양상
주체양상	선한 주체	악한 주체	주체없는 과정
동일화 양싱	동일회	반동일화 ; 헤겔적 모순	역동일화 ; 마르크스레닌주의

페쇠는 이 동일화 양상에서 제 3양상을 당연하게 지향하고 있다. 곧, 그의 언어의미론은 마르크스레닌주의를 언어의 의미의 목적으로서 설정하고 그것에 따라 동일화의 양상을 확인하고 있는 것이다.

이미 시사했듯이, 페쇠는 언어의 질서를 근본적으로 대체의 관계로 본다. 구체적으로 말해, 그는 대체성의 두 종류를 구별한다.[74] 그 하나는 그가 균등이라 부르는 것으로서 대칭적 대체성을 말한다, 다른 하나는 그가 함의라 부르는 것으로서 정향적 대체성을 말한다. 페쇠는 후자에 주로 주목하면서, 라깡의 언어이론에 기댄다. 압축적으로 말하면, 라깡에 의하면 언어는 은유와 환유의 교차선에서 의미가 생성되는데, 페쇠는 이를 받아들이되, 이 교차선에서 언어 밖에서의 계급투쟁을 끌어들이는 것이다.

페쇠의 핵심명제의 나는 모든 이데올로기들이 같은 가치를 지니고 있는 것은 아니다는 것이다.[75] 즉 이데올로기들 사이의 불균등을 그는 주장하고 있는 것이다. 페쇠는 이 맥락과 연결되어서 역사유물론, 마르크스레닌주의

73) Pêcheux, *Les Vérités de la Palice*(Paris: Maspero, 1975), p.198.

74) Pêcheux, *Language, Semantics and Ideology*, p.115.

75) Pêcheux, *Les Vérités de la Palice*, p.173.

의 과학성을, 프롤레타리아 이데올로기의 과학성만을 이데올로기를 넘어서는 진정한 과학이라고 주장한다. 그는 여기에서 여전히 비약하고 있다. 알뛰세르와 크게 다를 바가 없다. 알뛰세르처럼 그도 역시 마르크스레닌주의가 이데올로기에서 과학으로 "비상"하는 과정을 이론적으로 경험적으로 논증하고 있는 것이 아니라, 단지 그것을 전제하고 있는 것이다. 말하자면, 그것은 도그마를 반복하고 있을 따름이다.

페쇠도 알뛰세르처럼 과학을 주체없는 과정으로 정의하고, 그 과학을 이데올로기 저편에 있다고 주장한다. 즉 그 역시 과학과 이데올로기의 "단절"을 주장한다. 그리고 이와 함께 그와 상호보완적인 관계가 있는 명제가 이어진다. 그것은 다름 아니라 프롤레타리아트를 주체없는 집단으로 규정하거나 적어도 현존 형태의 주관성을 의문시하는 정치적 실천을 행사할 집단으로 규정하는 것이다. 페쇠는 다음과 같이 말한다. "프롤레타리아트적 이데올로기적 실천은 명시적으로, 일관되게 주체형태를 띠면서 작동한다는 데 있다."[76] 또 이렇게도 말한다. "프롤레타리아트적 정치적 실천의 통합적 구성 부분인데. 패러독시하게도, 호명이 역으로 기능하는 새로운 동일시들을 통해서, 즉 역사, 대중, 노동자계급 그리고 그 조직같은 비주체와 관련하여 발전된다."[77] 페쇠는 주체가 마르크스스레닌주의를 주체없는 과학으로 승인하면서도, 프롤레타리아의 탈주체화하는 실천에 정향되면, 상호논술로부터 거리를 취하여, "탈동일시"할 수 있다고 선언하고 있다. 이데올로기와 과학 사이의 이른바 "인식론적 단절"로써 그는 이를 변호하려 한다. 하지만 프롤레타리아 이데올로기와 마르크스레닌주의 과학사이의 관계 문제를 해결한 것은 결코 아니다.

3) 해리스의 『논술분석』(Discourse analysis)(1952)을 비판하면서 페쇠는 자신의 논술이론을 다듬어 왔다. 해리스는 문장들 혹은 텍스트의 귀결에 초점을 두고, 텍스트를 구성하는 요소들 사이의 반복하는 패턴들에 초점을

---

76) Pêcheux, *Les Vérités de la Palice*, 180; Zima, *Ideologie und Theorie*, p.183에서 재인용.
77) Pêcheux, *Les Vérités de la Palice*, 180; Zima, *Ideologie und Theorie*, p.183에서 재인용.

두는 형식 분석을 했다. 그렇게 함으로써 텍스트를 넘어서는 논술적 귀결들에 대한 모든 준거뿐만 아니라 이에 주어져 있든 의미들에 관한 모든 가정도 배제되었다. 페쇠에 의하면, 해리스는 개별적 텍스트를 분석하는 수준에 그침으로써 내부적으로, 본래적으로 반복적이지 않는 논술적 귀결들에 주목하는 안목을 보여 주지 않았다. 이 비판에서 페쇠는 "논술적 몸체" 라는 대안 분석을 제시한다.

> 해리스는 프로파간다나 광고의 텍스트들에 방법론적으로 우선권을 부여하는 태도를 보이고 있다. 이 태도는 텍스트를 그 자체의 고유한 사전(dictionary)으로서 취급하는, 그의 관점 내에서의 필연성과 조응하는 것이다. 이에 반해서 우리가 [채택하는] 관점에서는 자동사전(auto-dictionarie)의 역할을 행사하는 것은 바로 이 몸체(corpus)이다.[78]

우리가 주목하는 것은 『언어, 의미론, 그리고 이데올로기』(1975)에서의 논술이론이다.[79] 그의 논술이론에서 그가 논술자동분석이라 부르는 것은 매우 특이한데, 이 논술자동분석(automatic analysis of discurse, 이하 AAD로 약칭)은 다음 3단계로 그 방법을 구분할 수 있다.

제 1단계: 논술 몸체의 구성이다. 이 구성은 AAD의 기술적 장치에 외재적이고 그것과는 상관없이 정당화될 성질의 이론적 원리들에 의해 안내받는다. 논술적 몸체는 생산의 안정되고 동질적인 조건들에 의해 "지배된다"고 간주된 "논술적 귀결들"이나 일련의 논술에 의해 구성된다. 상황이 다르면 논술이 다르게 나오지만 생산의 지배적 조건들은 동일하다고 가정한

78) J. B. Thompson, *Studied in the Theory of Ideology*(Cambridge: Polity Press, 1984), p.238에서 재인용.

79) 유감스럽게도 페쇠의 사상적 변화 과정을 여기에서 추적해낼 수 없다. 페쇠의 사상변모를 지적하고 있는 Thompson, *Studied in the Theory of Ideology*, pp.333-334, n.16 참조하라. 페쇠의 사상발전과정 전체를 자세하게 추적하지는 못하지만 『언어, 의미론, 그리고 이데올로기』를 중심으로 그의 사상을 해석해도 큰 무리가 없을 것으로 판단된다.

다. 이렇게 구성된 논술적 몸은 다음과 같은 서로 다른 두 유형으로 분석된다. 그 하나는 "언어학적 분석" 혹은 "탈피상화" (deperficialization)라 부르는 분석이다. 다른 하나는 "논술적 분석" 혹은 "탈구문론화" (desyntagmatization) 라고 부르는 분석유형이다.

제 2단계: 언어학적 분석이다. 논술의 언어학적 표피에서 작동한다. 논술에 작용하는 구문론적 메커니즘을 구체화하여 제 2망각 효과를 셈해 낸다. 이 언어학적 분석은 가장 기본적인 진술단위들(elementary asser)로 구성한 일종의 지형을 구성하는데 그들 기본구성요소 사이의 관계를 선으로 표시한다.[80)]

제 3단계: 논술적 분석의 단계이다. 언어학적 탈피상화에 의해 얻어진 자료를 논술적으로 분석하는데, 컴퓨터프로그램의 도움을 받는다. 이 논술분석단계는 다시 단계로 나뉘어진다. 즉, 논술분석의 제 1단계에서는 각 논술의 단선관계를 몸의 다른 모든 논술들의 그것과 체계적으로 비교한다. 이 단계에서 해리스의 방법과의 결정적인 차이점이 밝혀진다. 비교영역은 개별 텍스트라기 보다는 논술적 몸체이기 때문이다.

두 단선 관계가 동일한 연결기(connector)를 지니고 있을 때 논술분석의 제 2단계에 들어선다. 컴퓨터 프로그램은 8개의 형태구문론적 범주를 비교의 토대로 사용하여 하나의 관계의 두 진술과 다른 관계의 두 언설을 비교한다. 두 관계의 상대적인 근접성(proximity)을 결정하기 위해 "무게" 시스템을 도입한다. 예컨대, 두 쌍의 언설, "A와 B", "C와 D"가 있다고 할 때, 이들 진술이 같은 연결사를 가지고 있다는 사실에 의해 두 언설을 함께 묶어볼 수 있다. 분석의 제 2단계에서는 A와 C, B와 D의 내용을 비교하는데, 이것들이 공통으로 지니고 있는 형태구문론적 범주들에 주목한다. 이들 공통점에 수적 가치를 부여하고 이들 가치의 합계 S를 고정시킨 가치 V와 비교한다. 만약 S〉V이면, 그 진술은 동일한 "의미론적 영역" 에 속한다. 분석은 일련의 영역을 구성해내고, 그들 영역의 상호관계를 구체화하는데

80) 페쇠는 8개의 근본 형태 구문론적(morpho-syntactic) 범주를 확인한다.

(내포, 배제, 상호침투(intersection)).그들 영역 사이의 근접성에 의해, 상호 대체 관계에서 있는 귀결을 포함한다.

페쇠는 앞에서 지적한 바 있지만 두 유형의 대체를 구별하는데 그것은 해리스의 논술분석을 비판하는 것과 관련이 있다. 그 하나는 "균형적" 대체이다. 예컨대, P와 Q가 서로 대체 가능한 요소인 경우, P에서 Q로 나아갈 수 있듯이 역으로 Q에서 P로 나아갈 수 있는 사례이다(동의어). 다른 하나는 "정향된" 대체이다. 어느 한 요소가 다른 요소를 지적하지만, 그 역을 시사하지 않을 경우이다. 환유(metonymy)의 경우가 여기에 해당한다. 페쇠의 논술분석은 이 시사 불가능성의 이유를 논술적 몸체의 "특수한 외재"(specific exterior)에서 찾아내는 데 그 핵심이 있다. 대체(들)에 제기하고 대체(들)를 정향시키는 특수한 외재가 바로 논술적 구성체들의 구조화된 총체 혹은 "상호논술"이며, 이는 제 1망각 기능 때문에 주체에게 접근되기 어려운 것이다.[81)]

4) 앞에서도 지적했지만, 알뛰세르의 이데올로기론에서 문제가 되고 있는 것은 저항양식을 이론화하는데 그의 이론적 틀이 취약하다는 것이었다. 페쇠 역시 이 비판을 잘 직시하고 있었던 듯하다. 그 역시 알뛰세르 이후의 알뛰세르주의자들처럼 저항양식을 이론화하려고 시도한다, 그의 이 시도에서 우리는 여기에는 두 단계를 구별해 볼 수 있다. 그 첫째는 계급투쟁의 선차성 명제에서 저항의 존재를 내재적으로 읽어 내는 단계이다. 둘째는 이른바 "넌센스"론을 전개하는 단계이다.

---

81) 페쇠는 "보론3"에서 "ISAs"라는 1970년이 알뛰세르의 논문에서 이미 1976년의 "노트"(1970년 ISAs논술의 독일어 판을 위해 붙인 1976년에 쓴 알뛰세르의 글인데, 1977년에 출간되었다)의 아이디어의 맹아가 시작되었다고 본다. 이는 루디네스코(Roudinesco), 헨리(Henry). 밀너(J.C.Milner), 루스탕(Rustang), 플론(Plon), 그리고 후더바인(Jean-Louis Houdebine)등이 페쇠를 스탈린주의의 미청산이라는 관점에서 비판한 것에 대한 반응이었다.

(1) 계급투쟁의 선차성:

페쇠는 여기에서 곧바로 저항의 존재를 내재적으로 읽어낸다. 이는 권력 개념을 기본적으로 부정적으로 보는 세계관을 반영하고 있다.[82] 이러한 세계관 속에서 그는 "중층결정" 개념에서 이데올로기 영역의 상대적 자율성을 정초시키고, 이데올로기 영역 내에서의 이데올로기들의 대립을 읽어낸다. "재생산" 관점 역시 그는 이와 같은 식으로 읽어낸다. 권력을 이렇게 볼 때 자본주의 이후의(post-capitalism) 국가와 사회에서의 구성체를 어떻게 설명할 것인가 하는 의문이 생긴다.

(2) "넌센스" 론:

페쇠는 저항의 존재를 확인하는 수준을 넘어 저항양식을 이론화하기 위하여 정신 분석 시각을 다시 끌어들인다.[83]

> 논술의 주체 형태 속에서 호명, 동일시, 의미 생산이 서로 떨어질 수 없게 상호공존해 있는데, 이 논술의 주체 형태가 즉각적 자명성의 형태 속에서 자아의 원인으로서의 주체를 생산하는 넌센스를 현실화시킨다.[84]

여기에서 말하는 넌센스[무의미]의 의미를 더 정확히 이해하기 위해 우리는 넌센스와 은유의 관계를 논의하는 텍스트로 되돌아갈 필요가 있다.

> 표상들에 의미를 부과하는 것은 프로이트가 '물 표상' (thing representation)이라 부르는 바와 '언어 표상' (word representation)이라 부르는 바 사이의 구분을 전제하는데, 이는 정확히 그러한 부과의 자취를 지울 수 있게

82) 스티븐 룩스, 서규환 역, 『3차원적 권력론』(서울: 나남, 1992).

83) 이런 지적 자극 속에서 흥미로운 시도를 하고 있는 김종엽, 「웃음의 해석학, 행복의 정치학 ---- 프로이트의 『'농담' 과 그것의 무의식에 대한 관계』에 대한 연구」《문화와사회연구회》(1992) 참조.

84) Pêcheux, *Les Vérités de la Palice*, p.191에서 재인용.

> 하기 위해서이다. 그러나 라깡이 발전시킨 정신분석이론이 여기에서 우리에게 가르쳐주는 바는 이 구분이 대기표 요소(the element of the Signifier)에서 실행된다는 점이다. 이 대기표 요소는 그 자체로서는 '언어 표상'도 '물 표상'도 아니다.[85]

여기에서 우리는 페쇠의 언어분석과 논술이론을 좀더 구체적으로 논의해보자. 우선, 페쇠는 언어를 보는 기본 관점에서 라깡에 따라 기호와 "의미에 대한 기표의 우선시"를 제시하면서 의미는 라깡이 은유라 부르는 관계가 효과라는 명제를 제시한다. 곧, 그는 "은유는 무의미 속에서 의미가 생산되는 바로 그 지점에서 자리잡는다"는 라깡의 주장을 반복한다. 페쇠는 기호 혹은 텍스트 내재적 의미론은 거부하고 텍스트주의를 넘어서면서도 기표들의 무한한 연쇄를 차단시키는 그것을 권력으로 보는 때문인 것 같다.[86] 이를 의미부과양식이라 부를 수도 있을텐데, 페쇠는 이를 계급투쟁의 관점에서 설정한다. 그리하여 페쇠의 언어이론에서 계급투쟁이 "대기표"이며 "대타자"(the Other)이다.

둘째, 페쇠는 알뛰세르의 "기호와 의미에 대한 기표의 우선시" 명제에서 "기표가 개인을 주체로서 호명하여 동일시하는 데 참여한다"[87]는 명제를 끌어낸다.

페쇠는 알뛰세르의 ISAs론을 비판하는데, 그 이유는 앞에서 지적한 바와 같이 알뛰세르가 저항양식을 이론화하지 않았다는 데에 있다.[88] 페쇠는 알뛰세르의 한계를 지적하면서 "보론3" 끝에서 다음과 같이 선언한다.

> 알뛰세르의 ISAs텍스트의 분석적 준거 범위는 꿈, 실수, 실책 등을 분석하기를 피했으며, 그의 ISAs텍스트는 위트를 지적하면서도 여기에서는 신

85) Pêcheux, *Language, Semantics and Ideology*, p.188.
86) Pêcheux, *Language, Semantics and Ideology*, p.219; p.181.
87) Pêcheux, *Language, Semantics and Ideology*, p.190.
88) Pêcheux, *Language, Semantics and Ideology*, p.220.

중하게 암묵적인 채 남겨두었다. ‘문크하우젠 효과’(Munchausen effect)[논의]가 이 방향에서 목표를 두고 있는데, 이를 ‘이론화함으로써’ 이 암묵적 상태를 다시 연장했다. 그래서 3년이 지난 뒤, 나는 두 가지의 고정된 표징(landmarks)에서부터 나의 태도를 끌어내려는데. 우리의 정치적 겨울 동안에 내가 추적하려는 이 짧은 발걸음.

저항 없는 지배는 없다: 계급투쟁의 실천적 우선시, 이는 ‘저항을 견디어 내야 함’을 의미한다.

누구도 다른 자의 장소에서 생각할 수 없다: 무의식의 실천적 우선시, 이는 생각되어지는 바를 견디어 내어야 한다는 것, 즉 ‘자력으로 생각하기를 견디어 내어야함을 의미한다.[89]

페쇠가 저항양식이론을 개발시키려 하면서 주목하는 것은 프로이트가 “의식”의 통제를 벗어나는 영역, 꿈 · 실수 · 실책 · 농담(dream-slip-parapraxis-witz)의 현실이다. 이것이 시사하는 바는 무엇인가? 우선, 이것들은 완벽한 신민화는 불가능하다는 살아 있는 예증들이라는 것이다. 페쇠는 여기에서 “최소한의 저항선”을 읽어내려 한다. 둘째, 무의식의 질서는 이데올로기의 질서와 일치하는 것은 아니다. 그러므로 이데올로기의 완벽한 투입은 불가능하다. 셋째, 정신분석적 의미에서의 억압은 신민화와도 정치적 억압과도 일치하는 것은 아니다. 그리고 넷째, “이데올로기는 무의식적 목록에 대한 준거 없이는 생각될 수 없다는 것이다.”

이와 같이 페쇠가 프로이트의 정신분석학에서 저항의 가능성을 이론적으로, 어떤 의미에서 존재론적으로 읽어내는 매력적인 시도를 보여주었지만, 페쇠는 그 가능성을 여전히 계급투쟁에 우선권을 부여하는 알뛰세르주의자들의 도그마를 극복하지는 못한다. 그는 논리를 넘어 다음과 같이 선언하고 말아버린다.

89) Pêcheux, *Language, Semantics and Ideology*, p.220.

> 지배 이데올로기로부터 피지배이데올로기들을 구별시켜주는 실재의 선조건은 역사적 모순의 총체로서의 계급투쟁에 있다...

나는 페쇠와는 달리 여기에서 무의식에서는 끊임없는 기표의 미끄러짐이 일어날 수밖에 없다면, 최소한의 저항은 항상 남아있다고 한다면, 그것은 반드시 계급의 범주일 수는 없다고 판단한다. 이미 다양한 범주들이 무의식에서의 기표의 미끄러짐으로 나타날 수밖에 없다면, 후기구조주의자들이 그러하듯이 의미의 불확정성을 급진적으로 확장하고 기표들의 무제한적인 놀이를 바라보아야 하거나 아니면 구조주의운동의 길과는 처음부터 "다른" 길(예컨대, 행위이론의 길)을 찾아야 할 것이다.

그런데, 알뛰세르와 그 학파가 본격 저항양식이론을 제기하지 않았던 빈곤을 보여주는데, 이는 무엇 때문일까? 나는 단적으로 말해 기표들의 무한한 연쇄를 차단시키는 그것을, (예컨대, 대기표를), 외부에서 설정하고만 있기 때문이라 본다. 달리 말해, 알뛰세르와 그 학파는 내재적으로 저항양식을 발전시키지 못하는 한계가 있기 때문이라는 것이다.

페쇠에 대한 비판은 역시 일차적으로 그의 방법론에 주목할 수 밖에 없다. 이를테면, 이데올로기 문제를 깊게 천착하고 있는 영국의 정치사회이론가 톰슨(J. B. Thompson) 역시 페쇠가 이데올로기의 이론적 논의를 이데올로기의 구체적 형태들을 경험적으로 역사적으로 분석하는 차원으로 연결시키려는 노력을 높이 평가하면서도, 여전히 구조주의의 굴레를 벗어나지 못함을 비판하고 있는데, 이것 역시 그러한 맥락에 있다.

페쇠의 논술의미론은 의미의 효과들이 표현되어 있다고 보면서, 그 표현속에서 논술적 과정을 재구성해냄으로써 의미의 효과들을 밝혀내려 한다. 그의 논술의미론의 강점은 의미론과 의미가 생산되는 사회적 역사적 조건의 이론을 분리시켜 보지 않는다는 데 있다. 페쇠는 이때 다양한 형태의 "대체" 관계에 주로 주목한다.

의미(sense)란, 항상 다른 낱말, 표현 혹은 명제를 위한[대신한: 역자] 낱말, 표현 혹은 명제이다.[90)]

페쇠가 논술과정이라 부르는 그것에는 구조주의 언어학자 소쉬르의 흔적이 강하게 남아 있다. 이를 좀더 자세하게 말하자면, 우선, 페쇠에서 의미는 소쉬르에서 가치에 해당하고, 페쇠가 논술로 부르는 것은 소쉬르에서는 랑그가 맥락화된 형태에 해당한다. 페쇠는 소쉬르의 한계를 완전히 넘어서고 있지 못하다. 표현의 의미는 그 표현을 사용하는 사람의 입장에 상응하여 변모한다는 지평을 열고 있으면서도 페쇠는 다른 한편으로는 논술의 이미 주어진 구성요소들 사이의 대체 패턴에서 단순하게 의미를 읽어내고 있는 것이다. 대체 패턴의 확인은 논술 속에서 무엇이 언설되고 있는지를 명백히 밝히는 것은 아니다. 의미이론은 언설의 기준측면과 준거측면을 통합시키면서도 이들 두 측면이 권력의 지평과 분리되지 않아야 한다.[91)]

그의 논술자동분석(AAD)론은 구문론적 분석과 컴퓨터 프로세싱을 연결시킨 복잡한 분석이다. 이 분석은 논술몸체을 구성하는 부분과 그 결과를 해석하는 부분으로 나누어 논평될 수 있다. 먼저, 페쇠의 논술의미론은 전자가 AAD의 수행에 앞서가는 논리를 보이고 있다는 점을 지적해야 한다. 달리 말하면, 논술 몸체 구성이 후자와 독립하여 정당화되고 있다는 것이다. 그러므로 논술 몸체 구성에 포함된 가설이 주는 색에 짙게 물들어 있을 위험이 따른다. 그리고, 페쇠 스스로가 인정하고 있듯이, AAD의 결과들은 자력으로 말해주지 않고 해석되어야만 정당한 말을 한다면, AAD에서도 해석의 일반적 틀을 제시하는 일이 무엇보다 중요하다. 페쇠 등이 실

---

90) Pêcheux, *Les Vérités de la Palice*, pp.241-242 [188] ; Thompson, *Studied in the Theory of Ideology*, p.249에서 재인용.

91) 톰슨은 권력의 이해로 본다. 즉, 베버 이래의 행위이론적, 부정적인 권력이해를 위하고 있다 Thompson, *Studied in the Theory of Ideology*, pp.249-250. 이 이해에 대한 비판으로는 룩스, 『3차원적 권력론』, 1992의 부록인 서규환, 「제3의 비판권력론 -- 권력의 변증법」, pp.109-156 참조.

제 경험 연구를 수행할 때 해석과정에서 벗어날 수 없음은 분명하다. 하지만 페쇠의 분석에서는 해석에 대한 비판적 성찰을 높일 수 있게 하는 이론적 장치가 빈곤하고,[92] 이것이 문제이다.[93]

페쇠의 근본적 한계는 역시 주체를 보는 시각에서 뚜렷하게 나타난다. 변혁운동을 주장하려는 의도에서 논술구성체이론을 발전시키고 있으면서도 사회과학적 수준에서의 실행자이론마저 해체해 버리고 있는 이론적 균열이 일어나고 있다.

인식론을 이해하는 방식이 또한 문제이다. 페쇠는 논술몸체 구성과 결과 해석의 정당성은 역사유물론(알뛰세르가 보는 마르크스레닌주의)의 존재에서 얻어내고 있다. 그 역사유물론에 대한 비판은 다시 여기에서 반복할 필요는 없을 것이다. 알뛰세르의 그것을 전제로 하는 것이다.

Ⅳ. "최종심급에서의 경제"

알뛰세르가 지성사에서 차지하는 의의가 간과될 수는 없다.[94] 첫째, 그의 마르크스 독해는 "마르크스"라는 고전을 엄밀히 독해할 필요성을 깨닫게 해 준 자극이었다. 둘째, 그의 라깡 정신분석 도입은 실증주의와 단순한 주관성에서 출발하는 반자연주의적 주관주의의 대립을 넘어서려는 새로

---

92) 페쇠의 근본적 한계는 역시 주체를 보는 시각에서 뚜렷하다. 변혁운동을 주장하려는 의도에서 논술구성체이론을 발전시키고 있으면서도 사회과학적 수준에서의 실행자(Agent)이론마저 해체해버리고 있는 이론적 균열이 일어나고 있다. 페쇠의 경우에도 그의 인식론 이해방식이 문제이다. 페쇠는 논술 몸체 구성과 결과 해석의 정당성은 역사유물론에 대한 비판은 다시 반복할 필요는 없다. 알뛰세르의 그것을 전제로 하는 것이다. 따라서 그 한계를 그 역시 반복하고 만다.

93) Thompson, *Studied in the Theory of Ideology*, p.335 각주 32를 참조.

94) G. Eliott, "The Lonely Hour of Last Instance: Louis Pierre Altrusser, 1918-1990", E. Ann. Kaplan and Michael Sprinker(eds.), *The Althusserian Legacy*(London: Verso, 1993), p.236.

운 지적 운동의 자극이었다. 셋째, 그의 "최종심급에서의 경제적인 것에 의한 결정" 주장은 "경제주의"를 다시 성찰하게 했던 자극이었다. 하지만 이미 앞에서 논의했듯이 이들 자극이 설득력 있게 새로운 이론으로 나아간 것은 아니었다. 다른 시작이 필요했었다.

끝으로 예상되는 오해를 미리 피하기 위하여 밝혀 두고 싶은 맥락이 하나 있다. 이는 다름이 아니라, 알뛰세르가 『마르크스를 위하여』에서 「모순과 중첩 결정(1962)」을 논의하면서 암시적으로 언급한 유명한 명제적 표현에 관해서이다.

> 첫 모멘트에서 최종 모멘트에까지, '최종심급'의 고독한 시간은 결코 오지 않는다.

이를 두고 최종심급에서의 경제에 의한 결정을 부인하는 선언으로 읽는 눈들이 있다. 알뛰세르가 이 표현에서 의미하는 바는 최종심급에서의 경제가 순수하게, 다시 말해 "정치"와 "이데올로기"와 완전히 분리된 채 오리라는 전망을 부인하려는 내용이다. "고독"을 부인하려는 의도였다.

제2장 니클라스 루만의 시스템이론에서의 패러다임 전환에 대하여

I. 니클라스 루만에의 관심

위르겐 하버마스(Jürgen Habermas)와 더불어, 니클라스 루만(Niklas Luhmann)은 독일이 낳은 세계적 대사상가의 반열에 올라있지만, 정작 니클라스 루만에 대한 학문적 연구는 국내에서는 매우 저조한 상태에 머물러 있다. 말하자면 학문연구사에서 커다란 빈틈이 있다는 것이다. 물론 국내에서도 루만에 대해 논의하는 몇 편의 글이 있으며,[95] 최근 방대한 루만의 저작들 중 일부가 번역되어 소개되어 있는데, 이는 아마도 루만에 대한 관심이 싹트고 있음을 알려주는 것일지 모르겠다.[96] 곧 『생태학적 커뮤니케

95) 이준형, 『시스템의 이해』(인천: 인하대학교 출판부, 2000).; 노진철, 「루만의 자기준거적 체계이론과 성찰적 현실진단」, 《과학사상》 겨울호(2000); 박영도, 「현대를 넘어서 현대를 따라잡기 - 루만의 ' 현대를 다시 쓰기' 에 대하여」, 《문학동네》 가을호(1997); 김종길, 「니클라스 루만 : 중심없는 사회」, 박길성 외, 『현대 사회의 구조와 변동』(서울: 나남, 1996).

96) 참고로 영역되어 있는 루만의 저술들을 소개해두고자 한다. Niklas Luhmann, translated. by Elizabeth King, Martin Albrow, *Sociological Theory of Law*(London : Routledge&Kegan Paul, 1972); Niklas Luhmann, translated. by Howard Davis, John Raffan and Kathryn Rooney, *Trust and Power*(New York : Wiley, 1979); Niklas Luhmann, translated. by Stephen Holmes and Charles Larmore, *The Differentiation of Society*(New York : Columbia University Press, 1982); Niklas Luhmann, translated. by Peter Beyer, *Religious Dogmatics and the Evolution of Societies*(New York : E. Mellen Press, 1984); Niklas Luhmann, translated. by Jeremy Gaines and Doris L. Jones, *Love as Passion : the Codification of Intimacy*(Cambridge, Mass. : Harvard Univ. Press, 1986). ; Niklas

이션』[97] 과『복지국가의 정치이론』[98]이 그것들이다. 하지만 루만의 시스템 이론을 체계적으로 논의하고 있는 연구는 국내에서 찾아보기 매우 어렵다. 그 이유가 무엇일까? 여러 가지 이유가 있겠지만, 루만의 글 자체가 매우 난해하기 때문이 아닌가 싶다. 이 점은 국내에서뿐만 아니라 유럽, 아니 독일어권 자체에서도 흔히 지적되는 종류의 것이다. 그의 이론을 연구하기 어려운 까닭은, 이뿐만이 아니다. 그는 살아있는 동안에 단행본만 50권이 넘는 왕성한 저술활동을 전개하여 방대한 그의 학문세계를 정리하는 일조차 결코 쉽지 않다는 이유도 있다. 최근 그의 여러 권의 저작들이 영어로 번역되었지만, 여전히 그의 대다수 저작들은 독일어로만 읽을 수 있다. 루만의 경우에도 그렇지만 사상과 이론의 연구에는 독일어 학습이 필수적이고, 독일어에 정통한 연구자들의 책임이 막중하다 하겠다.

루만은 파슨스 이래의 시스템이론을 발전시키는 데 가장 결정적인 역할을 행사한 학자로서 세계적 명성이 있다. 우리는 루만연구를 통해서 시스템이론의 현 위상을 가늠해 보고자 한다. 현대 사회과학계에서 핵심적 흐름의 하나인 시스템이론의 동향을 검토해야 할 필요성이 있다는 것이다. 회고해 보면, 적어도 국내에서는 파슨스의 시스템이론의 경우에도 말들은 많았지만 엄밀하게 말해서 충분하게 연구된 다음, "넘어섰다"고 말하기는 어려울 것이다. 파슨스를 넘어서 나아갔던 루만을 통해서 우리는 시스템이론의 실체를 어느 정도 가늠할 수도 있을 것이다.

Luhmann, translated. by John Bednarz, Jr., *Ecological Communication*(Chicago : University of Chicago Press, 1989); Niklas Luhmann, translated. by John Bednarz Jr., *Political Theory in the Welfare State*(Berlin : Walter de Gruyter, 1990); Niklas Luhmann, translated. by Rhodes Barrett, *Risk : A Sociological Theory*(New York : Aldine de Gruyter, 1993); Niklas Luhmann, translated. by John Bednarz, Jr., with Dirk Baecker, *Social Systems*(Stanford, Calif. : Stanford University Press, 1995); Niklas Luhmann, translated. by William Whobrey, *Observations on Modernity*(Stanford, Calif. : Stanford University Press, 1998); Niklas Luhmann, translated. by Eva M. Knodt., *Art as a Social System*(Stanford, Calif. : Stanford University Press, 2000).

97) 니클라스 루만, 이남복 역,『생태학적 커뮤니케이션』(서울: 유영사, 1996).

98) 니클라스 루만, 김종길 역,『복지국가의 정치이론』(서울: 일신사, 2001).

루만은 무엇보다도 사회의 일반이론을 탐색하는 데 그 특징이 있다. 최근 사회과학들은 개별적인 사건들이나 시사적 문제들에 민감하게 반응하고 관심을 고조시키고 있지만 이론연구에 에너지를 투여하는 학자들을 찾아보기가 쉽지 않다. 더구나 이른바 "포스트모더니즘"의 열풍 속에서 일반이론을 모색하는 진지한 연구들은 점차 퇴조하는 느낌을 받을 때가 적지 않은 것이다. 하지만 루만은 사회의 일반이론을 탐색하는 모범적인 학문적 태도를 보여주고 있다. 루만 연구의 필요성은 현재 사회의 일반이론의 정립과 관련된 문제점들과 쟁점들을 잘 식별하고 그것을 논의해야 할 필요성에 다름 아니다.

루만의 체계이론에 대한 연구에서 루만의 저작 "사회적 시스템들"[99]에 주목하는 것은 정당한 이유가 있다.[100] 그의 이 야심적 저작은 하버마스가 자신의 지적 경력에서 "소통행위이론"[101]이 차지하는 만큼의 의미를 가진다. 루만 자신의 지적 형성 과정에서 새로운 시대를 열고 있다고 논평할 수 있다. 하버마스가 자신의 이 『소통행위이론』이라는 대작을 갑작스럽게 독자들에게 내어놓지 않았듯이, 루만 역시 그러하다. 시스템이론을 발전시키는 데 일생을 걸었던 루만이 이 저작에서야 명시적으로 "시스템이론의 패러다임 전환"을 선언하고 있지만, 그동안 그 내용은 이미 예시되어 있던 것이었다. 이미 1970년대 초 흔히 위대한 논쟁의 하나로 평가되었던 "루만-하버마스 논쟁"에서부터 루만은 새로운 시작을 위한 노력을 경주해 왔던 것이다. 우리가 일차적으로, 특별히 이 "사회적 시스템들"이라는 저작에 주목하는 것은, 이 저작이 루만이 시스템이론을 발전시켜 오면서 축적해 온 지적 성과들이 이 저작들에서 잘 정비되어 나타나 있기 때문이다. 루만은 자신의 복합적인 개념 장치와 개념 도식, 그리고 기본적 범주를 이론

---

99) Niklas Luhmann, *Soziale Systeme. Grundriss einer allgemeinen Theorie*(Frankfurt am Main : Suhrkamp, 1984).

100) Werner Krawietz&Michael Welker(eds.), *Kritik der Theorie sozialer Systeme*(Frankfurt am Main: Suhrkamp, 1992).

101) Jürgen Habermas, *Theorie des kommunikativen Handelns*(Frankfurt am Main, 1981).

적으로 정치하게 다듬고 있으면서도 개념들 상호간의 관련성과 연계성을 체계화하려고 하는 것이다.

II. 루만의 시스템이론과 현상학

루만은 파슨스 이후의 시스템이론을 발전시키고 있는데, 이미 매우 독특한 측면이 있다는 것에 주목해야 한다. 그것은 다름 아니라 그가 현상학의 이론적 자원을 적극 활용해 왔다는 것을 말한다. 루만은 시스템의 실적을 무제한적으로 다양하고 다면적인 가능성들로부터 행위가능성을 설정시키는, 말하자면 행위의 테두리를 설정하는 것으로 우선 이해한다. 루만은 이 맥락을 "복잡성(복합성)의 축소"라는 주제어 아래 이론화해 왔다. 시스템은 시스템의 안과 밖의 차이를 설정하고, 그렇게 함으로써 행위의 가능성이 열린다는 것이다. 그러므로 루만에서 사회개념은 이 복잡성의 축소를 제도화시키는 사회적 시스템으로 이해된다.[102)]

루만은 자신의 시스템이론에서 기본적인 구별인 시스템과 환경의 차이(구별)를 프랑스 사회철학자 사르트르 등의 현상학을 수용하여 발전시켜 왔는데, 시스템이론의 패러다임 전환을 선언할 때 최근 현상학의 급진화의 한 형태인 자크 데리다의 이른바 "차이의 철학"과 유사한 점도 보여주고 있다. 루만의 시스템이론은 현상학적 흐름에 매우 지나치게 민감하다고 말할 수도 있겠다. 요컨대, 우리의 명제를 분명히 밝히자면, 다음과 같다. 즉

---

102) Joachim Mattes, *Einführung in das Studium der Soziologie*(Reinbek, 1973), pp.209-210. 또한 M. Schmid, "System, Handlung, Reduktion. Ein methodologischer Versuch", C. Müehlfeld&M Schmid(eds.), *Soziologische Theorie*(Hamburg 1974), p.129. Luhmann, *Soziologische Aufklärung 2: Aufsätze zur Theoire der Gesellschaft*(Opladen: Westdeutscher Verlag, 2. Auflage, 1982) ; Luhmann, *Soziologische Aufklärung 3: Soziales System, Gesellschaft, Organisation*(Opladen: Westdeutscher Verlag, 1981). 루만이 사회를 이렇게 이해하는 점은 또 하나의 야심작 *Die Gesellschaft der Gesellschaft*, 2 Bde(Frankfurt am Main, 1998)에서도 확인된다.

루만이 시스템이론의 패러다임 전환을 선언하고 있는데, 이것은 그의 초기 시스템이론과의 급진적 단절을 말하는 것이 아니라, 파슨스의 시스템이론을 계승, 극복하려는 그의 초기 이론 속에서 새로운 변화를 잉태할 수 있는 가능성을 내포하고 있었다는 것이다. 그러므로 그의 시스템이론의 패러다임 선언은 그의 초기이론과 불연속적이라기 보다는 차라리 연속적인 측면이 더욱 강하다는 주장을 우리는 제안하려는 것이다. 이는 루만에서 현상학적 이해가 중요하다는 또 하나의 명제를 함의한다.

주지하고 있듯이, 루만은 인과분석적 기능주의를 거부하고, 비교의 논리를 설정했다.[103] 이 논리에 의할 때, 분석의 대상은, 특정한 원인과 그 결과를 연결짓는 것이 아니라, 대단히 상이한 여러 가지 사회적 사실들을 기능적으로 대등한 것으로 취급하는 준거점을 규정하는 것이다. 기능적 방법은 비교가능성을 추상화시켜서 구성하는 것이며, 비교는 내포와 배제의 다른 표현에 다름 아니고, 이러한 것을 루만은 이제 차이성 도식으로 발전시키고 있는 것이다. 우리는 이러한 발전 속에서 프랑스의 후기구조주의의 흔적을 읽을 수 있다. 특히 자크 데리다를 말한다.

III. 데리다의 후기구조주의와 루만의 시스템이론

데리다는 이제 한국 학계에도 낯설지 않은 인물이다. 그는 소쉬르 이래의 구조주의의 이론을 발전시키고 있는데, 그 핵심적 개념은 차이(그리고 이와 관련된 이른바 "차연")이다. 그가 이 차이의 (반)철학을 주창하는 것

103) 루만은 그의 저서 『생태학적 커뮤니케이션』에서도 다음과 같이 말한다. "체계이론적 분석을 해온 수십 년 동안 우리가 배워온 것은 인과 연관성이 매우 복합적이며 원칙적으로 불투명하다는 점이다. 더욱이 원인에 대한 결과를 다소간은 자의적인 계산으로 확인결과를 단순화시킬 경우는 더욱 그렇다. 이와 병행하여 속성 연구 역시, 본래의 문제는 수많은 원인과 결과에서 몇가지를 유관 적합한 것으로 생각하는 속성의 관습과 방법에 있다는 것을 보여준다." 루만, 『생태학적 커뮤니케이션』, pp.44-45.

은 동일성(정체성)의 문제라는 오래된 서구의 이론적, 실제적 문제를 급진적으로 검토하려는 때문이다. 데리다는 언어이론적 작업을 통해서 자신의 독특한 글 이론을 구축시켜왔다. 그것은 글은 말의 단순한 재현이 아니라는 것에서 출발한다.

우리의 관심은 일단 여기에서 소쉬르 이래의 언어이론적 전통을 비판적으로 검토해온 자크 데리다와, 파슨스 이래의 시스템이론을 확대, 수정, 비판하여 독특한 세계를 구축하고 있는 니클라스 루만, 전혀 닮아 보이지 않는 이 두 사상가들 사이의 이론적 일치, 그리고 차이에 관한 것이다. 데리다는 프랑스적 전통에서 서구 계몽주의 이후의 언어이념을 급진적으로 탈구성(해체)시키고 있는데, 루만은 독일의 법사회학적 전통과 사회학적 시스템이론을 자신의 이론적 근간으로 삼으면서 시스템이론을 급진화시킬 때 이러한 데리다의 후기구조주의에 호감을 표시하고 있는 것이다. 우리는 이 맥락을 분석할 때 난해하기 그지없는 것으로 유명하기만 한 루만의 시스템이론의 실체를 이해하는 데 도움이 된다고 판단하고 있다. 루만과의 논쟁과정에서 하버마스 역시 루만의 시스템이론이 훗설의 현상학을 비판적으로 수용하고 있음을 지적한 바 있다. "루만은 의미적으로 매개되는 선택성의 문제성을 훗설의 의미이론에 의하여 해석하고 있다."[104] 물론 하버마스가 훗설 이외에도 독일의 철학적 인간학자 겔렌(Gehlen)으로부터도 루만이 영향을 받았음을 지적하고 있다는 것을 잊지 말아야 한다. "루만의 복잡성의 축소라는 개념은 부담경감이라는 겔렌의 핵심적 범주로부터 보호를 받고 있는 것이다."[105]

훗설의 현상학적 환원은, 루만의 시스템이론에서는, 차이성의 환원이라는 형식적 논리와 비교(내포와 배제) 혹은 루만이 선택성이라 부르는 것으로 대체된다. 루만이 사회적 시스템들을 사회, 상호작용, 그리고 조직으로

104) Luhmann(mit Habermas), "Theorie der Gesellschaft oder Sozialtechnologie", *Was leistet Systemforschung?*(Frankfurt am Main: Suhrkamp, 1971), p.155.
105) Luhmann, "Theorie der Gesellschaft oder Sozialtechnologie," p.157.

하부시스템화시킬 때, 이 환원(축소)가능성이라는 훗설 이래의 현상학적 용어를 사용하고 있다는 것에 우리는 주목할 필요가 있다.[106] 훗설과 루만의 차이점은 분명하다. 훗설이 환원의 궁극적 단위체를 의식으로 하고 있다면, 루만은 궁극적 원천을 철저히 배제시킨다. 이 점에서 루만 형이상학적 태도와의 결별은 명백하고, 철저하다(이 점이 파슨스와의 결정적인 차이를 만든다). 이제 루만은 이렇게 말한다. "태초는 동일성이 아니라 차이성이다."[107] 변함없는 태초의 뿌리, 근원으로서의 원천은 없다. 그러므로 차이성은 원천이 아닌 원천이다. 루만이 시스템이론의 패러다임을 전환할 때 그 핵심적인 말은 "처음에 동일성이 아니라 차이성이 있다"[108]인 것 같다. 루만은 자신의 새로운 시스템이론을 구성시킬 때 가장 본질적인 것으로서 이해하고 있는 것이다. 차이성에 의해서 동일성은 구성되어 가는 것이며, 그것은 결코 정태적인 것이 아니며 계속적으로 동태적인 것이다. 루만의 동일성 이해는 과정적이다. 동일성은 항상 여하튼간에 존재했었던 것이 아니라, 예컨대, 사랑의 경우 낭만적 사랑의 형태로 진화해가는 식이다.[109] "고유한 동일성"을 요청한다는 것은, 주변으로부터의 독립, 다른 것으로부터의 영향을 받지 않는다는 것을 의미한다. 루만은 이러한 동일성 개념의 폐기를 주장하고, "변화과정 속의 동일성"(Identität -in-Transformation)을 주장한다.[110]

루만의 시스템이론에서 역사성은 헤겔 이래의 그 역사철학의 역사성과는 다른 것이다. 역사철학은 동일성(의 원천)으로서의 "인간"을 전제로 하고 있기 때문이다. 파슨스의 시스템이론이 역사성에 취약하다는 비판을 루만은 잘 알고 있으며, 바로 이 때문에 앞에서 말한 동일성 범주의 철저한

---

106) Luhmann, *Soziale Systeme*, p.551.

107) Luhmann, *Soziale Systeme*, p.556.

108) Luhmann, *Soziale Systeme*, p.112.

109) Luhmann, *Liebe als Passion zur Codierung von Intimität*(Frankfurt am Main: Suhrkamp, 1982).

110) Luhmann, *Liebe als Passion zur Codierung von Intimität*, p.45.

역사성을 주장하고 있는 것이다. 이러한 맥락에서 등장하는 것이 바로 시스템의 자기준거성이다. 이 개념을 독특하게 구성함으로써 루만은 시스템이론에 대하여 대체로 붙어 다녔던 역사성과 동태성의 빈곤을 극복하려 하는 것이다.

우리는 시스템이론과 구조주의이론 사이의 친화성에 대해 관심을 가진다. 초기 구조주의이론은 일반적으로 통시성(Diachronie)에 비해 공시성(Synchronie)을 우선시했다. 그러한 한에서, 구조에 중점을 둔다는 것을 시사하는 구조주의라는 말은 자연스럽다. 폴 리쾨르(Paul Ricoeur)는 구조주의가 언어학에 그 기초를 두고 있다는 것을 출발점으로 삼아 구조주의이론과 시스템이론 사이의 친화성을 지적한 바 있다. 예컨대 구조주의의 실질적 선구자 끌로드 레비스트로스(Claude Levi-Strauss)가 그 자신의 구조주의이론과 파슨스의 시스템이론간의 상응관계를 탐색하기 위해서 미국에서 여러 해 동안 체류하였다는 것을 여기에서 다시 밝히는 것은 진부한지도 모르겠다. 시스템이론이 구조주의의 이론적 맥락을 수용할 수 있는 여지가 충분하다는 것을 지적해둘 필요는 있을 것 같다. 즉 루만의 신시스템이론은 구조주의의 흐름에 민감할 수 있다는 것이다.

롤랑 바르트(Roland Barthes)로부터 라깡(J. Lacan), 들뢰즈(Giles Deleuze) 등을 푸코, 데리다에 이르는 폭넓은 이론적 스펙트럼을 형성하는, 구조주의운동이라 부를 수 있는 프랑스적 사유가 독일에서는 상대적으로 약하게 수용되어 왔었었는데, 독일의 사상가 루만이 이 빈틈을 매우는 역할을 수행해 왔던 것이다. 이미 앞서 지적한 바 있지만, 루만은 시스템이론의 패러다임을 차이성 범주를 중심으로 전환시킨다.[111] 결정적인 물음은 루만의 시스템이론에서 차이의 단위가 무엇인가이다. 물론 여기에서 단위라는 개념 자체가 루만의 사상 속에서는 무의미한 것일 수는 있다. 우리는 루만이 차이를 이해하는 방식을 이해하는 길은, 데리다와의 관계를 이

111) 물론 루만이 데리다의 차이성개념을 체계적으로 논평하면서 수용하고 있는 것은 아니다.

해하는 것 이외에도, 루만이 야심적으로 분석한 서구의 의미론사를 분석하는 것이다.[112)]

우리는 루만이 패러다임 전환을 구체적으로 언명할 때 데리다의 차이개념이 중요했다고 판단한다. 실제로도 이미 『열정으로서의 사랑』이라는 저술에서 루만은 데리다를 언급하고 있다. 루만의 이같은 데리다 언급은 "사회적 시스템들"이라는 저술에서도 발견된다.

IV. 차이성과 시스템들의 자율성

사회적 분화과정을 설명하는 맥락에서도 루만은 데리다의 글이론으로부터 영향을 받았다는 듯이 말한다. 그렇지만 루만은 데리다와는 다르게 사회이론적 진화이론을 강조하고 있다. 글과 인쇄가 발명됨으로써 사회는 차이성 도식에 따라 관찰에 적합하게 — 다르게 말하면 행위에 적합하게 — 파악될 수 있게 되었다고 그는 말한다. 책의 인쇄는 사회의 소통가능성과 잠재적 구조와 기능에 관한 소통가능성을 발견하는 전제라는 것이다. 루만은 관찰과 행위의 차이를 전제하는데, 이는 차이성도식의 순환성을 피하려하기 때문이다. 행위가 관찰보다 선제적으로 진행한다고 루만은 주장한다. 진화는 기능적 분석보다 선제적으로 진행한다고 그는 전제한다.[113)]

1) 루만에서 시스템의 자율성은 순수한 이론적 추상에서 나온 것이 아니다. 그것은 서구의 역사에서 역사적 분화의 결과이다. 이 점을 좀더 자세하게 논의할 필요가 있겠다. 예컨대 루만은 "정치사회"(Politike Koinoia;

---

112) Luhmann, *Gesellschaftsstruktur und Semantik : Studien zur Wissenssoziolgie der modernen Gesellschaft*, Bd. 2(Frankfurt am Main : Suhrkamp, 1981). 그리고 *Liebe als Passion* 등이다.

113) Luhmann, *Soziale Systeme*, 469; Luhmann, translated. by William Whobrey, *Observations on Modernity*(Stanford. Calif. : Stanford University Press, 1998), pp.413-594.

political society)가 "시민사회"(Bürgerliche Gesellschaft)로 이행해가는 과정에 주목한다.[114] 루만에 의하면 이 "bürgerliche Gesellschaft"는 고대사회의 societas civilis를, 어원이 다르기는 하지만, 수선한 것에 불과하다. 실제로 자본주의 과정이 전개되는 가운데 이 "시민사회"는 "경제적 사회"로 이해되었는데, 이전의 그 "정치사회"와 견줄 만한 위상을 가지고 있는 것으로 그는 이해한다.[115] 이러한 이해과정에서 고전적인 예는 마르크스의 사회이론이다. 마르크스의 경우, 이 "경제적 사회의 성립"이란 생산, 나아가서 "욕구의 신진대사시스템"이 정치를 대신하여 핵심적 사회과정으로 들어서는 새로운 유형의 사회의 등장을 의미했다. 그것은 마르크스주의적 지배이론의 맥락에서 보자면 부르주아의 지배가 제도화되는 것이며, 정치적 지배자가 시토이엥(citoyen)이라는 의미에서의 Bürger가 재산소유자(bourgeois)라는 의미에서 Bürger에 의해서 대체되는 것임을 말하는 것이었다. 좀더 체계적으로 말해서 루만은 정치적 사회에서 경제적 사회로 이행하는 과정에서 다음 세 가지 변화를 읽어낸다. 첫째는 "우선"의 의미가 전형되는 변화이다. 둘째는 기대 양식의 축이 규범에서 인지로 바뀐다는 것이다. 그리고 셋째는 행위가 시스템에 미치는 영향력이 상실된다는 것이다. 이 세 변화에 대해서 좀더 자세하게 살펴보자.

(1) 우선의 의미의 전형: 루만은 하부시스템들을 구분할 때 그 매체들의 차이에 주목한다. 정치적 사회에서는 그 매체가 권력이며, 경제적 사회에서는 화폐로 그는 설정하며, 이렇게 구별한 다음 그는 권력이 매개하는 정치적 사회에서 결정은 권력의 이양이 다루어지며 그것은 그렇게 이양된 권력에 대하여 기본적으로 부정적인 성격으로 나타나는 반면에 화폐가 매개하는 경제적 사회에서는 문제는 처리해야 할 일거리이며 기본적으로는 긍

---

114) Jean Cohen&Andrew Arato, *Civil Society and Political Theory*(The MIT Press, Cambridge: Massachusetts and London, 1992), pp.299-344. 또한 Luhmann, *Die Wirtschaft der Gesellschaft*(Frankfurt am Main: Suhramp, 1994(초판은 1988)).

115) 이 점은 "bürgerliche Gesellschaft"를 영어권에서 최근 시민사회론이 다시 주목받기 전까지 대체로 부르주와사회로 번역하였던 관행에서도 충분히 이해될 수 있을 것이다.

정적인 성격으로 나타난다는 것이다. 바로 이러한 점에서 정치적 사회에서 경제적 사회로 이행하는 과정에서 우선의 의미는 전형된다고 그는 관찰한다. 화폐의 내재적 특성 때문에 경제적 사회에서는 사회 분화의 수준이 증대한다고 그는 설명한다.

(2) 규범에서 인지로 기대양식의 전형이 일어난다는 것은, 현대(modern) 사회에서 경제시스템은 규범성 밖에서 움직인다는 그의 관찰로 표현된다. 정치는 여전히 일종의 도덕적 외양을 도외시할 수 없으며 도덕적 정당화가 필요한데 비하여, 경제적 하부시스템은, 기능적으로나 논리적으로, 그 재현 수준에서나 그 작동에서나 그러한 것이 필요없다는 것이다.[116] 정치적 사회에서 경제적 사회로 이행하는 과정은 그러므로 규범성이 점차 영향력을 발휘하지 못하는 사회로 이행해 가는 것이며 그 대신에 인지성을 정초로 삼는 법, 형식합리성(절차적 합리성)으로서의 법이라는 하부시스템에만 의존해 가는 것으로 그는 이해한다.

(3) 행위이론의 종말: 루만의 시스템이론에서는 마르크스가 주목했던 그 경제적 사회의 성립은 사회이론에서 행위 범주가 설명력을 상실하는 것을 말한다. 그것은, 막스 베버의 고전사회학의 용어로 말하면, 의미(Sinn)의 상실을 함의한다. 그가 베버의 의미이해적 사회학을 넘어서려는 결정적인 이론적 맥락은 바로 여기에 있다. 루만은 사회에서 다원적으로 발전하고 있는 조직들을 통합시키는 것은 인간들의 행위가 아니라 권력과 화폐라는 매체들이 구성하는 시스템 수준의 것이라 주장하는 것이다. 데이비드 락우드(David Lockwood)의 용어로 말하면 사회통합 대신에 오직 시스템통합만이 현대사회의 미래를 실질적으로 논의할 수 있다는 주장이다.

그런데 루만은 "정치적 사회"에서 "경제적 사회"가 우선하는 과정으로 이행해 가는 역사적 진화과정을 관찰하면서 이 경제적 사회의 진화과정은 우선 그 자체의 해체 과정으로 나아간다고 관찰한다. 경제의 우선이 그 끝에 이르러서는 어떠한 하부시스템도 전체를 지배할 수 없으며 전체를 재현

116) Cohen&Aarato, *Civil Society and Political Theory*, p.306.

한다는 것은 더더욱 불가능하다는 것이다. 이렇게 하여 오늘날의 사회는 완전분화(Ausdifferenzierung)의 사회로 그는 설정하고, 그의 시스템이론은 이 설정 위에서 전개된다.

루만의 시스템이론에서 정치적 사회에서 경제적 사회로, 그리고 후자의 자기해체로 진화해 가는 과정은 그의 시스템이론을 정당화하는 결정적인 역사적 근거가 된다.

2) 루만의 차이성 도식에서 유지와 변화는 구별되지 않는다. 그는 다름과 같이 말한다. "구조변화는 자기 유지를 전제로 한다."; "자기창작적 재생산은 구조모델을 전제로 한다."; "자기창작은 구조가 변화하거나 하지 않을 수 있는 조건이다."[117] 우리는 이 맥락에서 1970년대 초 "루만-하버마스 논쟁"으로 되돌아 갈 필요가 있겠다. 하버마스는 루만의 시스템이론이 구조개념과 테두리 개념을 명백히 하고 있지 않다고 시스템이론의 허약성을 비판한 바 있다. 하버마스에 의하면 루만은 시스템개념이 구조형성과 내/외 차이(Innen/Aussen Differenz)의 안정화에 이바지한다고 생각하고 있으면서도, 시스템과 환경의 관계는 전제되고 있지 않으면서, "문제해결로서 편향되어져 있으므로" 현존하는 시스템들 같은 것을 전제로 하지 않을 수 없다는 것이다. 만약 시스템에 대한 준거없이는 여하한 문제도 처리할 수 없다고 한다면, 시스템과 환경의 차이가 분명하지 않는 문제 영역들에서는 시스템이론을 적용한다는 것은 위험에 빠질 수 있다는 것이다. 물론 루만이 이러한 위험을 모르고 있었던 것은 아닐 것이다. 그래서 루만은 각 하부시스템의 자율성을 전제하고 있으며, 그 각 시스템에 특정한 메커니즘을 부여하고 있었던 것이다.[118]

루만은, 주지하듯이, 기능주의적 시스템이론을 전개하면서, 자기준거성

117) Luhmann, *Soziale Systeme*, p.474.

118) Luhmann (mit Habermas), *Theorie der Gesellschaft oder Sozialtechnologie*, 154-155; Luhmann, *Observations on Modernity*, pp.707-788.

의 차이성을 근거로 하여 선험론과 변증론을 배격한다. 선험론은 의식("주체")이라는 단지 하나의 시스템 준거성을 절대화하고 있기 때문에, 변증론의 경우는 변증론이 견지하려는 동일성의 관점에서 "너무 지나치게 모험적"이기 때문에, 루만은 이 모두를 부정하고, 급진적 기능주의를 전개한다.[119] 즉 파슨스의 구조기능주의를 넘어서는 방식은 기능구조주의를 주장하는 것이 아니라, 기능주의적 사유를 더욱 급진화시키는 것이다. 그러한 한에서 루만의 시스템이론은 탈구조주의와 친화성을 가질 수 있는 것이다.

루만이 자신의 시스템이론을 발전시킬 때, 그의 의미(Sinn)개념은 핵심적이고 중요하며 그리고 독특하다.[120] 우리는 이 루만의 의미개념구성에서도 후기구조주의의 모습을 읽어낼 수 있다. 데리다는 고전적 기호개념 및 재현(주의)적 기호모델을 거부하는 데 가장 급진적인 사상가의 한 인물로 잘 알려져 있다. 이 개념과 이 모델에 의할 때 기호에 의미를 부여하는 것은 주권적으로 세계를 해석하는 주관성(주체성)이다. 그렇지만, 데리다에게서는 주체가 기호에 자신의 의도를 재현하는 것이 아니라, 표지들 사이의 차이적 관계의 결과로서 의미와 뜻이 설정된다. 세계의 자율적 분화과정으로서 의미가 설정되어 간다는 루만의 주장을 쉽게 여기에서 연상할 수 있다. 그것은 루만이 시스템형성이 끊임없는 개방성과 폐쇄성의 과정을 의미하는 것과 무관하지 않다. 후기구조주의를 이해시키는 데 큰 기여를 했던 독일의 철학자 만프래드 프랑크(Manfred Frank)는 데리다와 관련하여 "의미결과들의 통제불가능성"으로 표현한 바 있다.[121]

이러한 한에서, 반복은 단순하지 않다. 그것은 테두리를 파괴(해체)시킨다. 테두리설정의 지속성 때문에 그것은 결정적이 아니라, 끊임없이 재구성 되어간다. 하지만 그 한계는 무엇인가? 데리다가 그렇다고 해서 맥락자

119) Luhmann, *Soziale Systeme*, pp.606-607.

120) Luhmann, *Observations on Modernity*, pp.44-59.

121) Manfred Frank, *Das Sagbare und das Unsagbare. Studien zur neuensten französichen Hermeneutik und Texttheorie*(Frankfurt am Main, 1980), p.165.

유적 의미를 주장할 수 없듯이 — 그렇게 된다면 자신의 해체이론의 주장 자체가 이미 해체될 것이므로 — 루만 역시 그러하지 않다. 오히려 루만의 상대적 강점은 바로 이 맥락에서 분명하다. 루만은 시스템 관련적인 의미의 생산을 명시적으로 주장하고 있기 때문이다. 그러나 루만은 관찰하고 주장하는 각 시스템들의 자율성이 진화과정에서 확인된다는 것이 경험적으로 이론적으로 비판될 수 있다. 즉 루만은 서구사회의 역사적 진화과정이 암묵적으로 보편적 과정으로 확산될 것을 전제하고 있는 것이며, 그러한 만큼 세계사들에서 일어나는 다양한 역사적 진화과정을 간과하는 오류를 범하고 있는 것이다. 또한 루만은 완전분화에 의한 시스템들의 자율성이라는 그의 명제를 진화과정을 관찰한 결과로서 말하면서도 다른 면에서는 규범적 요청을 하고 있는 모순을 노정시키고 있기도 하다. 완전분화에 의한 시스템들의 자율성을 침해했을 때 그 대가가 자율성을 유지했을 때보다 더 크다는 것이다.[122] 그리고 더욱 심각한 이론적 결함은 루만이 각 시스템의 자율성이 유지되고 침해되는 구체적 과정을 설명하고 있지 않다는 것이다.

V. 루만의 시스템이론에서 주체 문제

루만은 탈인간중심적 이론을 구성한다.[123] 1971년 "루만-하버마스 논쟁" 과정에서 유명해진 그의 논문 "사회학의 기본개념으로서의 의미"[124]에서 루만의 이 같은 구성태도는 분명하게 잘 나타나 있다. "유기체는 살아있는 부분으로 형성되는 살아있는 전체이다. 이에 반해서 사회적 시스템

122) 루만, 『생태학적 커뮤니케이션』, pp.199-200.

123) Dziewas Ralf, "Der Mensch - ein Konglomerat autopoietischer Systeme?", Werner Krawietz und Michael Welker(eds.), *Kritik der Theorie sozialer Systeme*(Frankfurt am Main, 1992), pp.113-132.

124) Luhmann, "Sinn als Grundbegriff der Soziologie", pp.3-94.

들은 전체로서 살아있다거나 살아있는 부분들, 이를테면 인간들로 형성된다고 우리는 얘기할 수 없다. (중략) 사회적 시스템들은 구체적 인간으로 형성되는 것이 아니라 의미적으로 확인되는 행위들로 형성되는 것이다."[125] 여기에서 루만은 프랑스의 구조주의 운동에서 강조되어 왔으며 논쟁의 핵심의 하나였던 이른바 "인간의 죽음", 즉 인간주의와의 결별을 시사하고 있다.[126] 이러한 명제와 함께 루만은 오래된 서구의 사유전통을 비판한다. 물론 우리는 이 맥락에서도 루만의 시스템이론이 데리다의 반인간주의적 후기구조주의이론과 유사하다는 점을 확인할 수 있다. 데리다는 기호학적 차원에서 출발하여 서구의 사유전통을 그가 로고스중심주의라 부르는 것에 빠져 있다고 규정하고 그것을 해체하는 데 골몰하고 있다면, 루만은 그가 사회학적 계몽이라는 이름 아래 선험성 일반을 거부하는 데 경주했던 것이다. 형이상학에의 거부라는 점에서 루만은 데리다 처럼 곧잘 니체를 불러들였던 것을 볼 수 있다.

루만이 주체이론과 그 철학을 부정하는 것은 그의 시스템이론에서 결정적이다. "의미적 대상세계의 상호주관적 구성 과정에는 체험하는 주체의 비동일성이 본질적인 전제이다. 이로부터 통일적인 선험적 주체의 가설화에 대한 원칙적인 반론이 나온다." 바로 이 관점에서 루만은, 칸트의 선험철학, 짐멜(G. Simmel), 뒤르켐(E. Durkheim), 훗설의 선험현상학, 슈츠, 루크만(Th. Luckmann), 버그(P. Berger), 등을 비판한다.[127] "의미개념이 일차적이다. 곧 주체개념을 준거하지 않고서 규정될 수 있다."[128] "왜냐하면 의미적으로 구성되는 동일성으로서의 주체개념은 의미개념을 이미 전제

---

125) Luhmann, *Politische Planung. Aufsätze zur Soziologie von Politik und Verwaltung* (Opladen: Westdeutscher Verlag, 1971), pp.93-94.

126) Luhmann, *Politische Planung. Aufsätze zur Soziologie von Politik und Verwaltung*, p.94 각주 71을 참조.

127) Luhmann, *Politische Planung. Aufsätze zur Soziologie von Politik und Verwaltung*, pp.172-173.

128) Luhmann, *Politische Planung. Aufsätze zur Soziologie von Politik und Verwaltung*, p.28; p.180.

로 하고 있기 때문이다."[129] 하버마스는 이러한 루만의 의미개념을 비판적으로 검토하면서 프랑스 사회과학의 경향과 유사함을 일찍이 인식하였던 바 있다.[130] 시스템이론은 그 출발에서부터 구조주의와 무관하지는 않다는 것을 루만 스스로도 잘 알고 있었다.[131] 시스템이론과 구조주의이론은 서로 엇비슷한 문제의식을 가지고 있었으나 그 분석의 강점이 서로 달랐다고 말할 수 있겠다. 시스템이론은 기능분석에, 구조주의이론은 구조분석에 각각 중점을 두었던 것이다. 우리가 여기에서 관심을 가지는 것은 루만의 시스템이론에서 "구조적" 준거성을 발견하는 데 있는 것만은 아니다. 루만이 구조주의 자체의 변화를 자신의 시스템이론을 구성해 나가는 데 어떻게 수용하고 있는가 하는 의문을 밝히려 한다. 주지하고 있듯이, 구조주의에서 후기구조주의로 나아가는 변화는 적어도 데리다의 경우 구조적 변화이다.

루만이 구조주의자 레비스트로스를 비판하는 것을 보면 데리다가 구조주의를 해체하는 논리가 연상된다. 루만은 자신의 자기준거적 시스템이론은 구조주의이론 입장을 수용할 수 없다는 것을 명시적으로 밝힌다.[132] 루만 역시 구조주의적 분석대상이 주로 텍스트, 논술, 대화, 이론, 철학이라는 것을 잘 인식한다.[133] 루만의 구조주의 비판은 파슨스가 구조기능적 시스템이론의 허약성을 비판함으로써 자신의 독특한 이론 시스템을 구성하였을 때 구조주의적 발상을 수용하였다는 것을 인식하고 있기 때문인 것으로 보인다. 루만의 구조주의비판은 인식론적 존재론 혹은 분석적 리얼리즘에 대한 거부를 나타낸다. 루만의 분석에 의하면, 구조주의 분석에는 여전히 선험이론적 준거와 변증론적(단선론적 이론) 준거가 스며들어 있다는 것이다. 루만은 구조주의와 구조기능주의 양자를 넘어서고 있다. 루만은

129) Luhmann, *Politische Planung. Aufsätze zur Soziologie von Politik und Verwaltung*, p.28.
130) Luhmann, *Politische Planung. Aufsätze zur Soziologie von Politik und Verwaltung*, p.180.
131) Luhmann, *Politische Planung. Aufsätze zur Soziologie von Politik und Verwaltung*, p.84.
132) Luhmann, *Soziale Systeme*, p.377.
133) Luhmann, *Soziale Systeme*, p.378.

흔히 "구조기능주의에서 기능구조주의로 전화하고 있다"고 지적되고 있는 것과는 달리, 기능주의를 보다 깊게 심화시키기 위해서 구조주의 이후의, 후기구조주의의 현상학, 엄밀히 말하자면 후기 현상학화 한다고 말할 수 있겠다. 그러므로 우리는 루만의 신시스템이론을 후기현상학적 기능주의 혹은 후기구조주의적 기능주의로 특징지을 수 있을 것이다. 그의 시스템이론은 급진기능주의이다.

루만은 파슨스식 시스템이론이 암묵적으로 전제하였던 투명성을 철저히 부정한다. "불투명한 복합성에도 불구하고 투명성을 제기하는 것".[134] 루만에서는 이러한 논리 속에서 오직 상대적 투명성이 있을 뿐이다. 그것은 상대적 우연성 경험과 동일한 궤를 그린다고 말할 수 있다.

VI. 시스템이론과 차이성

루만은 파슨스의 일반행위 시스템이론을 비판적으로 검토하면서 자신의 독특한 시스템이론을 발전시켜 왔지만, 처음부터 파슨스의 시스템이론에서 벗어나 있었다. 파슨스가 택하였던 규범도식은 질서를 기술하기 위해서는 필요할 수는 있겠으나, 궁극적인 의미진술을 담지하는 것으로서의 자격을 보증될 수 없다고 루만은 파슨스를 비판한다. 파슨스는 규범도식에 따라서 구조를 규범적으로 규정하고 있고, 폐쇄적 제3자를 예외로서 간주하였는데, 루만은 이론구성을 이와 다르게 한다. 루만의 대안은 (시스템이론적) 차이성 도식이다. 통합 문제 역시 궁극적인 기초로서 설정되었던 주관적이거나 본체적인 동일성에 있지 않으며, 다양한 여러 시스템들이 그 구성요소들들 재생산할 때 차이도식을 사용하는 데 있다고 한다. 이제 루만의 시스템이론에서 상호침투의 정식은 동일성이 아니라 차이성이다.[135]

---

134) Luhmann, *Soziale Systeme*, p.189.
135) Luhmann, *Soziale Systeme*, p.315.

이러한 그의 판단을 잘 표현하는 것은, 그가 든 예대로 "최소한의 숫자는 둘이다"는 그의 말일지 모르겠다. 루만은 파슨스의 동일성 전제를 해체하고 있는 것이다. 그렇지만 같은 것이 없지 않다. 그것은 여전히 전체 시스템을 작동하지 않는다는 것이다. 루만에 있어서 사회적 시스템들의 형성은 전체 시스템의 행위능력을 전제로 하지 않는다. 전체 사회적 시스템 합리성에 관련된, 각 시스템 합리성들의 집합이 존재할 수 없다는 것이다. 그 이유는 루만에 의하면, 모든 기능시스템들은 각기 자신의 고유한 합리성만을 계산하고 각기 각 시스템마다 그 밖의 사회를 환경으로 다루기 때문이다.[136] 전체 시스템의 동일성은 각 부분 시스템이 환경과의 관계를 형성하는 방식에서 표현된다. 요컨대 전체 시스템은 "수동적"이라 한다.[137] 루만의 시스템이론에서 특징적인 것은 바로 이 전체 시스템의 수동성, 다시 말해서 능동적이지 않다는 것은 전체 사회의 변화를 기도할 수 있는 이론적 장치가 처음부터 부재한다는 것을 의미한다. 루만에게서 보수적 정치를 읽는 것은 바로 이같은 맥락에 초점을 두고 있다.

루만 스스로 자신의 시스템이론과 뒤르켐이나 파슨스와의 차이를 밝히기도 하였다. 이들은 규범적 전체로부터 출발하고 있으나, 자신은 차이도식을 구성하고 있다는 것이다. 이러한 맥락에서 루만은 생성화 개념 그 자체가 이미 하나의 생성화라고 지적한다.[138]

루만이 우연성 범주에 깊은 관심을 가지고, 그에 대해서 길게 논의하는 것은 그의 시스템이론을 이해하는 데 그것이 결정적이기 때문이다.[139] 파슨스를 비판할 때에도 루만은 바로 이 범주의 상대적 무시를 겨냥했던 것이다. 우연성 문제를 해결할 때 파슨스는 사회적 차원에서만, 사회화과정에서만 논의를 전개하고 있는 한계가 있다는 것이다. 루만은 사회적이라는 범주 이외에도 객관사실적 차원과 시간적 차원을 사회적 차원과 대등하게

---

136) 루만, 『생태학적 커뮤니케이션』, p.235.
137) Luhmann, *Soziale Systeme*, p.260ff.
138) Luhmann, *Soziale Systeme*, p.446.
139) Luhmann, *Observations on Modernity*, pp.44-62.

다루고 있다. 그리하여 루만에서 우연성은 다차원적이다. 이를테면 파슨스가 행위이론을 구성할 때 투입과 산출에 주목하고 있으나, 이는 오직 관찰의 관점일 뿐이라 한다. 루만에 의하면, 에고와 알터 사이의 복합적 다면적 관계가 있다. 분명 이 점은 루만의 강점이라 평가될 수 있다. 투입과 산출의 적용범위에 대한 그간의 의심을 루만은 자신의 시스템이론 내에서 소화하여 독특하게 반영하고 있는 것이다.

데리다는 언어이론의 전통과 대결하면서 언어의 본질이 무엇인지에 대해서 철저하게 재검토했다. 데리다에서는 존재의 사유는 비밀의 내재적 인간적 의도를 가질 수 없다. 인간중심적 사유는 의식철학의 특징일 뿐만 아니라 전통적 형이상학의 연속이다. 데리다는 하이데거와 관련하여 전통적 형이상학은 "인간주의"(휴머니즘)와 결속되어 있다고 주장한다. 전통적 형이상학이란, 어떠한 방식으로든 인간의 본질에 존재의 진리가 속하는가를 문제로 제기하지 않았다고 한다. 모든 형이상학의 특성은, 그것이 인간주의적이라는 데에 있다.[140] 존재의 사유가 주체적 지향성, 의도성, 실존적 자기계시를 대신하고 있다. 이것은 세계의 소원성(Fremdheit), 차이성을 설정하고 있다는 것을 의미한다.

루만에서 차이성은 구성적 차이성이다. 베이트슨(Bateson)이 말한 바와 같이 "차이를 만드는 차이"라는 의미에서 정보들에 이 정보들의 가치를 부여시키는 그러한 차이! "열정으로서의 사랑"이라는 그의 저서에서 루만은, "나"의 나를 오늘날 선험적 자아라 부르는 대신에 동일성이라 부르고 있음을 강조하면서 다시 이 동일성을 차이성의 형식으로 논리를 구성시킨다.

> '나'의 나는 자기선택적 과정의 결과이다. 그러므로 다른 자(타자)를 통한 공통선택에 근거한다. 증가가 아니라, 그 자체의 가능성들에서의 선택이 문제이다. '나'는 없다. 그것은 논리적 적실성이 아니라 상징적 적실성

140) Jacque Derrida, *Die Schrift und die Differenz*(Frankfurt am Main: Suhrkamp, 1976), p.216.

이다. 나의 나는 선험이론적 의미에서 주관성의 각인이 아니다.[141]

루만은 의식을 사회학적 기본개념으로 고려하지 않는다. 그에게 있어서 의식이란 그것에 본체적으로 미리 주어져 있는 무엇이 아니라, 정신적 시스템들의 특수한 작용양상으로만 이해될 수 있다. 루만이 의식에 기초를 두었던 훗설에 동의하는 부분은, 의식이 오직 현재에서만 작동하지 어떠한 지속성도 가지지 않는다는 것이었다.[142] 루만은 작용양상으로서의 의식은 그 자체를 계속 유지하고 대체해 간다고 생각한다.

관념의 무조건적인 반복가능성, 선험적 삶의 계속되는 충족화라는 이상성을 그는 데리다의 차연론과 다르지 않게 해체한다.[143] 의식에서 실재는 결코 주어진 어떤 것이 아니라 의식작용 그 자체를 조정해가는 방식에서만 주어진다. 의식의 자기재생산의 기초는 차이성이다.

루만은 반성성/재귀성과 반성을 구별한다.[144] 루만이 반성에 대해 말할 때란, 자기가 자기 자신을 지시하는 자기가 하나의 시스템일 경우이다. 반성적 자기준거는 시스템 준거와 동일한 의미이다. 자기 자신을 시스템에 귀속시키는 자기준거적 조작이 시스템의 단위를 규정하는 것이다. 물론 루만에게 이것은 그가 끊임없이 강조하고 있듯이 시스템과 환경의 구별을 통해서만 일어나지만, 자기준거적 조작은 시스템과 환경의 차이를 시스템 속으로 도입함으로써 시스템을 시스템과 환경의 구별을 가지고서 시스템 고유의 통일성에 정향될 수 있다.[145]

---

141) Luhmann, *Liebe als Passion*, pp.205-208.

142) Luhmann, *Soziale Systeme*, p.356.

143) Luhmann, *Soziale Systeme*, pp.356-357.

144) 루만은 Reflxivität을 반성성과 재귀성이라는 이중적 의미를 의도적으로 사용한다. 그것은 루만의 시스템 이론의 구성에서 결과된 것이기도 하다.

145) 루만은 이러한 패러독스를 설명하기 위해서 수학자 스펜서 브라운(Spencer Brown)의 재도입(Re-entry)개념을 도입한다. Luhmann, *Soziale Systeme*, p.230; Georg Kneer, "Bestanderhaltung und Reflexion. Zur kritischen Reformulierung gesellschaftlicher Rationalität", Krawietz Werner und Michael Welker(eds.), *Kritik der Theorie sozialer Systeme*, pp.86-112.

루만이 재귀성/반성성(Reflexivität)에 대해 말할 때란, 자기준거적 조작에 의해서 자기를 지시하는 자기로서 하나의 과정이 작동하는 경우이다. 자기준거의 조작은 자기자신을 과정에 귀속시키는데, 전체 자기의 총체성은 결코 만들지 못한다. 그것은 어디까지나 과정의 한 계기일 따름이다. 특히 그의 재귀성 개념은 데리다의 차연개념을 연상시킨다. 모든 과정적 재귀성의 기본 형식은 선택의 선택이라고 그는 발언한다. 곧, 시스템 속에서 시스템의 동일성으로서 나타나기 위해서는 복잡성은 환원되어야 하며, 그리하여 의미적으로 재발생되어야 한다는 것이다. 자기준거성에 의한 재발생화의 핵심은 탈인간적 구성에 있다.

루만의 시스템이론에서 재귀성은 소통적 과정의 자기준거성을 의미하고, 이 자기준거성의 재귀성에서는 고유성들은 탈본체화 한다. 또한, 재귀성이 형성될 수 있는 공간은 인식이론적으로 필연성의 공간이 아니며, 선택성이 성립할 수 있는 것은 물론 안정이 아니라 불안정성이다.

루만에서 합리성이란 이러한 반성의 특별한 사례에 불과하다. 사회적 시스템들이 시스템과 환경의 차이의 단위에 정향되어 있을 때 그 사회적 시스템들은 합리적이라 그는 말한다.[146] 그는 이러한 맥락에서 행위 합리성에서 시스템 합리성으로 전환을 단행했던 것이었다.[147] 시스템 합리성은 시스템 관련적 변수로만 이해되면 각 개별 시스템 — 그에 따른 각 환경 —에만 관련되는 것으로 나타날 뿐이다. 이러한 관점에서 현대성에서 합리성 가능성들은 부정적으로 평가된다.[148] 루만은 합리성 개념이 현대적 사회보다는 전근대적, 전통적 사회들에 더 높은 적용잠재력을 가진 것으로 판단한다. 현대 사회에서 합리성 문제는 그 이전의 전근대적 사회보다 "더욱 해결불가능하게" 되었다는 것이다.[149] 루만에서 기능적 분화의 현대화

---

146) Luhmann, *Observations on Modernity*, pp.22-43.

147) Luhmann, *Zweckbegiff und Systemrationlität. Über die Funktion von Zwecken in sozialen Systemen*(Frankfurt am Main: Suhrkamp, 1973).

148) Luhmann, *Observations on Modernity*, pp.182-183.

149) Kneer, "Bestanderhaltung und Reflexion. Zur kritischen Reformulierung gesellschaftlicher

과정은 우연성이 확장되는 과정이며, 그것은 불가역적인 과정이다.[150)]

우연성은 결단을 요구한다.[151)] 의미의 존재론적 본체적 담지체는 루만에서 없다. 의미는 의미의 자체의 재생산을 자기준거적으로 가능하게 한다. 진화의 중심체는 자기준거적으로 재생산되는 의미이다. "주체의 죽음"에서 결단은 언제나 관찰자로서 남아 있어야 하고, 제3자의 쪽에 있다. 루만의 시스템이론에서는 의미형성의 대단히 복합적인 진화적 전제들은 존재하지만 의미의 담지체나 존재론적 본체는 존재하지 않는다. 의식도 소통(커뮤니케이션)도 그러한 역할을 담당하지는 않는다. 루만에서는 차이가 담지체이다.

루만은 세계개념 역시 차이성도식에 따라 "탈구성"한다.[152)] 말하자면, 주체나 중앙 같은 것을 전제로 하는 세계 개념이 차이에 의하여 탈구성된다는 것이다. 이미 앞에서도 지적한 바 있지만 루만은 오늘날의 복합적인 현대사회를 분석하기 위해서는 전통적인 개념들을 넘어서야 한다고 주장했고, 그것을 실천했다. 이러한 맥락에서 루만은 구조개념 역시 탈구성한다. 일반적으로 불변하는 것으로 이해되는 그러한 구조란 루만에서 존재하지 않는다. 구조주의의 구조개념과는 본질적으로 상이하게 루만은 구조를 이해한다. 루만은 자기준거적, 자기재생산적 관점에서 구조는 그 대상과 함께 시작하는 것으로 이해한다. 그것은 조작적 개념에 불과하다. 구조의 역사성이나 변화성이란 이러한 것을 지시한다. 루만에서 구조란, 제한화하는 구조화로, 생산하는 요소나 근원적 사실(원인)이 아니다. 그것을 구성요

Rationalität", pp.110-111.

150) Luhmann, *Observations on Modernity,* p.707; Luhmann, Macht(Stuttgart: Enke, 1975), p.91.

151) 루만은 결단행태의 이론에 대해 그동안 사회이론에서 거의 조망하지 않았던 것을 비판한다. Luhmann, *Soziale Systeme*, pp.272-301 참조.

152) 루만은 그렇지만 "세계"를 일의적으로 사용하고 있지는 않다. 세계 개념의 다층위적 사용에 대해 예리하게 파고들고 있는 Thomas Günter, "Welt als relative Einheit und als Letzthorizont. Zum azentrischen Weltbegriff in Niklas Luhmanns Soziale Systeme", Werner Krawietz und Michael Welker(eds.), *Kritik der Theorie sozialer Systeme*, pp.327-354.

소들의 질과 상호연계가능성을 제한화 시키는 존재에 불과하다. 루만은 "제한화의 선택성이 구조의 개념적 특성이라 본다.[153)]

루만은 구조를 끊임없는 사건들의 관점에서 이해한다. 루만에서 시간없는 구조는 불가능하다. 구조형성은 시간 속에서 최대한의 자유를 얻을 가능성의 표현이다. 문제는 그렇다면 이러한 구조형성에서 무엇 때문에 특정한 시점에서 적어도 지속되며, 그것이 중심화 되는가를 설명하는 것이리라. 하지만 루만의 시스템이론에서는 이에 대한 설득력있는 설명을 얻어낼 수 없다.

루만은 사건개념에서 출발하여 구조개념을 이해한다. 그래서 구조개념의 변동성을 그는 주장할 수 있었다. 사건들은 연속적이지 않다. 새롭다는 것은 이전 것들의 부정이다. 지향이나 주체는 반복가능성을 지시하고 있고 있는 한에서, 루만에게서 거부된다. 그러므로 시간이 행위에 그 개성을 부여한다는 그의 표현은, 후기구조주의적 논술어인 "주체의 죽음"을 시사한다. 이제 "주체의 죽음"은 루만의 시스템이론에서 일차적으로 반복불가능성, 불확실성, 일회성, 고유성, 그리고 구조의 변화성과 역사성을 의미한다. "구조는 구조 그 자체를 지양시킨다." 구조는 그러므로 언제나 뜻밖의 계기를 잉태하고 있다. 오직 기대만이 정착되고 안정화된다. 루만의 기대개념 역시 일차적으로는 차이 도식을 따르고 있다. 그것은 결단을 다르게 시사하고 있다. 루만의 시스템이론은 독일의 사상가 칼 쉬미트를 연상시킨다.

루만은 진화이론을 발전적으로 고찰했다. 그의 시스템이론에서 급진적 변화는 불가능한 것으로 이해된다. 그것은 전체 사회이론을 구성하지 않는 루만의 시스템이론에서는 자연스러운 논리적 귀결일지 모른다. 루만은 시스템-환경의 차이들은 진화적 발전의 결과라 주장한다. 상이한 여러 시스템들에서 이 차이들은 다양한 여러 방식으로 첨예화되고 강화되어 간다. 이 과정은 시스템들이 각 환경에 대하여 거리를 얻고, 그 속에서 다른 시

153) 루만은 이를 제한화의 제한화라 표현하기도 했다. Luhmann, *Soziale Systeme*, p.387.

스템들과 구별하기를 배우는 과정에서 일어난다. 이 과정은 시스템들 사이의 차이들이 점차 증대해가고, 환경에 대한 각 개별 시스템의 대변성이 그와 동시에 후퇴하는 식으로 전개된다. 루만에서는 이같이 진화과정이 차이화의 핵심이다. 루만은 데리다가 그러하듯이 급진적 탈존재론화를 주장해왔다. 차이성 범주는 바로 이를 함의한다. 물론 주체(인간)가 형이상학적 특원으로서 차지할 가능성은 철저히 배제된다. 루만은 이 맥락에서 서구사회학이론의 고전들을 해체해 왔었다. 루만이 제2차 패러다임 전환이라 부르는 그것은, 베버나 파슨스와는 근본적으로 다른 것을 출발점으로 삼고 있음을 시사하려는 의도가 담겨 있다. 사회적 시스템을 가능하게 하는 궁극적인 단위를 어떻게 이해하는가, 이것이 매우 중요하다. 본체론적으로 존재론적으로 이해하는 방식이 있으며, 다르게는 분석적으로 이해하는 방식도 있다. 루만은 전자의 예로서 막스 베버를 들고, 후자의 예로서 파슨스를 든다. 왜냐하면 베버는 행위의 단위를 행위자의 지향(의도)에서 찾았기 때문이고 파슨스는 행위의 단위를 분석적 구성으로 보았기 때문이다. 그래서 루만은 대안으로서 자기생산적 시스템이론을 제안한다. 이 이론틀에서 기능하는 것은 객관적이지도 주관적이지도 않다. 그것은 시스템의 연계방식의 준거모멘트, 시스템은 이 연계화에 의해서 재생산 되어가는 것이다. 루만의 시스템이론에서는 소통(커뮤니케이션)이 자기구성의 구성적 단위이고, 그것은 관찰의 범주가 아니다. 의도, 지향, 의식에 의해서 행위가 가능한 것이 아니라, 차이들에 의해서 그것이 가능하다고 한다. 전통적 행위개념이 해체된다. 행위는 차이에 의해서 가능하고, 차이를 위해서 존재한다; 이러한 차이의 행위에 의하여 형성되는 세계 역시 차이들의 "엮음"에 불과하다.

제3장 전환기의 새로운 이념의 도전과 마르크스주의의 위기

Ⅰ. 전환기의 논술이념

최근 우리는 다양한 형식과 내용의 포스트주의를 보고 있다. 마르크스주의의 위기는 이 포스트주의의 등장과 확산으로 인해 발생하거나 심화되고 있다고 진단하는 이들이 있다. 하지만 모든 포스트주의가 마르크스주의의 위기를 발생시키거나 심화시키는 것은 아니다. 이러한 판단에는 물론 좁은 의미에서의 마르크스주의, 곧 역사결정주의/환원주의와 프롤레타리아트 혁명 및 계급독재를 믿는 정통마르크스주의만이 "마르크스주의"라는 이름을 독점할 수는 없다는 우리의 또 하나의 판단이 가로놓여 있다. 마르크스 이래 마르크스의 논술을 해석하고 비평해 온 거대한 지성사의 흐름을 염두에 두고 있다. 날카로운 논쟁과 생산적인 대화로 이어져 왔다는 의미에서 마르크스주의의 전통은 그야말로 위기와 비판의 변증법으로 특징지어지고 또한 그러한 맥락에서 지금까지 위기란 마르크스주의 전통에 내재한 것이다. 완전히 낯선 새로운 이질성이 아니다.

마르크스주의의 위기라는 테마와 관련하여 최근 특히 주목할 만한 맥락은 아마 첫째는 탈현대주의가 확산됨으로써 마르크스주의의 인식론적 기초가 도전받는다는 맥락이겠고 둘째, 신사회운동이 활력을 얻어가면서 마르크스주의의 실재적 사회운동으로서의 노동운동의 해방적 의미가 도전받고 있다는 맥락이다. 그리고 이 두 맥락 사이에서 마르크스에 정면 도전하는 이른바 포스트마르크스주의의 부상을 또한 들 수 있겠다.

II. 탈현대주의의 도전과 마르크스주의의 철학적 위기

1. 탈역사론과 탈현대주의의 선택적 친화성[154)]

탈현대주의는 1968년 끝에서 성장해온 새로운 형식의 음성이다. 1968년, 이 해를 기점으로 혁명적 좌파의 뜨거운 목소리가 줄어들었고 잡다한 우파들이 다시 용기를 얻는다. 탈현대주의의 기원이야 더 오래된 것이지만, 활력을 얻게 짙게 가시화되기 시작한 것은 이런 새로운 보수주의의 정서가 짙어가던 무렵부터이다. "급진적 부정"과 "위대한 거부"의 시대로 특징지어졌던 1960년대의 태양이 저물면서 어두움의 정서를 타고 탈현대주의가 검은 소리를 내어온 것이다.

1960년대 보수주의 사회과학은 기술관료제 명제를 앞세웠다. 현실적 동향은 기술관료제이며, 정당성이나 문화지평은 무의미하다는 보수주의의 음성은 탈현대주의와 선택적 친화성을 맺고 있다. 이론구조적인 차이가 없지는 않지만 역사의 근본적 변화 가능성 자체를 회의한다는 점에서도 서로 다르지 않으며, 현대사회를 기술관료제의 확산으로 진단하는 논리 역시 여전히 근본적으로 달라진 점이 없다.

2. "계몽의 변증법"이냐 계몽의 해체냐?

탈현대주의가 부상하면서 탈현대주의와 초기 비판이론의 유사성과 차

154) 이 부분의 논술은 나의 「서구 포스트모더니즘의 전개과정」, 『단대신문』(1992년 5월 26일자)과 「포스트 마르크스주의」, 『연세춘추』(1991년 9월 16일자 및 1991년 9월 30일자), 그리고 「사회변혁으로서의 탈현대주의?」, 『한양대학원 신문』(1992년 4월 6일자)을 중심으로 보완하고 연결지은 것임을 밝힌다.

이에 대한 논의가 큰 쟁점으로 전개되기도 했다. 주로 비판이론에 긍정적인 정서를 느끼는 지성들이 이니셔티브를 쥐고 탈현대주의에 앞서 아도르노나 벤야민 등 초기 비판이론의 독특성을 더욱 개진시키려는 움직임이 있다. 초기 비판이론과 탈현대주의는 다음과 같이 정리될 수 있다. 첫째, 두 입장 모두 "현대적" 문명과정을 기술적 · 도구적 합리화의 전개 혹은 확산으로 이해한다. 이 합리화 과정은 사회적 지배의 기술적 수단을 완성해가는 것을 의미하면서도, 개인을 강제 속에서 일체화해가는 것을 뜻한다. 지배의 증대와 동일성의 형성은 도구적 합리화라는 하나의 과정으로 이해된다.

둘째, 현대성에 나타난 도구적 합리화 과정이 확산되는 가운데 인간의 주체성이 억압당하는 측면을 분석한다. 탈현대주의와 초기 비판이론의 주관성과 몸을 규제하는 합리화 과정을 다르게 정초해서 비판하기보다는 주관성과 몸의 자유공간의 파괴에 대한 비판에 주목한다.

셋째, 헌법국가 · 형식민주주의 · 전통의 해체에 따른 동일성의 형성을 편성시키는 "계몽의 변증법"에 관심을 표명한다. 계몽의 비합리적인 기초를 밝히는 데 초기 비판이론과 탈현대주의는 일치한다. 후자는 궁극적으로 계몽의 해체로 넘어간다. 그리고 선진산업자본주의의 통합 형태에 대한 진단에서 초기 비판이론과 탈현대주의는 전체주의의 성향을 부각시킨다. 규율 · 통제 · 조작 · 순치 등을 통해서 사회구성원들을 지배에 조응하게 하는 차원을 분석하려 한다.

현대적 주체의 기능 상실을 비판하면서도 초기 비판이론과는 달리 탈현대주의는 주체를 재구성할 여지를 처음부터 인정하지 않는다. 탈현대주의가 이론의 홍수 속에서 의미를 구성해가는 주체 자체를 해체시키는 반면, 아도르노 등의 초기 비판이론에서는 사회변동을 담당해 낼 주체이론이 살아 있다는 점에서 우리는 일단 긍정적으로 본다. 주체에 대한 그의 비판이론은 두 부분으로 구성되어 있다. 그 하나는 인간학의 시각인데, 근대적 주체의 형성 과정을 억압속에서 동일성이 되는 것으로 읽으면서, 주체의 반성/성찰력이 일면화하는 그 과정을 비판하는 부분이다. 다른 하나는 이 억압 과정과 내재적으로 연관된 사회심리학적인 것인데, 자연으로부터 받은 인상의 다원성을 상상력 높게 받아들일 수 있는 만큼 주체는 자유를 얻는다고 주장하는 부분이다. 자아 동일성이 미학적 범주로 나타난다. 아도르노의 초기의 비판이론은 모던한 주관성의 해체가 아니라 재구성을 위한 비판의 척도를 제시한다.

3. 탈현대주의와 신비판이론 사이의 논쟁

탈현대주의논의는 비판이론을 비판적으로 계승해 온 하버마스의 『현대성의 철학적 논술』(*Der philosophische Diskurs der Moderne*, Suhrkamp, 1985)의 출간과 더불어 철학적 · 사회이론적으로 본격화되는데, "의식철학"의 한계를 넘어서려는 두 길이 구별된다. 『소통행위이론』(*Theorie des kommunikativen Handelns*, Suhrkamp, 1981)을 통해 의식철학을 비판하고 합리성의 재구성을 시도하는 하버마스는 탈현대주의를 다음과 같은 맥락에서 비판한다.

첫째, 탈현대주의의 뿌리가 어딘가를 확인하면서, 탈현대주의의 역사적 계보를 추적 · 비판한다. 탈현대주의는 니체의 이성비판에서 강한 해체의 상상력을 얻어낸다. 『계몽의 변증법』과 니체의 차이에 대한 분석은 탈현대주의의 정체성을 확인하는 전제가 된다. 니체와 크게 다를 바 없이 탈현대주의는 "역사적 이성을 궁극적으로 던져버리고 이성과는 다른 것으로서 신화의 땅에"발을 내딛는다. 하버마스의 합리성의 토대를 세계개념에서 발견하고 비합리주의의 늪에 빠지지 않으면서도 반형이상학적 이성개념을 모색한다.

둘째, 탈현대주의가 가장 고심하여 해체의 대상으로 삼는 부분이 "총체성"이다. 헤겔주의의 "총체성"을 극복하는 방향은, 총체성 일반을 포기하는 탈현대주의의 그것만은 아니다. 다양한 유형의 총체성이 논의되고 있다.

셋째, 탈현대주의는 사회적인 것의 심층을 인정하지 않으므로 사회이론에 핵심적인 이데올로기 비판의 맥락이 흩어져 버린다. 신비판이론은 계몽의 기획을 핵심으로 삼으면서, 표피적 수준에서의 진리에 내재하는 심층적인 허위를 비판하는 이데올로기 비판 발상을 지속시키려 한다. 그것은 진리의 보편화 가능성을 주장하는 이론을 시사사기도 한다.

탈현대주의 논의가 전개되면서, 그것의 보수적 정체성이 쟁점으로 부각되어 왔다.

4. 가다머와 데리다 논쟁

서구에서 탈현대주의가 널리 확산되기 시작한 1980년대 초, 해석학을 비판적으로 발전시켜온 가다머와 해석의 마피아로 불리우는 해체주의파의 "두목" 데리다 사이에 논쟁이 일어난다. 이 논쟁은 일어날 수 밖에 없는 내용을 지니고 있는 듯하다. 해석학과 마찬가지로 탈현대주의는 해석의 문제에 집중되어 있다고 해도 과언이 아닐 것이기 때문이다. 서구의 탈현대주의 논의 전개과정을 검토하는 맥락에서 가다머와 데리다의 논쟁은 특히 주목해 볼 가치가 있다.

우선, 이 논쟁은 언어의 개방성을 전제로 하는 같은 지점에서 출발하면서도 여러 점에서 근본적인 차이를 보여준다. 첫째로 이 논쟁에서 부각된 것은, 언어의 성격을 이해하는 차이이다. 탈현대주의의 탄생과 확산에 참여한 데리다가 언어를 근본적으로 대화적으로 이해하지 않는 반면, 해석학을 지키려는 가다머는 언어의 대화적 성격을 주목하고, 거기서 해석의 정당성 문제를 제기한다. 데리다류의 탈현대주의가 정당성문제를 배제하여 자유로운 텍스트 놀이와 그 생산을 일종의 효율성이론에 따라 변화하는 데 비해, 가다머의 해석학은 전통을 도입하여 정당한 해석의 권위를 부여하려 한다. 탈현대주의는 이 논쟁에서 밝혀졌듯이, 독백의 논리를 텍스트주의라는 이름하에 은폐하고 있다. 따라서 자유주의에서의 핵심적 영역인 "사적인 것"은 사실 새로운 형식의 옷을 입고 감추어져 있는 것이다(물론 우리가 가다머의 해석학이 부각시킨 "전통" 명제가 설득력 있다고 주장하는 것은 아니다. 하버마스가 가다머와의 논쟁에서 밝혔듯이, 전통을 비판하고 이데올로기 비판적 발상이 필요하다).

5. 탈현대주의의 정치적 성격

탈현대주의를 표방하거나 그것에 친밀감을 느끼는 지성이 정치적으로 자유주의라든지 그에 근접한 것을 주장한다는 인상을 주는 것은 사실이다. 하지만 탈현대주의는 전통적 자유주의와 달리, 정치적 성격을 통합된 모습으로 전달하지 않는다. 독일의 정치학자 클라우스 폰 바이메(Klaus von Beyme)가 『20세기 정치이론』(Suhrkamp, 1991)에서 밝히듯이, 단편화된 모습들이 산발적으로 그려지고 있는데, 대체로 다음과 같이 압축해 볼 수도 있다.

첫째, 권력의 실제와 이론에서 탈본체화 전략을 앞세워 권력의 규범적 기초를 성찰하고 반성할 지평을 포기한다. 탈현대주의에서 권력은 제도도 아니며 구조도 아니며 단지 "복합적인 전략적 상황"이다.

둘째, 탈현대주의는 초기 프랑크푸르트학파처럼 기술관료제의 확산이 획일성(전체주의)을 결과시킬 가능성을 두려워한다. 그리하여 산업사회 이론의 범위에서부터 "자료은행의 자유로운 출입"(리오타르)을 주장한다.

셋째, 탈현대이론은 이미 정착된 다원주의를 그야말로 일관되게 유지시키고 유포시킨다. 조화의 어떤 질서를 가정했던 고전적 다원주의와는 달리 진정 "공약불가능성"을 기본개념으로 삼는다. 급진 회의론에 따라 이 차원에서부터 다원성을 전제로 삼고 있는 탈현대주의는 고전적 다원주의에서 볼 수 있는 다원성을 인정하는 메타성(보편적 이익)을 부인한다. 다원주의의 이 급진화는 인식의 무질서에서 성장한다.

넷째, 혁명이론의 종말이 또한 선언된다. 전체 사회의 전형은 생각할 수 없다. 패러다임의 전환이 일어난다. 신사회운동도 체제에 대한 변화를 가져다주기는 하지만 부분적일 따름이다.

다섯째, 다원주의이론을 급진화함에 따라 다수원리가 동요받는다. 탈현대주의의 국지화 전략은 여론과 그 정당성에 대한 관심을 줄여간다.

여섯째, 정당성 이론의 종말이 선언된다. 막스 베버는 의미의 위기에서 정당성 이론을 발전시킨다. 체제의 정당성이 의문시될 때 정당성 이론이 성립된다. 하지만 베버와 달리, 탈현대주의는 정당성 이론에 대한 탐색이 포기되며, "절차를 통한 정당화"(니클라스 루만)만이 관용될 수 있다. 물론 그 절차도 메타수준의 논리가 배제된 수준의 것이다.

1) 어떠한 사회변혁인가?

탈현대주의는 "사회변혁"에 어떤 의미를 주는가? 탈현대주의는 사회변혁론으로서 어떠한 위상을 가지는가? 우리는 여기서 탈현대주의와 사회변혁의 관계에 대해 몇 가지 생각을 밝히고자 한다.

우선, 이 주제가 그렇게 만만치 않은 것은 탈현대주의도 그렇지만 사회변혁이라는 개념마저 그렇게 분명하게 합의되어 있지 않기 때문이다. 사회변혁에 관해서는 다음 세 가지를 지적하고 싶다.

첫째, 사회변혁의 목표가 무엇인가 하는 문제가 있다. 권위주의의 청산을 넘어 달성하려는 그 "민주주의"가 자유주의 민주주의인가 또는 참여민주주의 형태인가 하는 의문이 있을 수 있다. 이는 탈현대주의를 사회변혁의 이론적 자원으로 검토하는 시각을 논평하는 것과 깊은 관련을 맺고 있다.

둘째, 사회변혁을 실현해 낼 실행주체가 무엇인가 하는 단순하면서도, 여전히 명백하지 않은 문제가 있다. 탈현대주의는 역사적 변동이 인간의 실천행동에 따라 일어나는 것이 아니라는 구조주의 운동을 급진화시킨다. 이 급진화는 인간이 없는 구조가 아니라 인간이 없는 사건성을 이론의 중심에 놓는다. 따라서 탈현대주의가 사회변혁을 실현해 낼 행위주체를 상상한다 하더라도 탈현대주의의 정치적 합의는 이미 어느 정도 밝혔듯, 다원주의적 자유주의를 크게 벗어나고 있는 것이 아니라면, 탈현대주의를 사회변혁의 에너지로 보려는 입장의 목표는 분명하다. 그것은 다원주의적 자유주의를 "새롭게" 정착시키거나 아니면 심화시키는 것이다.

셋째, 사회변혁의 목표를 실현시키는 양식이 폭력을 인정하는가 여부의 문제이다. '폭력', 혹은 "테러"의 정당성을 이론적으로 인정하는 것은 보편적 진리에 대해 깊은 회의를 느끼는 입장이 대부분이다.

예컨대 리오타르가 "테러"를 거론하는 것은 탈현대주의의 심장에 흐르는 회의주의의 흐름을 볼 때 충분히 이해할 수 있다. 그렇지만 사회변혁을 탐색하는 맥락에서 탈현대주의가 들먹이는 "테러"에 유혹되어서는 안된다. 탈현대주의의 테러는 사회운동의 현장에서 볼 수 있는 실재적인 힘이 아니라 대화의 문을 닫은 채 고독한 상상의 공간에서 "지금" 모든 것을 "초월"하려는 순수언어일 따름이다.

2) 사회변혁과 탈현대주의를 보는 기존의 시각들

탈현대주의와 사회변혁의 관계를 보는 시각은 다양하지만, 우선 다음 네 입장으로 유형화해보고 싶다.

첫째, 다원주의적 자유주의를 사회변혁의 목표로 삼는 정통 탈현대주의 입장이 있다. 이 입장은 우리 사회에서 아직 자유주의의 질서가 실현되지 않았다고 판단하면서, 탈현대주의에 담긴 자유주의의 합의를 곧바로 자유주의적 "민주주의로의 이행"논리로 읽는다. 하지만 이렇게 보는 사회변혁론으로서의 탈현대주의는 설사 자유주의 자체를 정치적 이상으로 받아들일 수 있다 해도, 이미 있는 질서를 이론적으로 반복하는 기술의 논리와 새로운 질서를 만들어가는 운동의 논리를 혼동한 것이다. 탈현대주의는 자유주의를 지향하지만 자유주의를 만들어내는 실천적 사회운동을 가리키는 것은 아니다.

둘째, 자유주의를 지향하는 사회변혁의 입장에 서 있으면서도, 탈현대주의를 부정하는 입장이 있다. 자유주의적 민주주의로의 사회변혁을 시도하면서도 탈현대주의를 거부하는 까닭은 그것이 지닌 문화적 내용이 부르주아 가치와 상반되는 것이기 때문이다. 아방가르드가 종말을 맞이하고, 모더니즘이 창조력을 상실하여 반(反)시민성이 넓게 확산하여 탈현대주의가 탄생했다고 보는 것이다. 탈현대주의의 실험주의 · 쾌락주의 · 주관성의 폭발을 그들은 두려워하고 있다. 그들은 개인주의적 사회윤리만을 강하게 호소할 뿐이다.

셋째, 전통적인 자유주의를 부인하면서도 탈현대주의를 수용하는 입장이 있다. 흥미로운 것은 탈현대주의에 담긴 정치적 지향보다는 탈현대주의가 배후에 둔 사회현실에 주목하는 경향이다. 후기산업사회에 나타나는 "탈문화의 경향, 신중간층의 확대, 새로운 사회운동의 지형의 형성, 새로운 대중문화 양식의 대두"등에 주목한다.

하지만 후기산업사회의 현상들을 분석하는 시각은 다양하며, 또 다양할 수 있는데 탈현대주의는 그 중 하나이다. 탈현대주의가 지향하는 중심 혹은 집중화의 해체가 여기서는 긍정적으로 받아들여지는데 우리 사회의 곳곳에 "후기산업사회" 혹은 "포스트모던한" 면들이 나타나고 있다는 사실을 곧바로 탈현대주의의 성립 타당성과 연결시키는 비약을 범한다. "후기산업사회적" 현상을 보는 시각으로서 탈현대주의가 갖는 한계에 대한 비판적 성찰을 거치지 않는다. 예컨대, 후기산업사회 징후군을 보는 시각은 자본주의의 구조적 모순에서 출발한 것이 아니다.

넷째, 사회변혁의 목표를 비자유주의로 설정하는 급진성을 보이는 이 입장은 탈현대주의를 "후기자본주의의 문화논리"로 규정하고, 한국사회의 수준이 후기자본주의의 그것이 아니라는 단순한 사실의 지적을 넘어 탈현대주의가 신식민지적 지배논리라는 비약을 보인다. 후기자본주의, 신식민주의, 탈현대주의가 맺는 제관계가 설득력있게 제시되지 않는다.

이런 입장의 대표적 이론가인 F. 제임슨의 경우도 후기자본주의 현실을 탈현대주의로 특징지으려는 것이기보다는 후기자본주의 현실에 나타나는 문화의 새로운 형식으로 탈현대주의에 주목하고 있을 뿐이며 또한 하버마스, 오페 등의 신비판이론가들이 섬세하게 또한 주의깊게 발전시켜온 신정치개념을 거부하는 경향을 보인다는 것도 지적해 두어야겠다.

Ⅲ. 신사회운동의 도전과 마르크스주의의 사회과학적 위기

마르크스주의는 여러 신사회운동들이 발전함에 따라서 위기를 맞고 있다. 여기서는 환경문제를 중심으로 기존 논의를 요약 · 소개해 보자. 아래 도식이 그것인데, 세로 축은 이론의 입장이 보수적이냐 비판적이냐에 따른 구별이며 가로 축은 제도와 비제도 양자를 고려하는 이원론과 그렇지 않은 일원론을 구별하고 있다.[155]

〈표3〉 성장문제에 대한 이론 유형

	일 원 론		이 원 론
	공식부문	비공식부문	
보수적	□성장없는 자본주의〈Gruhl〉 □선택적 성장의 자본주의〈Eppler〉		□자유주의적 포스트 자본주의〈Dahrendorf〉 □사회민주주의적 포스트 자본주의 〈Huber〉
비판적	□성장없는 공산주의〈Harich〉	□생태학적 토대 민주주의〈Zellentin〉	□사회주의적 포스트 사회주의〈Gorz〉 □급진 정치경제학적 포스트 사회주의〈Bahro〉

1. 일원론의 다양한 시각

1) 그룰(H. Gruhl)의 "성장없는 자본주의"론

"지구촌적 전환"이라는 표제하에 그룰은 사유와 행위의 "급진적 전환"

155) 이렇게 할 때, 나는 Max Preglau, *Wachstumskrise und Gesellschaftstheorie*(Campus, 1987), pp.311-339에 거의 완전히 의존했음을 밝힌다.

을 주장하는데 지금까지는 인간의 욕구와 희망에서 사유와 행위가 시작되었지만 지금부터는 지구의 한계에서 시작해야만 한다는 주장이다. 이 주장에서 그는 계획과 행위의 시공간적 지평을 확대할 필요성을 주장한다. 그룰은 "지구 경제문제는 시장경제를 통해서만 해결될 수 없으며", "정치 당국이 책임을 지고 결단을 내려야 한다"고 주장한다. 그리하여 "강한 국가"를 해결책으로 제시하는데, 이는 대단히 단순한 명제이다. 그룰은 사회 체계의 매체로서 화폐(시장)보다는 "권력(국가)"를 강화시켜야 한다고 강조할 뿐 그 민주성에 관해 소홀히 다루는 느낌을 준다.

2) "선택적 성장에 의한 개혁자본주의"

애플러(Erhard Eppler)는 『위험으로부터 벗어나는 길』(*Wege aus der Gefahr*, Rowohlt, 1981)에서 선택적 성장이란 대안을 제시한다. 이것은 개혁정책 원리에 근거하는 것으로서 "성장률의 배분도 아니고 차별성 없는 성장이 남긴 손상들을 치유하는 것도 아니며, 법개정도 아니다. 그것은 에너지 · 교통 · 건강 · 농업 · 군비 등의 영역에서 — 의식적인 성장결단이다." 그리고 그 전제는 국가정책이 시장메커니즘에 의해 충족되지 않는 기능들에 대해, "부정적 · 소극적인 대응을 넘어 긍정적 · 적극적으로 조정과 지도의 기능을 넘겨 받아야 한다"는 것이다.

에플러는 "이성적 경계와 이성적 생태학은 지금 우리가 생각하는 것 이상으로 서로 결합할 가능성이 높다"고 주장한다. 그리고 여기에서 "생태학적 차원이 모든 경제 · 정치적 행위에 도입되어야 한다"는 전제가 있다. 에플러의 "선택적 성장"론은 생산력과 모순되지 않는다고 한다. "지금까지 무시해온 노동을 행하는 것, 예컨대 환경보호 · 대안에너지 · 공영교통 · 도시건전화 · 서비스 등의 영역이다."

그러나 그는 "노동시간의 축소"를 또한 주장한다. 그리고 에너지정책을 예로 들면서, 선택적 성장은 결코 금욕적인 절제를 주장하는 쪽으로 나아가는 것이 아니라고 주장한다. "에너지 탕진에 대한 정치적 대안은 결코 금욕이 아니라, 에너지를 더 잘 활용하는 것이다."

에플러의 이러한 사회민주주의적 해결방안은 비경제적인 기준들을 고려하여 다수의 동의를 얻어 투자의 방향을 결정지으려는 정치를 폄으로써 공식부문의 개혁을 시도하려는 것이다.

3) "성장 없는 공산주의"론

하리히(Wolfgang Harich)는 『성장 없는 공산주의』(*Kommunismus ohne Wachstum*, Rohwolt, 1975)에서 생태학과 사회주의를 동일선상에 놓으면서 '위기' 로부터의 탈출을 "엄격한 평등", "확고한 절약", "엄격한 할당배분"(암거래시장의 성립 저지), "화폐의 폐지"에서 찾는다. 흥미로운 점은 하리히가 "성장 없는 공산주의"를 주장하면서, "생태학적 독재"론을 제기한 부문이다. 그것은 물론 프롤레타리아 독재를 연상시킨다. 그의 "생태학적 독재"론은 다음과 같은 세 명제로 요약될 수 있다.

첫째, 역사결정주의는 하버마스 등의 신비판이론가들이 논거하고 있듯이 새삼 강조할 필요도 없이 그 설득력이 허약하다.

둘째, 테크노크라시에 대한 비판이 허약하다. 1960년 후반 일어난 비판정치나 특히 독일 독일국가론 논쟁에서 이 맥락은 충분히 설명된 바 있다.

셋째, 중앙집중제의 위험을 피하지 못한다. 민주주의가 위협받는다. 요컨대 이 발상은 "노동"을 단순히 환경으로 대체한 것에 불과하다는 느낌을 준다.

4) "생태학적 토대민주주의"론

젤렌티(Gerda Zellentin)의 이런 발상은 현대사회의 구조적 복합성에 비추어보면 특이하다. 이 발상은 비공식부문에 강조점을 둔다. "공동체적"조직원리를 일반화하여 전체 사회의 조직원리로 삼고자 한다. 이 발상은 자유주의 · 무정부주의적 전통과 가톨릭 사회론으로부터 영향을 받았는데, 다음과 같은 조직원리를 부각시킨다.

첫째, 탈중앙집중화, 중앙집중화로 인해 발생하는 환경오염 지배와 타율성을 철저히 배격하고 정의로운 실천, 자유, 자기결정을 제창한다.

둘째, 작은 규모의 수평적 네트워크들을 만든다.

셋째, 보충성(Subsidiarität: 상급층위에서 하급층위가 자발적으로 발전할 수 있게 보완하고 보충하는 제도)이 피라미드식 조직을 해체하고 다양성을 발전시키면서도 행위의 통일성을 보증하는 유연성 있는 결합체를 띠는, 소규모의 네크워크들의 통합을 주장한다.

의사형성의 형식으로 젤렌틴은 두 가지를 고려한다. 분권적 차원에서 평의회체제, 그리고 네트워크 차원에서 대의제, 젤렌틴은, 이 급진민주주의가 부드러운 에너지와 대안테크놀로지를 토대로 하는 대안생산 양식에서만 가능하다고 본다.

젤렌틴은 생태학과 인간학에 적응될 테크놀로지와 생산양식을 현실주의적으로 접근하지 못한다. 생태학적 적응력이 있는 테크놀로지도 대체로 중앙집중화된 거대 테크놀로지나 인구밀도가 놓은 첨단 테크놀로지 일 수가 있기 때문이다.

또한 젤렌틴이 강조하는 공동체주의도 강제없는 사회통합을 보장해 주기에는 현실성이 부족한다. 폐쇄총체적 사회화 아래에서는 동일성 형성이 위험하다. 비젠탈(Helmut Wisenthal)이 그의 논술 「대안 테크놀로지와 사회적 대안, 기술선택 문제에 대하여」(1982)에서 지적하듯이, "사회적 환경이 기대하는 행동 패턴과는 독립되게 개인적 주관성이 살아 있음"을 어느 정도 인정해야 진정한 의미에서의 동일성이 형성된다. 또한 이것은 현대성의 특성이기도 하다. "규범에 정향해서 사회화가 일어날 영역이 확대될 필요가 클수록 전(前)산업적 마을공동체의 적응강제로 회귀할 것을 주장하는 것은 그만큼 강하게 설득력이 없다." 젤렌틴은 폐쇄적 총체성에 따라서 비제도영역에서 조직원리만을 강조한 나머지 주관성과 개성을 다시 묶는 '전체주의'의 그림자를 드리우고 있다.

그리고 기술적 효율성을 준거로 삼는 하부체계들이 지닌 현실적 의미를 젤렌틴은 과소 평가하고 있다. 쟁점은 문제가 없지 않은 체계합리성 자체를 제거할 것인가 아니면 재구성할 것인가이다. 젤렌틴은 제도영역의 합리성이, 비제도 영역에서 숨쉬는 주관성이 과도하게 확산될 경우에 그 테두리를 그어주어 동일성을 실질적으로 보증해 준다는 사실을 통찰하지 못한다.

2. 이원론의 다양한 시각들

1) "자유주의적 포스트 자본주의"론

다렌도르트(Ralf Dahrendorf)는 경제성장 · 평등 · 민주주의 · 합리성의 가치를 기초로 한 확대사회(Expansiongesellschaft)에 관한 사회민주주의적 합의에 대해 의문을 제기하면서 『새로운 자유』(*Die neue Freiheit*, 1980)에서 확대사회 대신 개량사회(Meliorationsgesellschaft)를 제시하고 다음과 같이 특징짓는다.

> 전해오는 분업의 불필요한 신분제 잔재에 묶여 있는 인간들의 삶을 다시 얻어야 하는데, 그 근거가 살림경제이며 개인의 저항을 조직과 공간의 네트워크를 지닌 실재를 인정하여 매개하는 정치질서에 의해 얻도록 하는 것이다.

다렌도르프는 공식 활동과 비공식활동의 관계를 새롭게 개량함으로써 "도야 · 노동 · 여가 사이에 있는 장벽을 무너뜨리자고 주장한다. 이 불필요한 분업의 지양 명제는 공식부문에서 공동결정제(Mitbestimmung)의 확대도 내포한다."

또한 그의 개량사회론이 말하는 살림경제는 "확대에 기초한 경제보다 더 강하게 공적 결단, 다시 말해 정치적 결단에 맡기는 경제양식을" 의미한다. 정치가 조정하는 시장경제를 그는 주장한다.

그리고 그의 개량사회론은 공론의 효과성을 주장하여, 공중의 이니셔티브뿐만 아니라 그 통제의 차원에 주목한다. 그의 사회변동 모델에서는 그 이니셔티브조차 항상 "위로부터" 발생한다. 그의 보수적 정치이론은 여전하다. 그의 정치적 사회적 삶의 재구성 기획은 실현 방식과 그 목표가 상반되는 모습을 보인다.

2) "사회민주주의적 포스트자본주의"론

이것은 후버(Z. Huber), 하인쩨(R.Hinze), 올크(Th. Olk)가 제안한 것으로서 공식부문과 비공식부문 모두를 고려하는 "이원경제적 대안"이다. 첫째, 메가기계(Mega-Maschine)를 제한하고 발동시키려 하며 둘째, 공동체 형태를 강하게 강조한다. 이 발상은 "공식"부문의 현위기를 극복할 전략으로서 뿐만 아니라, 유토피아로서도 이원경제를 제창한다. 다시 말해 "노동시장의 위기(질과 수에서 저고용)에 대한 대안"으로써, 또한 "국가와 시장의 거부"를 보완하는 시도로서 '사회민주주의적 포스트자본주의' 론은 기존의 구조와 경향을 완전히 갱신하는 것이 아니라, 재조직화 하고 변형시키려 한다. 이 발상이 문제시하는 것은, 지금까지 수행해 온 공식부문과 비공식부문의 기능들을 현실주의에 따라 평가하는 것이다. 선진산업사회에서 경제복지에서 얼마만큼이 "사적인" 노동(국민경제를 셈할 때 전혀 고려하지 않는)에 의해 가능해지고 있는가, 또한 GNP성장에서 얼마 만큼이 환경을 파괴하고 우리의 생활양식에 의해 발생된 질병을 발생시키는 대가를 치루고 있는가? 이러한 문제에 대해 이 발상은 두 부문간의 "균형을 개선"하며, "상호보완적 긴밀화"를 추진한다는 응답을 제시한다. 좀 더 구체적으로 말하면 다음과 같다.

첫째, 기술조직적 부문, 즉 공식부문이 확대되는 테두리를 제한하며, 민주적으로 변형시키고, 이 부문의 기술구조를 근본적으로 변형시켜 자연생태학 및 사회행태학 목적에 부합되도록 만든다.

둘째, 사회적 부문, 즉 비공식적 부문을 갱신하여, 우리 일상의 생활양식을 근본적으로 변동시킨다.

이 "이중전략"은, 사회적 자율활동 영역은 타자가 규정하는 임노동 역시 개혁정치 대상으로 삼을 수 있을 때만이 자본주의적 근대화 과정에 따른 위험을 막아낼 수 있다는 파악을 기초로 삼고 있다. 이 "사회민주주의적 포스트자본주의"론은 기술구조를 변혁시킴으로써 생태학적 적응력을 높이려 한다. "고유노동"(Eigenarbeit)과 "비공식 정치"도 인정하고 사회적 조직원리의 구성요소로 받아들인다.

3) "다원주의적 포스트사회주의"론

프랑스 사회이론가 앙드레 고즈(Andre Gorz)는 산업사회의 테크놀로지 진화에 따라 노동자 권력의 토대와 생산자 주권론도 심각하게 약화되었다는 진단에서 출발한다. "프롤레타리아트 그 혁명과의 고별을 그는 선언한다." "프롤레타리아 혁명 이념은 프롤레타리아 만큼이나 낡아버렸고 생산층 노동자의 자리에는 비노동자의 비계급집단이 들어서고", "현 사회의 품안에는 비사회가 예고되고 있다." 계급과 노동의 지배가 종언을 맞이하고 있는 것이다. 고즈의 "비사회"명제는 프롤레타리아를 사회의 본체로 인식하는 단순기제를 강화하는 시도를 단념하고, 사회적 논리를 벗어나서, 그에 저항하며 개별적 실존의 제안 없는 전개를 도모하는 시도를 말한다.

『프롤레타리아트와의 고별』(1980)에서 고즈는 이원론을 제시한다.

> 이질성 영역은 개인의 삶과 사회의 기능에 필요한 모든 것을 프로그램과 계획에 따라 만들어내는 데 가능한 한 저항을 적게 한다. 이와 다른 영역에서는 개인들이 자율적으로, 시장밖에서 각 개인의 희망 · 취향 · 상상력에 걸맞는 재화와 서비스를 자유롭게 만들어낸다.

고즈는 전자를 기술적 명령의 지배 영역으로 부르면서, 이 영역에서는 인격적 책임이 스며들 틈이 없다고 본다. 이와는 다른 영역인 자율성 영역에서는 도덕적 요청 원리에 근거한다고 본다. "개인이 자신의 행위의 사실상의 책임자인 이 자율적 행동 영역에서는 강제도, 알리바이도, 죄책감도 받지 않고, 도덕성 관계의 도덕화가 일어난다."

그는 자신이 "이질성 영역"으로 부른 그것을 거의 자연법칙적으로 이해하고 있다. 공식 부문의 내적인 구조 변형이 빈극화 · 인간화를 제시하는 대신 성장의 정지에서 새로 생산 목표를 추진하고 있을 뿐이다. 고즈에서 순수 기술적인 명령의 지배를 받을 뿐이라는 이 이질성 영역은 사회비판의 범주 밖에 있다. 고즈는 하버마스의 "생활세계의 내적 식민지화 명제"와 유사하게, 자율성 영역으로 이질성 영역이 과잉 침범해 들어오는 것을 비판하는 데 그친다. 다시 말해, 이질성 영역의 내적 민주화와 인간화 문제에는 깊은 관심을 표명하지 않는다.

4) "급진정치경제학적 포스트사회주의"론

루돌프 바로(Rudolf Bahro)는 현존 사회주의를 비판하는 가운데 급진 정치경제학적 대안을 제시한다. 서구의 성장비판과 크게 다를 바 없이, 바로는 산업사회적 생산양식이 사회해방과 생태학적 재생산을 위협하고 있으므로 변형이 필요하다고 주장한다. 그는 산업사회 논리가 낳은 파괴적 결과를 피하는 길로는 양적 성장과의 단절이 있을 뿐이라고 주장한다. 『대안. 현존사회주의의 비판』(1980)에서 바로는 해방정치(학)의 중점을 다음과 같이 열거한다.

첫째, 다양한 기능수준에서의 활동에 평등하게 참여하고, 어떠한 인간도 특정한 활동의 기능으로 변형되게 만들지 않음으로써 필요한 노동을 행사해야 할 때 사회적 공평성을 실현한다.

둘째, 교육 정도와 사회적 전문성의 차이에 따른 계층별 차별화의 대안으로 보편적 층위에서 자연과 기술, 사회와 예술을 포괄하는 일반 교육을 받을 기회를 제한 없이 부여한다.

셋째, 어린이를 존중한다. 가부장적 실적사회의 교육 스타일을 버린다.

넷째, 충만된 인간관계를 확립할 수 있도록 자율적인 그룹활동을 바탕으로 삼아 새로운 공동체 생활에 필요한 조건을 만든다. 노동 · 학교 · 가정 · 여가 등에서 고립과 고독을 극복하게 한다.

다섯째, 인식과 결단의 일반적 과정을 민주화하며, 위계적 기구내에서뿐만 아니라 밖에서도 민주화를 구성한다.

나는 제도정치와 비제도정치의 변증법을 대안으로 생각한다. 이 발상은, 제도성과 비제도성은 근본적으로 분리된 것이 아니라는 명제에서 시작한다는 점에서 앞서 본 이원론과 다르지만, 어느 한 영역을 결정적인 중심으로 생각하지 않는다는 파악에서 일원론과도 상이하다.[158]

IV. 탈현대주의와 신사회운동 사이의 포스트마르크스주의

현재 포스트마르크스주의가 우리 지성계 일부에서 관심을 끌고 있다. 서구에서도 마르크스의 언로 중 하나의 *New Left Review*를 통해 전개된 "약한 마르크스주의 논쟁"을 계기로 지성계의 관심을 모아가고 있다.

우선, 나는 두 부분으로 나누어 논의하고 싶다. 포스트마르크스주의의 이론적 내용이 무엇인가를 비판적으로 검토하는 것이 한 부분이고, 포스트마르크스주의가 환경보호운동 · 반전반핵운동 · 여성운동 · 주변운동 등 신사회운동을 논평하는 논리를 살펴보는 것이 다른 한 부분이다.

1) 그람시 해석문제

라클라우 · 무페는 그람시가 당시 마르크스주의의 위기에 대응하여 제시한 헤게모니 개념을 수용한다. 그람시는 마르크스주의 국가론에서 국가에 해당하는 것을 이분화시켜 각기 정치사회 · 시민사회로 부르고, 후자에 해

---

158) 보다 상세한 논의는 서규환 「국가의미론 -- 비판시민사회의 이론화」, 《한국정치학회보》(제24집 특별호), pp.325-350과 「풀빛정치란 무엇인가?」, 《사회와사상》(1990년 6월호), pp.239-260 참조하라.

당하는 것에 헤게모니가 행사된다고 설명한다. 당시 경제결정주의적 좌파 이론에 대항하여 그람시가 제시한 이 헤게모니 이론은 마르크스주의 사회에서 이데올로기 비판을 국가이론과 접목시키는 중요한 역할을 행사한다.

하지만 그람시 헤게모니 이론은 그의 사상 전체 맥락 속에서 이해함이 마땅하다. 말하자면, 라클라우 · 무페가 그람시의 헤게모니론을 끌어 들이면서 그 전체적 조망 없이 헤게모니 개념을 부분적으로 수용함으로써 그람시가 원래 의도했던 바를 왜곡시키고 있는 것이다.

라클라우 · 무페의 포스트마르크스주의는, 권력이 논술을 통해 행사되는, 즉 헤게모니에 집중하면서 그람시가 설명하는 또 하나의 중요한 지배와 권력의 지평을 잊고 있거나, 과소평가하는 듯하다. 그람시는 당시 유럽의 사회변동에 감수성 있게 대처하면서 정신적 폭력이 행사되는 영역을 물리적인 폭력 영역과 상대적으로 독립된 것임을 인식하고, 또한 그동안 마르크스주의 전통에서 상대적으로 등한시해 온 이 영역(넓은 의미에서 이데올로기 영역)을 독창성 있게 이론화 했다. 그람시 헤게모니론을 깊이 수용한 포스트마르크스주의는 말하자면 물리적인 폭력이 정당성을 얻지 못한 채 행사되는 역사적 현실이 있음을 망각하고 있는데 아마 이 망각은 저발전국가와 다른 선진민주사회의 현실이 비판적 성찰없이 비역사적으로 소박하게 반영되었을 것이라는 느낌도 준다.

2) 후기구조주의의 늪과 포스트마르크스주의

라클라우 · 무페가 포스트마르크스주의를 전개하면서 폭넓게 수용하는 또 하나의 이론적 자원은 후기구조조의의 흐름이다. 후기구조주의는 그 내용에서도 다양한 분파가 서로 논전을 벌이고 있는 실정이지만, 우리의 사유를 지배하는 언어를 분석하는 일반적인 태도를 보이는데 언어는 진리를 표현하는 적합한 수단이 아니라는 회의론을 강하게 시사한다. 이 시사는, 우리가 진리로 받아들이는 그것은 사실에 있어서는 비진리이거나 권력의 개입에 다름 아니라는 판단을 가리키기도 한다.

라클라우 · 무페는 이와 같은 후기구조주의 인식론에서 마르크스주의의 경제결정주의, 계급환원주의를 비판하는 것은 하나의 본체를 전제해서 현실의 다양한 현상을 이 본체로 환원 · 축소하는 형이상학을 거부하는 보다 근원적인 비판의 한 예에 불과하다. 요컨대, 포스트마르크스주의는 인과론에 근거한 모든 결정주의와 환원주의를 해체한다. 이 해체 전략을 좀 더 구체적으로 살펴보기 위해 우선 라클라우 · 무페가 공동 집필한 논술 「마르크스주의를 개작한다: 헤게모니와 새로운 정치운동」(1982)에서 제법 길기는 하지만, 핵심적인 다음 구절을 옮겨보자.

> 물리적이거나 자연적인 유형의 인과관계는 우리의 의미없는 사건들 사이에서도 관계를 인정한다. 그러나 사회생활에서는 사건은 무엇이든 의미가 있다. — 사회적 사건을 이해하기 위해 우리는 어떤 유형이든 물리적 인과성에 호소하지는 않는다. 그 의미, 즉 사건들이 지시하는 관계의 앙상블을 이해해야 한다. 이러한 의미에서 논술 컨셉트는 사회생활 컨셉트 만큼이나 거대하다. — 정치가 있다는 것은 우리가 선택할 필요가 있음을 의미한다. 다시 말해 상황이 열려 있어 적대적인 세력들 사이에서 투쟁이 중요하다. 이는 사회적 적대를 논술적으로 이해하는 태도와 양립할 수 있지만 인과적 태도와는 그렇지 못하다.

라클라우 · 무페가 여기서 주장하는 요점은 다음 두 가지로 압축할 수 있다. 첫째, 이들은 세계를 구성하는 것이 이론적 도구 즉 논술을 통한 우리의 인식이라고 주장한다. 둘째, 이러한 인식론에 근거하여 모든 형태의 인과관계를 부인한다. 하지만 제프리 C. 이사크가 『권력과 마르크스주의이론: 리얼리즘적 관점』(1986)에서 잘 지적했듯이 구조와 행동의 이원성이 우리의 사회를 구성하고 있으며 세계의 개방성과 인과성이 서로 배타적인 것도 아니다. 라클라우 · 무페는 마르크스주의가 역사의 필연적 객관 법칙성에 근거해 있다고 이해하여 비판하고 있지만 필연적이지 않은 인과성 관계도 있다는 사실을 망각하거나, 통찰하지 못하고 있다. 라클라우 · 무페도 논술이 노동계급의 정치의식을 조건짓고 있다는 사실을 스스로도 인정하고 있지 않은가.

또 하나의 근본적 오해 혹은 문제를 지적해 보자. 즉 "사회생활에서는 사건이며 무엇이나 의미가 있다"는 라클라우 · 무페의 명제는 이론적 분석을 불가능하게 하는 심각한 문제를 노정할 수 있다. 이론은 사건만이 아니라 구조의 인식에서 가능하기 때문이다. 또한 우리는 일상생활에서 수없이 많은 사건들을 무의미하게 취급하며, 또한 이를 당연시할 수 있는 정당한 근거도 있다.

라클라우 · 무페는 계급을 우선적으로 보는 마르크스주의를 비판 해체하면서 다양한 사회관계 및 그(잠재적이거나 현실적인) 적대의 관계를 평가할 때 또 다른 문제를 불러일으킨다. 즉, 그들은 헤게모니 논술이 다양한 사회관계 및 그 적대의 관계를 접합시키는 것으로 이해하는데, 여기서 헤게모니 논술은 사실 우연성에 근거한 '정치'에 다름 아니다. 이는 자본주의 사회의 구조적인 제한을 무시하거나 간과하는 실수임이 분명하다. 예컨대 노동계급과 자본계급이 접합할 가능성은 노동계급과 신중간계급의 접합가능성보다 결코 높을 수 없는 실제적인 구조적 제한조건이 분명 있다. 포스트구조주의는 자본주의의 구조적 제한 조건을 잊은 채 행동의 자율공간만을 호소할 뿐이다.

3) 반(反)형이상학적 마르크스주의 가능성

마르크스주의 전통은 위기와 비판의 변증법으로 특징지어진다. 포스트마르크스주의도 마르크스주의의 위기에 대한 대응임에 분명하지만, 위기와 비판의 변증법적 상상력에서 벗어나 있다. 마르크스주의가 경험한 이론적인 위기는 헤겔주의의 근본특징이라고 할 수 있는 형이상학이 비판을 받으면서 나타나고 있다. 마르크스주의는 헤겔주의의 후예라는 전통적 해설이 있었고, 아직 있기 때문이다. 그러나 마르크스이론이 형이상학이 아니라는 마르쿠제의 비판이론, 알뛰세르의 구조주의 마르크스주의, 꼴레띠의 칸트 마르크스주의 등에서 이미 시사된 바 있다.

이론적 차원에서 포스트마르크스주의가 마르크스주의의 해체 전략을 펴는 맥락에서 대단히 단순하면서도 중대한 또 하나의 오해를 불러일으키는 원천을 지적해야겠다. 라클라우 · 무페는 포스트마르크스주의라 불리는 것에 속하지 않는 각종 좌파 입장을 구별하지 않은 채 마르크스주의를 거부하는 "사악한" 전략을 취한다. 요컨대 형이상학에서 출발하지 않은 네오마르크스주의라는 서구마르크스주의의 대안을 처음부터 무시하고 있는 것이다.

4) 신사회운동과 포스트마르크스주의

마르크스주의는 포스트마르크스주의의 성장에 따라 실제 면에서도 위기를 맞고 있다. 이는 두 가지 차원에서 논의 될 수 있다. 첫째, 이른바 프롤레타리아트 계급혁명론의 기초인 양극화 모델이 주장하는 바와 달리 적어도 선진산업사회에서는 중간계급 혹은 신중간계급이 사회 저변에 넓게 확산되는 경험현실에 주목하면서 자유주의 지성은 물론 서구 좌파 지성들도 프롤레타리아트가 사회혁명의 주체라는 고전적인 명제를 부인하는 분위기가 일어났다. 둘째, 노동시장 밖에 있거나 노동시장에 연결된 가계밖에 있는 이른바 "주변" 집단들이 크게 성장했다는 사실이다. 이러한 프롤레타리아트 계급혁명론이 퇴색된 마르크스주의가 서구 좌파 지성에 발아한 시점은 물론 포스트마르크스주의의 등장 이전으로 거슬러 올라갈 수 있다. 아마 제2인터내셔날의 수정주의 논쟁에까지 갈 수 있다.

여하튼 특히 신중간 계급과 주변집단이 적극 참여하고 있는 신사회운동이 포스트마르크스주의에 시사하는 내용은 다음 세 가지로 압축할 수 있다. 첫째, 신사회운동은 경제적 불평등이라는 전형적 이슈가 아니라 환경보호 · 반핵반전 · 여성 · "주변" 등의 운동으로 표현된다. 둘째, 그 주체도 전통적 의미에서 본 노동자계급이 아니다. 셋째, 신사회운동의 실제에는 다양한 사상 이념이 나타난다.

포스트마르크스주의는 신사회운동의 등장 · 확산에서 자신의 이론적 주장을 실제적으로 설득할 자원을 얻고 있다. 라클라우 · 무페는 『헤게모니와 사회주의 전략』에서 이렇게 썼다.

> 신사회운동이라는 다소 불만족스러운 이 용어는 다양한 투쟁, 즉 도시, 생태계, 반전위주의, 반체제, 여성해방, 반인종주의, 소수 민족, 지역적, 성적 소수집단 등의 투쟁을 통칭한다. 이 투쟁들의 공통분모는 '계급' 투쟁으로 간주되는 노동자 투쟁과의 차별화이다.

포스트마르크스주의는 이렇듯 신사화운동을 노동운동과 질적으로 상이한 운동으로 확인한다. 라클라우 · 무페는 신사회운동을 근거로 해서, 마르크스주의의 내용을 다음 세 차원에서 정리하고 있다.

첫째, 사회적 주체로 마르크스주의가 계급주체를 설정하는 데 비해, 포스트마르크스주의는 항상 불안정하게, 일시적으로 고정되거나, 다양한 논술들의 교차 속에서 봉합되는 주체를 상상한다.

둘째, 사회진화를 이론화하는 차원에서 마르크스주의가 경제결정주의라는 단일한 경제논리를 펴내는데 반해, 포스트마르크스주의는 여러 사회관계들이 각기 고유한 동학 속에서 전개되는 복합적인 과정을 주장한다.

셋째, 사회구성체를 이해하는 지평으로 마르크스주의가 경제구성체를 이론화하는데 비해, 포스트마르크스주의는 다양한 잠재적 적대를 인정한다. 그러나 또 한편으로 포스트마르크스주의는 신사회운동을 포함한 일련의 전통적 사회운동과 연결하여 이해하는데, 즉 연속성을 인정하는데 그것이 상대적으로 우리에게 친숙하지 않은 해석이다. 라클라우 · 무페는 이렇게 주장한다.

> 연속성의 측면은 기본적으로 자유민주주의 이데올로기가 서구 사회의

> '상식'이 되면서 토크빌이 '제조건의 평등화'라 불렀던 그 것, 즉 위계적 원리에 대한 점진적인 도전의 기반이 세워졌다는 사실을 포함한다. 바로 이런 평등주의적 이매지너리의 영구성으로 인해 우리는 앙 샹리졤의 유산인 불평등에 대한 19세기의 투쟁들과 현대의 사회운동들 사이에 하나의 연속성을 확립할 수 있다.

포스트마르크스주의의 이 연속성 명제는 "시티즌 십" 개념을 확대 해석한 T. H. 마샬을 연상시키는데, 노동운동을 고전적 마르크스주의에 근거하는 것으로 보는 견해를 비판하면서도 자유주의 정치와 그 정치학 사회운동에 연결시키려 한다.

라클라우와 무페는 자신들의 포스트마르크스주의를 주장하면서 선진산업사회의 변화에 주목한다. 즉 신사회운동은 선진산업 사회의 새로운 세 가지 변화에 대한 반응이라는 주장이다.

첫째, 사회생활의 상품화다. 자본축적은 노동력의 판매 영역을 넘어서 다른 사회관계에까지 파고들어, 개인을 자본에 지배받게 한다. 소위 소비자본주의 시대에 들어서서 문화 · 레저 · 죽음 · 성 등 거의 모든 사회 영역이 자본이윤의 장이 되면서 이에 대한 저항으로 신사회운동이 일어난다는 것이다.

둘째, 신사회운동이 저항 대상으로 삼는 케인즈주의적 국가개입주의이다. 독일의 신비판이론가 오페의 용어를 빌어 말하면 탈상품화 영역, 즉 보건 · 교통 · 주택 · 교육 등의 비중이 높아짐에 따라 국가개입이 증대하여 관료제화 현상이 짙어진다는 지적이다.

셋째, 대중문화의 확산으로 인한 문화의 획일화, 신사회운동은 패션, 음악, 언어 등의 영역에서 대중문화의 획일성 · 동질화가 확산되는데에 대한 저항이기도 하다는 해석이다.

이처럼 신사회운동을 사회생활의 상품화, 관료제화, 대중문화 확산에 대한 도전으로 읽는 방식 자체가 문제가 있는 것은 아니다. 오히려 포스트마르크스주의 신사회운동을 보는 시각에 문제가 있는 것 같다.

첫째, 노동운동과 신사회운동 사이 또한 신사회운동의 다양한 형태들 사이에 근본적 불연속을 전제하는 부분. 둘째, 신사회운동을 현실의 규범성을 배제한 채 냉정하게 관찰하는 부분. 신사회운동은 그 이념의 스펙트럼이 다양하게 접혀 있는 것이 사실이지만, 서로 갈등하고 있는 이 현실 자체가 해결책을 가리키는 것은 아니다. 요컨대, 신사회운동의 다양한 실제를 조화롭게 연결시키는 규범성이 필요하다. 물론 이 규범성을 교조적 마르크스주의처럼 폐쇄적으로 이해해서는 안 된다. 즉, 내가 열린 총체성으로 부르고 있는 차원의 규범성, 즉 차별성은 있을 수 있으나 서로 배타적인 갈등이나 모순에 빠져서는 안 된다는 것이다.

끝으로 한국사회의 현 단계와 관련해서 생각해 볼 점이 있다. 포스트마르크스주의가 신사회운동과 노동운동의 관계를 이처럼 이해하는 데는 이유가 없지 않다. 즉 노동운동 실천과 맞물려 있는 복지국가 프로그램에 따라 문제를 어느 정도 해결한 선진산업사회의 사회적 수준이 전제되어 있는 것이다. 요컨대 노동과 자본의 심각한 갈등이 여전히 살아있는 가운데 신사회운동의 다양한 형태가 함께 나타나는 한국사회의 경우 적어도 포스트마르크스주의를 곧바로 수용하려는 태도는 위험하거나 성급하다는 판단이다.

V. 새로운 이론과 실천

사회운동의 맥락에서 노동운동과 신사회운동이 연대해 갈 가능성과 그 구체적 방안을 검토하는 일이 중요하다. 따라서 노동을 폐쇄적 총체성의 범주에서 벗어나게 하는 비판적 지성인의 자기 성찰이 요구되며, 미래사회의 기획을 열린 총체성에서 구상해야 한다.

사회변혁은 주어진 역사 · 사회적 조건에서 출발해야 하고, 또한 그렇게 할 수 밖에 없다. 한국사회의 현재는 노동과 자본간의 갈등이 서구와 같은 수준으로 제도화되지 못한 가운데 환경운동을 비롯한 여러 신사회 운동의 중요성이 대두하고 있는 것으로 특징지어진다. 이 현실을 굴절시키려는 시간은 실로 다양하기 그지 없지만 크게 보면 다음 세 입장으로 구분할 수 있어 보인다.

첫째, 여전히 "노동"운동만을 중심으로 생각하고, 사회변혁을 "노동"을 근본 토대로 삼는 전통적인 민족해방론이다. 이 구해방운동론은 사회의 이론과 실제를 "이익"이라는 근대적 개념으로 관통시키고 있으며 노동자의 생산력이 전체 사회의 생산력을 결정한다고 본 근대서구 "노동"사회에서 출발하였고 생산력의 발전을 소박하게 신뢰하는 경향이 짙다. 이념형적으로 볼 때, 이 구해방운동론과는 정반대로 신사회운동만이 이제 중요하다는 입장이 있을 수 있다. 이를 나는 편의상 **신사회운동주의**라 이름붙인다.

신사회운동주의는 자본주의의 구조적 모순과 관련된 계급문제가 사회 깊은 곳에 여전히 살아 있다는 사실을 소홀히 여기는 경향이 짙다. 한국사회에서 이같은 입장은 실질적으로 상당한 영향력이 있으나, 이론으로 정립되어 나타나지는 않은 것 같은데 이것이 이미 이 입장의 한계를 간접적으로 논증해 주는 셈이다. 사회변혁의 이론과 실제는 제3의 길에서 찾아야 한다. 그것은, 노동운동과 신사회운동을 "종합"할 수 있는 길이다. 우리는 이 제3의 길을 신해방운동의 이론과 실천이라 부르고자 한다. 신해방운동은 구해방운동에서 강조하는 역사주의적 "노동"해방의 폐쇄적 논리를 그대로 받아들이지 않는다. 그렇다고 노동문제가 배제되는 것이 아니다. 아니, 그것을 잘 해결하기 위해서는 주어진 구체적 현실 조건에서 출발하는 신해방운동 논리에 필요한 것이다.

신해방운동의 이론과 실제, 우리 시대의 사회변혁에 비추어 볼 때 포스트마르크스주의가 의존한 탈현대주의는 근본적으로 허약하다. 우리는 이 맥락을 좀 더 자세하게 밝히면서 대안을 함축적인 방향제시의 수준에서 찾으려 한다.

첫째, 주체이론의 관점이다. 탈현대주의는 주체이론적으로 "인간"이 인식의 주체로 들어서는 데카르트와 그 철학적 후예의 "인간주의"를 거부한다. 그리하여 (나의) 의식에 선행하는 언어에 주목하면서도, 그 언어를 근본적으로 통제불가능한 것으로 이해하면서 실천적인 주체활동을 줄여버린다. 하지만 "현대성"에서는 제3의 길이 트여 있었다. 탈현대주의가 해체의 대상으로 삼은 그 개인주의적 주체이론에서가 아니라 공동체적 주체들이 역사적으로 역사와 사회를 구성하는, 달리 말해 실천적 진리를 구성하는 것으로 보는 루소 이래의 이른바 진리동의이론의 전통이 있다. 이 전통은 형이상학적 질서를 인정치 않으면서도, 주체이론을 살려갈 수 있게 한다.

둘째, 역사이론이다. 탈현대주의는 역사적 변화를 가능케 하는 역사의 필연적 법칙성이 있다고 전제하는 소위 역사철학을 해체한다. 그 무기는 "돌발성" 혹은 "순간성"의 수사법이다. 탈현대주의가 성장하여 역사이론이 시간성이론으로 넘어가면서 역사는 무엇인가 하는 주제가 다시 심각하게 검토되는 계기가 된 것은 사실이지만 탈현대주의가 말하는 시간성은 사회의 구조적 개혁같은 것을 의미하는 역사적 변동을 시사하지 않는다. 미시적 다양화를 지향하지만, 미시적 다양화를 불가능케 하는 "거대한" 구조에 대응하는 "거대한" 변혁을 이론화 하여 비판적 성찰의 대상으로 삼지 않기 때문이기도 하다. 인간의 실천과 무관한 시간이 사회과학적으로, 철학적으로 무의미하다는 것은 해석학 전통에서는 상식이다. 역사철학이 전제하는 영원성에 대항하면서 탈현대주의는 진정한 인간의 실천과 관계 없는 정반대의 극단으로 나아갔다. 하지만 제3의 길이 있다. 공동체적인 의미맥락에서 시간이 구성되는 지속성의 이론이라 부른다. 예컨대 역사적 시대구분은 탈현대주의에서는 불가능한데 이 지속성의 이론에서는 인간의 실천주체들의 "합의"에 따라 가능하게 된다.

셋째, 총체성의 이론이다. 탈현대주의는 총체성에 대한 저항이나 "이론에 대한 저항"(P. de Man)에서 나타난 사조라 말해도 지나친 말이 아니다. 단편성을 위한 해체전략이 탈현대주의가 시도하는 모든 것이다. 하지만 탈현대주의는 총체성의 다양한 형태와 그 내용을 무시하거나 고려하지 않는다. 총체성의 일반을 거부한다.

이제는 널리 밝혀졌듯이, 탈현대주의는 낭만주의(특히 초기낭만주의)와 긴밀한 관계가 있다. 그러나 초기 낭만주의 적어도 새로운 총체성이 가능하다는 것을 이론적으로 허용했는데, 탈현대주의는 이러한 초기 낭만주의의 늪에서 자란 총체성을 부정하는 새로운 이질성이다. 폐쇄적 질서를 토대로 하면서도 다른 한편으로 비판적 성찰을 이론화한 헤겔주의가 설득력이 충분하지는 않지만 개방성과 비판적 매개를 연결짓는 총체성의 형태도 있다. 이것이 제3의 총체성 길이다.

이는, 적어도 하나 이상의 질서가 있다는 실천적 가설에서 출발한다. 하버마스가 사용하는 "체계"와 "생활세계"의 도식을 빌려 말하면, 규범적으로는 생활세계가 지니는 일상성의 문화적 다원성과 보다 더 근원적인 상상적인 층위는 그 의미들이 복합적이지만 모순되는 것은 아니다.

나는 우리시대의 사회변혁은 신해방운동이어야 한다고 판단하며 그 핵심적 준거는 집합실천주체 · 지속성 · 개방적 · 간접적 총체성, 이 세 가지라 보았다. 그리고 이 세 가지 준거에 의해 구성되는 현대성을 비판적 현대성이라 이름 붙였던 것이다.

제4장 마르크스의 욕구이론, 그 해체와 재구성

Ⅰ. 재조명 받는 욕구이론

욕구이론이 비판적 "정신과학"의 중심에 진입하고 있다는 인상을 받는다. 구체적인 논의에 들어가기 전에 먼저 욕구이론이 부상하게 되는 배경에 관해서 잠시 살펴볼 필요가 있겠다.

첫째, 마르크스주의의 경제환원주의가 이론적 설득력을 잃어버리면서 역사유물론에서 주체이론 혹은 주관성 범주가 차지하는 위치에 대한 반성이 다시 일어나는 맥락이다. 물론, 역사형성에 주관성이 상대적으로 독립된 역할을 행사하는 것으로 보는 이론은 주체가 "역사"에 의해 형성되는 것으로 보는 이론과는 다르며, 역사유물론의 주체이론에 대한 비판적 반성은 후자의 맥락을 넘어 전자의 지평으로 나아가기도 한다.

둘째, 생태학적 위기가 심화되고 있는 맥락이다. 고전적 정치경제학이 이론적 · 실제적 성찰의 출발점으로 삼고 있는 생산력 성장 명제가 비판받으면서 인간들의 욕구와 그 체계 쪽으로 반성의 축이 옮겨가고 있다.

셋째, 이른바 "현존 사회주의"의 비민주성과 억압성을 비판하는 맥락이다. 현존 사회주의가 욕구의 소외를 잘못 지양하고 있다는 비판의 소리 그 자체는 완전히 새로운 것은 물론 아니지만, 사적 소유에 대한 부정이 곧바로 욕구의 소외를 긍정적으로 지양하는 것은 아니라는 반성과 문제제기가 일어나고 있는 것이다. 곧 그것은 "욕구에 대한 독재"(Agnes Heller)가 나타나고 있다는 비판으로 요약할 수도 있을 것이다.

넷째, 후기산업사회 혹은 정보화사회의 논리가 새로운 도전으로 나타나고, 이에 대해 적절하게 응전하는 맥락이다. "소비"범주가 차지하는 비중이 급속하게 증대됨에 따라 사회이론을 재구성해야 할 필요성이 높아지고 있다.

여기에서 이 모든 맥락을 체계있고 균형감 있게 논의할 수는 없다. 다만 마르크스의 욕구에 대해 짧게 살펴본 다음에 이 복합적인 맥락과 직 · 간접적 관련을 맺고 있다고 생각되는 두 이론가를 살펴보고자 한다. 그 하나는 마르크스의 전체 저술 여기저기에 흩어져 있는 "욕구" 에 대한 언급들을 보다 일관된 이론틀 내에서 체계적으로 재구성해 낸 부다페스트학파의 선두주자 아그네스 헬러이며, 다른 한 이론가는 마르크스의 욕구이론을 포함한 정치경제학비판 전체를 해체하려는 프랑스 탈현대주의자 장 보드리야르(Jean Baudrillard)이다.

II. 마르크스의 사회이론에서 욕구 개념의 위상

1. 욕구 개념의 문제틀

그동안 마르크스연구사에서 욕구이론은 상대적으로 미흡하게 다루었거나 간과해 온 일반적인 지적 분위기가 있었는데, 마르크스는 급진적 욕구이론을 자신의 비판의 중심에 세우고 있다.

> 이론은 인민의 욕구를 현실화시키는 만큼만 인민 속에 현실화된다.
> 혁명이 급진적이려면 급진적 욕구의 혁명일 수밖에 없다.[157]

157) Marx-Engels Werke 1(이하 *MEW* 1로 약칭), p.386(앞으로 이 *MEW*에서 따는 인용은 본문 괄호 속에 권수와 쪽수를 표시한다).

위 문장은 마르크스의 「헤겔 법철학 비판 서문」에서 따온 명제적 표현인데, 마르크스의 욕구이론에서 결정적인 명제이기도 하다. 우리는, 로바티가 지적하고 있듯이, 마르크스의 "급진적 욕구" 개념을 우선 다음과 같이 간결하게 요약할 수 있을 것이다.

> 급진적 욕구는 자본주의의 발전과 더불어 형성되고 있으나 자본주의에 통합될 수 없다. 그 토대는 물적이며, 그 구조는 질적이고 그 형태는 비개인적이고 사회적인 의식형태이다.[158]

즉 급진적 욕구의 실현은 궁극적으로는 자본주의의 논리를 지양하는 실천을 의미한다. 마르크스의 욕구이론을 분석하는 데 있어서, 욕구범주는 우선 일반적으로 다음과 같이 세 유형으로 구별될 수 있다.

① 객체화(Objektivation)에 따라 분류되는 욕구 범주

② 유기체적 욕구라는 인간학적 범주

③ 사회적으로 정의되는 욕구라는 정치경제학적 범주

이 세 범주는 서로 연관되어 있으나, 마르크스의 비판사상을 경제환원주의의 한 형태로 읽어온 경향에 대항하여 ②의 범주를 상대적으로 강조할 필요가 있을지 모르겠다(이러한 입장의 전형이 바로 아그네스 헬러의 마르크스 해석이다). 다시 말해 마르크스는 인간의 유기체적 욕구구조의 잠재적 보편성을 이론적 출발전제로 삼는다는 것이다. 이 전제는 "욕구가 충만된"(bedürfnisreich) 인간을 구성하는 대안과 내재적으로 연관되어 있다.

그러나 '사회과학적' 맥락에서 보다 심도있게 조명할 필요가 있는 핵심부분은 ③이다. ①과 ②는 근본적으로 헤겔 이래의 역사철학을 청산하는 "철학적" 맥락의 문제로서 별도의 깊이있는 연구가 필요하다. 여기에서는 마르크스의 사회비판에서 핵심적인 중요성을 가지는 이 "사회적 욕구" 개념에 대해서 살펴보고자 한다. 이 개념은 다시 다음과 같은 네 가지 의미를

---

158) Pier Aldo Rovatti, "Vorwort", Agnes Heller, *Theorie der Bedürfnisse*(VSA, 1980), p.13.

내포한다.[159)]

첫째, 사회적 욕구를 이해할 때 그 기원이 생물학적이기보다는 사회적이라고 파악해야 한다는 점.

둘째, 사회적 욕구는 그 사실이나 논리에서 볼 때 공동체적으로만 충족될 수 있다는 점.

셋째, 사회적 욕구는 그 욕구대상이 본질적으로 타자에의 준거를 포함하고 있다는 점. 요컨대 그 내용이 사회적이라는 의미이다.

넷째, 물적 재화에 관련시켜 볼 때에는 사회적 욕구의 의미는 한 사회 혹은 한 계급의 욕구의 평균을 의미하는 것으로 이해될 수 있다는 점.

또 다르게 보면, 마르크스의 "사회적 욕구" 개념에는 다음과 같은 네 가지 특성이 있다.[160)]

첫째, "사회적으로 생산된 욕구"라는 의미가 있다. 이는 "자연적 욕구" 개념과 대립한다. 비자연적이라는 의미에서 인간적인 욕구를 시사하기도 한다(물론 가치범주가 아니다).

둘째, 사회적 욕구개념은 긍정적인 가치를 의미한다. 구체적으로 말하면, 마르크스가 말하는 공산주의 인간, 이른바 "사회화된"(vergesellschafte) 인간의 욕구, "사회적으로 발전되는 인간의 욕구"를 말한다.[161)]

셋째, 사회적 욕구 개념은 이미 말한 바와 같이 물적 재화에 관한 한 사회 혹은 한 계급의 욕구 평균을 의미하는데, 마르크스는 이 경우 셈할 수 있는 수요 형태와 그렇지 않은 경우를 구별하고 있다. 마르크스는 이 구별의 적실성을 노동자계급의 관점에서 찾고 있다. 지배계급은 물적 욕구와 계산가능한 수요를 적어도 충족하고 있고, 이 경우 대개는 계산가능한 수요가 "필수적 욕구"보다 크다고 판단하기 때문이다. 일반적으로, 노동자계급의 경우, 계산가능한 수요형태로 출현하는 사회적 욕구와 이른바 "진정한" 사회

159) 이와 관련해서는 헬러의 욕구이론을 도입하여 논의하고 있는 J. Elster, *Making Sense of Marx*(Cambridge UP, 1985), p.69 참조.

160) Heller, *Theorie der Bedürfnisse*, pp.78-83.

161) *MEW* 25, p.269.

적 요구 사이의 불일치를 경험한다. 후자는 전자를 양적으로 능가하면서도 다양한 유형의 구체적인 욕구를 질적으로 내포하고 있기 때문이다. 마르크스가 욕구이론도 계급이론의 각도에서 접근하고 있음은 두 말할 나위 없이 분명하다. 예컨대 그의 저작 『자본』 제3권에서 마르크스는 "사회적 욕구 즉 수요원칙이 규제하는 욕구는 본질적으로 계급들간의 관계와 그 계급들의 각 경제적 위치에 의해 — 조건지워진다"라고 적고 있다.[162]

넷째, 사회적 욕구란, 욕구를 사회적으로, 특히 공동체적으로 충족시키는 것을 의미한다. 이는 비단 욕구가 사회적으로 생산된다는 것뿐만 아니라 그것을 충족시키는 것도 적절한 사회적 제도의 매개에 의해서만 가능하다는 것을 의미한다. 이 "공동체적 욕구 충족"[163]이 마르크스의 대안이지만, 이 대안은 낭만주의적 사유와는 달리, 자본주의의 긍정적 · 적극적 지양을 전제하는 구체적 구상이다.

다른 한편으로 마르크스는 욕구를 조작하게 되는 요인들에 대해서 지적하고 있는데, 이를 찾아보면 다음과 같다.

첫째, 자본증식의 관점에서 특정 상품을 생산하는 것이 가장 많은 이득을 보장하는 경우.

둘째, "결코 동질화될 수 없는 세력"의 욕구를 만족시켜 주는 것이 원래의 목적일 경우.

셋째, 자본주의적 생산메커니즘에 따라 특정 유형의 욕구만이 증대하게 되고, 자본증식에 기여하지 않는 욕구들은 발전되지 않게 되거나 저발전될 경우.

넷째, 분업상의 위치에 따라 인간의 욕구가 일면적으로 편성되고, 개인의 인성이 전체적으로 발전되지 않을 경우.

다섯째, 특정한 관계에서만 개인의 욕구가 보다 충만하고, 개인의 다면적인 발전이 목적이 아닐 경우.

---

162) *MEW* 25, p.191.
163) *MEW* 19, p.19.

물론 마르크스는 이러한 욕구조작들을 분석하고 비판하는 과제를 요청하였다.

2. 욕구와 소유

헬러에 의하면, 급진적 욕구를 실현하는 문제는, 곧 소유 문제를 어떻게 해결할 것인가 하는 문제이기도 하다. 이러한 문제의식 속에서 헬러는 마르크스의 소유이론을 엄격하게 (재)독해하는 가운데, 자본주의 모델과 이른바 현존사회주의 모델을 모두 비판하면서 제3의 모델을 제시하고 있다.

헬러가 비판의 대상으로 삼는 자본주의 모델과 현존사회주의 모델을 도식적으로 정리해 보자면 다음과 같다. 첫째, 자본주의 모델은 법 앞에서 형식적 평등을, 현존사회주의 모델은 모든 점유의 평등주의적 제한을 원칙으로 한다. 둘째, 전자는 출발조건의 평등을, 후자는 욕구의 평등화를 주장한다.

헬러는 제3의 모델을 발전시키는 맥락에서 "사적 소유의 긍정적 지양"을 제안하는데, 좀 더 구체적으로 접근해볼 가치가 있다.[164)]

헬러의 사적 소유의 긍정적 지양 명제는 근본적으로 점유(Besitz)가 사회적 동학의 "조직 중심"이 아니게 된다는 것, 전유(Aneignung)는 전유를 억

---

164) 헬러는 1988년에 쓴 「형식민주주의에 관하여」에서 사적 소유의 부정적 지양과 긍정적 지양을 보다 명백히 구별하고, 그 함의를 해석하고 있다. 그 부정적 지양이란, 형식민주주의의 패러독스(소유의 권리가 다수를 소유로부터 배제시키는)에 대응하는 양식이 다수의 소유권을 만들어내는 것이 아니라 소유권을 폐지하는, 다시 말해서 부정하는 것이다. 물론 소유권의 폐지는 실질적으로는 생산력과 생산물에 대한 처분권리가 정치권력에만 배타적으로 귀속되는 것으로 나타났다. Heller, "On Formal Democracy", J. Keane eds., Civil Society and State(Verso: London, New York, 1988), p.139. 헬러의 대안은 사적 소유의 긍정적 지양이다. 즉 "쟁점은 형식민주주의의 패러독스를 소유권을 폐지하지 않는 방식으로, 즉 국가와 사회를 일치시키지 않는 방식으로 해소할 수 있는지의 여부이다. 나는 가능하다고 믿는다. 그것은 바로 마르크스가 사적 소유의 긍정적 지양이라고 불렀던 그 과정이다. 소유권을 폐지하는 것이 아니라 소유권을 일반화할 때, 그때에야 비로소 폐지가 긍정적이다…… 이는 현대적 형태의 자치 개념이다". Heller, "On Formal Democracy", p.140.

압하는 점유로부터 점차 해방되어가고 인간의 "본질적인 힘들(Wesenskräfte)"이 전유 과정에서 더욱 새롭고 압도적으로 질적인 욕구를 성립케 하고 그것을 만족시킨다는 의미에서, 또한 대상적(gegenständlich) 전제 조건과 결과에 관한 처분이라는 의미에서, 보다 넓게는 세계의 대상적 부를 관할한다는 의미에서, 발전하고 실현되는 정도가 점차 증대되는 것 등을 의미한다.[165)]

요컨대 헬러는 마르크스의 소유에 관한 문제틀이 소유와 점유를 분리하는데 그 본질적 특징이 있다는 점을 부각시키면서 새로운 시각을 제시해주고 있다. 이것은 다음과 같이 대략 두 가지로 요약할 수 있을 듯하다.

첫째, 점유의 합리적 행정[166)] : 이는 일반적인 합리성을 높여야 하는 교육과정의 한 요소이기도 하다. 물론 그것은 우리의 욕구를 합리적으로 충족시켜주는 자원이다.

둘째, 점유와의 관계에서의 결정이 직접적이다.[167)] : 점유로부터 해방된 전유과정에 합리적으로 참여할 수 있는 능력을 증대시키는 맥락이다.

마르크스는 근본적으로 사회적 욕구의 구조는 "점유" 범주를 넘어서기 때문에 전유과정을 점유에 의해 규정되는 물질적 소비재의 "전유"가 아니라 질적인 성격의 것으로 본다. 그리하여 다원성은 질적 차원에서 욕구의 풍요함을 가리키는 긍정적 범주로 이해된다. 다원성에 따라 발전되는 공동체적 생활형태[168)], 즉 이른바 "다원적 공동체 생활형태"가 그 명제적 표현이다.

여기에서 말하는 다원성은, 물론 자유주의 정치이론에서 주장하는 그것과는 다르게, 동질화될 수 없는, 질적인 욕구구조의 다양성을 가리킨다. 이 연관을 세분하면 다음과 같다.

첫째, 점유, 즉 이익으로부터 분리된다. 여기에서는 상호교호적이면서도

165) Fehér&Heller, *Diktatur der Bedürfnisse*(Hamburg: VSA, 1979), p.65.
166) Fehér&Heller, *Diktatur der Bedürfnisse*, p.68.
167) Fehér&Heller, *Diktatur der Bedürfnisse*, p.68.
168) Fehér&Heller, *Diktatur der Bedürfnisse*, p.88.

균형적인 여가생활 상황이 지배한다.

둘째, 다원적 · 공동체적 생활 형태는 하버마스가 제안했던 "이상적 대화상황"을 위한 최적의 교육매체이다 — 작품공동체적(werkgemeinschaftlich) 생활형태.

셋째, 비동질적인, 급진적인 욕구의 다양성 등은 오직 이러한 다원적 공동체 생활형태에서일 뿐이다.

소유, 점유, 그리고 전유는 개념적으로 매우 복합적인 관련성을 가지고 있다. 다음과 같은 문제가 중요하다.

첫째, 마르크스는 소유의 두 계기로서 점유와 전유를 구별하고 분리시켰는데, 이렇게 분리한 이유는 무엇이며, 분리의 관점은 무엇인가?

둘째, 소외의 지양과정은, 소유의 이 두 계기의 분리와 더불어 동시에 분리된 바로 그 계기들의 사회적 "접목"(Treffen)과 더불어 시작될 수 있는가?

마르크스가 사용하는 점유, 전유를 복원하려는 헬러의 설명에 좀더 가까이 다가서 보자

첫째, "점유한다는 것"은 "가진다는 것"과 같은 뜻이다. 이 개념은 "점유지"를 전제하고 있고, 개별화된 양식을 취하며, 따라서 타자에 대해 배타적이다. 점유는 이렇게 개별화 되고 배타적이어서, 생산과 소비가 이원화되는 현대사회에서는 욕구를 충족시키기에는 부족한 범주가 되는 것이다.

둘째, "전유"는 점유와 다르다. 전유와 관련되는 중요한 계기들은 다음과 같다. 첫째 생산과 관련되고, 생산영역에서 성립하여 생산영역에서 현실화되며, 생산영역을 통해 새롭게 만들어진 욕구의 충족. 생산과 관련되는 욕구를 두 가지 유형으로 구별할 수 있다. 그 하나는 활동욕구 유형이다. 즉 노동 속에, 사회적으로 필요한 우리 삶의 활동 속에, 또한 노동을 통하여 우리의 자아와 인성을 표현하고 현실화하려는 욕구 유형이 그것이다. 다른 하나는 직접적으로 생산된 물질적 재화들과 관련한 소비욕구 유형이다. 이 유형은 생산을 그 전제 조건으로 하는 모든 비물질적 재화도 포함한다. 둘째 생산, 분배, 소비의 관점에서 공동결정(처분; Disposition). 셋째 이

것의 모든 전제 조건들에 대한 처분.[169)]

그런데 헬러에 의하면, 이렇게 소유의 두 계기인 점유와 전유가 완전히 동질화되는 것은 자유주의적 자본주의의 단순한 신화에서 만이다.

이러한 맥락에서 마르크스에게 있어서 소유 지양의 문제는 다음과 같은 두 지평에서 그 해결양상이 나타난다.

첫째, 전유는 소유관계의 한 범주라는 파악이다.

둘째, 점유와 전유는 특화된(abgesondert) 계기들이다. 하지만 그 주체는 동일하다. 즉, 반성의 규정요인들이라는 것이다.[170)]

우리는 이 지점에서 마르크스의 "생산자결사체사회(Gesellschaft der assoziierten Produzenten)"모델 — "생산자결사체사회에서는 급진적 욕구들이 충족되며 새로운 욕구구조가 구성되며 급진적 철학과 급진적 이론이 현실화되는 사회이다" — 에서 물질적 생산의 역할이 무엇인가를 살펴볼 필요가 있다. 이 문제는 다음과 같은 다섯 가지 측면으로 나누어 설명할 수 있다.

① 생산이 발전되는가?

② 생산의 발전이 '사회적 부'의 성장을 얼마만큼 재현하는가?

③ 분업이 있는가?

④ 필수적 노동과 잉여노동이 있는가, 없는가?

⑤ 직접적인 소비재와 생산수단의 생산몫이 무엇이며, 다른 한편으로는 "욕구의 사회적 충족"에 필수적인 재화의 생산몫이 무엇인가?

마지막 ⑤는 사회의 역사적 변형에 따라 '정의'의 문제를 치밀하게 다루어야 하는 문제들과 관련되어 있어서 별도의 연구를 필요로 한다(헬러는 『정의를 넘어서』(Beyond Justice)라는 저서를 통하여 이를 논의한 바 있다). 여기에서는 나머지 각 항목들에 대해서만 짧게 언급하고자 한다.

①에 대하여: 마르크스는 물질적 생산의 진보를 긍정적으로 보았다. 자

169) Fehér&Heller, *Diktatur der Bedürfnisse*, p.62.

170) Heller, *Beyond Justice*(Basil Blackwell Press, 1987), p.63.

본주의와 "생산자결사체사회"를 대비해볼 때, 전자는 특정한 시점에 이르면 생산력 발전이 방해를 받는 데 비하여 후자는 끊임없이 생산력이 증대할 수 있는 것으로 특징지워진다. 마르크스의 "생산자결사체사회" 모델은, 한편으로 물질적 생산의 템포는 생산자결사체 자체의 욕구에 의해 규정되어야 한다고 보지만 이와 동시에 이 욕구는 물질적 소비재를 지향하는 경향이 점차 줄어들기 때문에 적어도 새로운 욕구구조를 전제하고 있다.

②에 대하여: 이 논점은 다음과 같은 두 문제로 대별될 수 있다. 그 하나는 물질적 부의 원천으로서의 노동은 얼마 만큼 고려될 수 있는가 하는 문제이다. 다른 하나는 생산은 — 그리고 생산내에서 성립된 물질적 부 — 일반적 부의 유일한 자원으로서 얼마 만큼 고려될 수 있는가 하는 문제이다.

전자에 대해서는 다음과 같이 답할 수 있다. 마르크스에서는 사용가치의 원천(사용가치의 부는 본래적인 물질적 부이다)은 "노동+자연"이지 노동만은 아니다는 것이다.[171] 물질적 부의 원천을 노동으로만 파악하는 것은 부르주아사회의 사유이다. 마르크스는 생산 속에서 편성되는 노동은 생산자결사체사회에 이르면 최소한으로 줄어들거나 완전히 사라지리라 전망하였다. 즉 마르크스의 생산자결사체사회에서는 기계에 의한 노동이 지배하고 노동력은 "감시와 규제"(Wächter und Regulator)의 역할로만 그친다. 마르크스는 완전자동화사회를 그리고 있으며, 여기에서 노동의 의미는 완전히 변한다. 즉 과학적 노동 — 마르크스는 이를 "일반적 노동"이라 이름붙인다 — 이 지배적이 되고, 이 경우, "일반적 지식"(기획, 계획, 구성 등)이 직접적인 생산노동을 대체하게 된다. "사회적으로 필요한 노동시간" 개념은 적용될 수 없다. "한마디로 말해서, 물질적 부는 여전히 생산에 의해 마련되지만 전래적 의미의 생산적 노동에 의해서 그렇게 되지는 않는다. 이른바 "육체적" 노동에 대한 정신적 노동의 헤게모니를 의미한다."[172] 이제 후자에 대하여 답해 보자. 생산만이 사회적 부의 원천인가 하는 물음에 대해 마르크스는 단호히 그렇지 않다고 답했다. 물질적 부 혹은 생산에 의

171) 이에 대해서는 *MEW* p.19, 「고타강령비판」을 참조할 것.

해 성립하는 부는 사회의 일반적 부의 조건일 뿐이다. 사회의 진정한 부는 사회적 개인들의 자유로운 자아활동, 질적으로 다면적인 활동, 또한 다면적인 욕구 체계에 의해 실현된다. 그 기준은 노동시간이 아니라 자유시간이다.[173)]

③에 대하여 다음과 같은 내용을 확인할 수 있다. 첫째 계급구조에 의거한 사회적 노동 분할이 사라진다는 점. 둘째 정신노동과 육체노동의 분할이 사라진다는 점. 셋째 생산자결사체사회에서는 기술적 노동분할이 일어난다는 점.

④에 대하여 다음과 같이 주석을 달 수 있다. 마르크스는 "가치"와 "사용가치"를 동일시했는가, 아니면 서로 다른 범주로 다루었는가 하는 의문이 있다. 헬러에 의하면, 마르크스는 『정치경제학 비판』(*Zur Kritik der politischen Ökonomie*)의 집필을 마칠 때까지는 전체적으로 보아 교환가치와 가치를 같은 의미로 사용했다. 그렇지만 엄밀히 말해서 마르크스의 텍스트에 대한 역사비평적인 문헌학적 연구가 필요하다.

한편으로 마르크스는 욕구를 소외를 비판하는 맥락에서 논의하고 있기도 하다. 따라서 구체적인 상술로 들어가기 전에 소외 개념[174)]을 짧게 더듬어 볼 필요가 있겠다. "소외개념"은 무엇을 겨냥하고 있는가?

첫째, 사회가 문명화되면서 사회적 부의 성장은 개인들의 발전에 의해 주도되는 것이 아니라 오히려 개인들의 인성의 빈곤화에 의해 사회적 부의 성장이 주도되는 현상이 나타난다는 것이다.

둘째, 인간들은 자신이 만들고 창안한 그 객체화에 의해 지배받는 현상이 지배적으로 나타난다는 것이다. 소유관계가 지배형태를 재생산하며, "사적 소유"는 다수를 소유로부터, 자신의 생산물과 그 향유로부터 배제시킨다는 것이다.

---

172) *MEW* 26.3, p.253.

173) Heller, *Theorie der Bedürfnisse*(VSA, 1980), p.120.

174) Fehér & Heller, *Diktatur der Bedürfnisse*, p.19.

셋째, 사회적 부에 따라 인간들은 (어느 사회계급이거나 간에) 특정한 노동을 하게 되고, 이에 따라 그 특정한 노동에 따른 일면적인 능력만이 발전된다는 것이다.

* 육체노동과 정신노동의 분리,

* 목적설정활동과 목적실행활동의 분리,

* 목적합리성의 틀 내에서 노동과정이 하나의 수단으로 변질, 이러한 결과에 따라 여가는 소동성과 단순한 안락으로 전락하고 만다.

넷째, 사적 소유와 사회적 노동분할은 정치적 결정권(권력과 지배)을 한 계급, 계층, 혹은 엘리트에게만 부여한다는 것이다. 또한, 이에 따라 지배 · 종속관계나 위계체제가 심화된다.

다섯째, 사람들이 주어진 지식 및 행태 모델을 무반성적으로 받아들이고, 일상적 관점이 사회구조를 가능케 한 형태양식체계와는 의식적인 관계를 맺지 못한다.

그렇다면 소외를 어떻게 극복해야 하는가? 마르크스가 제안한, 소외를 지양할 중심 이념을 정리해 보면 다음과 같다.

첫째, 사회적 부를 계속 증대시켜 모든 개인들에게 사회적 부가 허용되게 한다.

둘째, 사적 소유를 폐지함으로써 소유를 일반화 시킨다. 누구에게나 자신이 만든 객체화를 처분할 수 있고 또한 그것을 향유할 수 있는 가능성을 구체화한다.

셋째, 사회적 노동분할을 점차적으로 지양해 나가고, 육체노동의 몫을 줄이며, 노동과정에서 목적설정노동과 목적실행노동을 일체화하여 자유시간을 능동적이고 의미롭게 향유할 수 있게 한다.

넷째, 모든 위계질서를 권력의 분할(탈집중화)을 통해 점차적으로 폐지한다.

다섯째, 주어진 지식 및 행동양식과의 반성력 높은 교류, 비소외적 인성을 일반화 한다.

Ⅲ. 마르크스의 욕구이론을 해체하려는 탈현대주의의 도전

1. 욕구의 정치경제학 비판과 기호론적 시각

장 보드리야르 만큼이나 마르크스의 정치경제학 비판에 정면으로 도전하는 이론가는 그리 흔하지 않은 것 같다. 그는 마르크스, 특히 그의 욕구이론에 도전하면서 스스로 마르크스주의의 흔적을 점차 지워가는 면모를 보여준다. 요컨대 도전하여 "넘어서려는" 강도와 밀도를 높여가는 모습을 읽어낼 수 있다는 것이다. 여기에서 우리는 보드리야르의 탈현대주의 그 자체를 논의하려는 것은 아니다. 그러므르 여기에서 그와 그의 지적 도정에서의 질적 변화, 예컨대 점차로 마르크스주의의 흔적을 지워나가는 경로 전체를 깊이 있게 논의하지는 않겠다. 보드리야르는 『상징적 교환과 죽음』을 발표한 1976년부터 본격적인 탈현대비평으로 넘어간 것으로 볼 수 있는데, 여기에서는 이 시기의 보드리야르의 탈현대주의를 일단 기본 맥락으로 잡고, 글의 문맥에 따라 그의 초기 논술에서 탈현대적인 부분도 함께 참조하려고 한다.

보드리야르의 마르크스 비판은 대부분 마르크스가 "기호가치"(sign value)를 인식하지 못했다는 점에 집중된다고 해도 과언은 아니다.

마르크스는 상품성을 가치 범주를 일차적으로 설정한 다음, 사용가치와 교환가치라는 두 범주를 사용하여 분석한다. 사용가치는 일상생활에서 상품성의 향유와 사용에 의해 규정되는 데 반하여, 교환가치는 시장에서의 일정한 가격에 의해 규정된다. 이러한 기본적인 분석범주들을 기준으로 삼아 마르크스는 자본주의를 일차적으로 교환가치에 따라 작동되는 체제로 파악하고 비판한다. 요컨대 그의 상품물신성 비판은 상품성을 단지 인간욕구의 자연스러운 충족으로 지각할 뿐 정작 상품성을 생산하는 사회적 노동은 인식하지 못하는 지각양식에 대한 비판이다.[175)]

보드리야르는 이러한 마르크스의 파악이 여전히 "인간학" 범주를 벗어나지 못하고 있다고 비판한다. 즉 마르크스주의는 노동인간학, 즉 인간의 근본 욕구를 충족시키고 인간의 잠재력을 발전시키는 것은 노동이라는 인간의 일차적 활동이라는 주장을 그 기초로 삼고 있다는 것이다. 보드리야르에 의하면, 이런 식의 마르크스주의 노동인간학과 윤리는 보다 깊은 차원에서의 부르주아 사유 구조의 반복에 불과하다.

> 사적 유물론, 변증법, 생산양식, 노동력 — 이런 개념들을 통하여 마르크스주의 이론은 부르주아 사상의 개념들(자연과 진보, 인간과 이성, 형식논리, 노동교환 등등)의 추상적 보편성을 분해하려 해왔다. 하지만 마르크스주의도 그런 개념들을 다른 편 만큼이나 잔인하게 '심각한' 제국주의로써 보편화시킨다.[176]

보드리야르가 마르크스주의적 욕구 범주를 거부하는 논리는, 현 사회의 변동양식이 노동과 생산이 우선시되는 마르크스주의적 생산주의를 이미 "넘어서는" 것으로 파악하는 시각에서 비롯된다.[177]

보드리야르의 "지시작용논리"(logic of signification)에 따르면, 이 작용의 중심에 기호가치가 들어섬으로써 욕구의 자율성을 해체시켜버린다. 보드리야르는 소비사회에서는 더 이상 독립된 욕구는 존재하지 않는다고 주장한다. 그러나 모든 욕구가 사회적으로 약호화되며, 사회적 지위에 맞게 생산물을 소비하게 하여 기업자본의 논리에 종속되도록 한다는 보드리야르의 이 주장은 자본가계급의 이미지만을 과도하게 주목하여 관찰하고 있다.

---

175) Douglas Kellner, *Jean Baudrillard*(Polity Press, 1989), p.22

176) Jean Baudrillard, *The Mirror of Production*, Telos(1975), p.47. 여기에서는 Douglas Kellner, *Jean Baudrillard*(Polity Press. 1989), p.41에서 재인용.

177) 물론 현대사회의 변화에 주목하면서 생산주의 패러다임에 도전하는 사회이론가가 보드리야르만 있는 것은 아니지만(하버마스, 오페 등등), 그가 가장 극단적인 면모를 보여주고 있음은 분명하다.

즉 보드리야르는 욕구와 사용가치를 합리화, 조직화, 체계화 하려는 자본의 논리를 관찰하는 데에만 집중할 뿐, 이 자본논리에 대항하여 대안적 문화실천에 참여, 투쟁하는 저항의 논리는 완전히 간과해 버리고 있다.[178] 그리고 이러한 편향과 간과는 결국 그의 마르크스주의와의 결별로 나타났다.

마르크스주의 패러다임을 거부하고 그가 내세우는 대안은 『생산의 거울』에서 제시되고 있는 이른바 "상징교환"이다. 이 패러다임의 이론적 자원은 주로 바타이유(Georges Bataille)의 "일반경제론"이다. 바타이유의 일반경제론에서는 생산이나 유용성보다 무상증여(expenditure), 낭비, 희생, 파괴 등이 더욱 근본적인 의미를 가진다. 바타이유는 그의 이론의 이상적 모델로서 태양을 든다. 태양은 자신의 에너지를 방출하면서도 자신에게로 되돌아오는 어떤 무엇을 기대하지 않는다. 요컨대 유용성이라는 지상명제로부터 벗어나는 것이 그의 이상인 것이다. 이러한 바타이유의 일반경제론의 핵심 부분을 수용, 그 나름의 맥락에서 재구성하면서 보드리야르는 마르크스의 자본주의 비판을 다시 비판한다. 그는 마르크스주의가 쁘티부르주아 비판에서 조금 진전된 형태에 불과하다고 논평한다. 즉 마르크스주의도 "사회적인 것"의 "훌륭한 사용"을 위한 것이고, 그러한 만큼 비속화시키는 것에 불과하다는 것이다.

보드리야르의 이러한 주장은 마르크스주의보다 훨씬 더 급진적인 전도를 상상하고 있다. 즉, 그는 모든 활동이 특별한 사용, 가치, 목적을 가지게끔 강제하는 시스템의 논리를 전도시키고, 나아가 정치경제학의 논리를 완전히 벗어나려고 시도한다. 상징교환의 패러다임은 마르크스주의가 정치경제학을 비판하고 있지만 그 비판의 논리는 여전히 정치경제학, 즉 "생산"의 논리를 "반영"하고 있다고 해석한다. 이처럼 보드리야르의 상징교환 패러다임은 생산주의 패러다임의 부정에서 그 성격이 잘 드러나며, "전도"와 "저항"을 모토로 삼는 일종의 주변집단 세력과 친화성을 갖는 듯하다. 예컨대 여성, 흑인, 동성연애자 등의 존재와 그들의 저항은 현존하는

178) Kellner, Jean Baudrillard, p.130; p.30.

문화적 지평 내에서 통용되는 여러 "약호"(code)들을 전도시키려고 시도한다. 그러나 이 저항은 결국 "차이와 주변의 미시정치"로 나타나고, 극단적으로 말하자면, 하부문화적 아방가르드주의에 경도하고 있다고 평가할 수 있다.

2. 욕구와 사회성 문제

보드리야르는 점차 "소비사회"의 이론에서 "시뮬레이션 사회" 이론으로 이행해 갔다. 보드리야르가 마크크스주의의 외피를 완전히 벗어버리고 이른바 "포스트모던"한 단계로 이행해 갔다고 말할 수 있는 시기가, 이미 앞에서도 지적한 바 있듯이, 바로 "사회적인 것의 종언"을 선언하는 1970년대 후반부터이다. 예컨대 『무언의 다수들의 그늘 아래』(In the Shadow of the Silent Majorities)에서, 그는 "사회적인 것"은 대중들에게로 내파되었고, 이 대중들은 사회적이거나 정치적인 사건들에 참여하기를 거부하면서 "자신들의 길을 퉁명스럽게 갈" 뿐이라고 주장하고 있다.

> 권력은 아무 것도 조작하지 않으며, 대중은 오도되지도, 신비화되지도 않는다. — 이 무차별성이 대중의 진정한, 유일한 실제이고. — [179]

보드리야르에 의하면, 대중의 이 무차별성, 중립성은 후기산업사회의 "정보" 때문이다. 그는 실재에서 자기충족적인 영역은 없다고 하면서, 사회적인 것을 미디어커뮤니케이션 증식을 통해 소생시키려는 여러 시도들에 대해 모호성, 무차별성을 보이면서도 불평을 토로한다. 그는 다음과 같이 말한다.

179) Baudilliard, *In the Shadow of the Silent Majorities*(Semiotext(e), 1978), p.14. 여기에서는 Kellner, *Jean Baudrillard*, p.85에서 재인용.

'무언의 다수'는 대중이 존재하지 않는다는 것이 아니다. 대중의 재현이 불가능하다는 뜻이다. 대중은 준거자가 아니다. 그들은 재현질서에 속하지 않기 때문이다.[180]

그의 시뮬레이션이론은 "의미"의 내파를 전제한다. 여기에는 "하이퍼-리얼리티"(hyper-reality) 세계에서는 인간의 주관성, 주체성이 개입할 공간이 완전히 사라져버렸다는 판단이 가로놓여 있다.

보드리야르는 마르크스의 사회이론에서는 사용가치가 상품생산과 교환에 우선하며, 인간의 자연적 욕구와 직접적 관계를 맺고 있다고 해석하고 이를 비판한다. 그러나 로버트 다미코(Robert D`Amico)가 그의 저서 『마르크스와 문화철학』(*Marx and Philosophy of Culture*)에서 지적하고 있듯이, 『자본』에서 마르크스가 인간의 자연적이며 즉각적인 보편적 욕구에 대해 말했을 때, "자연적", "즉각적"이라는 표현은 고정된 어떤 욕구가 아니라 대상의 현상형태를 가리키는 것이다. 요컨대, 보드리야르는 마르크스를 "오독"하고 있는 것이다. 우리는 이 지점에서 마르크스가 욕구를 어떻게 이해하는가 하는 것을 여기저기에 산재해 있는 언급들을 통해 살펴볼 필요가 있다.

- 『독일이데올로기』에서 : 첫 번째 욕구충족의 행동, 획득된 충족의 도구의 충족이 새로운 욕구를 낳는다. 이 새로운 욕구의 생성이 최초의 역사적 행위이다.

- 『정치경제학 비판 강요』에서 : 인간의 욕구는 사회 · 역사적으로 구성된 것이다.

- 『임노동과 자본』에서 : 우리의 욕망과 즐거움은 사회로부터 나온다. 따라서 우리는 우리의 욕망과 즐거움을 사회에 의해 측정한다.

- 『자본』에서 : 기계와 기술이 어떻게 사용가치를 생산하며, 그것들을 사회적으로 구성된 사용가치 형태로 표상하는지를 지적하고 있다.

180) Kellner, *Jean Baudrillard*, p.20.

이같은 설명을 통해 보더라도 마르크스가 욕구나 사용가치를 자연적인 것으로, 비역사적인 것으로 이해한 것이 아니라 역사적으로 그리고 사회적으로 매개되는 것으로 파악했음이 명백하다. 따라서 욕구의 자연성이라는 이름으로 마르크스를 비판하는 보드리야르의 시도는 그 타당성의 근거가 근본적으로 허약하다.

결국 보드리야르가 마르크스의 욕구이론을 해체하려고 시도하는 과정에서 최종적으로 드러내는 것은 1960년대 사회과학분야에서 주류를 차지했던 보수적인 "탈역사"(posthistorie) 혹은 "테크노크라시" 명제를 새로운 형태로 재생산하고 있는 모습이다. 여타 탈현대주의 반형이상학자들과는 달리 보드리야르는 실로 전형적이기까지 한 일차원적 이론 모델을 반복하고 있는데, 탈역사를 주장하면서도 탈역사에 이르는 경로에 대해서는 역사적으로 접근하는 모순적인 방식에서도 이 점은 분명하다.[181]

둘째, 보드리야르의 탈현대주의에서는 행동주체 이론이 결여되어 있다. 이는 물론 보드리야르가 기호론적 구조주의 운동을 폭넓게 받아들인 결과 당연하게 나타나는 것인지도 모른다. 요컨대 기호들의 가상적 세계에 주체가 들어설 자리는 마련되어 있지 않은 것이다. 그러나 더글러스 켈너가 그의『장 보드리야르』에서 날카롭게 지적하고 있듯이, 그의 탈현대주의 이론 깊숙이에는 "숨은 인간학"이 흐르고 있다.

> (보드리야르는: 필자 첨가) 바타이유의 인간학을 수용하면서, 무상증여를 포함한 모든 상징적 교환 형태가 훈련과 규율을 필요로 하는 생산보다 더욱 깊이 인간 본질에 뿌리박고 있다고 주장하는 것 같다. 따라서 그는 마르크스주의를 본질주의라고 비판하고 있지만, 그의 상징적 교환에 대한 예찬에는 일종의 본질주의적 인간학과 같은 무엇이 가로놓여 있다 하겠다.[182]

이러한 숨은 인간학은 욕구의 민주주의적 결정 문제를 외면한 채 결국에

181) Kellner, *Jean Baudrilliard*, pp.83-101.

는 귀족주의적 심미주의의 새로운 형식으로서의 사이버네틱 이미저너리로 나타나기도 한다. 예컨대 "매력"(seduction)이라는 보드리야르 특유의 대안이 이러한 심미주의의 한 변형으로 파악될 수 있을 것이다.

셋째, 보드리야르는 변증법적 매개의 역할을 무시해버리거나 배제한다. 즉 새로운 형식의 일차원성 명제를 내세우면서, 그 속에서 시뮬레이션과 내파만을 주장하는 것이다.

Ⅳ. 마르크스 욕구이론의 비판적 재구성

1. 급진적 욕구의 현실주의

아그네스 헬러의 욕구이론 역시 "마르크스주의 위기"에 대한 반응의 하나로 제기되었던 것이었다. 헬러에게 있어서 마르크스주의의 위기는 다음과 같이 몇 가지로 요약될 수 있다.

첫째, 그는 마르크스주의와 위기는 서로 분리된 것이 아니라고 본다. 왜냐하면 마르크스의 사상체계 자체가 "모순적"이기 때문이다. 즉 한편으로 마르크스는 혁명주체를 철학적으로 구성하려 했다. 즉 그는 계급으로서의 그 특성에 따라 혁명과정에서 전체 인류를 해방시키는 한 계급이 있다고 가정한다. 다른 한편으로 그는 자본주의 사회를 분석할 때, 자본주의사회의 경제적 법칙성은 역사적/사회적 혁명을 조건지운다고 논증하고 있다.[183] 여기에서 발생하는 위기는 베른쉬타인, 카우츠키, 룩셈부르크, 소렐 사이의 차이나 대립으로 나타난다.

둘째, 혁명주체를 구성하는 방식이 사회과학적이지 못하다. 생산력 발전이 필연적으로 사회주의 사회를 낳으리라는 가설은 논증되지 못했다. 생산

---

182) Kellner, *Jean Baudrillard*, p.45.

183) Heller, *Das Leben ändern*, p.112.

력 중심주의는 오히려 생태학적 문제들을 발생시키기도 하였다.

셋째, 마르크스는 자본주의 이후 사회제도에 대해서는 엄격히 말해서 깊은 성찰을 보여주고 있지 않다.

이와 같은 점들을 두고 볼 때, 헬러는 넓게 보아 "서구 마르크스주의"의 흐름에 포함될 수 있겠는데, 이 점은 특히 그의 정치이론에서 보다 뚜렷하게 나타난다. 사회의 구체적 대안을 구상할 때 그는 정통마르크스주의에 특유한 이상주의의 과잉 혹은 왜곡된 역사주의에 대항하여 구체적 경험 현실을 존중하는 현실주의적 민주주의 가치를 폭넓게 수용하고 있다. 그는 자신의 1981년도 저작 『생활의 변화』(*Das Leben ändern*)에서 다음과 같이 현실주의적 입장을 밝히고 있다.

> 소외되지 않은 제도적 시스템들이 있음을 생각할 수 있다. 소외의 정도를 현저히 줄일 수 있는 그런 제도적 시스템들이 가능하다. 하지만 예술, 학문, 종교, 철학은 사회생활의 다양한 층위에서 움직이고, 제도적인 수준에서 하나의 시스템으로 통합될 수는 없다. 인간과 정치제도 사이의 관계는 궁극적으로는 다음 문제로 귀착된다. 즉 '각 주체가 정치제도의 구조와 목적에 대해 어떠한 범위에서 결정을 내릴 수 있는가' 하는 문제이다.[184]

헬러는 완벽한 제도는 완벽한 자유가 그러하듯이 불가능하다고 보고, 소외의 소멸 혹은 폐지가 아니라 소외의 "축소"만을 유일하게 현실적인 대안으로 파악한다. 그러나 그럼에도 불구하고 여전히 헬러의 정치이론에서 형식민주주의의 제도적 형태는 급진적 욕구를 충족시키는 전제이다. 즉 제도적 시스템으로서의 형식민주주의가 모든 급진적 욕구를 충족시키기에는 불충분하지만, 하나의 조건임에는 틀림이 없다는 것이다.

헬러는 자신의 욕구이론을 『후기현대의 정치적 조건』(*The Political Postmodern Condition*)에서 더욱 발전시키고 있다. 물론, 이 저작은 현대성

184) Heller, *Das Leben ändern*, p.63.

논쟁에 대해 헬러가 대응하는 과정에서 나온 것인데, 여전히 욕구이론의 발전을 그 기초로 삼고 있다. 헬러는 모더니티를 욕구의 관점에서 접근하면 두 가지 이점이 있다고 주장한다. 하나는, 총체주의를 살려갈 수 있다는 이점이고, 다른 하나는 "사회철학의 논술과 실존철학의 논술"을 조화시킬 수 있다는 이점이다.[185]

그런데 여기에서 헬러는 총체주의(holism)와 총체성을 조심스럽게 구별하고 있다. 이는 자유주의 정치이론의 개체주의에 빠지지 않으면서도 마르크스주의의 총체성을 비판하려는 의도에서 발생하는 긴장을 시사한다. 그의 입장을 다음과 같이 명제화할 수 있다.[186]

첫째, 이질적인 사회적 이슈들을 하나의 동질적인 "사회문제"로 묶어 설명해서는 안된다. 추상적 동질화는 현대사회의 복합성을 잘못 설명하거나 오해하게 할 수 있다.

둘째, 모든 사회적 이슈들을 특정한 한 세트의 제도변화에 의존하게 만든다는 것은 환상이거나, 오류를 낳는다.

셋째, 민주주의와 사회주의의 관계 혹은 "민주주의적 사회주의" 쟁점 역시 총제적 접근과는 다르게 이해해야 한다. 헬러는 단수 사회주의 대신에 복수 사회주의들을 주장한다. 후자는 사회적 이슈뿐만 아니라 정치적 이슈와 문화적 이슈와도 연관되어 있고, 현대성을 재편성하는 다양한 이질적인 시도들을 시사한다.

이와 같이, 헬러의 사회이론도 넓은 의미에서 어떤 하나의 질서를 비역사적으로 전제하고 현실의 다양성을 이 질서로 환원시켜 파악하려는 입장에 반대하는 현대 사회사상의 흐름을 반영하고 있다. 이 점은 특히 경험적으로, 예컨대 서구의 선진복지국가를 총체성의 범주로 설명할 수 없다는 진단을 받아들이는 것에서 분명하게 나타난다. 즉, "현대 서구 복지사회는 긍정적이든 부정적이든 간에 총체성으로서 기술될 수 없다. 총체성이 아닌

185) Heller, *The Political Postmodern Condition*(Columbia, University Press, 1988), p.145.
186) Heller, *The Political Postmodern Condition*, p.146.

한에서 총체성으로서 변동될 수 없다."[187)]

헬러는 구체적으로 현대성의 발달 논리로서 자본주의, 산업주의, 민주주의를 들고 있다. 물론, 그는 욕구이론을 통해 모더니티를 보는 그 자신의 시각이 총체론적이라는 것과 연결시키려는 의도에서 각 범주가 완전히 분리되어 있는 것이 아니고 연계되어 있다고 전제한다.

헬러는 마르크스주의 전통에 특징적인 해방이념 그 자체를 포기하지는 않는다. 그는 해방이념을 실현하는 방식이 달라야 한다는 주장을 펴고 있다.[188)] 요컨대, 마르크스의 급진적 욕구 그 자체를 포기하는 것이 아니라 그것을 실현하는 방식은 보다 현실주의적으로 정립되어야 한다는 주장이다.

한편으로, 헬러의 최근 사유에서 결정적인 개념장치의 하나로서 "불만족 사회" 개념이 사용되고 있는데, 이 역시 그의 욕구이론에 대한 지속적인 관심을 반영하고 있다.[189)] "불만족사회라는 개념은 우리의 세계시대(world epoch)의 특수성을 욕구들의 관점에서 좀 더 구체적으로 말하면, 욕구의 생성, 지각, 배분, 만족 등의 관점에서 포착하려 한다."[190)]

헬러는 "불만족사회에서 우리가 어떻게 만족될 수 있는가?"라는 흥미있는 문제를 던지고 이에 답하려고 한다.[191)] 그것은 단적으로 말해 "우리의 자결(self-determination) 욕구를 간접적이 아니라 직접적으로 충족시키는" 방식을 가리킨다. 또한 이것은 헬러가 서구 모더니티를 평가하는 기준과도 연결되어 있다. 서구 모더니티는 "자결의 증대 가능성을 배제하지 않기" 때문이다.[192)]

헬러의 "불만족사회" 개념은 일차적으로는 현대성을 특징짓는 우연성의 증대를 가리킨다. 헬러는 우연성 범주를 실존철학뿐만 아니라 사회철학

187) Heller, *The Political Postmodern Condition*, p.32.
188) Heller, *The Political Postmodern Condition*, p.33.
189) Heller, *The Political Postmodern Condition*, pp.14-43.
190) Heller, *The Political Postmodern Condition*, p.15.
191) Heller, *The Political Postmodern Condition*, p.36.

적 측면에서 접근한다. 실존철학의 관점에서 인간은 세계에 던져진 존재로 파악된다.[193] 그러나 제1우연성(initial contigency)이라 이름붙여진 이것과는 다르게 제2우연성(secondary contigency)은 사회철학의 관점에서 이해될 수 있는 성질의 것으로서 자결가능성의 증대를 시사한다.[194]

헬러의 급진민주주의 기획은 이러한 근본적 조건 위에서 세워지고 있는데, 최종적으로는 참여민주주의의 심화를 목표로 하고 있다.[195] 세분해서 보면 다음과 같다.

첫째, 일상생활을 포함하여 여하한 하부체계와 영역이든지 간에 자결의 증대를 목표로 하는 것은 유의미하다. 동일한 과정이 다른 영역이나 시스템에서도 야기되지 않았는가와는 상관없다.

둘째, 생산, 교육, 복지, 문화, 정치적 증대 등 어느 특정 제도에서건 간에 그와 같은 과정을 평등하게 야기시키는 것은 유의미하다.

셋째, 자결의 어떤 한 측면만을 다른 측면들에서 자결이 행해졌는지 여부와는 상관없이 강조할 수 있다.

넷째, 자결 증대(민주화)가 모더니티의 특징인 기능적 분업(하부체계들과 영역들 사이)의 감소를 목표로 하는 것은 아니다. 하지만 자결 추구가 성공한다면 성공하는 만큼 초기능적(transfuntional) 행위가 특정한 제도 내에서 또한 제도들 사이의 층위에서 계기를 얻을 수 있다.

다섯째, 민주주의 논의는 계속 진전된다면 다른 두 논리(자본주의 논리와 산업주의 논리)를 완전히 배제하지는 않지만 그 논리들에 비해서 현대성의 지배논리가 될 수 있다.

---

192) Heller, *The Political Postmodern Condition*, p.35.
193) Heller, *The Political Postmodern Condition*, p.16.
194) Heller, *The Political Postmodern Condition*, p.167.
195) Heller, *The Political Postmodern Condition*, p.34.

2. 욕구와 민주주의 정치

헬러가 욕구문제를 순수 심리학적 · 인간학적 차원에서 검토하려는 것은 분명 아니다. 헬러는 이 맥락을 다음과 같이 시사하고 있다.

> 불만족사회는 욕망과 욕구의 확대에 의해 특징지워진다. 우리는, 욕구는 감정이면서도 동시에 동기부여력임을 보았다. 현대에 오면 그러한 동기부여력이 사회영역과 정치영역에서 요청으로 나타난다. 욕구를 가진 사람들은 자신들의 욕구를 만족시키기 위해 요청을 제기한다. 그렇게 요청을 제기할 때 그들은 그들의 개인적 불만족을 공적 언어로, 정의와 평등의 언어로 번역한다. 이렇게 번역하면서 행동가들은 욕망과 경험 사이의 간극을 메꿀 수 있도록 새로운 사회적 · 정치적 규칙과 법칙을 설립하려는 기도를 감행한다.[196)]

헬러는 "급진적 욕구"를 실현하려 할 때, 현재 우리가 기획하는 그 제도적 이상이 "불만족"스럽다고 판단하고 있기 때문에 해방을 위한 길을 실천주체의 실천철학적 주관성에서 찾으려 한다. 다시 말해 헬러의 욕구이론이 지향하는 길은 폐쇄적 정통 마르크스주의도 아니지만, 그렇다고 이에 대한 강력한 대항노선으로서 탈현대주의의 그것도 아니다. 그의 "제3의 길"은 실천철학적인 것이 분명하다.

> 불만족사회에서 어떻게 우리는 만족될 수 있는가? ― 우리는 우리의 이중의 우연성을, 우리의 자결 욕구를 간접이 아니라 직접 충족시키기를 선택함으로써, 우리의 역사기획(destiny)으로 변형할 수 있는 만큼 우리의 삶에 만족한다.[197)]

---

196) Heller, *The Political Postmodern Condition*, p.23.
197) Heller, *The Political Postmodern Condition*, p.36.

이 실천철학적 제3의 길은 실천주체의 윤리성을 성숙시키는 방향을 지향한다. 그것을 헬러는 다음과 같이 정리하고 있다.[198]

급진적 관용 : 삶의 가치가 "모든 사람에게 평등한 삶의 기회" 부여로 해석될 수 있는 만큼, 타인을 수단으로 삼아 자신의 욕구를 충족시키는 태도는 배제되어야 한다. 그리하여 다른 생활양식, 혹은 타인의 욕구(들)에 대해 관용적인 태도를 취할 것이 요청된다. 익히 알려져 있듯이, 관용은 시민사회의 덕목으로서 주로 자유주의 전통에서 강조해 온 것이다. 하지만 자유주의적 관용론은 타자와 그 생활방식에 대해 적극적인 관심을 보이는 것은 아니다. 헬러가 이 자유주의적 관용과 대비하여 급진적 관용이라고 부르는 것은, 타자의 "부정적 자유"를 폭력을 통해 개입하지 않고 타자의 삶의 방식에 깊은 관심을 표명하는 것이다.

시민으로서의 용기 : 불의의 희생자들을 위해, 혹은 과도한 불평등에 대항할 때 그것을 정당하다고 믿는 사상을 위해 발언하는 덕목이다. 요컨대 이 덕목은 위험을 감수할 용기를 뜻한다.

연대 : 특히 사회민주주의, 넓게는 노동자계급운동에서 강조해 온 덕목이다. 여기에는 두 종류가 있다. 그 하나는 집단 내 연대이고, 다른 하나는 모든 피지배계급과 민족, 심지어는 인류 전체에 대한 연민과 우애를 느끼는 연대이다. 여기서 쟁점이 되는 것은 이 두 연대를 매개하는 것이다. 폭력, 지배, 강압을 배제하면서 다른 집단이나 운동에 대한 연대도 강화해 가는 방향에서 이 덕목을 이론화하고 있다.

정의 : 헬러는 자신의 1987년도 저작 『정의를 넘어서』(*Beyond Justice*)에서 마르크스가 정의를 파악하는 시각을 논하면서 마르크스의 이익과 욕구의 구별을 부각시킨다. "마르크스에서는 이익이 해방을 위한 동기부여가 될 수 없었음이 분명하다. 그는 욕구와 이익을 구별하고, 급진적 욕구를 진정한 동기력으로서 확인한다."[199] 마르크스의 욕구이론은 자유주의 전통

---

198) Heller, *The Political Postmodern Condition*, pp.75-87.

199) Heller, *Beyond Justice*(Basil Blackwell Press, 1987), pp.106-107.

에서 제시하는 정의론을 넘어서는 구체적인 대안이다.[200)]

프로네시스(Phronesis) 혹은 프루던스(Prudence) : 행동에 참여하기 이전에 어떤 규범이 특정한 경우에 적용되며, 그 행동이 어떻게 최선으로 수행될 수 있는지를 알아내야 한다. 프로네시스는 행동에서의 훌륭한 판단이지만 실천 속에서 학습되는데, 행동에 앞선 훌륭한 학습을 전제한다.

합리적 논술에의 참여 : 어떤 규범과 규칙이 선하며 정의로운지는 개인의 수준에서 결정될 성질의 것이 아님을 논술윤리 이론은 밝히고 있다. 모든 사람들을 위한 평등한 자유, 모든 사람들을 위한 평등한 삶의 기회 등의 보편적 규범은 정당한 절차를 요청한다. 제도, 사회적 편재, 법 등에 관련이 있는 사람들 모두가 그러한 제도, 편재, 법 등의 정당성이나 정의를 다루는 합리적 논술에 참여할 때만이 그 절차는 정당하다고 말할 수 있다.

실천철학적 주관성을 윤리성을 탐색하는 맥락에서 보면, 헬러가 인성 그 자체를 가치로 보는 것은 자연스럽다. 이 점은 그가 니체와 마르크스주의를 대조시킬 때 보다 극명하게 나타난다.

> 시민사회는 인성가치를 본격적으로 잘 부각시켰는데, 일반 타당성의 관점에서 일반적으로 타당하게 만들 가능성을 적어도 이론적 층위에서는 규범적으로 간주한다. 이 문제 — 그 자체 — 를 적절하게 해소시키고 싶어했던 유일한 사상가가 니체였다. 그는 인성가치를 — 시민적 사유방식과는 달리 — 예외적 가치로 파악하고 '초인'에 호소한다. 이렇게 함으로써 그는 인성가치의 민주주의적 모멘트를 철회시켜 버린다. 마르크스주의에서는 인성가치는 근본적 가치에 속한다. 개인의 부를 선택한다는 것은 인성가치의 선택에 다름 아니다.[201)]

200) Heller, *Beyond Justice*, pp.29-34 참조.

201) Heller, *Hypothese über eine marxistische Theorie der Werte*(Frankfurt am Main, 1972), p.556.

마르크스는 인성가치의 내용으로는 유적 존재성, 의식성, 사회성, 보편성, 자유 등을 든다.[202)]

V. "구체적 유토피아"

급진욕구이론이 유토피아의 모습을 보이는 것은 어쩌면 당연하다. 요컨대 마르크스의 그것은 "합리적 유토피아" 사상으로 정리될 수 있다.

> 마르크스는 자신의 합리적 유토피아를 휴머니티의 내재적 미래에서 이해했다. 생활형태로서 이 내재적 미래를 그는 자본주의적 생활형태의 대립명제로서 설정했는데, 한 생활형태에서 다른 생활형태로 이행하는 경로는 전체 사회적 혁명으로서만 생각할 수 있다, 그는 이 전체사회적 혁명의 담지자로서 급진적 욕구를 가진 자들을 상정했는데, 노동자계급의 욕구가 그런 종류의 급진적 욕구라고 전제했다.[203)]

마르크스에게서 급진철학의 과제는 이 급진적 욕구와 급진적 사회운동을 매개하는 데 있다. 물론 이러한 매개는 구체적인 사회적 실현가능성에 대해 깊이 성찰해야 한다. 따라서 급진철학은 철학을 뛰어넘어 비판적인 사회이론에 닿을 수밖에 없다.

장 보드리야르는 마르크스의 욕구이론을 정면에서 해체, 탈구성하려 하는데, 그것을 다음의 두 가지 맥락으로 정리할 수 있다. 그 하나는 마르크스의 욕구이론은 철학적으로 비역사적이며 비사회적인 인간학을 전제하고 있다는 그의 해석 맥락이고, 다른 하나는 사회적 · 역사적으로 현대사회가 급격히 변동하고 있기 때문에 마르크스의 "정치경제학 범주"로써는 더

202) Heller, *Hypothese über eine marxistische Theorie der Werte*, p.56.
203) Heller, *Philosophie des linken Radikalismus*(VSA: Hamburg, 1978), p.150.

이상 적합하게 설명될 수 없다는 사회과학적 판단의 맥락이다. 이 두 맥락 모두에서 우리는 보드리야르의 탈현대적 입장에 동의할 수 없었다. 우리는 마르크스의 욕구이론이 근본적으로 비역사적 · 비사회적 "인간학" 위에 서 있는 것이 아니며, 보드리야르가 준거하는 새로운 일차원성 시각이 현대사회를 설명해내는데 한 부분을 차지할 수 있을지언정 전체가 될 수 없다고 판단한다. 보드리야르의 입장과 비교해볼 때, 부다페스트 학파에 속한 아그네스 헬러의 입장은 일단 긍정적이다. 사실 마르크스 연구에서 있어서 욕구이론에 관한 한 헬러의 지위는 단연 독보적이다. 그는 마르크스의 사상 전체에서 핵심적인 개념 중의 하나가 바로 "욕구"라는 사실을 밝혀내면서도 마르크스의 정치경제학 비판이 단순한 경제분석을 훨씬 넘어서는 것임을 통찰하고 있기 때문이다.

마르크스의 욕구이론을 넘어 그의 사적 유물론 전체를 이해하려 할 때 하나의 중요한 길잡이가 될 만한 헬러의 논술을, 좀 길긴 하지만, 여기에 인용하고자 한다.

> 마르크스의 경제적 범주들에서 욕구 개념이 은밀하게 핵심적인 역할을 수행하고 있음을 결코 '우연' 으로 볼 수는 없다. 정치경제학 비판(또한 자본주의 비판)에서 욕구 개념이 규정되어 있지 않다는 것도 결코 우연적이지 않다. 마르크스의 욕구 개념은 — 물론 마르크스의 욕구 개념은 여러 가지로 해석될 수 있다 — 경제적 범주가 아닐 때가 많다. 그의 욕구 개념들은 그의 전체 저작의 주된 경향에서 보면 비경제적이며, 역사철학적인 범주이자 인간학적 가치 범주이고, 따라서 경제적 체계내에서만 정의될 수는 없다.[204)]

그러나 헬러 또한 "마르크스"를 그대로 반복하지는 않는다. 그는 특히 정치사회학적 관점에서 마르크스를 비판적으로 재구성하려 시도한다. 이

204) Heller, *Theorie der Bedürfnisse*(VSA, 1980), p.275. 사실, 이 문맥은 오해를 불러일으킬 소

러한 맥락에서 헬러가 특히 국가와 시민사회의 분리에 대응하는 이론적 태도를 살펴볼 필요가 있다. 이른바 "사회주의적 시민사회론"을 주장하는 존 키인(John Keane)이 『시민사회와 국가』서론에서 밝히고 있듯이, 시민사회와 국가의 분리는 두 가지 이론적 · 실천적 함의를 지닌다. 그 하나는 전체주의에 대한 비판이고, 다른 하나는 이 비판과 관련되어 있는 것으로서, 사회적 · 정치적 권력을 배분하는 시각에서 다원주의를 옹호하는 것이다. 헬러는 이러한 맥락에서 사실상 마르크스주의의 정치사회학과는 일정한 거리를 취한다.

> 자본주의를 그 모든 함의에서 넘어서려 할 때 급진적이 되며, 이 과제를 형식민주주의의 틀 내에서 숙고할 때 좌파급진적으로 된다.[205]

물론 헬러가 자유주의의 "국가와 사회의 분리"가 내포하고 있는 함정에 빠져드는 것은 아니지만, 그의 이론이 표상하는 "급진적 유토피아"는 이미 절망을 전제로 하는 강력한 현실주의라는 인상마저 주고 있다.

우리는 여기에서, "국가와 사회의 분리" 혹은 "비분리" 쟁점은 역사적 성격을 띠며, 순수한 철학적 판단의 문제라기보다는 경험과학으로서의 사회과학의 수준에서 탐색되어야 할 대상이라는 입장에 서서 욕구와 욕구이론의 문제 또한 근본적으로 재검토해야 할 것이다. 욕구의 사회성 또한 이 맥락에서 벗어나는 것은 아니기 때문이다. 바로 이 지점에서 마르크스의 문제제기는 비판적 성찰의 출발점으로서 여전히 유효하다. 마르크스는 국

지가 없지 않다. "역사철학"과 "인간학"은 헤겔마르크스주의에 붙어다니는 논술어로서, 헬러의 특히 초기 이론에서는 이 형이상학의 잔재가 깨끗하게 청산되고 있지 못한 것이 사실이다. 그러나 이와 동시에, 우리는 알뛰세르 이후의 "구조주의 마르크스주의"가 비판의 대상으로 삼는 그 '역사철학'과 "인간학"과는 다른 내용의 "열린" 역사의 철학과 집합적 실천주체의 인간학이 마르크스의 비판이론에 살아있다는 점을 기억해야만 한다. 이와 관련해서는 Gyuhwan Seo, *Politik und politische Theorie der kritischen Krisenwissenschaft*(Bielefeld, 1988)을 참조할 것.

205) Heller, *The Political Postmodern Condition*, p.133.

가와 (시민)사회의 분리를 이론화하는 사유에서 소박한 매개 혹은 재현의 질서를 읽고, 이 형이상학적 사유의 "폭력"을 비판하면서도, 사회과학적으로는 시민사회의 정치를 가능한 한 확대하려고 시도하였다. 요컨대 그의 철저한 사회비판은 이론과 인식론의 정치화를 지향하면서도, 이와 동시에 실천의 폭을 넓히려는 "구체적 유토피아"(Ernst Bloch)를 제시해주고 있다.

제2부 정보사회론의 사회이론적 동향과 과제

제5장 다니엘 벨의 문제제기

Ⅰ. 역사철학의 종말과 "이데올로기" 문제

"이데올로기의 종언"은 다니엘 벨(Daniel Bell)[208]의 사회이론을 상징하는 논술어로 보는 데 이의를 붙일 사람은 그렇게 많지 않을 것이다. 『이데

208) 다니엘 벨은 1919년 5월 10일 뉴욕 시에서 태어났으며 뉴욕 시티 칼리지(City College of New York)에서 1993년 사회학 학사학위를 받고 콜롬비아 대학에서 1960년 박사학위를 취득했다. 1940~1944년, 사회민주주의를 지향한 주간지 《더 뉴 리더》(The New Leader)에 처음에는 편집인으로 참여하다가 그 후 이 잡지의 발행인으로 활동한다. 1945~1948년, 시카고 대학에서 사회과학을 가르쳤고 1949~1958년 《포춘》(Fortune)지의 편집을 맡으면서 1956~1957년, 1년 이상이나 문화 자유 회의(Congress for Cultural Freedom)의 세미나 소장으로 일하기도 했다. 1959년부터 1969년까지 콜롬비아 대학교 교수로, 1969~1989년 하버드 대학교 교수로 재직했다. 지금도 그는 1970년 이래 권위 있는 사회문화 평론지 《대달루스》(Daedalus)의 편집이사이며, 전기통신 및 컴퓨터에 관한 국립연구위원회 회원으로 있고, 하버드 대학교 명예교수로 학문 활동을 계속해 나가면서도 미국 예술·과학 아카데미 위원회 상임연구위원으로 정력적으로 활약하고 있다. 저술로는 수없이 많은 논문과 칼럼 논고, 저서가 있다. 참고로 주요 단행본만 여기에 소개해 둔다. 『미국 마르크스 사회주의 역사』(*History of Marxian Socialism in the United States*, 1952), 『미국 신우파』(*The New American Right*, 1955), 『급진 우파』(*The Radical Right*, 1959), 『이데올로기의 종언』(*The End of Ideology*, 1960), 『일반 교육의 개혁』(*The Reforming of General Education*, 1965), 『2000년을 향해』(*Towards the Year 2000*, 1967), 『대결』(*Confrontation*, 1969), 『현대 자본주의』(*Capitalism Today*, 1971),『후기 산업사회의 도래』(*The Coming of Post-Industrial Society*, 1973), 『자본주의의 문화적 모순』(*The Cultural Contradictions of Capitalism*, 1976), 『정보화 사회』(*The Information Society*, 1979), 『정보화 사회와 문화의 미래』(1980), 『제 2차 세계대전 후의 사회과학』(*The Social Sciences Since World War II*, 1981), 『적자』(*The Deficits*, 1985).

올로기의 종언』이 던진 메시지가 무엇인가 하는 문제는 크게 두 관점에서 논의할 수 있다. 하나는 이데올로기가 벨에서는 어떻게 이해되고 비판되는가 하는 관점이다. 철학적으로 벨이 종언되었다고 선언한 그 이데올로기는 최근의 사회이론의 흐름으로 보면 대단히 단순한 것이다. "역사철학", 즉 형이상학적으로 "역사"에 내재한 법칙성을 전제하는 신념체계가 그 설득력을 잃어버렸다는 진단이었다. 좀더 구체적으로 말하면 벨은 이러한 이데올로기의 가장 뚜렷한 것으로 마르크스주의를 이해하고 비판했다. 이데올로기는 이데올로기들의 존재, 다양한 이데올로기들이 공존할 수 있다는 것을 거부하는 태도를 지칭한다고 좀 아이러닉하게 표현할 수도 있다. 벨이 이데올로기를 거부하면서도 이사야 벌린(Isaiah Berlin)을 노골적으로 옹호하는 까닭도 여기에 있다.[207] "이데올로기의 종언"은 이데올로기들을 위한 새로운 형식으로 정당화하는 논술이었고, 깊은 곳에서 의도한 것은 모든 사회적 유토피아의 종말을 단언해 버린 한 비관주의 지식인의 창백한 관찰이기도 했다.

"이데올로기의 종언"은 이데올로기들은 결코 종언될 수 없다는 비관적인 명제를 담고 있다. 이것 역시 마르크스주의가 보는 이데올로기관과는 대립하는 판단이다. 마르크스주의 전통은 이데올로기를 부정적인 범주, 즉 비판될 대상으로 볼 뿐만 아니라 진정한 과학성(학문성)이 그를 대체할 것을 주장하고 있기 때문이다. "허위의식"으로서의 이데올로기의 극복을 희망한다.

"이데올로기의 종말"은 문자적으로 곧게 해석하면 부르주아적 자유질서를 와해시키는 종말론적 역사철학이 마침내 끝나간다는 것을 의미하지만, 벨을 오해시켜온 언어이기도 하다. 벨은 모든 이데올로기들의 끝을 주장하려는 것이 아니라, 오히려 본체적 합리성이 설득력을 잃고 있지만 현

207) Daniel Bell, 『이데올로기의 종언』, 1988년 「후기」("Afterword", 1988: *The End of Ideology* Revisited), 『이데올로기의 종언』(*The End of Ideology*)(Harvard University Press 1988), p.444.

대 대중 사회에는 여전히 이데올로기들이 남아 작용하고 있다고 보았다. 1940년대 후반 벨은 미국을 대중사회로 파악하면서 마르크스주의가 주장하는 이원적 이데올로기의 대립으로 이해할 수 없는 다양성을 강조한다. 계급 이익을 기준으로 삼아 권력을 편성지우지 않는다는 의미에서, 계급 행동이 약화하고 있다는 뜻에서 본체적 합리성은 뒤로 물러난다. 본체적 합리성이 부재하는 곳에서 정치는 조직 엘리트가 서로 각자의 집단 이익을 증진하기 위해 "경쟁하는" 장이 되고, 사회는 수단에 정향된 "실질적" 합리성을 기초로 하여 몇 가지 안정 척도를 얻는다. 하지만 벨은 총체성에 근거한 본체적 합리성이 결여하고 있는 가운데 수단 합리성만이 대중의 결정을 규정하는 과정을 긍정적으로만 보지 않는다. 개인과 집단이 취할 정향 준거의 동요를 지적한다. 랄프 다렌도로프(Ralph Dahrendorf)에 앞서 벨은 자유주의 정치학이 제시하는 경쟁정치모델(엘리트주의 민주주의론)을 이미 회의론적으로 재구성하였다. 그래서 『이데올로기의 종언』에서도 미국 사회가 공유된 동의가 있는 사회라고 결코 확신하지 않았었다.

역사철학을 비판하는 그 맥락이 현대성의 한 지평인 이데올로기의 종언을 선언하는 배경이다. 벨은 여기에서 한 걸음 더 나아간다. 형이상학적인 일원론에 대한 그의 깊은 회의는 벨의 사회이론 깊은 곳에서 흐르고 있는 문화와 사회 구조를 분리시키는 이원론으로 나아간다. 벨은 모든 종류의 총체성과 그 이론을 거부한다. 그러나 그가 주요 비판 대상으로 삼는 것은 기능주의보다는 마르크스주의이다. 1988년 『이데올로기의 종언』을 다시 내면서 붙인 「후기」에서도 벨은 다시 자신의 이원론을 상당히 선명하게 밝혔다.

> 경제나 테크놀로지 분야는 도구적이기 때문에 '단선적인' 방식으로 변화가 일어난다. 분명한 대체원리가 있기 때문이다. 다시 말해 보다 효과적이거나 생산적인 어떤 새로운 것이 생겨난다면 그것을 사용하게 될 것이다. (중략) 그러나 문화영역에서는 이와 같은 대체원리가 없다. 즉 문화는

그 정문을 전통이 지키든가 제파통합주의(syncretism)에 의해 심하게 흔들리든가 한다. 하지만 미학적 혁신이 일어난다 해서 이전의 형식들이 '낡은 양식이 되는 것은 아니다'. 인류의 문화적 레퍼토리(repertoire)가 풍부해질 뿐이다. 역사를 살펴보면 서로 다른 영역들이 느슨하게나마 서로 연결되었다고 볼 수 있는 데가 없지는 않았지만 (예컨대, 18세기에는 부르주아 성격, 문화, 경제 등이 합쳐져 있었다) 오늘날에는 영역들 사이에 긴장이 일어나는 때가 더 흔하다. 하지만 통합의 필연성이 있는 것도 아니다.[208]

벨의 이원주의는 『후기 산업사회의 도래』, 『자본주의의 문화적 모순』, 『정보화 사회와 문화의 미래』 등의 저서에서 확연하게 가시화 되어 있다. 아마도 여기에 흐르는 공통된 중심 테마는, 탈현대사회로 첨예화된 문화적 현대성과 정보산업사회로 상징화 되는 근대화 사이의 긴장(혹은 "모순")을 진단하고 처방하는 것이다.[209]

벨의 정보산업사회론이 그리는 문화이론 시나리오는 크게 세 부분으로 나누어 요약할 수 있다. 첫째는, 자본주의의 문화적 빈곤에 저항하는 아방가르드주의도 반복할 수밖에 없는 놀이에 지쳤고 새로운 문화를 창조하려는 모더니즘도 상상할 에너지의 여운마저 거의 다 소진하였다는 부분이다. 둘째는, 자본주의 그 자체의 논리에 따라 소비영역은 생산 영역에서 독립하여 자제력 없는 쾌락주의에 근거한 대중문화성을 확산시키는 데, 초월을 추구하려는 모더니즘이 모더니즘에 따라 스스로가 해체한 모습인 탈현대주의와 관계가 있다는 부분이다. 셋째는, 독신성을 가속화하는 현대 문화를 극복하는 방안으로, "종교적" 의식을 다시 회복하여 사회의 윤리적 기초를 재정립하자는 제안을 호소하는 부분이다.

---

208) Bell, *The End of Ideology*, p.414.

209) 벨의 보수주의론과 자본주의의 문화적 모순에 관한 논의는 서규환, 『비판적 현대성의 정치적 이론』(다인아트, 2006) 참조하라.

II. 정보산업사회

벨은 주지하듯이 후기산업사회 · 정보산업사회 · 탈공업사회를 먼저 얘기해 온 사회학자의 한 사람이다. 벨은 후기산업사회를 가능케 한 근본 원인을 기술의 발전에서 찾고 있다. 그는 3가지 기술혁명을 구분하고 있다.[210] 약 200여 년 전에 제임스 와트(James Watt)가 발명한 증기기관이 그 첫 번째 혁명이고, 100여 년 전에 전기와 화학의 혁신이 제2의 기술혁명이다. 후기산업사회는 이른바 제3의 기술혁명에 의해 가능하다. 벨은 이 제3의 혁명의 기저를 이루는 기술혁신을 4가지로 정리하기도 했다.

첫째, 기계, 전기, 전기 기계 시스템이 전자 시스템으로 변화한다. 이렇게 시스템이 변화함으로써 부품의 수가 크게 줄어들고 전달 속도가 엄청나게 빠르게 되는 결과가 일어나고 있다. 10억분의 1초, 심지어 1조분의 1초의 속도로 번개 같은 속도로 계산해 내는 컴퓨터가 나오고 있는 실정이다.

둘째, 전도장치나 전기파 변환장치가 소형화하는 경향이 두드러지고 있다. 지난 20년 동안 칩 한 개가 담을 수 있는 회로부품 용량이 10년마다 100배의 비율로 기하급수적으로 증가하여 현재 약 100만 개의 부품을 담을 수 있는 수준에 이르고 있다. 벨은 2000년까지는 1,000만~1억 정도의 부품을 담을 수 있으리라 전망했다.

셋째, 과거의 모든 시스템을 디지털 방식으로 전환시키는 기술혁명이 일어난다. 정보가 숫자로 표현되는 새로운 정보시대가 열리고 있다.

넷째, "사용자에게 친근한(user-friendly)" 소프트웨어(software)가 많이 개발되고 있다. 이에 따라 소규모 기업이나 가정에 퍼스널 컴퓨터가 급속히 확산되어 가고 있다.

기술혁신의 관점에서 벨은 후기 산업사회를 『후기산업사회의 도래』에서 명료한 도식을 그려 설명했다.[211]

---

210) Bell, 『제3의 기술혁명 - 그에 따른 사회, 경제적 변화』(*The Third Technoligidal Revolution and Its Possible Socioeconomic Consequences*)(한국통신방송공사, 1990), pp.9-15.

이 도식의 중심 내용은 다음과 같다. 즉 산업화 이전의 사회에서 "디자인" 원리는 자연을 극복하는 게임이고 산업사회의 "디자인" 원리는 인간과 기계의 관계에 중심을 둔 원리로 일종의 "기계화된 자연"을 극복하는 게임이지만, 후기산업사회를 "디자인"하는 원리는 정보를 바탕으로 하는 "지식 테크놀로지"(intellectual technology)가 중심에 서며 인간 상호간의 게임으로 나타나고 있다는 관찰이다.[212)]

	전(前) 산업 단계	산업단계	후기산업단계
경제부문	제1부문 천원자원 개발 농업 광업 어업 임업	제2부문 재화생산 매뉴팩처 프로세싱	제3부문 교통 공공사업(수도, 전기, 가스 등) 제4부문 무역 금융 보험 부동산관리 제5부문 의료 교육 리서치 정부 레저
중심직업	농부 광부 어부 미숙련노동자	준숙련노동자 엔지니어	전문기술과학자
테크놀로지 디자인	천연자원 자연을 극복하는 게임	에너지 제조된 자연을 극복하는 게임	정보 인간들 사이의 게임
방법론	상식과 경험	경험주의와 실험	추상이론: 모델, 실험모사, 결정이론, 시스템 분석
시간 퍼스펙티브	과거정향, 임기응변적 반응	임기응변적 반응, 투영(projection)	미래정향: 예비와 계획
기본원리	전통주의: 토지 · 자원의 제약	경제 성장: 투자결정에 대한 국가적이거나 사적인 통제	이론적 지식의 중심성과 코드화

흔히 후기산업사회는 서비스 사회로 특징지어진다. 벨은 후기산업사회에 등장하는 새로운 종류의 서비스에 주목하고 있다. 교육, 보건, 사회사업, 사회복지 등 인간과 직접 관련되는 부문과 분석과 기획, 디자인, 프로그래밍(programming)등 높은 전문성이 필요한 부문이 그것이다. 벨은 이를 "후기 산업 부문"이라 부르기도 하는데, 후기산업사회가 가시화 되면 고등교육이 확대되고, 추상적 이론, 테크놀로지, 문자와 숫자를 다루는 기능 숙련의 필요성이 증대해 간다고 주장한다.

벨은 1990년 현재 미국에서는 노동력의 70% 이상이 서비스 부문에서 일하고 있고, 노동력의 30%(1억 이상의 사람)가 전문직, 테크놀로지직, 관리직 등 "후기산업부문"에 종사하고 있고, 노동력의 약 17%가 공장노동(고전적 마르크스주의의 용어로는 산업 프롤레타리아트)을 하며, 이것도 10년 안에 약 10%로 축소하리라 밝히고 있다.[213)]

벨의 사회이론에서 후기산업사회를 특징짓는 원리의 하나는 '추상적 지식'을 활용하는 양식이다. 이러한 후기산업사회의 구조적 특징과 그 문제 영역[214)]을 벨은 다음 도식으로 요약하고 있다.

기본원리		이론적 지식의 중심성과 코드화
1차적 제도		대학, 아카데미연구소, 리서치 회사
경제적 기초		과학에 근거한 산업
1차적 자원		인력(human capital)
정치적 문제		과학정책, 교육정책
구조 문제		사적 영역과 공적 영역 간의 균형
계층	기초	숙련
	이동	교육
이론적 이슈		'새로운 계급'의 응집력
사회학적 반응		관료제에 대한 저항, 대항문화

211) Bell, *The Coming of Post-industrial Society: A Venture in Social Forecasting*(New York: Basic Books, 1973), p.117.

212) 서규환, 「후기산업사회의 새로운 디자인」, 《월간 디자인 비즈니스》 제23호(1991년 5월호), p.21.

213) Bell, 『제3의 기술혁명 - 그에 따른 사회, 경제적 변화』, p.17.

214) Bell, 『제3의 기술혁명 - 그에 따른 사회, 경제적 변화』, p.118.

후기산업사회의 중심 문제는 추상적이고 이론적인 지식을 조직화 하는 것이다. 학문을 지원하는 국가정책이 갖는 성격과 학(학문)의 정치화, 과학이 노동을 조직하는 사회학적 문제 등 이런 것들이 후기산업사회의 정책 이슈들이다.

벨은 과학에 그 기초를 두는 후기산업사회가 어떠한 문제를 지니고 있고, 사회학적인 문제가 어디에 있는가를 1960년대에 일어났던 학생운동에서 시사를 얻고 있다. 학생운동은 지식운동에 가하고 있는 후기산업사회의 조직적 경직성에 저항하는 일종의 대항문화였다는 해석이다.

후기산업사회는 사회의 조절 매체로 시장의 역할을 상대적으로 줄이고 국가의 역할을 확대했던 복지국가 모델을 취한다. 벨이 보는 후기산업사회에서의 근본 문제는 관료주의의 확산이다. 이러한 뜻에서 후기산업사회는 벨에서는 현대사회가 안고 있는 문제를 조명해 주는 프리즘 같은 것이다. 벨에서 '후기산업사회'는 문제의 해결이 아니라 문제를 정확히 인식케 하는 개념 장치이다.[215)]

III. "계몽의 변증법"의 재구성

다니엘 벨의 사회이론적 문제제기와 관련하여 우리는 한국은 지금 정보산업사회에 완전히 진입해 있는가 하는 질문을 한 번쯤 던져볼 필요가 있어 보인다. 다른 한편으로는 후기자본주의 사회 혹은 선진 정보산업사회에서 나타나는 신보수주의라는 여러 문화논리는 우리 사회에서 어느 정도 설득력 있는가 하는 의문도 있다.

한 사회가 정보화사회(정보산업사회)인가 아닌가를 판별하는 기준은 학자의 관점에 따라 다소간의 차이가 있다. 참고 삼아 비교적 널리 인정되고 있는 RITE(Research Institute of Telecommunication & Economics)의 기준

215) Bell, 『제3의 기술혁명 - 그에 따른 사회, 경제적 변화』, p.119.

을 보면, 다음과 같다.216)

노동인구 중 50% 이상이 정보산업에 종사하고, 적령인구의 50% 이상이 대학생이어야 하며, 개인 국민소득이 4,000달러 이상이고, 정보비가 수입의 35% 이상인 경우를 말한다.

한 연구보고서는 한국은 1990년대 중반부터는 본격적인 정보화사회에 들어설 것이라 전망했다.217) "정보산업사회"를 어떻게 볼 것인가 하는 사회이론적 비판의 문제가 중요해 보인다. 이 문제는 정보산업사회의 실제와 이론을 파악해야 할 무거운 과제를 우리에게 던지고 있다.

우리가 살고 있고 곧 맞이할 그 사회를 어떤 중심된 관점에서 이해하는가에 따라 사회의 핵심 문제를 설정하는 근본 태도가 달라진다.218) 이 점은 문화비판에서도 마찬가지이다. 벨의 정보산업사회론은 자본축적 논리라는 구조적 제한성을 무시하거나 등한시한다는 점에서 탈현대주의와 다르지 않다. 벨의 정보산업사회론이나 벨이 비판하는 탈현대주의에는 생산영역에서 여전히 살아 있는 자본축적 논리를 감추려는 숨은 의도가 있는지도 모르겠다. 요컨대 우리는 21세기에도 여전히 문화를 보는 비판이론의 근본 시각은 변화될 필요가 없을 뿐만 아니라, 그렇게 해서도 안 된다고 본다. 이제 대중문화성에서 "새로운 문화"의 가능성을 엿볼 수밖에 없다거나, 문화는 사회구조로부터 분리되어 있고 전통적 방식으로 회귀하기를 기대하면서 반(反) 문화를 생산하는 신보수주의가 날카로운 비판이론의 화살을 받지 않은 채 대중이 쉽사리 그 정체를 알아차릴 수 없게 현란한 수사법을 활용하여 계속 세력을 확장시켜 간다면 위기는 심화될 것이다. 요컨대, "문화산업"(아도르노 · 호르크하이머)을 비판하는 비판이론의 논리 역

---

218) 방정배, 「정보화사회와 이데올로기」, 성대 사회과학연구소 편, 『이데올로기와 정보화사회』(서울: 성대 출판부, 1990), p.25 각주 16.

219) <방송제도연구위원회>(한국방송제도 연구위원회 1990,4), p.346 비교; 방정배, 「정보화사회와 이데올로기」, p.26 참조(재인용).

220) 이와 관련하여 서규환, 「서구 좌파의 위기」, 《월간옵서버》(1990년 11월호), pp.472-485 참조할 것.

시 새로운 형태로 오히려 성숙할 필요가 있을 것이다. 자본주의적 지배 속에서도 신보수주의가 나타내는 우리의 비판의식을 왜곡, 배제하는 대중문화성은 (벨처럼 문화영역의 "실존적" 자율성을 전제하거나 아니면 탈현대주의처럼 고급문화와 대중문화의 경계와 테두리를 인정치 않음으로써) 고급문화의 모습으로 자리를 굳혀가는 형태는 새로운 것이기 때문이다.

계몽 속의 야만성을 비판했던 비판이론은 『계몽의 변증법』에서 이렇게 논술했다.[219]

> 현대인이 본질적으로 타락한 것은 사회 진보와 분리된 것이 아니다. 경제생산력이 증대하여 보다 정의로운 사회가 될 조건이 생겨나기는 했지만 다른 한편으로는 이를 관리할 수 있는 기술기구와 그 사회집단이 나머지 사람들을 과도하게 통제할 수 있게 만들어주었다. 개인은 경제권력과 비교하면 완전히 아무것도 아닌 형편이다. 이 경제권력은 사회가 자연을 끝도 없이 억압하게 한다. (중략) 정의롭지 못한 상태에서 대중들의 무력하고 순종하는 성격은 자신들이 누리는 상품량에 따라 더욱 증대한다. (중략) 정밀한 정보와 세련된 오락이 범람하여 인간은 똑똑해지면서도 동시에 어리석게 된다.

대중문화와 소비사회성을 결합하는 기술정보 문화가 범람하여 비판적 사회의식을 해체시키는 새로운 형태의 문화위기를 비판, 극복할 "계몽의 변증법"의 재구성이 필요한 때인 것 같다.

---

219) M, Horkheimer&Th. W.Adorno, *Dialektik der Aufklärung*(Fischer, 1969), p.4.

제6장 마크 포스터의 정보양식론

Ⅰ. 생산양식의 시대에서 정보양식의 시대로

마크 포스터(Mark Poster)는 정보테크놀로지의 혁명에 따른 사회변동을 설명하기 위해 정보양식이라는 개념을 자신의 논의의 전면에 부각시켜 왔다.[220] 포스터는 전자통신을 적절히 설명하기 위해서는 새로운 형태를 취하는 사회적 상호작용의 언어적 차원을 독해할 수 있는 이론이 필요한데, 이를 위한 하나의 디딤돌로 정보양식 개념을 제안하고 있는 것이다. 포스터에 의하면, "정보양식"이란 용어는 마르크스의 생산양식론을 흉내낸 것이다.[221]

이 정보양식 개념과 함께, 정보테크놀로지의 혁명을 논의하는 자들에게

220) 1984년에 출간된 *Foucault, Marxism & History. Mode of Production versus Mode of Information*, Cambridge : Polity Press — 이 책은 "푸코와 마르크스주의"라는 표제로 민맥에서 1989년 번역되었다 — 에서 푸코가 마르크스주의의 생산양식개념을 어떻게 넘어서고 있는지를 곳곳에서 보여주고 있지만, 정보양식 그 자체에 관한 논의는 책 표제어에도 불구하고 대단히 빈약하다. 1989년에 출간된 *Critical Theory and Poststructuralism. In Search of a Context*, Cornell University Press에서는 정보양식에 관한 논의가 제법 구체화되어 간다. 그리고 마침내 1990년 포스터는 *The Mode of Information. Poststructuralism and Social Context*, London: Polity Press — 이 책은 1994년 민음사에서 『뉴미디어의 철학』이라는 표제어로 번역되었다 — 에서 본격적으로 정보양식론을 전개한다고 말할 수 있다. 그리고 1995년에 출간된 *Second Media Age*, London : Polity Press — 이 책은 "제2의 미디어 시대"라는 표제어아래 민음사에서 번역 출간되었다 — 에서도 정보양식론은 계속 전개되고 있다.

221) 마크 포스터, 김성기 역, 『뉴미디어의 철학』(서울: 민음사, 1994), p.21.

흔히 발견할 수 있는 패러다임의 전환 같은 것을 포스터는 주장하고 있다. 그것은 비판이론의 전통에서 보자면, 생산양식에 대항하는 개념으로 나타난다. 포스터는 이 전환을 근본적인 것이라 판단한다. 그에 의하면, 정보양식은 이전의 모든 언어형태들을 다시금 재고하게끔 한다. 마르크스의 경우 원숭이의 해부학이 인간 존재의 진화적 발전 이후에만 비로소 이해 가능하게 되듯이, 언어 역시 정보양식의 견지로부터 회고적으로 소급하여 재구성된다는 것이다. 포스터는 오늘의 이 정보양식은 언어를 여러 맥락들 속에 고정시키는 데 사용되었던 시공간 좌표들을 무너뜨릴 만큼이나 급진적 성격의 것이라 주장한다. 곧, 그것은 르네상스 시대의 원근법이나 계몽주의적 이성의 모방적 리얼리즘의 좌표 속에 어떠한 준거도 갖지 않는 그런 사회와 언어에 대한 이해를 개방한다. 그는 이렇게 말을 잇는다.

> 주체와 객체, 인간과 자연, 또는 본질과 실존은 더 이상 대립적이지 않다. 이제 단어들은 그것이 어떤 공간에서 실제로 행하는 말의 '실시간' 이든 아니면 관료의 서류함이나 도서관의 문서창고에 있는 기록물들의 추상적 시간이든 여하튼 시공간을 자신의 준거로 삼을 수 없게 된다. 말은 실제 행위의 시간/공간 좌표에 의해, 글은 책과 종이면의 시간/공간 좌표에 의해 각기 틀지워진다. 이 모두 재현의 논리를 따르지 않는다.[222]

우선, 여기에서 제기할 필요가 있어 보이는 것은 포스터는 주로 마르크스의 문제 틀을 발전시키려는 입장에서 제기해 온 생산양식개념과 정보양식 개념의 관계를 어떻게 이해하고 있는가 하는 의문이다. 포스터는 『뉴미디어의 철학』이라는 자신의 책에서 "생산양식의 이론을 반영하지만 정보양식의 이론으로 하여금 그것을 대치한다는 식의 극단으로 치닫는 것을"[223] 스스로 막는다고 말하면서도, 같은 책의 다른 곳에서는 자신의 정보양식 개

222) 포스터, 『뉴미디어의 철학』, pp.163-164.
223) 포스터, 『뉴미디어의 철학』, p.44.

념은 생산양식 개념을 대체한 것으로 말한다. 마르크스가 사용한 "인간과 원숭이의 해부학" 이라는 수사법 자체가 정보양식이 "생산양식" 보다 더 "진화한" 것임을, 단계론적으로 생산양식을 넘어선 것임을 시사하려는 의도를 담고 있다. 더 나아가 그 수사법은 인간 해부학 이전에는 원숭이의 해부학이 불완전하거나 불충분하다는 내용을 함의하고 있듯이, 자신의 정보양식론의 출현 이전에 사용되어왔던 마르크스의 자본주의적 생산양식론이 불완전하거나 불충분하다는 비판을 내비치려 한다.[224] 포스터에게 있어서 정보양식은 마르크스가 알고 있던 프롤레타리아트의 종언을 의미한다. 그리하여 그의 정보양식론에서 노동은 더 이상 물질적 행위라기보다는 인식적 작업, 즉 모니터 위에서 기호들을 해석하는 인식행위이다. 그는 이러한 맥락에 근거하여 다음과 같이 선언적 언어로 주장을 전개한다.

> 이제 우리는 프롤레타리아트에게 작별인사를 하면서 정치의 시대, 즉 변증법과 계급투쟁의 시대에 관한 책을 덮어야만 한다.[225]

이렇게, 포스터는 마르크스의 자본주의적 생산양식론에서 결정적인 것은 프롤레타리아트의 존재와 그 혁명(혹은 "독재")라고 생각하고 있는 것 같다. 마르크스의 생산양식 개념에서 무엇이 결정적인가 하는 해석적 문제는 사실 적어도 루카치 이래의 서구마르크스주의의 발전 과정에서 핵심적으로 논의되어온 쟁점이다.[226] 하지만, 포스터는 프롤레타리아트 없는 마르크스주의의 자본주의 개념에 관한 논의를 외면한 채, 생산양식을 대체하는 정보양식을 주장하고 있는 것이다.[227]

---

224) 이 점과 관련하여 포스터, 『푸코, 마르크시즘, 역사 - 생산양식 대 정보양식』(인간사랑, 1990)을 참조할 것.

225) 포스터, 『뉴미디어의 철학』, pp.244-245. 포스터는 『제2미디어시대』에서도 마르크스의 "생산양식의 경계선을 뛰어넘어" 논의되고 있는 자신의 정보양식개념이 전자적으로 매개된 커뮤니케이션이라는 이질적인 복합체를 정의하기 위해 고안된 것임을 밝히고 있다. Mark Poster, 이미옥 · 김준기 역. 『제2미디어 시대』(서울: 민음사, 1998), pp.214-215.

226) Martin Jay, *Marxism and Totality*(Polity Press, 1984) 참조.

또한, 포스터는 자본주의적 생산양식론 일반에서는 역사적으로 정보 혹은 지식이 생산에서 없었다는 식으로 논의를 전개하고 있다. 하지만, 이것은 너무나 명백한 오해이다. 지식의 역사적 위상이 쟁점이지, 생산양식과 정보양식의 차이를 생산의 지속이냐 아니면 정보냐 하는 구별로 이해하는 것은 정보사회에 관한 논의를 잘못된 길로 이끌뿐이다.

II. 방법론적 반총체주의

포스터는 후기구조주의자들의 이론적 영향 속에서 재현의 논리를 부정하려 한다. 이것은 생산양식론을 비판하는 것보다 근본적인 것이다. 달리 말하면, 그는 총체성 범주 일반을 거부하고 있다는 것이다. 포스터는 자신의 정보사회론을 정보양식이라는 개념을 중심으로 전개하면서 후기산업(탈공업)사회론을 먼저 제기하고 이끌어온 다니엘 벨의 후기산업사회론을 비판적으로 계승하는 태도를 보이는데, 이 경우 총체성 문제를 먼저 그리고 중점적으로 제기한다. 벨의 작업은 총체화의 오류를 극명하게 보여준다는 것이다. 포스터는 벨을 정보사회의 도래를 먼저 논의할 인물로 높이 평가하면서 다음과 같이 말을 잇는다.

> 벨은 기민한 판단력이 있는 이론가이기에 총체화의 문제점을 완전히 간과하지는 않는다. 그는 '사회 전체의 내적 구성'의 특징에 대한 설명을 피하면서 후기산업사회의 개념규정은 경제와 사회구조의 차원에만 국한된다고 짐짓 주장한다.[228]

227) 자본주의적 생산양식을 특징짓는 것은 노동자들의 생산력 그 자체는 아니다. 그렇게 볼 수 있었던 것은 원칙적이 아니라 역사적이었다. 이 점과 관련하여 오페, 『국가이론과 위기분석』(서울: 전예원, 1988)을 참조할 것.

228) 포스터, 『뉴미디어의 철학』, pp.51-52.

그런데 포스터는 벨이 이렇게 경제와 사회구조의 차원에서 규정한 후기산업사회 개념을 두고 다른 한편으로 이 개념규정과는 일치하지 않게 그의 후기산업사회론이 전개되고 있음을 지적한다. 즉 벨에서 후기산업사회는 "리얼리티"에서의 변동이며, 이는 사회적 세계에 우위를 부여하고 자연과 사물을 그것에 종속시킨다는 것이다. 포스터에 의하면, 이런 진술은 곧 사회분석으로부터 존재론으로 이행하는 것이며, 이론가의 분석범주는 리얼리티 자체의 지표가 된다. 그래서 포스터는 벨을 비판한다. 그가 문제로 삼는 대목은, 벨이 그의 분석을 사회구조에 제한하는가 그렇지 않은가 하는 여부에 있지 않다. 포스터는 그의 저작 전반에 걸쳐서 경제적, 정치적, 문화적 요인은 후기산업사회라는 통일적인 규정 속으로 휩쓸려버리는 것에 주목한다. 그가 이렇게 벨을 비판하는 보다 근본적인 문제는, 총체화의 수사학적 논리(후기산업사회 같은 총체적인 용어를 활용함으로써 다른 사람을 설득하거나 현실에 영향을 미치려는 입장)가 그의 분석틀에 본질적으로 내재한다는 점이다.[229]

후기구조주의적 사유의 늪에 있기를 좋아한다는 점에서 포스터가 벨의 정보사회론을 무엇보다 총체성이론의 하나로서 확인하고 거부하는 것은 지극히 당연할 것이다. 포스터는 벨이 기술결정주의를 정보사회론의 문 앞에서는 피하려는 데에서 출발하고 있지만, 결과적으로는, 그 뒷 문에서 다시 기술결정주의를 불러들이고 있다고 확인하고 비판한다. 포스터가 보기에는 벨이 의도와는 달리 실수하고 말았다고 해석하면서 벨을 변호하려는 인상을 주기도 한다.[230] 하지만 이 변호의 인상을 더 가혹한 비판을 가하기 위한 그의 수사적 책략에 불과하다. 포스터는 이렇게 말을 이어가고 있는 것이다.

229) 포스터, 『뉴미디어의 철학』, pp.51-53. 이 번역서를 인용할 때마다 우리가 사용하는 용어로 바꾸었다.

230) 포스터, 『뉴미디어의 철학』, p.54.

가장 아쉬운 대목은, 벨이 '기술결정주의' (technological determinism)를 피하려고 했지만 실제로는 후기산업사회의 원인을 '기술적' 혁신에 귀속시켜 버림으로써(컴퓨터 + 매스미디어 = 후기산업사회, 탈공업사회) 스스로 모순된 진술을 한다는 점이다. 그런데 벨이 실수로 기술결정주의에 빠졌다고 인정하더라도 총체화라는 문제는 그대로 남는다. 왜냐하면 그는 사회적 리얼리티의 전체 영역이 컴퓨터화된 매스미디어의 도입에 의해 한결같이 동질적으로 영향받는다고 서술하기 때문이다.[231)]

영역들의 존재론적인 분리를 전제하면서도 벨은 테크놀로지의 역사적 변화가 역사를 결정짓는다고 판단하는 듯한 논리를 한편에서 전개하고 있는 것이 사실이다. 게다가 그의 자본주의의 문화적 모순 명제의 한 차원은 포스터가 거부하고 있는 자본주의의 기능적 논리에 문화가 어떻게 순기능하는가를 밝히는 논의의 지평에서 전개되고 있는 것도 사실이다.

포스터는 벨의 후기산업사회론에 흐르는 사유를 예리하게 파고드는 모습을 보여준다. 그는 한걸음 더 나아가 벨의 언어적 수사를 물고 늘어진다. 벨이 총체성 범주를 존재론적으로 부정하고 있지만 총체성의 사유에 "무의식적" 차원에서 빠져있다는 것이다. 이를 논증하기 위해 포스터는 벨이 사용하는 중심언어에 주목한다. 벨은 종국적으로 볼 때 자신의 논술을 총체적으로 구성하고 있는 셈인데, 그가 자신의 후기산업사회론을 유효하게 하고 정당화하는 데 사용하는 그의 사회과학적 언어가 포스터의 비판대상이 된다. 주지하듯이, 벨의 주장에 의하면, 탈공업사회의 도래와 함께 주요 "변수"들이 자본과 노동으로부터 정보와 지식으로 바뀐다. 그런데 포스터에 의하면, 오늘날 지식과 정보가 "핵심적인 변수"라는 벨의 공언은 과학적 방법의 질서에 위배되는 것 이상의 문제를 안고 있다. 요컨대, 그러한 명제는 너무 총체적이어서 사회과학의 경험적 연구에는 아무런 도움도 안 된다는 것이다.[232)]

---

231) 포스터, 『뉴미디어의 철학』, p.54.

벨이 스스로 사회과학의 경험적 연구의 태도를 취하면서도 실제에 있어서는 사회과학의 방법론적 원칙을 위배하고 있다는 비판이다. 포스터 자신이 사회과학의 경험적 연구와 그 방법론을 토대로 정보사회를 분석하고 있는 것이 아님에 유의할 필요가 있다. 포스터는 벨의 정보사회론을 비판할 때, 사회를 총체적으로 분석하는 것은 근본적으로 불가능하다는 점을 근거로 한다. 포스터가 지적하고 있듯이, 지식과 정보가 "주요" 변수라고 결론 짓기 위해서는 사회의 변수 "모두"가 확보되고 또 그들 사이의 가능한 상관관계 "모두"가 검토되어야 하는데, 이는 근본적으로 불가능하다. 따라서 포스터에 의하면, 지식과 정보는 탈공업사회의 핵심적 변수라는 벨의 주장은 미리 주어진 "이론적" 논증이 사실 입증의 외양을 가장하고 있는 것에 불과하다.[233] 포스터의 이 비판은 벨이 지식과 정보를 강조하고 있는 것을 겨냥하는 것보다는 벨의 방법론적 사유 그 자체를 겨냥하고 있다. 벨에 대한 비판에서 우리가 알 수 있는 것은 포스터가 정보사회론에서 기술결정주의를 넘어서려 할 때 결정주의 일반을 비판하고 그 비판의 핵심은 총체성 이론을 거부하는 것이라는 점이다. 포스터의 이론적 전략에서 반총체성이 그 핵심이다.

사실 포스터 스스로가 후기구조주의의 날개로 날려고 하기 때문에 후기구조주의의 텍스트주의와 강한 친화력을 가지고 있고, 그러한 만큼이나 논술에서 결정적인 지식과 정보를 중요하게 생각하고 있다. 이 점은 포스터가 벨의 정보사회론이 정보를 주로 상품으로 이해하는 태도를 비판하면서 언어학적 관점을, 보다 정확히 말하면, 후기구조주의적 기호론을 강조하는 것과 관련된다.

그런데, 포스터는 벨의 정보사회론을 비판하면서 정보와 상품의 관련성과 관련하여 주목할 가치가 있는 논점이 있다. 그는 벨이 정보를 기본적으로, 경제적으로, 상품화의 관점에서, 분석하고 있는데 이것은 근본적인 잘

232) 포스터, 『뉴미디어의 철학』, p.55.
233) 포스터, 『뉴미디어의 철학』, p.55.

못이라고 판단하고 있다. 그는 정보의 기본성격에 관한 가치판단의 쟁점을 제기하고 있는 것이다. 구체적으로 말해서, 포스터는 일종의 정보공유제를 생각하고 있는 듯한 인상을 준다.[234] 흥미로운 것은 정보공유를 자유주의의 맥락에서 논의한다는 점이다. 즉, 포스터는 벨은 상품형태를 정보라는 새로운 영역으로 확장시키는 데 정당성을 부여하는데, 이는 민주주의에서 지식과 정보는 대체로 자유롭게 접근할 수 있으리라는 오랜 자유주의적 원리를 뒤엎는 것이라 보고 있다. 포스터는 벨을 다음과 같이 비난한다.

> 20세기 자유주의 사상의 주요 인물인 벨이 그러한 원리를 전도시킨다는 것은 분명 불명예스러운 스캔들일 수 있다. 매스컴과 컴퓨터의 결합이 정보의 빠르고 보편적인 배분을 가능하게 하고, 원칙상 지식의 민주화를 근본적으로 확장시키고 있을 때 벨은 비용을 부담할 수 있는 이들에게 정보의 권한을 제한함이 적당하다고 생각하고 있었으니 말이다.[235]

그런데, 포스터의 이 비판은 문제가 없지 않다. 그는 여기에서 벨을 자유주의 주장의 일관성이라는 관점에서 정치적 자유주의와 경제적 자유주의의 차이를 잊고 있는 것 같다. 벨이 정보사유제를 변호하는 것은 그가 정보를 상품으로 이해하는 맥락과 잘 조화되는 것이다. 그러니까 정보를 어떻게 이해하는가 하는 문제가 핵심적이다. 그렇다면, 포스터는 정보공유제를 어떠한 관점에서 이해하는가? 그것은 상품으로서의 정보를 공유하자는 제안이 결코 아니다. 전자정보라는 정보테크놀로지 그 자체가 정보사유제를 해체한다고 포스터는 주장하고 있다. 벨 등의 후기산업사회론은 정보를 언어적 사실로 보다는 경제적 사실로 다루기에 전자기술이 개방하는, 정보통신의 새로운 가능성이란 문제를 간과한다고 그는 논술하고 있다.[236] 이 새로

234) 이 맥락에서 정보사유론과 정보공유론의 논쟁을 다루고 있는 홍성태, 「정보화 경쟁의 이데올로기에 관한 연구 - 정보주의와 정보공유론을 중심으로」, 서울대 사회학 박사학위논문(1999) 참조.

235) 포스터, 『뉴미디어의 철학』, p.59.

운 가능성은 "전자정보의 한 특징은 자신의 상품화에 맞선다는 점"이다.[237] 포스터가 일종의 정보공유제를 주장하는 논리에 유의할 필요가 있다. 새로운 정보테크놀로지는 정보의 복제가능성을 거의 폭발적으로 증대시켰는데, 이것이 기존의 사적 소유 체계와 잘 조응하지 않는다고 그는 보는 것이다. 즉 포스터에 의하면, 정보의 손쉬운 복제와 이동은 물질적 상품 특유의 사적 소유를 보호하고자 하던 법률체계를 허물어뜨리고, 저작권법은 복제하는 전자기술에 의해 시대에 뒤떨어진 것으로 밀려난다. 그리고 사적 비밀이란 권리에 적용되는 법은 내밀한 사적 공간이 타인의 침입에 의해 위협받는다는 점을 전제로 하지만, 이런 전제 또한 정보 획들이 이루어지는 현 상태를 더 이상 반영하지 못한다는 것이다. 정보 획득의 기술은 한 영역에서 다른 영역으로 잇달아 확장되면서, 정보를 전달하는 능력이 개인 재산의 보호 및 규제 메커니즘을 앞지른다는 것이다.[238]

이와 같이, 포스터의 정보공유제 주장은 사회운동을 주장하고, 또한 이론화할 수 있는 차원에서 전개되고 있는 것이 결코 아니다. 정보 테크놀로지 그 자체의 특성으로서 정보의 공유를 읽는다. 포스터는 상품화의 성격 혹은 본질을 희소성 범주 아래 이해하고 있는데, 정보는 그렇지 않다는 것이다. 포스터에 의하면, 자본주의의 경제학의 기본 전제는 자원은 희소하며 따라서 그러한 자원의 할당은 시장기제에 의해 가장 잘 결정되는데, 이에 반하여 정보는 희소하기는커녕 풍부하고 값싸다. 즉 포스터의 정보양식론에서 시장은 전도되고 있는 것으로 나타난다. 즉 시장은 정보의 흐름을 제한시킴으로써 경제학자들이 자명한 사실이라고 말하는 희소성을 산출하고 있다는 것이다.[239]

포스터에게 상품의 가치를 결정하는 것은 노동이 아니고, 상품의 가치는 오직 희소성의 원칙에서만 결정되는데, 그가 정보양식의 시대라 부르는 오

236) 포스터, 『뉴미디어의 철학』, p.61.
237) 포스터, 『뉴미디어의 철학』, p.60.
238) 포스터, 『뉴미디어의 철학』, p.60.
239) 포스터, 『뉴미디어의 철학』, p.141.

늘날은 희소성의 범주를 해체시키는 정보가 지배한다는 것이다. 이것은 그가 정보를 어떻게 이해하고 있는지를 반영하고 있다. 포스터는 정보주의의 인식론적 기초로서 일종의 "물질폐위론"(the overthrow of matter)에 편향되어 있는 것이다. 이 물질폐위론은 두 명제로 구성되어 있다. 그 하나는 정보는 물질/에너지와 달라서 열역학법칙을 따르지 않는다는 명제이다. 앞에서 포스터가 강조한 정보의 반희소성 명제는 바로 이 명제를 함의하고 있다. 다른 하나는 정보가 물질/에너지를 대체한다는 명제이다. 정보는 정보라는 것이다.

이 정보의 물질폐위론은 정보의 물질성을 급진적으로 부정하고 있다. 설사 정보 그 자체는 물질이 아니라 할지라도, 정보의 생산, 유통, 소비의 과정에서 물질성이 없는 것은 아니다.[240] 정보의 종류와 그 특성은 다양하다는 점을 그는 망각하고 있는 것이다. 예컨대 현실적으로 상품과 시장으로서의 정보 네트도 있고, 공론의 장으로서의 정보 네트도 있다. 포스터는 정보의 한 특성을 전체로 과장하는 오류를 범하고 있다. 포스터는 정보의 성격에 대해 책과 음향기록물 등에 대한 논의를 통하여 시사하려 한다. 포스터에 의하면, 소비자는 책이란 물품에 돈을 지불했지, 가령 공공도서관에서 돈 안들이고 이용할 수 있었던 책의 정보에 대해 대가를 지불한 것은 아니었다. 이 점은 음향기록물에도 마찬가지로 적용된다. 음반은 소비자가 돈을 지불해야 하는 상품이었지 거기에 담겨 있는, 누구나 부를 수 있는 곡조가 상품인 것은 아니었다는 것이다.[241] 여기에서 주목할 것은 사설도서관이 아니라 공공도서관이라는 제도이다. 우리가 살고 있는 사회는 사적인 것과 공적인 것이 공존하고 있는 것이 사실이다. 또한 책의 정보에 대해 대가를 지

240) 이 물질폐위론에 대한 좀더 자세한 논의를 위해서는 홍성태, 「정보화 경제의 이데올로기에 관한 연구 — 정보주의와 정보공유론을 중심로」, pp.64-70 참조. 정보의 물질성에서 출발하여 정보공유를 주장한다면, 물질 일반의 공유를 주장하지 않고서는 정보공유론을 일관되게 전개할 수 없을 것이다. 달리 말해, 그것은 사적소유의 급진적 폐지라는 비현실주의적 방향으로 나아갈 것이다. 따라서 정보들의 다양한 이질적인 차이들에 주목하여 정보공유운동을 전개해야 한다.

241) 포스터, 『뉴미디어의 철학』, p.141.

불하지 않는다고 해석하기도 어렵다. 저자의 정보생산에 대해서 어떻게 대가를 지불하는가는 원칙적으로 확정되어 있는 것은 아니다. 그것은 각 국가의 역사적 정책에 따라 달라질 수 있는 성질의 것이다. 따라서 책과 음향기록물의 정보 그 자체가 상품이 아니라고 말하기 어렵다. 포스터는 "본래적으로" 공유할 것에 속하는 것("순수한" 정보)을 공유한다는 논리를 기초로 정보공유를 주장하고 있다. 하지만, 그는 인식론적으로 철저히 순수한 것의 존재를 부정해온 후기구조주의의 늪에 있지 않은가.

Ⅲ. 후기구조주의적 언어론에 기초한 정보양식이론의 기획

포스터가 프랑스 푸코, 데리다, 보드리야르, 리오타르 등의 후기구조주의 사상들을 강하게 수용하고, 벨의 후기산업사회론을 비판하면서 자신의 정보양식론을 전개할 때, 강조하는 또 하나는 언어학에 기초한 정보이론이 벨에게서 부재한다는 점이다. 포스터가 지적하듯이 벨 등의 후기산업주의의 이론가들은 이론의 차원과 사회적 장의 차원 모두에서 언어라는 문제를 무시하는 경향을 보인다. 그들이 지식, 정보, 커뮤니케이션 같은 현상을 중시하더라도, 그러한 현상은 언어학적 문제로 다루어지지 않으며, 자신들 논술의 언어적 특성에도 주목하지 않는다. 그런데 포스터에 의하면, 이러한 맹점은 심각한 것으로서, 후기산업사회나 정보사회에 대한 일관성 있는 주장의 제시를 어렵게 한다.[242] 이처럼 포스터의 정보양식론은 "언어학에 기초한 정보이론"[243]을 주장한다. 여기에서 언어학이란 물론 언어학 일반을 말하는 것이 아니라 후기구조주의에서 이해하는 그 언어학을 가리킨다. 이 맥락에서 포스터는 과학의 특권적 지위를 부정하는 과제와 행위이론을 넘어서는 과제를 제기하고 논의를 전개하고 있다.

---

242) 포스터, 『뉴미디어의 철학』, p.57.
243) 포스터, 『뉴미디어의 철학』, p.87.

포스터는 벨의 후기산업사회론을 비판적으로 논의하면서 자신의 정보양식 개념을 발전시키는 가운데, 벨이 인공지능학 이론에 기반하고 있음을 확인하고 그것을 비판한다.[244] 인공지능학 이론에 기반해서 벨은 후기산업사회에서 정보는 아무래도 증가하게 마련이며, 그럴수록 커뮤니케이션은 더욱 개선된다고 결론짓는다. 벨은 이처럼 커뮤니케이션의 다다익선 이론을 말하는데, 이는 포스터에 의하면 언어와 사회의 관계라는 더 중요한 문제를 효과적으로 억누르고, 그리하여 벨의 후기산업사회론은 마르크스주의의 가장 도식적인 해석들에서나 보이던 경제적 메타포의 논지에 얽매인다. 포스터는 자신의 정보양식론이 무엇인지를 밝히기 위해서 정보사회를 먼저 논의해온 벨을 비교적 상세하게 논의한 다음, 사회이론에서의 새로운 단계라는 문제는 벨의 논의가 끝나는 바로 그곳에서부터 제기되기 시작한다고 논술한다.[245] 요컨대, 포스터는 벨이 인공지능학에 기초한 "정보의 경제학"이라는 양적 분석의 관점에 묶여 있어서 정보테크놀로지 혁명에 의한 질적으로 변화된 새로운 사회적 관계를 제대로 설명하지 못한다고 비판한다.[246] 포스터는 자신의 "언어학에 기초한 정보이론"을 전개하면서 행위이론을 넘어설 것을 주장한다. 후기구조주의적 해체주의가 그러하듯이, 포스터가 주장하는 정보양식에는 "해체적 경향이 내재해 있다는 주장이 정당하다면, 행위이론의 타당성을 부정하는 것은 당연하다고 말할 수 있겠다. 포스터의 이 입장이 가장 분명하게 나타나는 대목은, 고전 사회학자 마르크스와 베버를, 그 행위이론을 자신의 정보양식론의 관점에서 비판하는 곳이다. 곧 마르크스와 베버의 행위중심적인 이론은 정보양식의 핵심을 이루는 언어적 메커니즘을 파악하는 데 상당한 한계가 있다는 것이다.[247] 포스터의 주장은 행위이론 일반이 전자적 커뮤니케이션 사회에서는 설득력을 상실하고 있다는 식으로 급진화되고 있다.[248]

244) 포스터, 『뉴미디어의 철학』, pp.61-63.
245) 포스터, 『뉴미디어의 철학』, p.63.
246) 포스터, 『뉴미디어의 철학』, p.63.
247) 포스터, 『뉴미디어의 철학』, p.66.

포스터는 행위이론의 실패를 논증할 때 다음 두 가지 논거를 든다. 그 하나는 저항운동들에서 여성과 소수집단의 등장에 관한 것이다. 저항운동에서 노동운동 이외에 여성과 소수집단의 목소리가 커지고 있다고 해서 행위이론이 설득력이 상실되는 것은 아닐 것이다. 포스터의 주장과는 달리 행위이론의 현실적 양상이 이전과는 달리 상대적으로 복합적으로 변화하고 있으며, 이에 따라 행위이론을 현실적으로 탄력적으로 발전시켜가야 할 필요가 있다. 하지만 포스터는 여성과 소수집단의 등장, 한마디로 "타자들"의 등장은 후기구조주의의 승리를 의미한다고 시사한다. 푸코, 데리다, 리오타르, 들뢰즈, 보드리야르 등의 반행위이론에 강하게 기대고 있는 것이다. 이들 후기구조주의 사상이 차이들의 저항을 보여주고 있는 것은 사실이지만, 그것은 텍스트상의 전략에 불과하다. 사회운동으로서 저항을 이론화하고 있는 것은 아니다. 다른 하나는 이보다 더 중요해 보이는데. 사회적인 것의 영역이 갈수록 자기지시적 측면을 넓히고 증대시키는 전자통신으로 이루어진다는 것이다. 이 경우 포스터는 데리다의 언어해체에 강하게 기댄다. 전자 통신의 이 새로운 언어는 스스로를 되풀이 지시하면서 한편으로는 지시대상을 무너뜨리고 다른 한편으로는 주체에게 작용을 가하면서 방향감각을 상실하게 할 정도로 그 주체를 새롭게 형성한다는 것이다.[249] 포스터는 여기에서 언어 일반의 본질이 무엇인지 말하기보다는 전자통신의 언어가 어떠한 지를 밝히고 있다. 전자통신의 언어만이 정말 자기지시적인가, 아니면 언어일반이 자기지시적인가? 만약 전자라면, 전자통신의 언어를 사회학적으로 경험적으로 연구하여 그 자기지시성의 원인을 밝혀야 한다. 만약 후자라면, 언어의 본질이 무엇인지 정밀하게 밝혀야 한다. 포스터는 후기비트겐쉬타인에서 오스틴과 서얼의 화행이론을 거쳐서 아펠과 하버마스에 이르는 언어이론과의 적극적인 대화를 통해서 자신의 주장에

---

248) 그런데 포스터는 이 급진화 전략을 일관되게 추진하고 있지는 못하다. 일관성을 상실하고 있다고 비판할 수 있다. 이 점에 대해서는 뒤에서 좀더 자세하게 다시 논의할 것이다.

249) 포스터, 『뉴미디어의 철학』, p.43.

타당성을 부여하는 대신에 데리다의 글 이론을 원용하는 자세를 취한다. 좀 더 자세히 말하면, 포스터는 언어일반의 본질이 자기지시적이라는 주장을 생산하는 데리다를 자의적으로 자신의 주장에 원용하고 있는 것이다. 전자언어가 자기지시적이라고 주장하면서 그는 언어(글) 일반이 자기지시적이라는 데리다의 주장에 불만을 내비치고 있을 뿐이다.[250)]

포스터는 자신의 정보양식개념을 보여주는 사례의 하나로 광고를 자주 들고 있다. 그는 광고 일반의 언어를 포스트모던하다고 본다. 우선 포스터의 광고론을 들어 보자.

> 광고는 언어의 도구적 기능을 거부한다. 광고만이 자신이 광고로 이해되지 않고 또 도구적으로 이해되지 않을 정도의 효과를 낳는다. 그것의 언어적 구조를 통해서 텔레비전 광고는 도구적인 것을 괄호치면서 그 이외의 다른 수준에서 의사소통한다. 부유하는 기표가 상품과는 어떤 관계도 맺지 않고서 작용한다.[251)]

우선, 포스터는 포스트모던한 광고가 광고를 대표한다고 잘못 생각하거나 광고 일반이 포스트모던한 것으로 잘못 이해하고 있다. 그리고 이보다 더 중요한 오류가 있다. 그가 포스트모던한 광고가 설사 광고를 대표(재현)한다고 할지라도, 그것에서 기표와 상품 사이에는 아무런 관계가 없는 것인지 진지하게 물어보아야 한다. 모든 광고는 이미 정해진, 따라서 절대적인 목적을 가지고 있고, 이 절대적 목적이 광고언어의 지시성을 결정짓는다. 광고가 자기지시성을 보이는 것을 오히려 그렇게 함으로써 광고의 원래의 목적을 잘 이행할 수 있다는 광고생산자의 판단이 있었기 때문이다. 물론, 광고는 하버마스식의 소통행위론을 철저히 따르지 않는다. 광고의

250) 포스터는 이렇게 쓰고 있다. "데리다에 있어 글 자체는 이미 반로고스 중심적인 원리를 포함한다. 새로운 기술간의 차이는 글 쓰기 범주 안으로 흡수되고 마는 것이다."
251) 포스터, 『뉴미디어의 철학』, pp.124-125.

목적 설정은 상호 주관적이지 않고, 자본과/권력의 그것이기 때문이다. 문제는 포스터가 광고를 자신의 정보양식개념의 모델과 같은 것으로 본다는 데 있다.

포스터의 "정보양식이론의 기획"은 다음과 같은 문제들이 해결되지 않은 채 전개되고 있다는 점에서 미완성의 기획이다. 첫째, 생산양식 개념과 정보양식 개념의 관계가 명백하게 이론적으로 설명되고 있지 못하다. 물론 적어도 언표상으로 정보양식의 비판이론을 기획하고 있는 만큼 포스터는 자본주의, 상품화, 심지어는 해방 등의 용어를 자신의 정보양식론에 포함시키려는 태도를 완전히 버리지 않고 있으므로 이 문제는 중요하다.

둘째, 포스터는 행위이론을 부정하면서도 다른 한편에서는 주체이론을 주장하고 있는데, 이 양자 사이의 관계에 대해서 이론적으로 충분히 개진되어야 한다는 점이다. 『제2미디어시대』에서 포스터는 일튀세르 이래의 구조주의운동이 전개해온 반인간주의적 호명이론을 반복하고 있다. 그것은 의식철학적 행위이론을 부정하고 주체가 언어에 의해 구성된다는 데에서 출발한다. 포스터 스스로 이 후기구조주의적 주체이론을 다음과 같이 정리하고 있다. 첫째, 주체는 늘 언어에 의해 매개된다. 둘째, 이러한 매개는 "호명"의 형식을 취한다. 셋째, 이 과정에서 발화와 호출의 중심에 있는 주체 위치는 봉합되거나 폐쇄되지 않고, 불안정하며 과잉적이고 다중적인 상태로 남아 있다".[252] 이 같은 주체이론은 알뛰세르의 주체 없는 과정의 이론과 아무런 차이가 없다. 그것은 주체의 부정을 의미할 뿐이고, 자아정체성의 위기를 넘어 그 해체를 함의하고 있다. 하지만 포스터는, 매우 애매하기는 하나, 주체의 부정이 아니라 주체의 다중화 정도를 의도하고 있는 듯하다.[253] 이 애매함은 양자 사이에 아직은 건널 수 없는 심연이 있음을 시사한다.

---

252) 포스터, 『제2미디어 시대』, pp.128-129 그리고 pp.129-130에서 포스터는 이 세 내용에 대해서 좀 더 자세히 그 의미들에 대해 설명하고 있다.

253) 포스터는 이렇게 말한다. "전자적으로 매개된 커뮤니케이션에 따르면, 주체란 역사적으로 구체적인 상황에서 만들어진 담론과 실천의 구성체이다. 그것은 자아를 다중적이고

셋째, 포스터는 "주체의 죽음"이라는 구조주의운동을 강하게 수용하면서도 비판이론의 기획을 구상하고 있다는 것이다. 포스터는 생산양식의 시대에서 정보양식의 시대로 패러다임 전환를 주장할 때 마르크스의 비판이론을 해체해온 프랑스 사회학자 장 보드리야르에 크게 기대고 있다. 포스터의 보드리야르 예찬은 극진하다. "보드리야르는 비판이론을 생산양식의 경계를 넘어 테크놀로지와 문화의 문제에 대한 해답을 추구할 수 있는 좀 더 기름진 이론의 들판으로 운반해"[254] 왔다고 그는 보드리야르를 예찬한다. 포스터에 의하면, 보드리야르는 기호학을 역사적, 비판적으로 사용하려고 시도한 최초의 프랑스 사상가 중의 하나이다.[255] 여기에서 기호학이란 마르크스의 생샹양식론이 현대사회를 분석하고 이해하는 데 더 이상 타당하지 않다는 판단아래 (형식적) 의미들의 차이를 생산하는 지시양식(mode of signification)을 가리킨다.[256] 사실상 그것은 비판이론의 전통에서 요청해온 해방의 기획을 최종적으로 종언하는 것이었다. 마르크스주의의 사상적 숲에서 성장해온 보드리야르는 이 점을 잘 알고 있었고, 마침내 자신의 책 『상징적 교환과 죽음』(1976)에서 비판이론적 전통과의 완전한 작별을 선언한다. 그런데 포스터는 바로 이 선언에 부정적인 태도를 표명하고 있는 것이다. 보드리야르의 우울한 결론, 즉 "오직 죽음을 통해서만 코드에서 벗어날 수 있으며, 죽음만이 똑같은 가치가 되돌아오는 것, 즉 교환가치가 없는 행위"이며, "죽음은 순수한 증여 속에서 기호의 역전 가능성, 즉 시뮬라크라, 모델, 코드들의 세계를 부정하는 진짜로 상징적인 행위를 뜻한다."[257]는 결론에 대하여 포스터는 이론적으로 반박하고 있는 것이다. 포스터에 의하면, 보드리야르는 주체가 지속적으로 기표의 자유 유영

늘 변할 수 있고 파편화된 존재로, 그러니까 자신을 구축하는 고유한 기획을 짜는 존재로 바라볼 수 있게 만든다." 포스터,『제2미디어 시대』, pp.124-125.

254) 포스터, 『제2미디어 시대』, p.183.
255) 포스터, 『제2미디어 시대』, p.165.
256) 포스터, 『제2미디어 시대』, pp.172-173.
257) 포스터, 『제2미디어 시대』, p.173.

을 단절시킨다는 사실에 대한 적절한 인식이나 이론적인 설명없이, 부유하는 기표가 사회적 공간에 가득 차 있다고 주장하고, 신호의 방출이라는 문제의 한 측면만을 확신을 가지고 이론화하지만, 그의 기호학은 신호의 수용 문제를 해명하지 못하고 있다. 포스터에 있어서는 수용 또한 하나의 행위이며, 최소한 부분적으로는 기호의 방출과 마찬가지로 불연속적이다. 기호의 시대에는 특히 수용 문제가 중요하다. 포스터는 보드리야르에 대한 결론적 논평을 다음과 같이 제시한다.

> 코드에서 탈출하는 것은 의미가 기호의 악몽에서 재통합되지 않는 죽음을 통해서만 가능하다고 주장하는 보드리야르의 객관주의는 분명 시끌벅적한 기호의 세계를 떠나 아득히 먼 사막 속으로 은거하는 것과 다름없다.[258]

하지만 보드리야르에 대한 그의 이같은 비판에서 우리가 알 수 있는 것은 그가 보드리야르의 기호학에 근거하여 신미디어에 내재한 해석과 분석을 전개하다가, 불연속적으로 다른 한편에서는 그것의 밖에서 주체들의 생동하는 행위이론적 대응을 호소하고 있는 것과, 그 사이에는 건널 수 없는 심연이 있다는 점이다.

258) 포스터, 『뉴미디어의 철학』, pp.182-183.

제7장 마뉴엘 까스텔의 정보사회론

Ⅰ. 새로운 테크놀로지와 사회변동

한국정치학자들은 마뉴엘 까스텔(Manuel Castells)의 이론에 대해서 지금까지 깊은 관심을 표명하고 있지 않은 것 같다. 그의 이론은 크게 두 영역으로 구별해 볼 수 있을 것이다. 그 하나는 그의 학자적 명성을 얻게 했던 공간의 정치경제학에 관한 연구영역이고,[259] 다른 하나는 정보사회에 관한 연구영역이다.[260] 여기에서는 후자에 대해서 논의하고자 한다.

정보테크놀로지 혁명과 새로운 현실변동을 논의할 때 가장 중요한 쟁점의 하나는 테크놀로지결정주의에 관한 논의이다. 정보사회의 도래를 먼저 예기한 다니엘 벨은 테크놀로지의 발전이 미래사회의 유토피아를 가져오

---

259) Manuel Castells, *The Urban Question*(London: Edward Arnold Ltd, 1972); Castells, *City, Class and Power*(New York: Macmillan, 1979); Castells, *The City and the Grassroots*(London: Edward Arnold Ltd, 1983).

260) Castells, *The Informational City: Information Technology, Economic Restructuring, and the Urban-Regional Process*(Cambridge: Basil Blackwell, 1989); Castells, *The Informational Age. Vol. 1. The Rise of Network Society*(Cambridge: Blackwell Publishers, 1997); Castells, *The Informational Age. Vol. 2. Power of Identity* (Cambridge: Blackwell Publisher, 1998); Castells, *The Informational Age. Vol. 3. End of Millennium*(Cambridge: Blackwell Publisher, 1998). 이론적으로 볼 때 까스텔의 정보사회론 3부작에서 제1권이 거의 절대적으로 중요하고 나머지 두 권은 그것에 대한 부연 설명에 불과하고, 제1권조차『정보도시』(*Informational City*)에서 이미 제기했던 것을 다시 반복하고 있다. 그러므로 여기에서 까스텔의 저술을 각주 붙이기나 인용을 할 때 중복표기하기 않고 대표적인 지면 하나만을 확인하는 것에 국한하겠다.

리라 전망한 마르크스주의를 비판하면서 테크놀로지 결정주의를 넘어서는 태도를 명시적으로 시도한 바 있지만,[261] 우리가 여기에서 중점적으로 논의하고자 하는 까스텔은 이 테크놀로지결정주의를 넘어서려는 시도를 상대적으로 모범적으로 보여주고 있다. 그는 정보적 발전양식이라는 독창적인 개념어를 사용하면서 자신의 이론을 전개하고 있다. 그의 정보사회론은 정보양식이 생산양식을 대체하는 것으로 이해하는 마크 포스터와는[262] 달리 자본주의사회의 문제틀을 배제하지 않으면서 정보테크놀로지혁명과

---

263) 다니엘 벨에 대해서는 서규환 역, 『2000년대의 신세계질서』(서울: 다자인하우스, 1991)에 있는 부록 「다니엘 벨의 사회사상」을 참고하라. 그리고 다니엘 벨의 다음 저서를 참고하라. Daniel Bell, *The End of Ideology: On the Exhaustion of Political Ideas in the Fifties*, revised ed.(New York: Free Press, 1962); Bell, "After world, 1988: The End of Ideology Revisited," *The End of Ideology*(Cambridge: Harvard University Press, 1988); Bell, *The Reforming of General Education*: The Columbia College Experience in its National Setting(New York: Columbia University Press, 1966); Bell, *The Coming of Post-industrial Society: A Venture in Social Forecasting*(New York: Basic Books, 1973); Bell, *The Cultural Contradiction of Capitalism*(New York: Basic Books, 1978); Bell, *The Winding Passage: Essay and Sociological Journeys 1960-1980*(New York: Basic Books, 1980); Bell, "The Information Society: The Social Framework of the Information Society," Tom Forester(ed.). *The Microelectronics Revolution*(Cambridge: MIT Press, 1981); Bell, "Models and Reality in Economic Discourse," Bell and Irving Kristol(eds.), *The Crisis in Economic Theory*(New York: Basic Books, 1981); 다니엘 벨, 『제3의 기술혁명: 그에 따른 사회경제적 변화』, 한국통신초청강연집(한국전기통신공사 출판부, 1991); 다니엘 벨, 『다니엘 벨의 21세기 진단: 사라진 제국 다가올 제국』(조선일보사, 1995).

264) Mark Poster, *Foucault, Marxism & History. Mode of Production versus Mode of Information*(Cambridge: Polity Press, 1984)(조광제 역, 『푸코와 마르크스주의』, 서울: 민맥, 1989); Poster, *Critical Theory and Poststructuralism - In Search of a Context*(Ithaca and London: Cornell University Press, 1989); Poster, *The Mode of Information. Poststructuralism and Social Context*(London: Polity Press, 1990)(김성기 역, 『뉴미디어의 철학』, 서울: 민음사, 1994); Poster, *Second Media Age*(London: Polity Press, 1985)(이미옥 · 김준기 역, 『제2미디어 시대』, 서울: 민음사, 1998); 포스터, 「미디어 시대의 문화변동, 그 양상과 의미(대담)」, 《현대사상》, 7호(1999년), pp.42-60; 포스터, 「사이버 민주주의. 인터넷과 공적 영역」, 《현대사상》, 7호(1999년), pp.61-82 마크 포스터에 대해서는 별도의 연구가 필요하다. 까스텔은 기술결정주의에 빠지지 않으면서도 포스터와는 달리 텍스트 밖의 현실을 부정하는 탈구조주의의 입장에 완전히 흡수당하지 않는다는 점에서 상대적으로 모범적이라 필자는 평가한다.

그 사회변동을 논의하고 있다.

새로운 테크놀로지의 출현과 사회변동은 어떠한 관계가 있는가? 이 물음은 물론 새로운 것이 아니다. 우리는 여기에서 기술에 의하여 사회변동이 결정된다고 하는 이른바 기술결정주의를 넘어서야 한다는 입장에서 출발한다. 기술결정주의는 결정주의의 하나인데, 프랑스의 후기구조주의나 독일의 비판이론의 전통이나 모두 결정주의를 부정하는 데에서 출발하고 있다는 점에서 여기에서 결정주의의 한계를 다시 복기할 필요는 없을 것이다. 문제는 이 결정주의를 극복하는 방식이다. 여기에서 우리가 논의하려는 이론가 까스텔도 기술결정주의를 부정하려고 하는데, 그 극복방식이 독특하다는 점에서 우리의 이론적 관심을 불러일으켰다. 새로운 정보 테크놀로지의 확산에 따른 변화를 접근하는 태도는 다양하지만, 핵심은 그 내용을 파악하는 것인데,[263] 이 이론가는 이론적 차별성을 분명하게 보여주고 있다.

II. 생산주의 패러다임을 넘어서: 생산, 경험, 그리고 권력

까스텔은 그의 초기 이론형성과정에서[264] 생산양식이라는 개념을 중심으로 사회변동을 설명해온 것과는 달리, 발전양식이라는 새로운 개념을 제안하면서 사회변동을 설명하고자 한다. 보다 정확히 말하자면, 생산양식과 발전양식을 동시에 고려하면서 사회변동을 설명해야 한다는 주장을 그는 펼치고 있는 것이다. 그에 의하면, "생산양식과 발전양식 사이의 상호작용이 사회적 공간적 형태와 프로세서를 새롭게 변형시키는 원천에 있다."[265]

사회의 조직화를 구성하는 요인으로 까스텔은 생산, 경험, 권력을 든

263) Michael Gurevitch et al., *Culture, Society and the Media*(London: Methuen, 1982).

264) Castells, *The Urban Question*(London: Edward Arnold Ltd, 1972).

265) Castells, *The Informational City: Information Technology, Economic Restructuring, and the Urban-Regional Process*(Cambridge: Basil Blackwell Publishers, 1989), p.7.

다.[266] 까스텔은 이 세 요소를 다음과 같이 각각 정의한다.

> 생산은 인간이 질료를 취득하고 변형하여 그 이점을 생산물의 형태로 얻고, 그 일부를 소비하고(불균등하게 분배된 방식으로), 그리고 사회적으로 결정된 목표들에 따라 투자를 위하여 잉여를 축적하는, 질료에 관한 행위이다. 경험이란, 인간 주체들이 자신들의 욕구와 욕망의 충족을 끝없이 추구하는 자신들의 생물학적인 문화적인 본질체의 다양한 차원들 내에서 자신들에 관한 행위이다. 권력이란 인간 주체들 사이의 관계가 생산과 경험을 토대로 하여 어느 한 부류의 주체들이 다른 부류의 주체들에게 폭력을 잠재적으로든 실제적으로든 행사하려는 의지를 구성하는 것이다.[267]

까스텔이 이렇게 사회를 조직하는 구성요소로 생산 이외에도 경험과 권력을 들고 있는 것은 마르크스주의적 전통에서 지적 성장을 해온 그의 배경을 고려해 볼 때 주목할 만한 것이다. 까스텔은 경제 결정주의를 주장해 온 마르크스주의와는 다르게 정치, 문화, 경제를 적어도 이론적으로 균등하게 설정하려는 이론적 태도를 보여주고 있는 것이다.

이렇게 경제결정주의를 넘어서면서 그는 생산양식개념을 새롭게 이해하려 한다. "생산양식은 역사적 필연성의 결과로서 나타나지 않는다. 생산양식은 발흥하는 한 사회계급이 정치적으로, 그리고 때로는 군사적으로 (중략) 지배적이 되는 역사적 과정의 결과이다."[268] 생산양식은 까스텔에

266) Castells, *The Informational Age. Vol. 3. End of Millennium*(Cambridge: Blackwell Publisher, 1998), p.340. 현실과 이론을 구성하는 이 세 요소들 사이의 연관관계가 까스텔에서는 여전히 불투명하게 남아 있는 것 같다. 하지만 그가 생산 범주 이외에 다른 두 범주를 현실 구성 그 자체에 설정하는 것은 그의 이론적 발전과정에서 매우 중요한 시사점을 던져 주고 있다. 경제적인 것, 정치적인 것, 문화적인 것을 모두 균형있게 고려하려는 입장을 이것이 사시하고 있다.

267) Castells, *The Informational City: Information Technology, Economic Restructuring, and the Urban-Regional Process, p.8.*

268) Castells, *The Informational City: Information Technology, Economic Restructuring, and the Urban-Regional Proces, p.9.*

게서 생산의 사회적 관계에 다름 아니다. 이 사회적 관계를 그는 그람시적 의미에서 헤게모니로 이해한다. "헤게모니란 그람시적 의미에서 어떤 주어진 한 계급이 새로운 지배계급이 되려는 자신의 특수한 관심을 충족시키면서, 사회의 다수를 동원시킬 수 있는 정치적 제도와 문화적 가치를 확립시킬 수 있는 자신의 주장들을 정당화시킬 수 있는 역사적 능력을 의미한다."[269] 이 사회적 관계로서의 생산양식이 잉여의 획득과 분배를 결정한다. 이 경우 근본적인 의문은, 그러한 잉여의 수준(레벨)인데, 이것은 특정한 생산 과정의 생산성에 의해 결정된다. 생산성 수준은 그 자체는 에너지와 지식을 적용함으로써 생산 수단을 사용하는 기능으로서의, 노동과 질료 사이의 관계에 의존한다. 이 과정은 발전양식을 규정하는 생산의 기술적 관계에 의해 특징 지워진다. 까스텔이 발전양식론을 제기하는 실질적 배경은 그러므로 생산의 기술적 관계에 어떤 근본적인 변화가 일어나고 있다고 그가 판단하고 있기 때문이다. 노동과 질료의 관계, 생산의 기술적 관계에서 패러다임 변화를 그가 인식하고 있다. 그것은 그가 "정보적 발전양식"(informational mode of development)이라 부르는 것에서 그 정점을 이룬다.

III. 정보적 발전양식론

까스텔에게서 정보적 발전양식은 그가 농업적 발전양식과 산업적(공업적) 발전양식이라 부르는 것과 구별되는 오늘의 주된 발전양식이다.

> 농업적 발전양식에서는 잉여의 증대는 노동과 토지를 포함하는 생산수단의 양적인 증대에서 비롯한다. 산업적(공업적) 발전양식에서는 잉여가 증대하는 원천은 새로운 에너지 원천들의 도입과 생산과 유통 과정 전체에

269) Castells, *The Informational City: Information Technology, Economic Restructuring, and the Urban-Regional Process, pp.7-9.*

서 에너지의 사용을 탈집중화할 수 있는 능력에 있다.[270] 새로운, 정보적 발전양식에서는 생산성의 원천은 지식 생성, 정보처리, 상징 커뮤니케이션의 테크놀로지에 있다. 생산 과정이 항상 어떤 수준의 지식에 근거해 있으며 정보 프로세싱 속에 있는 한에서는 지식과 정보는 모든 발전양식들에 결정적인(critical) 요소임은 분명하다. 그렇다면, 정보적 발전양식에 특별한 것은 무엇인가? 그것은 생산성의 주 원천으로서 지식 자체에 대한 지식의 조처(action of knowledge upon knowledge itself)이다.[271]

까스텔의 이 정보적 발전양식 개념은 기존의 후기산업사회론과 후기자본주의론의 대결을 나름대로 "종합"하려는 의도를 담고 있는 것 같다. 농업적 발전양식에서 산업적(공업적) 발전양식을 거쳐 정보적 발전양식에 이르는 발전양식의 세 유형은, 오늘의 자본주의에 이르는 자본주의의 역사적 발전경로를 반영하고 있다. 발전양식과 생산양식를 분리시키고 있지 않다는 점에서 까스텔의 이 정보적 발전양식 개념은 후기산업사회론의 전통보다는 후기자본주의론의 전통에 보다 더 가까이 서 있다. 하지만 까스텔이 발전양식 개념을 이렇게 제기하는 이유는 테크놀로지의 발전이 단순히 자본의 논리로써만 설명될 수 없다는 그의 판단 때문으로 보인다. 여기에서 다시 까스텔이 왜 정보적 발전양식이라 부르는가에 대한 설명을 들어보자.

정보 프로세싱은 테크놀로지의 지식 원천들과 지식 생성과 정보 프로세싱을 증진시키는 테크놀로지의 응용 사이의 상호작용의 효과적인 순환 속에서, 생산성의 한 원천으로서 정보 프로세싱의 테크놀로지를 증진시키는데 그 초점이 있다. 이것이 내가 정보테크놀로지에 기초한 새로운 테크놀

---

270) 1989년 『정보도시』(*Informational City*)에서는 "그러한 에너지를 사용하는 양의 증대에 있다"고 되어 있다. 이 표현의 변화가 무엇인지에 대해서는 여기서 논의하지 않겠다.

271) Castells, *The Informational Age. Vol. 1*(Cambridge: Blackwell Publishers, 1997), p.17. 지식정보사회에서는 특히 그러하지만 지식의 발생, 유통, 그리고 수용 그 자체가 지식을 이미 선제하고 있다는 것이다. 지식은 지식의 지식이다.

로지 패러다임의 등장에 의해 구성되는 이 발전양식을 대중적 유행에 따라 정보적이라 부르는 이유이다.[272]

까스텔이 여기에서 말하는 생산성은 개념규정이 정확하게 규정되어 있지 않아서 그 실체를 파악하기가 매우 어렵지만, 마르크스주의에서 말하는 생산관계와 짝을 이루는 생산력과 동일한 개념이 아니다. 굳이 말한다면, 이 양자 사이의 어떤 무엇을 함의하는 듯하다. 이 점은 까스텔이 정보적 발전양식이라는 개념어에 대해 설명하면서 곧이어 다음과 같이 말하고 있는 맥락에서 알 수 있다. "각 발전양식은 테크놀로지적 과정이 조직되게 하는, 구조적으로 결정된 수행원리를 가지고 있다. 구체적으로 말하면, 산업주의는 경제적 성장에, 즉 아웃풋(output)을 극대화하는 데에 정향되어 있으며, 정보주의는 테크놀로지적 발전, 즉 지식의 축적과 정보프로세싱에서의 복합성의 수준 증진에 정향되어 있는 것이다."[273] 테크놀로지적 과정을 조직하는 요인은 까스텔에게서 궁극적으로 생산, 경험, 권력이다. 까스텔은 테크놀로지의 변화와 사회 변화는 변증법적 관계에 있다고 주장하고 있다.[274]

정보 테크놀로지 혁명을 설명하고 그것을 반영하려는 까스텔의 정보적 발전양식 개념은 생산 그 자체를 복합적인 사회적 과정으로 이해하고 있다는 점에 주목해야 한다.[275] 이렇게 이해하면, 몇 가지 개념적인 이점들이

272) Castells, *The Informational Age. Vol. 1*, p.17.

273) Castells, *The Informational Age. Vol. 1*, p.17.

274) Castells, *The Informational City: Information Technology, Economic Restructuring, and the Urban-Regional Process*, p.15.

275) Castells, *The Informational Age. Vol. 1*, p.115. 까스텔은 마치 마르크스가 그러하듯이 생산 개념을 이중적으로 사용하고 있다. 그 하나는 좁은 의미에서의 생산 개념으로서 그가 말하는 경험과 권력과 구별되는 생산 개념이고, 다른 하나는 복합적인 사회적 과정으로서의 생산 개념이다. 이 후자의 경우, 생산은 생산, 경험, 권력을 포함한다. 이해의 혼란을 불러일으키지만, 이러한 개념적 전략을 사용하는 이유는 발전양식개념이 생산양식개념과 분리되지 않도록 이론적으로 그가 고려하는 때문으로 보인다. 발전양식을 생산이 규정한다고 했을 때 생산 개념은 넓은 의미에서의 생산 개념이다.

생겨난다. 우선, 오늘의 사회를 규정할 때 여전히 현실을 움직이는 중요한 현실적인 축인 자본 축적의 원리를 간과하지 않은 채 정보 테크놀로지 혁명을 이해할 수 있다는 것이다. 이 혁명은 결코 순수한, 자연스러운 현상이 아니라, 그것을 움직이는 어떤 정치경제적인 실체(들)이 있다는 점을 고려할 수 있다는 것이다. 이러한 맥락에서 왜 까스텔은 테크놀로지와 사회의 관계를 이해하는 데 있어서 사회적인 문화적인 세력들을 조직하는 국가의 역할은 결정적인 요소로 이해하고 있는지를 이해할 수 있다.[276] 둘째, 자본주의라는 거대한 개념틀 하나로써는 포착할 수 없는 정보테크놀로지 혁명을 패러다임 변화의 수준에서 포착할 수 있는 길이 열린다는 이점도 있다. (후기)산업사회론은 정보 테크놀로지의 혁신 그 자체를 혁명적인 사회변동으로 이해하는 만큼이나 작금의 변화는 근본적인 성격의 변화라는 사실을 부인하기 어렵다. 후기산업사회론자들, 예컨대 다니엘 벨이 전산업사회, 산업사회, 후기산업사회로 인류의 역사를 구별하는 만큼이나 자본주의적 사회라는 동일한 사회 내에서 산업적 발전양식의 사회와 정보적 발전양식의 사회의 차이는 근본적인 차이를 나타낸다는 것이다. 이러한 점에서 까스텔의 정보적 발전양식은, 정보적 자본주의적 발전양식이다. 그리고 그의 발전양식 개념은 이른바 기술결정주의로 빠져들지 않는 이점이 있다. "네트워크 사회의 등장"이라는 그의 야심작에서 정보테크놀로지 혁명을 이해하면서 그는 새로운 사회변동과 과정이 테크놀로지 변화 그 자체의 귀결로 이해하지 않음을 분명히 밝히고 있다. "테크놀로지가 사회를 결정하는 것이 아님은 물론이다."[277] 까스텔은 작금의 테크놀로지 혁신에 결정적인 것은 지식과 정보의 중심성이 아니라 이 지식과 정보를 혁신과 그것의 사용 사이의 누적적인 피드백 속에서 지식 생성과 정보 프로세싱에 활용하는 것이라고 주장한다.[278]

---

276) Castells, *The Informational Age. Vol. 1*, p.13. 까스텔에게서 국가론은 초기이론에서 지금까지 중요한 한 지평이다. 국가를 이해하는 방식이 어떻게 변화되었는지를 검토하는 과제는 별도의 논문을 필요로 한다.

277) Castells, *The Informational Age. Vol. 1*, p.5.

산업주의에서 정보주의로의 이행에서 결정적인 것은 무엇인가? 까스텔은 다니엘 벨이 후기산업사회론을 주장하면서, 그 핵심적 특징으로 상품(재화)에서 서비스에로의 이행을 들고 있는 것을 비판한다. 결정적인 것은 그것보다는 생산, 분배, 소비, 경영 등 모든 과정에서 효율성과 생산성을 조건지우는 핵심적이고 근본적인 활동은 정보 프로세싱이라 까스텔은 주장한다.[279] 정보 프로세싱의 중요성은 어떻게 이해할 수 있는가? 까스텔은 생산양식에 의해 대개는 구조화되는 발전양식의 내재적 변화에 주목한다. 그것을 좀더 세부적으로 살펴보면, 다음과 같다.[280] 우선, 생산영역이다. 여기에서 그는 두 요소를 확인한다. 그 하나는 거대 규모의 기업의 출현이다. 거대기업이 생산과 경영의 주된 형태로 자리잡으면서 시스템의 효율적인 작동에 필요한 정보의 흐름을 개선할 필요가 대두했었다는 것이다. 다른 하나는 생산과정 그 자체에서 일어나는 변화이다. 자본과 노동에서 "다른 요소들", 즉 과학, 테크놀로지, 경영 합리화, 지식으로 구성되는 정보 프로세싱의 역할 부상을 말한다.

둘째, 소비영역에서의 변화이다. 여기에서도 까스텔은 두 가지를 확인하고 있다. 그 하나는 대량시장의 등장과 판매자와 구매자의 거리 증대가 특별한 마케팅 전략을 구사하도록 만들었다는 것이다. 즉 정보를 수집하는 시스템과 정보를 배분하는 흐름, 이 양자를 발전시켰다. 다른 하나는 그가 집합적 소비라고 불렀던 것의 성장과 관련이 있다. 여기에서 복지국가의 비약적인 성장은 정보 시스템의 합리화를 요구했다는 것이다.

그리고 셋째로 국가개입영역이다. 경제와 사회를 정부가 규제하는 모델이 발전하면서 정보의 흐름을 정비하고 정보에 기초한 정책결정의 중요성이 발전했다는 것이다.

그렇다면 정보 테크놀로지 패러다임의 특징은 무엇인가? 까스텔은 다음

278) Castells, *The Informational Age. Vol. 1*, p.32.

279) *Castells, The Informational Age. Vol. 1*, p.17.

280) Castells, *The Informational City: Information Technology, Economic Restructuring, and the Urban-Regional Process*, pp.18-19.

과 같이 다섯 가지를 들고 있다.[281] 첫째, 신패러다임의 특징은 정보는 정보사회의 가공되지 않은 재료라는 것이다. 둘째, 신정보테크놀로지의 효과들이 광범위한 침투성을 가진다는 점이다. 정보는 모든 인간 활동의 통합적인 부분이므로, 우리의 개인적인 그리고 집합적인 존재의 모든 과정이 이 새로운 테크놀로지적 매체에 의해 (결정된다고 말하기는 어렵겠지만) 직접 형성된다. 셋째, 이들 신정보테크놀로지를 사용하는 어떤 시스템이나 일련의 관계망의 네트워킹 논리(networking logic)가 작동한다는 점이다. 인간 활동에서는 혁신의 추동력이 구조화되지 않은 것인 한, 이 네트워킹 논리는 구조화되지 않은 것을 구조화하는 것을 필요로 한다. 네트워크는 상호작용의 복합성이 증대하여 예측할 수 없는 상태가 출현할 때 적응력을 높이는 데 적합하다. 넷째, 이 네트워크와 관련되지만 그와 구별될 수 있는 것으로서 유연성이다. 과정의 역류가능성 뿐만 아니라 조직과 제도의 수정가능성, 그 구성요소들의 재편가능성이 이 신정보테크놀로지에서 강하게 나타난다. 그리고 다섯째, 개별적인 특수 테크놀로지들이 하나의 고도의 통합 시스템으로 합류된다는 점이다.

신정보테크놀로지 패러다임의 특징에 대해 까스텔은 다음과 같이 압축한다. "이 정보테크놀로지 패러다임은 하나의 시스템으로서의 폐쇄 형태로 나아가는 것이 아니라, 오히려 다면적인 네트워크로서의 개방 형태로 나아간다. 그것은 그 물질성에서 힘있고 압도하며, 그 역사적 발전에서는 적응력 있고 그 종결이 개방적이다. 포괄성, 복합성, 그리고 네트워킹은 이 패러다임의 결정적인 자질이다. 따라서 정보테크놀로지혁명의 사회적 차원은 마빈 크랜츠버그(Marvin Kranzberg)가 얼마 전에 제안한, 테크놀로지와 사회간의 관계에 관한 법칙을 따르는 것 같다."[282] 그 법칙은 "테크놀로지는 좋지도 나쁘지도 않으며, 그렇다고 중립적이지도 않다."[283]는 것이

281) Castells, *The Informational Age. Vol. 1*, pp.61-62.
282) Castells, *The Informational Age. Vol. 1*, p.65.
283) Castells, *The Informational Age. Vol. 1*, p.65.

다. 중립적이라고 선언한 다니엘 벨의 입장과는 적어도 언명상 확연하게 구별되는 명제이다.

Ⅳ. 현실적 가상성의 문화: 시간과 공간의 패러다임 전환

까스텔에서 문화는 소통 과정에서 만들어지는 것이다. 그리고 그는 모든 형태의 소통은 기호의 생산과 소비에 기초해 있다는 롤랑 바르트와 장 보드리야르의 견해를 받아들인다. 그러므로 까스텔에서는 현실과 상징적 재현은 서로 분리되지 않는다. 모든 소통 양식들의 전자적 통합을 중심으로 조직되는 새로운 소통 시스템에 역사적으로 특별한 것은 그것이 가상 현실(virtual reality)을 유도한다는 데에 있는 것이 아니라 현실적 가상성(real virtuality)의 구성에 있다. 까스텔은 현실은 경험되는 것으로서, 엄격한 의미론적 규정을 피해 가는 어떤 의미를 가진 실행을 틀지우는 상징들을 통해서 항상 인지되는 한에서 현실은 항상 가상적이었다고 이해하고 있다.[284] 까스텔은 모든 현실이 상징을 통해 소통된다고 이해하면서, 작금의 신소통매체가 이전의 역사적 경험과 다른 특별한 점은 무엇인지를 묻고 답한다. 그것은 그가 현실적 가상성이라 부르는 것인데, "현실 그 자체(즉 사람들의 물적인/상징적인 현존)가 가상적 이미지 세팅 속으로, 현상들이 경험이 소통되는 스크린에 존재하는 것이 아니라 현상들이 경험이 되어버리는, 믿게 하는 세계 속으로 완전히 몰입되어버리는, 완전히 포박되어 버리는 시스템이다."[285] 그러니까 까스텔은 새로운 소통시스템을 특징지우는 것은 가상현실이 아니라 그가 현실적 가상성이라 부르는 그것의 "모든 문화적 표현들의 내포성과 포괄성"[286]이다.

---

284) Castells, *The Informational Age. Vol. 1*, p.373.
285) Castells, *The Informational Age. Vol. 1*, p.374.
286) Castells, *The Informational Age. Vol. 1*, p.374.

신호들의 디지털화된 생산, 분배, 교환에 기초한 통합소통시스템 내에서 대부분의 문화적 표현들의 이 내포성은 사회적 형식과 과정에서 결과를 가져온다. 까스텔은 그것이 이 시스템 밖에 있는 전통적인 송신자들의 상징적 권력을 상당히 양화시킨다는 것이다. 그리고 다른 한편, 새로운 소통 시스템은 인간 생활의 근본적인 차원들이 시간과 공간을 철저히 전형시킨다. 지역성들은 자신들의 문화적, 역사적, 지리적 의미와의 결속력을 상실하고, 기능적인 네트워크 혹은 이미지 콜라쥬에로 재통합되어 간다. 그리하여 장소들의 공간을 대신하여 흐름들의 공간(space of flows)(아마도 이것을 공간없는 공간으로 바꾸어 쓸 수도 있을 것이다)이 지배한다. 시간 역시 급진적으로 전형된다. 과거, 현재, 미래가 동일한 메시지 속에서 서로 상호작용하는 식으로 프로그램화될 수 있다. 이를 까스텔은 시간 없는 시간이라 명명하고 있다. 까스텔의 결론은 다음과 같다. "이 흐름의 공간과 시간 없는 시간이 새로운 문화의 물적인 토대이고, 이것이 역사적으로 전형되어온 재현시스템의 다양성을 초월하고 포함한다."[287]

1. 가상적 시간

가상적 시간(virtual time)의 문화는 전자적으로 통합된 멀티 시스템과 연관되어 있는데, 인간 사회에서의 시간을 동시성(simultaneity)과 무시간성(timelessness)이라는 두 서로 다른 형태로 전형시킨다.

컴퓨터에 의해 매개되는 소통의 계속된 발전은 실시간 대화를 가능하게 한다. 시간차에서 발생하는 장애들은 이제 거의 극복되고 있다. 동시성의 시대가 열리고 있는 것이다.[288]

다른 한편, 같은 소통채널을 사용하면서 시간들은 미디어 속에서 혼합되어 시간적 콜라쥬가 형성된다. 이 경우 장르들이 서로 혼합될 뿐만 아니라

287) Castells, *The Informational Age. Vol. 1*, p.375.

288) Castells, *The Informational Age. Vol. 1*, p.461.

그것들의 타이밍도 하나의 지평 위에서 공시적이 되고, 시작도 종말도 일관된 귀결도 없게 된다. 이 멀티미디어의 하이퍼텍스터의 무시간성은 오늘의 문화의 결정적인 특징이다. 이 새로운 문화적 맥락에서 교육을 받은 어린이들의 정신과 기억이 형성된다. 계몽주의 시대의 백과전서주의자들이 알파벳순으로 인간의 지식을 배열하고 정리하였다면, 전자미디어는 소비자의 욕구에 따라 혹은 생산자의 결정에 따라 정보, 표현, 인지에 대한 접근을 허용한다. 그리하여 의미를 가진 사건들을 확정적으로 총체적으로 질서 있게 배열한다는 것은 불가능하다. 내적인, 연대기적인 리듬은 사라지고, 유용성의 사회적 맥락의 변화에 따라 시간의 귀결이 규정된다. 까스텔은 이러한 가상적 시간의 문화를 "영구적인 것과 일시적인 것이 동시에 공존하는 문화"[289]라 부른다. 그것이 영구적인 것은 그것이 문화적 표현들의 전체 귀결에 앞으로든 뒤로든 도달할 수 있기 때문이다. 그것이 일시적인 것은 각 편성, 각 특별한 시간 배열이 어떤 주어진 문화적 구성물이 촉구되게 하는 목적과 맥락에 의존하기 때문이다. 이런 맥락에서 까스텔은 "우리는 순환성의 문화 속에 살고 있는 것이 아니라 문화적 표현들의 미분화된 시간성의 우주 속에 살고 있다."[290]고 판단한다.

이미 분명하게 알 수 있었겠지만, 까스텔은 새로운 매체의 출현이 문화의 변동에 어떠한 영향을 끼치는가에 대해 문화의 상대적 자율성을 주장하고 있다.

> 문화는 자신을 표명할 때 경제적 시스템의 논리를 단순히 재생산하지는 않는다. 기호의 정치경제학과 정치경제학의 기호 사이의 역사적 조응은 포스트모더니즘에서 시간 없는 시간의 등장을 특징지우는 충분한 논거가 아니다. 나는 우리가 무엇인가 다른 것을 추가해야 한다고 생각한다. 그것은 새로운 문화적 표현들의 특수성, 지구와 전체 역사를 스캔할 수 있는 이 새

289) Castells, *The Informational Age. Vol. 1*, p.462.
290) Castells, *The Informational Age. Vol. 1*, p.462.

로운 문화적 표현들의 이데올로기적 테크놀로지적 자유, 그리고 슈퍼텍스트 속에 미국 게토의 랩 문화 — 불과 몇 달 뒤에는 타이페이나 도쿄의 팝 그룹이 모방한다 — 에서부터 전자 음악으로 전형된 불교 유심론에 이르기까지 어떠한 곳에서 나온 것이든 어떠한 기호든 간에 그것을 통합하고 혼합할 수 있는 자유이다. 새로운 문화의 영구적인/일시적인 시간은 유연 자본주의의 논리와, 그리고 네트워크 사회의 동학과 잘 맞아떨어지지만, 무시간적 정신적 지형 속에 개인적인 꿈과 집합적인 표상들을 설정할 수 있는 그 자체의 고요한 힘있는 취목을 첨가해야 한다.[291]

까스텔은 문화가 경제시스템의 논리의 "상부구조"로 이해하는 입장을 단호히 부정하고 있지만, 그렇다고 문화가 완전히 자율적인 독립된 시스템으로 움직인다고 판단하고 있지도 않다. 원칙적으로 말하면, 그렇게 될 가능성이 있으며, 이제 정보테크놀로지의 혁명으로 인해 그러한 가능성이 현실적으로 훨씬 더 높아졌다고 생각하고 있다. 새로운 문화적 표현들의 쟁점으로서 "시간의 조작"[292]이 가능해진 시대를 우리가 살고 있다는 것이다. 여기에서 시간 없는 시간이라는 것은 "무시간적 정신적 지형"의 현실적 정착을 반영하는 것이다. 그것은 우리 시대의 지배적인 시간성 유형으로 자리잡아가고 있는 것이다. 시간성에의 투쟁을 까스텔은 요청하고 있다고 말할 수 있겠다.

이 맥락에서 까스텔은 시간을 어떻게 이해하고 있는가에 대해서 다시 근본적으로 접근한다. 그는 라이프니츠의 시간론에 기대고 있다.[293] 라이프니츠에게서는 시간이란 "물들"(things)이 이어지는 질서이다. 따라서 물들이 없다면, 시간도 없을 것이다. 시간 없는 시간은 "물들"의 질서를 반영하고 있다. 그리하여 까스텔은 다음과 같이 말한다.

291) Castells, *The Informational Age. Vol. 1*, p.463.
292) Castells, *The Informational Age. Vol. 1*, p.463.
293) Castells, *The Informational Age. Vol. 1*, p.464.

> 시간 없는 시간은, 내가 우리 사회의 지배적인 시간성이라 명명했는데, 주어진 맥락, 즉 정보패러다임과 네트워크 사회의 특징들이 이 맥락 속에서 수행된 현상들의 귀결적 질서속으로 체계적 교란을 불러들일 때 등장한다.[294]

까스텔은 오늘의 현실에서 시간 없는 시간의 시간성이 지배적이지만,[295] 다양한 서로 다른 시간성이 현존함을 잊지 않고 있다.[296] 따라서 시간 없는 시간의 현실적 전개는 권력관계의 변화를 배제하고서는 이해하기 어렵다.

> 무시간성의 논리는 사회에서의 저항 없이 전개되지는 않는다. 장소들과 지역들이 흐름의 공간에서 자리잡고 있는 사회적 이익들에 관한 통제권을 획득하려 하는 만큼이나, 시간의식적 사회행위자들이 무시간성의 탈역사적 지배를 통제하려 한다.[297]

2. 유동의 공간

공간이란 무엇인가? 까스텔은 사회이론의 관점에서 공간을 이해하고 있다. 사회이론에서는 공간은 사회적 실천들에 대한 준거 없이는 규정될 수 없다. 까스텔은 다음과 같이 말한다. "공간은 다른 물적인 생산물들과의 관계 속에서의 물적인 생산물인데, 이 경우 공간에 형태, 기능, 사회적 의물 제공하는 (역사적으로) 결정된 사회적 관계에 참여하는 사람들을 포함한다."[298]

---

294) Castells, *The Informational Age. Vol. 1*, p.467.
295) Castells, *The Informational Age. Vol. 3. End of Millennium*, p.349.
296) Castells, *The Informational Age. Vol. 1*, pp.464-465.
297) Castells, *The Informational Age. Vol. 1*, p.467.
298) Castells, *The Informational Age. Vol. 1*, p.411. 이 공간개념은 1972년 그의 주저 『정보 도

공간과 시간은 분리되지 않는다. 시간이 그러하듯이, 공간 역시 사회의 표현이다. 새로운 공간적 형태와 과정이 등장하고 있는데, 이것은 사회의 구조적 전형을 반영하고 있는 것이다. 사회이론의 관점에서 공간을 시간을 공유하는 사회적 실천들의 물적인 지지로 — 물론 이 물적인 지지는 공간이 항상 상징적 의미를 담고 있다는 점을 배제하는 것이 아님을 강조하고 있다 — 규정하면서, 까스텔은 정보사회의 시대의 특수성에 대해서 논의한다. 사회에 대해서 공간이 의미를 가지게 되는 것은 시간상 동시적인 사회적 실천들을 그 공간이 공유하고 있다는 사실을 말한다. "이 시간적 동시성의 물적 조건이 사회에 대한 공간에 의미를 부여한다. 전통적으로 이 동시성은 우연성과 달리 이해되지 않았으나, 동시성이 정보시대의 지배적인 사회적 실천이 되는 한, 물리적 우연성에 근거하지 않는 동시성의 물적인 지지가 있을 수 있다는 점을 설명하기 위해서 이제 이 우연성 개념과 동시성의 물적인 지지라는 기본 개념을 서로 분리해야 한다."[299] 이 맥락에서 까스텔이 제시하는 것이 유동의 공간(space of flows)이다. 까스텔은 "유동을 나는 사회의 경제적, 정치적, 그리고 상징적 구조들 속에서 사회적 행위자들이 위하는 물리적으로 결속되지 않은 입장들 사이의 교환과 상호작용의 목적적이고, 반복적이고, 프로그램적인 귀결로 이해한다."[300] 물론, 이 유동의 공간이 정보사회의 시대에 유일한 공간이라고 말하지 않는다. 그것이 네트워크사회를 지배하고 형성하는 사회적 실천들을 특징짓는 새로운 공간적 형태로서, 지배적인 공간이라는 것이다.

까스텔은 정보사회의 지배적인 과정과 기능을 지지하는 물적인 형태로서 이 유동의 공간을 물적으로 지지해 주는 내용을 다음과 같이 세 가지로 밝히고 있다.[301] 그 첫 번째의 지지내용은, 정보테크놀로지에 기초한 마이

시』에서 이미 찾아볼 수 있다.

299) Castells, *The Informational Age. Vol. 1*, p.415.

300) Castells, *The Informational Age. Vol. 1*, p.412.

301) *Castells, The Informational Age. Vol. 1*, pp.412-416.

크로전자, 텔레커뮤니케이션, 컴퓨터프로세싱, 방송시스템의 혁신, 고속수송체계 등등, 전자의 힘에 의해서 구성된다. 이 전자력이야말로 동시적 실천의 물적인 토대이다. 정보테크놀로지에 의해서 가능해진 상호작용의 네트워크에서 오늘의 사회의 지배적인 기능들의 공간적 분절이 일어나고 있는 것이다. 이 네트워크 사회에서는 지점들이 유동에 의해 규정되고 있는 한에서 어떠한 장소도 홀로 존재하지는 않는다. 그리하여 까스텔은 이 소통의 네트워크는 근본적인 공간적인 결합태라고 말한다. 하지만 장소들이 사라지는 것은 아니다. 장소들의 논리와 그 의미는 네트워크 속으로 흡수될 뿐이다. 둘째의 지지내용은 결절점과 접속장치에 의해 구성된다. 유동의 공간은 그 구조적 논리는 무장소적일지라도 무장소적(placeless)이지 않다. 유동의 공간은 전자 네트워크에 기초하고 있지만, 이 네트워크는 특수한 장소들, 잘 규정된 사회적, 문화적, 물리적, 그리고 기능적 특징들과 결합되어 있다. 어떤 장소는 네트워크 속에 통합되어 있는 요소들이 서로 잘 상호작용하도록 편성하는 역할을 수행하는 커뮤니케이션 접속장치이지만, 어떤 장소는 네트워크의 결절점이다. 즉, 네트워크 속에서 핵심적인 역할을 둘러싼 일련의 장소성에 토대를 두고 있는 활동과 조직을 형성하는 전략적으로 중요한 기능을 하는 지점이다. 까스텔은 결절점이나 접속장치 모두 네트워크 속에서 차지하는 상대적 무게에 따라 위계질서를 가진다. 까스텔은 네트워크가 결코 권력적으로 균등한 공간이 아님을 주장하고 있는 것이다. 그리고 셋째, 지배적인 관리엘리트들의 공간적 조직이다. 이들이 유동의 공간을 분절시키는 방향을 잡아가는 것이다. 까스텔은 여기에서 계급개념의 타당성을 의심하고 있다. 그리고 사회이론적으로 그는 구조주의적 관점을 극복하고 구조와 행동 사이를 탐색하고 있는 모습을 보여주고 있다. 그는 이렇게 말하고 있다. "유동의 공간은 우리 사회의 유일한 공간적 논리는 아니다. 그러나 그것은 우리 사회에서 지배적인 이익/기능의 공간적 논리이므로 지배적인 공간적 논리이다. 하지만 그러한 지배는 순전히 구조적인 것은 아니다. 그것은 사회적 행위자들에 의해 구상되고, 작동되고 결정되고 충원되는 것이다. 따라서 우리 사회에서 지도급 지위를 차지하고 있는 테크노크라트적인, 금융적인, 관리(경영)적인 엘리트도 그들 자신의 이익과 실천의 물적/공간적 지지를 고려하는 특수한 공간적 요구와 주장을 가지고 있는 것이다. 이 정보엘리트의 공간적 표명은 유동의 공간의 또 하나의 근본적인 차원을 구성한다."

심층적 수준에서, 사회의 물적인 기초인 시간과 공간은 시간 없는 시간과 유동의 공간을 중심으로 조직되면서 전형되고 있다. 이 전형은 까스텔에게서 자연과 문화의 근본적 패러다임이 전환되는 것으로 나타난다.[302] 까스텔은 자연과 문화의 관계에서 역사적으로 크게 세 단계 혹은 모델을 구별하고 있다. 그 첫 번째 모델은 자연이 문화를 지배하고 있었던 시대를 말한다. 자연의 통제되지 않은 가혹함 아래 생존을 위해 투쟁하였던 시대였다 . 두 번째 단계 혹은 모델은 산업혁명과 이성의 승리로 특징지워지는 시대를 말한다. 그리고 세 번째 단계는 문화가 문화를 준거하는 새로운 단계를 말한다. 여기에서 자연은 인공적으로 문화적 형식으로서 복구되고 있다. 까스텔은 역사적 진화와 테크놀로지적 변화 사이의 수렴 때문에 인류는 순수히 사회적 상호작용과 사회적 조직의 문화적인 패턴 속으로 들어간다고 주장한다. 그것은 물론, 정보테크놀로지 혁명을 염두에 두고 있는 주장이다. 끝으로 까스텔은 정보테크놀로지 혁명에 의한 새로운 시대의 도래의 의미를 다음과 같은 말로 정리하고 있다. " 역사가 인류와의 행복한 조화 속에서 종결되었다는 것이 아니다. 오히려 사실은 이와는 정반대이다. 즉 우리가 역사를 자연과의 전사적(prehistoric) 투쟁을 마친 다음에, ---- 우리의 인류가 완전히 사회적인 세계 속에서 우리가 살도록 해주는 정도의 지식과 사회조직의 수준에 도달했다는 계기로 이해할 때 지금은 그 시작에 불과하다. 그것은 새로운 실존의 시작이며, 참으로 새로운 시대, 우리의 실존의 물적인 토대에 대한 문화의 자율성에 의해 특징지워지는 새로운 시대의, 정보시대의 시작이다."[303]

302) Castells, *The Informational Age. Vol. 1*, p.477.

Ⅴ. 비판의 과제

까스텔은 그의 초기 출세작으로 평가받고 있는 『도시문제』에서는 프랑스 구조주의적 방법론을 강하게 반영하고 있었으나, 그 후 점차 이 방법론으로부터 거리를 취하는 이론적 태도를 보여주어 왔다. 우리가 여기에서 보고 있는 까스텔은 이제 구조주의적 방법론의 흔적은 거의 찾아볼 수 없는 정도로 반구조주의적이라 부를만하다. 까스텔 자신의 사상적 변화에서 새로운 또 하나의 정점을 매김하는 것 같다.

정보사회이론가로서 까스텔은 독특한 입장을 대변한다. 정보사회이론 내에서 그는 독창적인 논술어를 제안하여 정보사회의 새로운 내용을 파악하고자 하는 점에서 그러하다. 포스터는 정보양식이라는 논술어를 제안하고, 생산양식에서 정보양식으로의 패러다임 전환 같은 것을 주장하고 있고, 까스텔은 정보적 발전양식이라는 논술어를 제안하면서, 산업사회의 구조적 변동 속에서 새로운 국면을 포착하려는 태도를 보여주고 있다. 예컨대, 기술결정주의를 넘어서고 있는 또 다른 대표적인 정보사회이론가인 포스터와 비교해 볼 때, 포스터는 정보매체 내재적 분석에 치중하고 있다면, 까스텔은 정보매체 외재적 분석도 고려하는 상대적으로 균형 있는 모습을 보여주고 있다.

우리는 정보사회를 이해하는 입장에서 경험적 사실을 확인하는 방식에 작용하는 이론적 근원 태도가 매우 중요함을 다시 한번 지적하고자 한다. 우리가 논의 대상으로 삼은 까스텔의 경우도 예외가 아니었다. 까스텔은 사회운동론, 비판이론, 행위이론 등등을 활용하고 있는 것이다. 이론은 이미 현실을 구성하고 있다. 따라서 이론의 분석 없는 현실의 분석은 존재할 수 없으며, 이론에 대한 이데올로기 비판적 접근은 필수적이다.

303) Castells, *The Informational Age. Vol. 1*, pp.477-478.

제3부 비판정치학의 논리를 위하여

제8장 헤르만 헬러의 의미적 맥락 정치

Ⅰ. 정치학으로서의 국가론

헤르만 헬러(Hermann Heller)의 국가론은 민주주의적 국가의 정치적 생활을 위협하는 사회적 갈등에 대한 비판이다. 헬러는 이 사회적 갈등의 위기를 "정당한 질서"[304]의 부재로 이해한다. 헬러의 국가론 저변에 흐르는 관점은 "오늘날의 국가의 계급구조는 그대로 유지되기가 어려우며 이 국가 계급구조에 대항해 갈 수 있는 발전 경향의 타당성도 지탱이 불가능하게 되어버렸다"는 것이다.[305] 헬러는 이 맥락을 유럽 "문화"의 위기로 표현하기도 하는데, 사회의 총체적 위기를 의미한다. 당시 바이마르(Weimar)공화국이 겪고 있던 위기 심화과정에 대해 그는 세 측면에서 처방하고 있다.

첫째, "정신적으로" 독일 정치사상 전통들 가운데 최선의 전통을 재활성화시켜야 한다는 처방이다. 이를 구체적으로 말하면, 이 전통은 법치국가(Rechtsstaat)이념과 국민적 문화사회주의(nationaler Kultursozialismus) 이상에 잘 표명되어 있다는 것이다.

둘째, 정치적인 측면의 진단인데, 민주주의에 따라 결속된 주권적 국가

304) Hermann Heller Ⅲ, p.327. 앞 숫자는 Hermann Heller, *Gesammelte Schriften* A. W. Wsgthoff Leiden, 1971에서의 권수를 그 뒷숫자는 쪽수를 가리킨다. 이하 Heller의 저작은 이와 같은 식으로 표기한다.

305) Hermann Heller Ⅲ, p.155.

라는 논술을 말한다.

그리고 셋째는 경제적 측면의 진단으로서 "생산의 사회주의적 조직"이다.[306)]

이들 처방은 사회주의와 민주주의를 결합시키려는 시도로서 헬러는 "사회적 법치국가" 개념을 사용하면서 이를 논의했다. 헬러의 이 시도는 최근 주목받고 있는 사회주의적 정치(학)를 먼저 구상해낸 발상이다. 헬러는 정치를 다음과 같이 분명하게 정의하고 있다.

> 정치란 모든 종류의 차별성(Gegenseitigkeit)과 대립성의 인간적 관계들이 상호작용하는 것에 질서를 부여하는 것이다.

> 정치는 해당하는 사회적 행위들의 상호작용이 더 이상 '자명한' 것으로 이해되지 못하는 곳이면 어디에서나 들어서는 것이다.[307)]

헬러는 이같은 개념 규정에서 정치를 차별성들에서 발생하는 갈등과 모순을 해결하는 동일성으로 이해하면서도, 참여민주주의론의 관점을 보여주고 있다. 헬러의 정치이론에 의하면, 정치에 참여하는 자들은 다음 두 준거를 가져야 한다. 그 하나는 차별성에서 출발하는 인간들 상호간의 교호관계가 정치의 구체적 이념, 정치의 원칙이나 목적을 설명한다는 준거이다. 다른 하나는 이러한 정치가 주어진 물적 조건을 가지로서 어떻게 현실화될 수 있는지에 대한 준거를 말한다. 이런 맥락에서 헬러는 자신이 제시한 그 사회주의적 정치는 "이념에 관련될 뿐만 아니라 물질에도 관련된 사회 형상화(Gesellschaftstgestaltung)여야 한다"고 주장한다.[308)] 헬러의 사회

306) W. Schluchter, "Hermann Heller, ein wissenschaftliches und politisches Portrait", Ch. Müller&I. Staff(ed.)(1984), p.59; p.63. Schuchter, *Entscheidung für den Sozialen Rechtsstaat*(Köln/Berlin, 1968).

307) Hermann Heller I , p.433.

308) Hermann Heller I , p.434.

주의적 정치를 두고, 한 논평자는 "사회적으로 정의로운 사회의 달성"이라 표현했다.[309] 헬러의 이 사회주의 정치학은 당시의 마르크스주의의 대표적 입장이었던 막스 아들러(Max Adler)와는 근본적으로 달랐다. 아들러는 사회주의 사회가 역사의 법칙에 따라 "자동적"으로 달성되거나 폭력을 행사함으로써 더 조속히 도달될 수 있으리라 믿었으나, 헬러는 이런 폐쇄적 역사이론으로부터 멀리 떨어져 있었다. 사회주의의 이론과 실재의 역사에서 폭력문제는 핵심적으로 논쟁의 초점이었다. 헬러는 정치와 폭력의 관계에 대해서 다음과 같이 말한다.

> 정의는 그 자체로써 저절로 관철되지는 않는다. 그것은 인간들과 권력들의 현실화를 필요로 한다. 가능한 한 허용해서는 안되는 것은 물리적 폭력이다.[310]

헬러는 폭력이라는 물리적 강제력을 가능한 한 배제할 것을 주장하는데, 적어도 현실주의의 관점에서 강제력에 완전히 배제될 수 있는 일종의 유토피아에 대해 경계하는 것 같다. 근본적으로 헬러의 정치이론에서 정치는 "사회적 권력"개념에 근거하지 폭력에 근거하지 않음은 분명하다. 이같은 맥락에서 국가 개념도 역시 사회적 권력의 조직체 이외에 다름 아닌 것으로 파악된다.

헬러의 이같은 권력 개념과 이에 근거한 국가이론은, 오페 등의 비판이론적 국가이론의 전통을 선취하는 것이다. 1970년대 국가이론 논쟁에서 쟁점은 국가의 계급적 성격을 보는 시각들의 차이를 가리키고 있으나, 그 저변에는 권력을 보는 더 근원적인 관점들의 차이가 작용하고 있었다. 권력을 근본적으로 부정적으로 보는 부정 권력론이 아니라 권력을 사회를 구

309) E. Kennedy, "The Politics of Toleration in Late Weimar : Hermann Heller' s Analysis of Fascism and Political Culture", *History of Political Thought*, vol. V. No 7, Spring(1984), p.120.

310) Hermann Heller I , p.433

성해가는 상호작용으로 보는 긍정 권력론이 헬러의 정치이론 속에 자리잡고 있다.[311)]

> 모든 인간이 바르다고 해도, 모두가 인류적 모티브에 따라 움직이게 된다고 해도, 정치의 수단으로서 권력은 여전히 남아 있을 것이다. 모두가 동일한 것을 생각하며 원하지 않을 것이기 때문이다.[312)]

여기에서 우리는 헬러의 정치이론 일반의 특징을 읽을 수 있다. 차별성 속에서 동일성을 구성해 나가는 정치 논리를 말한다. 폐쇄적 동일성을 전제로 하는 관념론과 유물론 모두를 그는 배제하고 있다. 이 정치논리에 의하면 미래의 건강한 "가치 공동체" 에서 국가의 상은 특정한 동일성 — 사실에 있어서는 전체와 연관되어 있지 않고 부분에 연관되어 있는 — 을 위하여 차별성들을 이데올로기적으로 배제하는 것이 아니라 차별성들 사이에서 일어나는 긴장, 모순과 갈등을 극복하는 새로운 동일성을 결합시켜내는 것이다.

헬러는 국가가 존재해야 할 필요성을 인정했다. 특정한 영역에서의 사회적 분업의 밀도가 짙어지면서 소통 안정과 법 안정이 더욱 요구되는 것으로 그는 보았기 때문이다.[313)]

헬러는 현대성을 사회적 분업화 증대에 주목하면서 분화와 차별성 증가로 특징지우며, 이를 양립적으로 평가한다. 통합의 위기이면서도 동시에 급진적 차별성의 가능성이 열리는 과정이기 때문이다. 라스키(Laski) 이래의 다원주의 논술들에 대해 그는 깊이 성찰한다.

헬러는 일원주의를 근본적으로 배격했다. 그는 이 일원주의 비판을 다음

---

311) 부정권력론과 긍정권력론의 차이에 대해서는 서규환, 「제3의 비판권력론 -권력의 변증법」, 스티븐 룩스, 『3차원적 권력론』(서울: 나남, 1992), pp.109-151.

312) Hermann Heller Ⅰ, p.435

313) Hermann HellerⅢ, p.333; p.309; p.322; G. Robbers, *Hermann Heller: Staat und Kultur*(Baden-Baden, 1983), p.77f.

두 방향에서 전개한다. 그 하나는 생철학적(lebensphilosophisch) 국가이론을 비판하는 맥락에서였는데, 이 국가이론은 국가의 통일성을 궁극적으로는 신비적 의미나 유기체론적 관념 속에서 발견했다. 다른 하나는 법실증주의를 비판하는 맥락에서였는데 법실증주의에 의하면 국가의 통일성은 원칙적으로는 정초될 수 없는데, 그 이유는 법실증주의란 국가가 표현하는 실재적 "권력 통일성"을, 다시 말해, 법 질서의 통일성을 '실재' 사회적으로 근거지워주는 토대를 이론적으로 파악할 수 없기 때문이다.[314] 헬러는 법실증주의의 이같은 추상적이며 일반적인 국가학을 법학으로 "국가없는 국가론"[315]으로서 특징지우고 지양하면서, 국가론의 새로운 방향을 제시하였다. 그는 막스 베버(Max Weber)와 한스 프라이어(Hans Freyer)를 비판적으로 수용하면서, 이른바 "현실과학적" 방법, "사회학적 문화과학적" 방향을 탐색한다. 그리하여 헬러는 국가의 통일성 문제를 조직사회학적으로 또 지배사회학적으로 정초지우려는 시도를 단행했다.

물론 이 시도의 배경에는 그의 "적"이었던 칼 슈미트(Carl Schmitt)와의 대결이라는 맥락도 있었다. 슈미트는 국가의 "정당한" 통일성이라는 이념에 근본적으로 회의적이었는데[316], 헬러는 국가를 의식을 가지고 상호작용을 조직화한 것으로 보았다. 다양성 속에서 통일성이 형성되는 것으로 보지만 개별적인 것들의 단순한 총계가 곧 통일성을 의미하지는 않는다고 보고 있는 점에서 이 시각은 루소주의적이다.

헬러의 국가론은 위기를 비판하는 맥락에서 근원적으로 일원주의를 배격하는데 그 특징이 있다. 그가 형이상학적 사유를 비판하는 맥락도 그의 일원주의 비판과 그 궤를 같이한다.

거부되어야 할 것은 — 살아있는 주체들에 대한 사회적 효과성, 그 비인

314) Schluchter, *Entscheidung für den Sozialen Rechtsstaat*, p.25ff.

315) Hermann Heller II, p.3ff.

316) 슈미트의 정치이론에 대한 좀더 자세한 설명을 위해서는 서규환, 『현대성의 정치적 상상력』(서울: 민음사, 1993).

성적인 조건들을 형이상학화하고 인간의 모든 생활기능을 궁극적으로는 어떤 하나의 조건 — 그것이 경제이든, 인종이든, 리비도(Libido)이든, 이념 등 어떠한 것이든 간에 — 의 기능으로서 주장함으로써 진정한 현실을 포착하려는, 넓게 유포되어 있는 입장이다. 이 일원론은 종교를 대체한 것이며, 나쁜 형이상학이고 과학과는 아무런 관련도 없다.[317]

헬러는 국가를 인간적 사회적 생활 형태[318]로 규정하기도 했는데, 이 규정은 선험적인 존재론적 "일원주의적 해설"[319]모델에 대항하여 내재적으로 제안된 것이다. 헬러는 "사회적 현실의 총체성"[320]에 준거하여 현실을 인간들이 설정하는 목적과 그 변화에 따라 변형시켜 가는 방향에서 국가론을 논의하고 있다. 물론 헬러의 비판국가론에서 인간들의 목적 설정이 인간의 본질을 가정하여 그에 따라 결정되는 것으로 이해되지는 않는다. 그의 정치이론에서는 인간이란 인간 자신의 역사의 생산자이면서 동시에 생산물로 이해되고 있기 때문이다.[321]

헬러의 탈일원주의적 "정치학"은 자연법의 일종으로 간주될 수 없다. 그 동안의 헬러연구들에서 헬러의 정치학이론을 자연법적 사유로 해석한 바와는 달리,[322] 헬러는 자연법적 사유의 한계를 잘 인식하고 있었다. 헬러가 말하는 "초실증적 법근본명제"(überpositive Rechtsgrundsätze)도 자연법적 제안이 아니었다. 헬러는 법명제(Rechtssätze)와 법근본명제를 구별하고, 이 후자를 "초실증적 법"으로 규정하고 있는데, 헬러는 이를 "국가적으로

317) Hermann Heller Ⅲ, p.201.
318) Hermann Heller Ⅲ, p.136.
319) Hermann Heller Ⅲ, p.154.
320) Hermann Heller Ⅲ, p.202.
321) J. Blar, "Hermann Heller", *Demokratie und Recht*(H.4) (1976), p.121f.
322) Robbers, *Hermann Heller: Staat und Kultur*, p.52; J. Blar, *Sozialdemokratische Staatslehre in der Weimarer Republik. Darstellung und Untersuchung der staatstheoretischen Konzeptionen von Hermann Hellers. Ernest Fränkel und Otto Kirchheimer*(mit einem Vorwort von Helmut Ridder)(Marburg, 1980), p.124.

설정되는 법"으로 이해하고 있다. 당시 지배하고 있었던 법률이론과는 근본적으로 다르게 "초실증적 법"은 모든 국가적 명령[323]으로서, 자연법이 아니라 그의 규범적 정치이론이라는 관점에서야 정당하게 이해될 수 있다. 이 점은 그가 자신의 규범적 정치이론을 "반(反)형이상학적 현실과학"[324]으로서 특징지우면서 "로고스과학자들"[325]을 비판의 대상으로 삼고 있다는 점에서도 이해할 수 있다. 그는 바로 이러한 맥락에서 다음과 같이 아이러니하게 표현했다. 정치학은 "항상 자신의 고유한 철학과 형이상학을 가진다 — 왜냐하면, 그런 것이 내재적으로 설정되어 온 사상적 세계상이든 어떠하든 간에 그것이 없다면 **정치적 과학**(정치학)은 생각할 수 없기 때문이다."

헬러의 국가론은 실천적 학문이지, 가치 자유적이며 정치 자유적(wert- und politikfrei)학문이 아니다. 한스 켈젠(Hans Kelsen)의 법이론을 비판하면서 그는 "정치적 현실로부터 이론이 해방될 수 있다고 사념하는 것은 국가론을 탈정치화시키기는 커녕 그것을 탈국가화시키며, 가치자유적으로 만드는 것이 아니라 가치 없게 만들어 버린다."[326] 이러한 의미에서 헬러의 탈형이상학적인 규범적인 정치이론은 현상학적으로 "반형이상학적이 아니라 새로운 의미에서의 형이상학이다"고 표현한 해석자도 있다. 헬러는 "이성의 자연법"[327]을 비판하면서도, 비규범론적 회의주의의 늪으로 빠져들지는 않았다. 예컨대 이 맥락은 슈미트와의 대결에서 잘 드러난다. 슈미트는 "정치적인 것"의 개념을 탈규범론적으로, 더 구체적으로 말하자면, 정치가 무엇이어야 하며, 어떠한 목적을 추구하여야 하는지에 관해서 내용 면에서는 어떠한 것도 규정할 수 없으며, 오로지 "적과 동지를 구별하는 결단"에 근거하여 규정하였던 데 반하여,[328] 그는 정치를 일반 타당

---

323) Hermann Heller II, p.227.
324) Hermann Heller III, p.153.
325) Hermann Heller III, p.137.
326) Hermann Heller III, p.150.
327) Hermann Heller II, p.290.

성을 가질 수 있는 규범적 요구를 정초지우는 맥락에서 이해한다. 이 이해에서는 국가란 생활형태, 사회적 형상체(Gestalt), 규범적이고 사실적인 질서이며, 사회적인 형성물(Gebildes)이고, 법적(권리적) 제도이다.

헬러는 정치를 명시적으로 "의지 공동체의 토대위에서 의지 대립들의 조직화"[329]로 정의하고 있다.

헬러는 자연법 전통 등의 형이상학을 비판하면서도 다른 한편으로는 규범성과 정당성을 배제하거나 2차적으로 간주하는 회의주의 물결을 비판하면서 제3의 길을 걸어나갔다. 이를 우리는 **의미적 맥락의 정치**(Politik der sinnhafteten Zusammenhängen)로 압축적으로 표현할 수 있으리라. 그는 사회적 전체 맥락을 "현실적 생활을 재생산하는 총체성"으로 이해하는데, 루카치의 변증법적 매개 개념에서 시사를 받은 것이다. 루카치는 시민사회의 대립들이 나타나는 내재적 의미들을 변증법적 매개의 개념으로써 이해하였다.

> 경험 자체의 대립들을 총체성의 계기들로서, 다시 말해 역사적으로 자신을 변동시켜가는 전체 사회의 계기들로서 파악하고 이해해야 한다.[330]

> 마르크스주의를 부르주아 과학과 구별지우는 것은 근본적으로 역사를 설명할 때에 경제적 모티브의 우선이 아니라 총체성의 관점이다.[331]

물론 여기에서 헬러가 의도했던 그 총체성 개념은 역사적 형이상학적이거나 존재론적이지 않다는 점을 다시 한번 강조해야겠다. 역사적이며 문화적으로 구체적인 총체성 개념을 그는 구상한다.

---

328) K. Sontheimer, *Antidemokratisches Denken in der Weimarer Republik*(München, 1978(1983)), p.81.

329) Hermann Heller III, p.267.

330) Hermann Heller III, p.198.

331) Hermann Heller III, p.198f.

이러한 맥락에서, 헬러가 생철학이나, 몰락을 예언하는 신비론, 행동주의적 투쟁 신화론을 주장하는 이론들을 비판하려는 입장에서 역사를 "의미론적 맥락"을 표현해내는 것으로 이해할 것을 확고히 했음을 강조할 필요가 있겠다. 그의 "의미적 맥락의 역사"론은 아무런 법칙에도 구속되지 않은 채, 항구적인 야만적 투쟁 상태로 이어지는 것도 배제한다.[332] 헬러는 이러한 의미적 맥락의 역사를 보는 시각에서 딜타이(Dilthey), 니체(Nietzsche), 파레토(Pareto), 소렐(Sorel), 슈펭글러(Spengler), 슈미트 등을 비판하는데, 특히 니체 이래의 의미적 맥락없는 "순간성"(Augenblicklichkeit) 이론들을 비판하는 데에 특별히 주목한다. 정치적 의식을 대단히 개별적인 상황의 표현으로 이해했던 파레토 뿐만 아니라 모든 법은 상황법이라고 주장했던 슈미트도 이 논리에 따라 그는 비판한다. 슈미트의 상황법 개념은 끊임없이 변화해 가는 권력 투쟁 상황의 표현에 불과할 수 밖에 없으며, 또한 그러한 만큼, 순간이 아니라 지속가능한 정치적 통치 토대를 구조화하고 정초지울 수 없다는 것이다. 상황법 개념은 순간적인 권력 상황을 "노골적으로" 표현한 것에 지나지 않기 때문에, 초실증적인, 인륜적인 법근본 명제와의 구속력 있는 연계를 맺기 어렵다. 상황법에 대한 헬러의 비판은 상황법은 법이 아니라 자의를 의미한다는 혹평으로까지 나아가기도 했다. 켈젠의 의지없는 "규범은 규범없는 의지에 의해 대체되었으며, 권력없는 법은 법없는 권력이 의해 대체되어 버렸다."[333]고 그는 예리하게 표현하여 공격한다.

헬러는 이에 앞서서 밝혔지만 자신의 정치학을 탈일원론적으로, 탈형이상학적으로, 탈로고스 과학적으로 정초지우면서도 순간성 범주를 강하게 부정하고 있어서 자신의 이론적 토대를 정초지우는 데에 논리적인 어려움이 없지 않음을 솔직하게 토로한다. 헬러는 이 맥락에서 마르크스의 논술,

332) S. Albrecht, *Hermann Hellers Staats- und Demokratieauffassung. Zum Zusammenhang von Demokratie und Sozialismus*(Dissertation: Hamburg, 1983), p.193.

333) Hermann Heller II, p.529; Robbers, *Hermann Heller: Staat und Kultur,* p.84.

『정치경제학 비판을 위하여』(*Zur Kritik der politischen Ökonomie,* (1859), K. Kautsky편, 5판, Stuttgart, 1919)에서 유명한 다음 구절을 다시 기억시키려 한다.

> 정치학은 모든 사회적 역사적인 변동 속에서도 동일한 항수들을 증명해 보일 수 있을 때에만이 일반적으로 구속력 있는 진술을 승인할 수 있다. 예술 영역에서는 이러한 근본 문제를 다름 아니라 마르크스가 이미 제기하였었고, 긍정적으로 답했던 것이다. 마르크스는 '어려움은 그리스 예술과 에토스가 어느 정도의 사회적 발전 형태들과 결합되어 있다는 데에 있지 않다. 어려움이란 그것들이 오늘날 우리에게도 여전히 예술 감흥을 자아내고 있으며 어떤 관계에서는 규범으로서 포착할 수 없는 본으로서 타당하다는 데에 있다' 고 말한다. 하지만 승인된 예술의 고유 법칙성은 예술 영역에만 결코 제한되지는 않는다.[334]

헬러는 "정신의 작동을 생철학적으로 정초지우는 것"이나 "행동주의적인 비합리주의"나 환상주의적 자기기만으로 보는 모든 회의주의적 정치이론에 공유된 순간성 범주에 대항하여, 정치적 사건의 "동일적 항수들"을 바로 의미적 맥락에서 찾았다. 이것은 실천적 이성이 역사적 사회학적 상대화의 위험으로부터 벗어나게 해 줄 수 있다. 물론 이 동일적 항수들은 헬러의 정치이론에서 철저히 역사적이며 사회적이며 문화적이다. 이러한 의미에서 헬러는 다음과 같이 명백히 밝히고 있다. "이러한 상수들의 가장 본질적인 것은, 인간 본질인데, 이 때 인간 본질이란 물론 사회와 역사에 앞서는 것으로서 일종의 이성 본질법에 따라 이해되는 것이 아니라 사회와 역사에 의해서 구조화되는 본질로서 이해되어야 한다."[335]

헬러는 이러한 의미에서의 인간의 본질, 문화, 전통 등에서 의미적 맥락

334) Hermann Heller III, p.99f.
335) Hermann Heller III, p.100.

의 실존을 발견한다. 헬러는 이 의미적 맥락은 모든 이론이 설사 이를 거부할지라도 모든 이론에 작용한다고 본다. 헬러의 정치이론은 규범적이면서도 내재적이다. 헬러는 의미적 맥락의 위기를 비판하는데, 이 비판의 토양 역시 의미적 맥락의 그것이기 때문이다. 계몽주의 이래의 유럽문화사에 흐르는 의미적 맥락을 재구성하는 과제를 제안하며 이를 풀어가려는 것이 **미완의 현대성**을 완성하려는 기획이었다. 이 기획에서 현대는 적어도 두 구조들 사이의 모순에 의해 긴장되는 시간으로 특징지워진다. 그것은 "대단히 거대한 파괴력(해체력) 의미 뿐만 아니라 대단히 거대한 구성적인 의미를 지니고 있다."[336]

II. 경제의 영혼은 정치

헬러는 국가의 기능을 "영역을 통치할 때 상호 영향을 미치는 것을 독립적으로 조직하고 활성화하는 것"으로 본다. 한 영역에서 모든 이익 대립들을 조정할 공통의 지위를 역사적으로 필요하게 되었다는 측면에서 국가의 기능이 설명된다. 국가의 역사적 필요성은 분업이 증대하고 교류의 강도가 짙어지며, 사회적 공동생활의 복합성이 증대하는 등에서 나타난다는 것이다.[337] 국가의 "자립적인" 작동 양식은 "상대적 자율성"의 그것으로서, 역사적 변증법적으로 이해될 수 있다.[338]

헬러는 국가적 지배를 현실주의에 따라 인정하고 있는데, 분업의 증대와 사회적 동질성의 상실에서 그 근거를 읽는다. 현실적으로 여기에서 발

336) Hermann Heller III, p.364.

337) R. Ebbighausen, *Politische Soziologie*(Opladen, 1981), p.77f. 헬러는 국가적인 것이 자율적인 층위로서 특화해나가는 역사적 계보를 축적하면서 국가의 기능변화를 설명하려 한다.

338) Albrecht, *Hermann Hellers Staats- und Demokratieauffassung. Zum Zusammenhang von Demokratie und Sozialismus*, p.212.

생하는 사회적 적대 관계들이 완벽하게 순수한 상태로 "환원" 해소될 수는 없다는 것이다. 사회적 복합성이 증대함에 따라 교류 안정, 법 안정, 계획성 있고 조직화된 질서에 대한 사회적 요청이[339] 국가와 지배를 승인해 주는 근거가 된다.

헬러는 국가와 경제를 구분한다. 이 구분을 통해 그는 이른바 "도구주의적 국가론"을 부정한다. 국가와 경제는 전체 사회적 생활에서는 실천적 관계들을 맺고 있지만 각기 고유한 특수 의미기능을 가지고 있고, 자신의 고유한 법칙성을 지닌다는 것이다. 국가의 상대적 자율성 명제가 독특하게 먼저 제안된 것이다. 헬러는 마르크스주의의 국가론을 이 명제의 시각에서 비판한다.

> 마르크스주의는 문제를 바르게 처리할 자리에 설 수 없다. 마르크스주의는 국가적 기능은 경제적 기능의 하나의 수단에 불과하다고 보는 독단에 빠져 있기 때문이다.[340]

하지만 마르크스주의에 대한 그의 비판은 "경제주의"라는 그 당시 넓게 확산되어온 세계관에 대한 비판의 한 예에 불과하다. 다시 말해 마르크스주의나 마르크스주의를 거부하는 입장에서나 공통되게 나타나는 경제주의적 국가론을 그는 비판한다.

> 지난 세대들에서는 마르크스주의자들에서 또한 적어도 같은 정도로 그 적대자들에서도 다른 가치들과 구별되는 경제적 가치가 인간의 실재적 행동을 현실적으로 지배하고 주도한다는 미신이 확산되었다. 경제는 진정한 현실로서, 담지하는 원인을 제공하는 하부구조로서 간주되었다. 그런데 다른 모든 사회적 기능들 가운데 구체적으로 말하면 정치를 경제적 상황의

339) Hermann Heller III, p.364; p.185f.
340) Hermann Heller III, p.320.

이데올로기적 은폐로, 근본적으로 경제의 부대현상으로서 설명될 수 있다고 하는 2차적 질서의 현실로 간주한다.341)

헬러는 이같은 경제주의적 국가론을 비판하고 국가의 상대적 자율성 명제를 논증할 때 우선 철학적으로 경제인(homo oeconomicus) 모델을 비판한다.

경제인의 목적합리적 행위란 이론적으로 정당화된 하나의 허구이다. 그러나 현실적 인간은 경제적 이성(Ratio)이 강하게 영향을 미치기는 하지만 결코 완전히 해소될 수 없는 자신의 자연상황 및 문화상황과의 연관 속에서 산다.342)

헬러는 경제주의적 오류는 합리성이 "순수하게" 존재함을 전제로 한다는 데에 있다고 보는 듯하다. 그는 합리성을 구성하는 주체들의 공동체적 연관을 주목한다. 물론 이 공동체적 연관에 대해 그가 더 깊게 파고 들어가지는 못했다.343)

울리히 프로이스(Ulrich K. Preuß)가 잘 분석하고 있듯이,344) "바이마르 공화국 시절 국가론의 대세나 본 기본법(Bonner Grundgesetz)은 인민의 본체적 동류성(Gleichartigkeit)과 동질성(Homogenität)에 근거를 두고 있으며, 정치적 동일성을 표상한다." 물론 이 동질성은 실증주의의 국법론에서와 같이 의심할 바 없이 전제되거나 막스 베버, 포르스토프(E. Fortsttoff)에

341) Hermann Heller III, p.321.

342) Hermann Heller III, p.323.

343) 물론 그는 비합리주의에의 함몰을 염려하고 있다. Hermann Heller III, p.100. 하버마스는 이 맥락에 대해 최근 깊은 조망을 던지고 있다. J. Habermas, *Faktizität und Geltung. Beiträge zur Diskurstheorie des Rechts und des demokratischen Rechtsstaats*(Frankfurt am Main, 1992).

344) U. U. Preuß, "Der Staat als Bewußt Produziertes Handlungszentrum", E-W. Böckenförde(ed.), *Staat und Gesellschaft*(Darmstadt, 1976), pp.330-331.

서와 같이, 정치적 질서를 위해서 특정한 통합과정을 거쳐서야 효율적이게 되거나 하는 차이가 있다.

하지만 헬러의 국가론은, 이러한 실증주의의 국법론과 통합론과는 다르게 국가를 주권적 의미 결사체로서 미리 전제하는 것이 아니라 의지 결사체로서의 국가의 성립을 사회적 산물로서 현실과학적으로 이해하려 한다.[345)]

규범적으로 볼 때나 사실적으로 볼 때, 종교적이거나 전통적이거나 민족적인 공동체 가치가 한 지역 구성원들의 정치적 동질성을 정초지울 수 없다는 것이 현대성을 특징 지운다.[346)] 헬러는 한 지역에 거주하는 자들의 상대적인 자연적인 혹은 문화적인 통일성이 그 자체로는 결코 국가의 통일성을 결과시키지 못한다는 점을 지적한다. 국가의 통일성은 궁극적으로는 의식적인 인간의 행동의 결과로서, 의식적인 통일성 형성으로서, 조직으로서만 정의될 수 있다는 것이다.[347)] 정치적 통일성을 확고하게 얻어내려면, 인민의 이미 주어져 있는 본체적인 동일성, 동류성, 동질성의 기능이 아니라 지역을 구성하는 사람들이 전체 사회적 재생산에 필요한 인간적인 실적을 쌓는 것을 상호 조정하여, 하나의 상호 관련 맥락으로 세우는 과정의 결과이다. 한마디로 말하면, 조직 과정의 산물이다.[348)] 헬러는 전체 사회적 재생산을 말하는데, 사회구성원들의 경제적인, 사회적인, 문화적인 실존의 전체적 조건들을 그 사회구성원들의 활동에 의해 제기되는 그 과정을 의미한다. 국가적 통일성은 합리적인, 조직하는 활동의 산물이며, "행위하는 기관"[349)]에 의해 활성화되는 데 이 기관의 활동을 국가 강제력으로 표현한다는 것이다.[350)] 즉 국가의 통일성은 전체 사회적 맥락 속에 있으며, 이 맥

---

345) Preuß, "Der Staat als Bewußt Produziertes Handlungszentrum", p.332.
346) Hermann Heller III, p.433.
347) Hermann Heller III, p.341.
348) Hermann Heller III, p.339ff.
349) Hermann Heller III, p.344f.
350) Hermann Heller III, p.249ff.

락의 지속성과 실적력은 "의식적인 인간적인 행동"의 성과이다.[351] 이 맥락에서 "국가는 의식적으로 생산되는 행위중심이다"고 프로이스는 적절히 표현했다.

헬러는 환원주의를 배제하면서, 경제하는 것 그 자체가 정체로서 인식한다. 이 인식은 리꾀르가 정치는 "경제의 영혼"으로 간주했던 바를 앞지르는 것 같다. 헬러의 한 연구자는 이 맥락을 다음과 같이 표현했다.

> 국가를 사회적인 경제적인 갈등 위에 '상위의 제3자'로 생각하는 입장(파시즘적 이론)이나 저 경제적 사회적 계급의 '무장한 시녀'로 보는 입장(마르크스주의적 견해), 이 양자를 헬러는 거부했다. 그렇다고 헬러가 보는 국가는 켈젠이 가정하듯이 법의 시스템도 아니다.[352]

헬러의 정치이론에서 국가는 "경제적 기능"만으로서는 결코 이해될 수 없으며, 상대적으로 안정된 구조로서 서술될 수 있다. 헬러는 국가는 정치의 표현이며, 전 정체적 세계 그 자체는 아무런 질서도 인간을 위한 보증자도 되지 못한다고 본다. 바로 이 점에서 그는 "생산의 아나히(Anarchie)는 경제 생활의 정당한 질서에 의해 대체되어야 한다"[353]고 주장했다.

헬러는 "적절한 경제적 자원들이 없다면" "정치 권력의 행사"는 생각할 수 없음을 분명하게 인식하고 있다.[354] 이 경우 헬러가 문제시하고 있는 바는, 정치 권력과 경제 권력사이의 긴장이다.

> 경제 권력이 소수자의 손에 집중되면서 정치 권력이 민주 정부의 결과보다 더 넓게 확대되면서 심각한 긴장이 발전했다.[355]

351) Hermann Heller III, p.341.

352) Kennedy, "The Politics of Toleration in Late Weimar: Hermann Heller's Analysis of Fascism and Political Culture", p.121.

353) Hermann Heller III, p.290.

354) Hermann Heller III, p.40.

또 그는 이렇게도 말했다.

> 정치 권력 축으로부터 경제 권력 축이 분리되는 것이 현재의 자본주의적 민주주의의 가장 특징적인 긴장의 원천이다. 인민의 거대한 대중들은 무기명 투표 상자와 입법 의회라는 반경 내에서 경제 시스템을 규제하려 하는 한편, 경제 리더들은 일단 일어난 민주주의적 간섭에 의해서 위협받으면서도 정치권력의 간접적인 직접적인 통제를 얻으려 노력한다.[356]

헬러의 정치이론에선 어떠한 사회적 긴장 형태는 그의 지배 개념과 곧바로 연결된다. 현실주의 입장에서 출발하는 그의 정치이론은 지배의 정당성을 탐색한다. 이 탐색은 민주주의적 법치국가 이념으로 나타난다. 헬러는 지배의 정당성을 제기하는 정치사회학을 제시한다.[357] 사실적으로 지배인 그것은 그 지배를 수용하는 자들 속에서 적어도 부분적이나마 자신의 관점 속에서, 정당한 것으로 나타나야 한다는 것이다. 이러한 의미에서, 헬러의 규범적 정치이론에서는 지배란 항상 인간들의 지배이다.

지배의 정당성은 "이익들을 측량하는 척도의 구속적인 바름"이 있음을 규범 수요자들이 믿는다는 것을 의미한다.[358] 우리는 이러한 헬러의 지배 이론을 보면서 막스 베버의 지배사회학을 연상할 수 있다.[359] 헬러는 종교적, 정치적, 경제적, 그 밖의 여러 긴장 대립들을 초래시키는 적대적인 사회구조들에 대해 말하고 있다.

지배의 완전한 제거가 아니라, 지배의 정당성을 이론 틀로 제기하면서 헬러는 결사이론에로 되돌아간다. 결사 단위를 한정하는 차원에서 목적을

355) Hermann Heller Ⅲ, p.40.

356) Hermann Heller Ⅲ, p.41.

357) Hermann Heller Ⅱ, p.62; Hermann Heller Ⅲ, p.344; p.359.

358) Hermann Heller Ⅲ, p.297.

359) J.B. Blau, *Sozialdemokratische Staatslehre in der Weimarer Republik, Darstellung und Untersuchung der staatstheoretischen Konzeptionen von Hermann Hellers, Ernest Fränkel und Otto Kirchheimer(mit einem Vorwort von Helmut Ridder)*, p.92.

구성하는 차원에서 지배가 설정되고 있다. 아마도 우리는 이러한 지배를 긍정적이라 부를 수 있으리라.[360] 헬러의 지배 개념은 지배의 정치사회학사에서 특이한 성격의 것이다. 지배란 헬러에서 사회학적으로 사회윤리적으로 항상 국가의 통일성을 위하여 구성되는 긍정적인 재현의 측면도 포함한다.[361] 국가란 이러한 지배 개념에 조응하여 인간적 결사체와 그 재현 기능으로서 원칙상 승인된다. 개인주의적 합리성 원칙에 따라 개인들 사이의 긴장을 매개하는 부정적 제3자로서의 국가가 아니라 헤겔 이래의 인륜성 원칙이 실현되는 그 국가론이 헬러의 정치이론 세계 속에 스며들어 있다.

규범적으로 헬러의 정치이론에서는 "지배 없는 사회"라는 이념이 살아 있다. 현재의 위기를 극복하기 위한 비판적 척도로서 승인되고 있다. "계급 없는 사회"일지라도 일반의지는 전체의지와는 같지 않다고 주장하는 루소의 명제를 그가 활용하는 맥락에서 이 점을 잘 읽을 수 있다.

이러한 지배 개념은 그의 민주주의 이론과 독특하게 연결되어 있다. 그의 민주주의론은 다음 두 차원으로 구별될 수 있다. 그 하나는 원칙적 논리적 차원이고, 다른 하나는 경험적 사회학적 차원이다.

(1) 원칙적 논리적 차원 :

헬러에서 민주주의란 다양성(Vielheit)으로서의 인민에 대한 통일성으로서의 인민의 지배이며,[362] "아래로부터 위로의 권력건조"이다.[363] 원칙적으로 민주주의란 헬러에서는 사회적 동질성의 이념을 전제로 한다. 헬러의 민주주의 개념에서는 "의식을 가지고 생산되는" 국가라는 발상은 최소한의 사회적인, 전국가적인(vorstaatlich) 동질성이 없다면 생산될 수 없다. 바로 이러한 관점에서 헬러는 바이마르 공화국 시절 위기의 원인으로서 궁극적으로는 사회적 동질성의 위기를 인식하고 있다.[364] 사회적 동질성이 결

360) 이와 관련하여 서규환, 「제3의 비판권력론 - 권력의 변증법」.
361) Hermann Heller Ⅲ, p.161; Hermann Heller Ⅱ, p.96.
362) Hermann Heller Ⅱ, p.469.
363) Hermann Heller Ⅲ, p.359.

어됨으로써 국가의 통일성을 보증하기 위해서 권력을 행사하는 민주주의의 경험적, 사회학적 차원에 도전받고 있다. 이질적인 사회적 이익을 지배합리성에 따라 관철시킬 수 있기 위해서는 사회적 동질성의 잠재가 필요하며, 이 토대에서 "모든 생활영역의 민주적 변형"이 일어날 수 있으며 가능할 수 있다는 것이다.[365] 물론, 헬러가 말하는 사회적 동질성의 잠재가 탈역사적이며 존재론적인 형이상학적 전제가 아니다. 현대성을 특징지우는 유럽의 역사적 사회적 생산물이다.

헬러가 "다양성으로서의 인민에 대한 통일성으로서의 인민의 지배"로 민주주의를 이해했을 때 이 발상은 "민주주의를 민주화시키는 사회적 실천"과정은 "부르조아와 민주주의를 지양하기 위해서는" 결정적이었다.[366] '민주주의의 민주화'란 그가 "사회적 이념"(soziale Idee)을 "정치적 민주주의를 경제적 민주주의에로 더욱 발전시키려는 것"으로서 특징지울 때 그 의미가 잘 드러난다. "경제 생활에 정당한 질서를 부여하여", 사적 소유를 가능한 한 광범위하게 제한하여, 소박한 법치국가를 민주주의적 사회적 복지 국가로 변형시켜 나갈 것을 그는 제한한다.[367] 에비히하우젠(R. Ebbighausen)이 예리하게 관찰하고 있듯이,[368] 헬러는 1920년대 말에 "부르주아 법치국가(bürgerlicher Rechtsstaat)개념에 대항하여 "사회적 법치국가"에 대한 요청을 처음으로 제안하고, 노동과 재화의 질서에서 물질적인(실질적인) 법치국가 사유를 확대하려 한다.[369]

---

364) Hermann Heller II, p.427; p.431; p.433; p.469.

365) R.Waser, "Nationaler Kultursozialismus oder Aufhebung?", Ch. Muller& I.Staff(eds.)(1984), ※ p.532.

366) Waser, Nationaler Kultursozialismus oder Aufhebung?, p.552.

367) Hermann Heller II, p.290f; R. Voigt, "Soziale HJomogenitat als Voraussetzung des demokratisch-sozialen Wohfahrtsstaates - eine vergessene Erkenntnis?", Ch. Müller&I. Staff(eds.)(1984), ※ p.403.

368) Ebbighausen, *Politische Soziologie*, p.62.

369) 오토 칼리하이머(Otto Kirchheimer)는 막스 아들러 특히 1992년 『마르크스주의 국가론』(*Staatsauffassung des Marxismus*)과 관련하여 "민주주의"라는 낱말과 "정치적"이라는 낱말이 결합하는 것은, 인민의 정치적 지배만을 개념규정하고 있을 뿐이며, 20세기

헬러는 그 당시의 국가의 위기를 이해할 때 사회적 동질성의 결여에서 그 궁극적인 원인을 찾았다. 그는 그 당시의 정치 상황에서 나타난 "형식적인 평등이 사회적 동질성이 없어서 가장 급진적인 불평등으로 이어지고, 형식민주주의는 지배계급의 독재를 위한 수단이 되어버렸다."고 이해했다.[370]

(2) 경험적 사회학적 차원 :

민주주의의 사실적인 가치공동체 원칙을 표현해 주는 이 역동적인 가치공동체를 고려하지 않고서는 의회주의, 다수 원칙, 대의제 원칙 등이 실질적으로 제대로 이해되지 못한다.[371] 헬러는 "국가를 한 지역에서 결정하는 층위를 한정하는 행위들의 통일체"로 부르기도 하는데, 이는 "모든 정치의 근본 문제가", 지역 결정을 구성하는 의사 행위들을 다양성 속에서 또 자신의 지역 단위를 둘러싼 다른 영역 지배들의 다양성 내에서 지역 결정의 이 통일성을 성립, 유지시키는 것이다.[372] "민주주의와 다수지배" 문제 틀을 제기하면서 오페는 우선 다음과 같은 상황을 지적하고 있다.

> 정치철학의 이 거대한 테마들에 대해서 어떠한 결정적인 해답도 주지 못했다. '영구히 의심스러운 그러한 근본 요소 망에 속하는 것은, 모든 정치철학과 모든 정치 실천의 근본 문제, 즉 다양성에서 어떻게 통일성이 되는가' 하는 문제도 포함된다. — 다수에 의해 결정을 내린다는 것은 궁극적으로는 부분들의 대립에 대해서 전체의 통일성에 타당성을 부여하는 데에 있

들어서서 결정적으로 되고 있는 경제적인 권력관계에 관해서는 아무것도 말하고 있지 않다고 밝혔다. O. Kirchheimer, *Politik und Verfassung*(Frankfurt am Main, 1964), p.17.

370) Hermann Heller II, p.430.

371) Kirchheimer, *Politik und Verfassung*.

372) Hermann Heller II, p.432f. 이러한 맥락과 비슷한 것을 Bernd Guggenberger와 Claus Offe도 논증하고 있다. 이들의 편저 *An den Grenzen der Mehtheitsdemokratie. Poltik und Soziologie der Mehrheitsregel*(Opladen, 1984).

다.[373)]

헬러에 있어서도 모든 정치 권력은 궁극적으로는 피지배자들의 동의와 연결되어 있으며, 그는 민주주의가 독재적 지배와는 다른 것은 아래로부터 위로 권력을 형성해가는 원칙으로써 특징지우고 있다.

헬러는 시 단위의 대표자들을 선별한 필요성을 강조한다.[374)] 그는 사회학적 현실주의자였다. 민주주의, 즉 "다양성으로서의 인민에 대하여 통일성으로서의 인민이 지배한다"는 원칙은, 대표제(Repräsentation)에 의해서만 가능하다. 다시 말해, 연합된 대중들의 대립들로부터 상대적으로 독립성을 가진 정부 결단 강제력을 인정하지 않고서는 민주주의가 현실적으로 실현될 수 없음을 그는 승인하고 있다. 요청되는 그 통일성을 구성해 낼 유일한 가능성은 그렇게 현실적으로 제시되어 있을 뿐이기 때문이다. 그리하여 대표자들을 선별하는 과정은 정치적인 통일성 형성의 동태성에서 심지어 가장 중요한 단계라고 그는 논평하기까지 한다.[375)] 하지만 헬러는 대의제와 다수원칙은 "인민이 주권성의 주체가 될 수 있으며, 다양성으로서의 인민이 지배할 수 있는 기술적 수단"[376)]일 뿐이다.

이러한 맥락에서 헬러의 규범적 정치이론에서는 "유럽의 정치적 위기는[377)] 우선 "의회주의나 대의제의 죽음으로 나타나지만 심층적으로는 가치 및 의지 공동체의 손상" 으로서 나타난다. 왜냐하면 "필요불가결한 공통의 토의 기초가 허구적으로 위험하게 재현되기 때문이며, 깊이 동요하기 때문이다."[378)] 헬러는 다음과 같이 강하게 이 맥락을 명제적 표현으로 압축한다.

373) B. Guggenberger&C. Offe, *An der Grenzen der Mehrheitsdemokratie. Politik und Soziologie der Mehrheitsregel*, p.12.
374) Hermann Heller II, p.622.
375) Hermann Heller II, p.426.
376) Hermann Heller II, p.97.
377) Hermann Heller III, p.469.
378) Hermann Heller II, p.469.

다수결은 총체성 내에서만이 정치 규범적으로나 논리적으로 의미롭다.[379]

"차이성과 동일성을 정치적으로 유화시키는 문제"는[380] 분업이 끊임없이 증대해감에도 불구하고 전체 사회적 맥락에서 통합을 이루어내야 하는 문제를 의미한다. 국겐베르거와 오페는 이 문제를 현대성의 정치적 딜레마로 표현하고 있다. 제법 길지만 인용할 가치가 있다.

> 서구 자본주의적 산업사회의 현대적 정치 시스템은 차이성과 동일성의 정치적 유화 문제에 대해서 특히 다수규칙이라는 결정 절차에 핵심적인 지위를 부여함으로써 대처하고 있다. '현대성'이란 어떤 의미에서 볼 때, 사회의 구조적인, 기능적인 분화와 같은 의미를 가진다. 즉 공존하는 이익들, 기능적인 준거들, 가치 시스템들의 다원성이 있는데, 이들의 다양성이 결코 영구히 규제되지 않으며, 권위주의적으로나 전체주의적으로 차단당하지 않고 정치적 책임이 지워지며 질서지워지지 않으며, 위계제적 도식 속에서 억압받지 않는다는 것이다. 물론 「현대성 속에서는」 이런 위계제적 도식은 정당화되지도 않으며 실행되지도 않게 한다. 그러나 다른 한편, 바로 그 분화성과 다원성은 그 자체에서 일체화 · 규제화 · 조정 지휘의 필요가 생겨나지만, 이를 무시할 수도 없지만 물질적인 '진정한' 규범 인식의 선 모델에 따라 복구될 수도 없다.[381]

헬러의 사회학적 현실주의에서 민주주의의 그 "기술적 수단"인 대의제와 다수 원칙은 "다름 아니라 일반의지에 의해 이해된 헌정의 틀 내에서만"[382] 서 있는 직접적인 현실의 질서에 근거해 있다.[383] 다시 말하자면 대

379) Hermann Heller II, p.469.
380) Gruggenberger & Offe, *An der Grenzen der Mehrheitsdemokratie*, p.9.
381) Gruggenberger & Offe, *An der Grenzen der Mehrheitsdemokratie*, p.9.
382) Hermann Heller II, p.97l; Hermann Heller III, p.467.
383) 이 맥락에서 재현(대의제)모델에 대한 푸코의 논술이론적 비판도 참조할 가치가 있다.

의제와 다수 원칙은 민주주의를 위한 필요조건이기는 하지만 충분조건은 결코 아니라는 것이다. 다수 규칙은 다른 많은 조건들과 원칙과 더불어서 — 물론 긴장을 일으키면서 — 민주주의를 정초지울 수 있다. 예컨대, 관용, 절제, 공론, 잠재적 다수에 대한 잠재적인 소수의 신뢰감 등등.[384)]

헬러는 의회주의가 가능하려면, 어느 정도의 사회적 동질성이 필요함을 전제하면서, 다수에 의해 승리한 자들 자신도 구체적인 가치 및 의지 공동체의 총체적 실존을 그때마다의 각 승리보다 더 높게 평가하였다.[385)] 헬러에 의하면, 의회주의의 정신사적 토대는 공적토의에의 믿음이 아니라, — 공통의 토의 근본상황의 실존에의 믿음이며, 또한 적나라한 폭력을 배제한 가운데 서로 일체화될 수 있음을 의미하는 "내정치적(innerpolitisch) 적대자"를 위한 페어 플레이(fair play) 가능성에의 믿음이다.[386)]

헬러의 사회적인 민주주의는 사회적으로 상호 연대하는 건강한 공론을 지배의 정당화로서 승인하려 한다. 자유주의적 민주주의에 대항하여 그는 전체 사회의 현실주의적 해방으로서 사회적인 민주주의를 제안하고 있다. 또 그는 사회적인 민주주의를 현실화함으로써만이 국가의 통일성도 보증된다고 보았다. 또 오늘 날의 국가의 계급구조도 국가의 통일성을 위협하는데, 사회적인 민주주의를 통해서만이 극복될 수 있다고 그는 믿었다.[387)]

Ⅲ. 사회적 동질성과 이질성

헬러가 사회적 동질성과 이질성에 대해 어떻게 논의하는지를 논평하는 맥락에서 다원주의와 조합주의를 논의하지 않을 수 없다. 이들 논점은 최

M. Foucault, Les Mots er les Choes(esitions Gallimard, 1966).

384) Gruggenberger & Offe 1984, *An der Grenzen der Mehrheitsdemokratie,* p.12.

385) Hermann Heller II, p.469f.

386) Hermann Heller II, p.427.

387) Hermann Heller II, p.431; Hermann Heller III, p.155.

근 더욱 강하게 부상하는 뜨거운 쟁점이라는 관점에서 특히 그러하다. 헬러는 헤겔이 국가를 권력이론적으로 파악한 입장을 수용하면서도 독일 민족주의 국가를 정당화하는 그 역할 측면을 제거한다. 헬러는 헤겔의 정치철학이 정치 권력이 본질이 폭력이 아니라 권력 관계에 있다고 보는 데 있다고 보았다.[388]

헬러의 국가론에서는 정치적인 것의 개념은 이질성 개념을 전제로 하고 있다. 현존하는 동질성의 형식과 내용이 조직력을 지니고 있지만 조직될 필요가 있는 이질성과 맺는 관계를 그는 정치적 실재와 이론의 핵심 문제로 간주한다. 그는 의지 공동체를 기초로 하여 의지 대립들을 조직하는 관점에서 정치를 규정하고, 이 맥락에서 개인주의적 결사이론과 유기체론적 결사이론을 비판한다. 그가 주목하는 것은, 전체성과 그 구성부분들의 변증법적 관계에 의한 "열린 형상"(Gestalt)이 구성되는 맥락이며, "구체적인 현실 총체성 내에서 국가적인 현실의 장소를 확정지우는" 일이다.[389] 예컨대 그는 라스키의 다원주의 이론을 일종의 아나키즘이라고 규정하고 거부한다.

> 영국의 국가이론가 라스키는 원래 기르케(Gierke)의 유기체론으로부터 영향을 받았는데 오늘날 일종의 아나키즘적 다원주의를 요청하는 것은 결코 놀랍지 않다.[390]

헬러는 라스키의 다원주의 이론에서 나타나는 위험한 재현(대의제), 달리 말하면, "주권 주체의 결여"를 분명하게 지적한다. 라스키는 재현 문제에서 "나의 지지를 얻어내기 위해서 내 자신에 효율적으로 친숙하게 목적

388) H. Arendt, *Macht und Gewalt*(München, 1970). 하버마스는 아렌트의 권력을 "소통적 권력"으로 어의를 구체화해내어 논의하고 있다. J. Habermas, *Faktizität und Geltung*(Frankfurt am Main, 1992), p.182ff.

389) Hermann Heller III, p.195.

390) Hermann Heller III, p.194.

을 설정하는 자들과 내가 관계를 가질 수 있게 하는" 문제만을 읽고 있을 뿐이라고 한다.[391]

의식을 가지로서 생산한 행위 중심체로서 국가를 이해하는 헬러의 시각에서 "국가의 통합적 우선"(Willke) 과제가 조합주의와는 다르게 단념되지는 않는다. 오페가 예리하게 지적하듯이, 조합주의적 조정 모델은 사회를 우선 협소하게 파악하는데, 비국가적인 지평에서 탈중심적인 거시 조정을 모색하려 한다. 조합주의는 국가를 핵심적인 조정 중심체라는 무거운 과제에서 풀어주면서 여러 협상 파트너들 가운데 하나로 설정하고 국가의 조정과제를 지엽적인 통치 사항으로 넘겨버리게 한다. 조합주의는 제한된 공론에 근거해 있다는 점에서 다르지 않다. 달리 말하면 다원주의라는 이름아래 제시되는 입자들의 문제는 다원성을 제한시킨다는 비판이다. 혹은 탈중심화된 명제의 가면을 쓰고서는 여전히 은밀한 집중화를 지속시키려는 전략이라는 비판이다.

조합주의의 한계를 비판할 때 헬러가 주목하는 대목의 하나는 다름아니라 공론의 제한된 정치화 혹은 탈정치화의 위험이다. 그는 "조합적(korporativ)이거나 직업신분적(berufständisch) 국가"를 "민주주의를 가장한 허구이며, 독재를 지지할 수 있다"고 보았다.[392]

헬러의 사회적 민주주의적 법치국가 개념은 자치 관념을 내포하고 있다는 "조합"이라는 개념과 어느 정도 상응하지만, 이 조합 개념은 근본적으로는 비정치적이고 정치적인 의지 질서 및 동일성 형성 그 자체에는 아무것도 기여할 수 없다. 민주주의에 따라 국가를 구성하려면 비정치적으로 사유되는 조합에 의해서는 불가능하고, 조합 개념에 따라 국가를 민주주의적으로 변용시키려 한다면 국가의 종말을 의미하리라고 그는 보았다.[393] 비정치적인 조합이 정치적 동일성 형성과 국가적인 동일성 형성에 무능하

391) Hermann Heller II, p.50.
392) Hermann Heller II, p.458.
393) Hermann Heller II, p.458; p.459.

다는 사실은 "위로부터의" 동일성 형성을 필연적이게 하고, "조합적 국가"는 오히려 독재로 변용되어가며, 중앙집권적인 강제력 결집이 필연적으로 요구되며, 결론적으로 말하면 조합주의적 이념과는 정반대의 결과가 초래된다. 헬러의 정치이론에서 독재적이란 "사회적 무정부"[394]의 즉 국가적 동일성의 정반대의 정치적 결정 형태이다.

Ⅳ. 비판정치학 발상과 그 한계

헬러는 자본주의에서는 내재해 있는 사적 경제 권력과 정치적 민주주의 사이의 긴장은 항상 정치의 죽음이라는 가능성, 구체적으로 말하자면 파시즘적 독재의 가능성을 내재한다고 주장한다. 그에게서 자본주의란 반달리즘(Vandalismus)이며, 사회주의는 이에 대한 대응적 표현이다. 사회주의는 생활관계의 인간존엄적이며 정의로운 질서로서, 그 궁극적인 정초 근거를 사회적 정의 이념에 — 우리의 상호적인 관계의 인륜적 형상화에 있다고 본다.[395] 헬러는 사회주의를 다음과 같이 정의한다.

> 사회주의는 인간과 인간 사이의 관계의 내화(Verinnerlichung)를 향한 깊은 동경의 표현이다. 그것은 궁극적으로 외적인 사회를 내적인 공동체에로 변용하려는 변용에 대한 희구이다.[396]

> 사회주의란 경제에 대한 공동체 권위의 정당한 지배이다.[397]

헬러의 이 사회주의 개념규정에서도 특별히 주목해 볼 맥락은 변화된 형

394) Hermann Heller II, p.606; p.587; p.508.
395) Hermann Heller I, p.442.
396) Hermann Heller I, p.444.
397) Hermann Heller I, p.443.

태 속에서 국가를 지속시켜가는 그의 발상이다. 속류 마르크스주의자들에 대항하여 그의 사회주의는 "국가의 지양이 아니라 국가의 순화(Veredelung)이다."[398)]

그의 사회적 민주주의는 물질적(실질적)인 법치국가 사유를 노동과 재화의 질서에로 확장시키는 것 이외에 다름 아니다. 국가가 사적 경제 지도자들에 의해 "재중세화 되어가는" 경향에 대항하여 그는 "사회주의적 근거들에서 출발"하는 "권위있는 국가"를 인정한 헬러의 국가이론에서는 계획과 자유는 본질 없는 추상으로서 이해되는 경우에만 상호 대립적이다.[399)] 루돌프 힐퍼딩(Rudorf Hilferding)의 "조직화된 자본주의" 명제 — 자유로운 경쟁이라는 자본주의적 원칙이 계획적 생산이라는 사회주의적 원칙에 의해 원칙상으로 대체되어 간다는 명제 — 와 유사하게, 헬러는 국가의 권위를 조직화된 생활 형태로서 승인하고 있다. 즉 "각 정치적 권위에 필요한 사실적인 권력을 — 오늘날의 국가는 사자본주의적(privatkapitalistisch) 권력들의 하수인이기를 그만두고 안과 밖으로 효율적인 경제 권력을 자신의 통제아래 둘 때만이 획득할 수 있다"는 것이다.[400)]

헬러의 정치이론을 논평하는 자리에서 그의 "민족적 문화공동체" 개념이 민족주의적인가 하는 문제를 제기해 볼 필요가 있을지 모르겠다. 헬러는 민족을 "문화공동체"로 본다.

> 행동 양식과 가치 설득의 공동체가 문화공동체로서 인민은 민족이 된다.[401)]

헬러는 문화는 사회주의 속에서만 가능하지만 동시에 또한 수천 년을 통해 구성되어 온 문화 형태와 생활 형태는 오직 국가 속에서만 가능하다고

398) Hermann Heller Ⅰ, p.496.
399) Hermann Heller Ⅲ, p.389.
400) Hermann Heller Ⅲ, p.413.
401) Hermann Heller Ⅰ, p.462; p.458.

주장한다.[402] 이 맥락에서 계급투쟁 개념은 특별하게 변용되어 간다. 즉 교육 정책적 문화적인 의미를 이 계급투쟁 개념이 얻는다. 계급투쟁이란 헬러의 정치이론에서는 노동계층이 스스로 민족 속으로 파고 들어가는 투쟁임을 의미한다. 여기에 필요한 것은 노동계층이 "전체 인간적인 문화사"를 그 자신 속으로 흡수하여 노동자 문화로 변형시키는 것이다. 따라서 헬러에서 계급투쟁이란 민족의 균열이 아니다. 오히려 계급지배를 극복함으로써 민족적 문화공동체를 역사적으로 완성할 수 있다는 것이다. 물론 헬러가 말하는 민족이란 근본적으로 문화 개념이고, 따라서 철저히 역사적이고 사회적이다. 또 정당한 공동체라는 이념의 표현으로서의 사회주의는 어떤 한 계급이나 민족에게만 관련되지 않은, 즉 일반적인 타당성을 가진다.[403]

발군의 국가형성 원칙으로서의 민족은 민족국가를 필연적으로 요구하지는 않는다.[404]

헬러가 주장하는 민주주의적인 "사회주의적 정치"[405]는 시민에의 도덕적 요소[406]와 결합되어 있다. 헬러의 사회적 법치국가 이념은 시민을 사회주의 속에서 형상화시키는 것을 의미한다. 이 의미에서 헬러에서 시민사회와 사회주의는 서로 대립된 원칙들이 아니라 오히려 민주주의 발전 계기들이다. 그는 사회주의적 시민사회를 먼저 제안했다. 사회적 법치국가에서야 시민적 혁명이 완성된다. 그의 사회주의 이념은 "시민사회"를 생산적으로 확대시킴으로써 민주주의를 개혁주의적으로 확대시키려는 사유에 정향되어 있다. 여기에서 사회주의 사유에서의 시민사회라는 독특한 발상을 헬러

402) Hermann Heller Ⅰ, p.429; p.444; p.476; p.553.

403) Hermann Heller Ⅰ, p.445.

404) 개별 문화의 담지체로서의 민족은 통합된 유럽의 전제이다. Robbers, *Hermann Heller: Staat und Kultur*, p.98; "영구평화 이념에로 끊임없이 다가가는 과정에서 다음 단계는 유럽연방국가이다" Hermann Heller Ⅰ, p.424.

405) Hermann Heller Ⅰ, p.434.

406) Ebbighausen, *Politische Soziologie*, p.75; Blau, *Hermann Heller*, p.141.

407) Hermann Heller Ⅲ, p.206 적어도 나타나있는 문헌으로만 보면 최근 주목받고 있는 사회주의적 시민사회론 — 키인(J. Keane), 헬드(D. Held), 코헨과 아라토(J. Cohen & A. Arato) 등 — 은 헬러와는 별도로 발전해 온 것 같다.

는 헤겔의 시민사회론을 비판적으로 수용함으로써 발전시킨다.[407] 물론 이 경우 그는 대의제 민주주의에만 근거하는 자유주의 정치이론과 그 실제에 한계를 겨냥하면서도 마르크스주의의 독단적 판단을 부정하려는 의도가 흐르고 있다.[408]

물론 헬러가 시민사회를 있는 그대로 긍정적으로 보지는 않는다. 시민사회는 부르주아지와의 사회이기도 하기 때문이다. 부르주아지는 사회적 정치적 권위를 절대화하고 그 속에서 자신의 최종적인 영혼적 정신적 근본기초를 소유하려 한다. 부르주아지란 모든 각 관점에서 자신의 사회적 정치적 안전 장치에 의해 자신의 포만감을 느끼는 시민들이다.[409] 헬러는 궁극적으로 건전한 시민과 구별되는 부르주아지를 탈정치화된 시민으로 특징지우면서, 정치화된 시민들, 즉 사회주의적 시민사회를 살려가려 한다. 이러한 관점에서 헬러의 정치이론은 사회주의와 시민사회를 종합하려한 본격적인 비판정치학을 먼저 제안한 거목이라 평가할 수 있다.

> 사회주의적 노동운동이 시민적 문화 형태를 수용한다고 해서 부르주아화 할 위험은 결코 자명하지는 않다. — 급진적 변혁을 통해서 유럽 문화의 집단주의적 단계가 오는 것을 보는 그러한 자들은 그 변혁 속에서 모든 시민적 생활 형태들의 거부를 본 것이 아니라, 오히려 그것의 헤겔식 지양을, 즉 그것의 배제 뿐만 아니라 그것의 논증과 보다 높은 승화를 보는 것이다.[410]

이러한 관점에서 헬러는 실제와 이론의 위기를 극복하기 위해서 당시 다양한 형태의 순간성 발상을 비판하면서 의미적 맥락의 이론을 구상하는 제

408) Hermann Heller Ⅲ, p.208.
409) Hermann Heller Ⅱ, pp.628-629.
410) Hermann Heller Ⅱ, p.640f 오페의 정치이론과 비교해 보는 것도 의의가 있다. J. Keane, "Introduction", Offe, *Contradictions of the Welfare State*(London, 1984) ; J. Keane, *Public Life and Late Capitalism*(Cambridge University Press, 1984)를 참조할 것.

3의 길을 제시한 선구자였다. 물론 그의 이 제3의 길은 변화된 현실을 충분히 사회과학적으로 구체적으로 분석하는 모습을 보여주지도 않으며, 여전히 "노동" 매체의 좁은 시각을 넘어서지도 못하는 시대적 아쉬움이 있기는 하다.

제9장 비판이론의 숲 "계몽의 변증법"을 떠나가는 하버마스의 산책

Ⅰ. 프랑크푸르트학파의 역사에 대한 짧은 회고

"프랑크푸르트학파가 테러의 한 원인이다." 이는 1977년 10월 그당시 독일 바뎀뷔르템베르크주 CDU의장 필빙어(Filbinger)가 튀빙겐 대학 500주년 기념강연에서 한 말이다. 헤센주 CDU 당대표 드레거(Dregger) 역시 그해 바이에른 라디오 방송을 통해 이 말을 반복했다.

흥미로운 것은, 바로 거의 같은 시점에 프랑크푸르트시 시장 발터 발만(Walter Wallman)은 사회학자 노베르트 엘리아스(Norbert Elias)에게 아도르노 상을 수상했다. 이는 아도르노와 엘리아스의 역사적 의미를 부여하는 것을 선언하는 것이었다.

학생운동의 열기가 완전히 가라앉아 있던 그 무렵에도 프랑크푸르트학파를 보는 눈들은 하나가 아니었다. 첨예한 대립의 시선들이 있었다. 이제 프랑크푸르트학파의 전통을 살려가는 하버마스가 좌파와 우파를 넘어서 광범위한 관심을 얻고 있는 지금, 프랑크푸르트학파와 그 연구소의 역사에 대해서도 회고해 볼 가치가 있다. 이제야말로 정치적 편견과 음모가 스며들지 않은 그 역사의 서술과 논평이 가능한 시점이 아닐까.

프랑크푸르트학파와 그 연구소의 역사는, 비거스하우스가 지적하듯

411) Rolf Wiggershaus, "Die Geschichte der Frankfurter Schule", *Neue Rundschau* 89(1978), pp.571-587.

이,[411] 동화같은 얘기로 들린다. 1890년 독일계 곡물 거상 헤르만 바일(Hermann Weil)이 아르헨티나에서 엄청난 부를 축적한 다음에 독일에 돌아왔다. 그의 외아들이 펠릭스(Felix)였다. 펠릭스 바일은 1차대전 이후 튀빙겐에서 좌파운동에 열성이었다. 프랑크푸르트에서 사회주의의 실천문제에 관한 주제로 박사학위를 받았다. 어머니의 유산과 아버지의 재산을 받은 그는 독일에서 급진활동을 재정적으로 지원했다. 이런 활동으로 그는 1922년 "최초의 마르크스주의 노동주간"에 초대받는다. 루카치, 코르쉬 등도 초대받았다. 이 참여를 통하여 그는 연구소 창립을 마음먹는다. 진정한 마르크스주의를 위한 자유로운 연구의 장이 필요하다고 그는 생각했던 것이다. 프랑크푸르트에서 만난 친구들, 후일 저명한 세계적 경제학자가 되었던 프리히드리 폴록과 프랑크푸르트학파의 조직을 실질적으로 운영했던 막스 호르크하이머가 펠릭스 바일의 계획을 지원했다. 폴록과 호르크하이머는 1911년부터 서로 알고 지내던 사이였다.

1924년 6월, 연구소가 공식 출범한다. 창립인들은 26세의 펠릭스 바일, 30세의 폴록, 29세의 호르크하이머 이 셋이었다. 원래 생각했던 이름은 "마르크스주의 연구소"였다고 한다. 내부에서도 지나치게 도전적이라는 반론이 제시되어 "사회조사연구소"(Institut für Sozialforschung)로 바뀌게 되었다.

프랑크푸르트학파는 나치즘의 폭압을 가장 강하게 받은 집단의 하나이다. 구성원 모두가 유대인이었다. 나치즘을 피해 미국을 비롯한 세계 여러 곳에서 망명하지 않으면 안 되었다. 그 망명 도중에 희생된 인재도 있었다. 벤야민의 비극적 죽음은 그 하나의 예이다. 전쟁이 끝난 다음, 호르크하이머와 아도르노 등은 프랑크푸르트로 되돌아왔지만, 마르쿠제, 프롬 등은 미국에서 계속 남아 활동하였다. 독일에 되돌아와서도 오랫동안 그들의 활동은 지성의 지하속에 묻혀있었다. 프랑크푸르트학파의 비판이론이 세계적인 주목을 받았던 계기는 버클리, 베를린, 파리 등지의 대학에서 1960년대의 학생운동이었다.

"프랑크푸르트학파가 테러의 한 원인이다"라는 그 비약은 어쩌면 학생운동에 대한 공포와 원망, 그리고 분노가 다른 차원에서 이어진 것인지 모르겠다.

1969년 호르크하이머는 이탈리아 베니스에서의 한 강연에서 다음과 같은 논지를 이야기했다. 아마도 호르크하이머는 비판이론과 테러를 엮어보려는 보수주의자의 강압적 분위기를 염려하면서 의식했던 것 같다.

> 우리의 원래의 비판이론은 '사회조사연구'에서 잘 나타나 있지만, 지배하는 사회에 대하여 처음부터 대단히 비판적이고, 그 당시에는 파시즘에 대항하는 분위기를 강하게 의식했다. 이제 우리가 막 보기 시작하는 이 사회의 길은 완전히 다르다. — 우리의 비판이론은 더이상 혁명을 지지하지 않는다. 파시즘이 몰락한 다음에 서구사회에서 혁명은 다시 새로운 테러리즘을 몰고오고 있다. — 우리에게 필요한 것은 이제 각 개인의 자율성이다.

II. "계몽의 변증법"과 아도르노의 비판의 숲

『계몽의 변증법』은 사회사를 직접 다루지 않고, 오딧세이, 드 사드, 칸트, 니체 등등의 문헌을 독해하는 방식을 통해 간접적으로 유럽 문명사를 조망한다. 문명사적 억압의 기원과 그 동태적 전개에 주목하고 있다. 사회비판이론의 열쇠는 객체화시키는 사유로 축소된 그 "합리성"이다. 이는 시민사회(부르주아사회)의 의식형태가 자본주의의 논리속에서 어떻게 흡수, 왜곡되는 지를 분석해온 마르크스로부터 깊은 영향을 받았음을 시사한다. 하지만 『계몽의 변증법』에서 "합리성" 비판은 마르크스의 그것보다 더 철저하다.

자연(본질) 지배 테제가 도입되면서 비판이론은 방법론적으로도 전형되어야 했다. 학문 전체의 위기를 진단한다. 따라서 방법론 그 자체의 수정이 불가피했다.

『계몽의 변증법』에서는 사이렌을 만날 수 밖에 없는 오디세우스를 다룬다. 저자들은 『오디세이』를 계몽의 변증법을 이해하는 알레고리로 읽는다. 『오디세이』 12장은 사이렌과의 만남에서 시간의식이 문명(문화), 계몽의 구성요소임을 알레고리화하고 있다. 시간의식은 과거, 현재, 미래라는 구조를 띠고 있다.[412] 요정들은 과거나/와 미래를 담보로 요구한다. 아도르노와 호르크하이머는 그 하나를 다음과 같이 압축된 언어로 표현한다.

> 사이렌은 과거에 일어난 모든 일들을 다 알려주는 대신, 그 대가로 미래를 요구한다. 즐겁게 과거로 돌아갈 수 있다는 약속은 동경하는 자를 과거라는 함정에 빠뜨리는 기만인 것이다.[413]

시간의식의 구성요소 가운데, 어느 하나가 빠지면, 그 "불완전한" 시간의식은 이제 시간의식이 아니다. 미래가 없는 과거는 이미 과거도 아닌 것이다. "즐겁게" 오디세우스는 과거로 돌아갈 수 없다는 점에서 그것은 기만이다. 머물러야 하는 과거는 순수한 자연 그 자체가 이미 아닌 까닭이다. 아도르노와 호르크하이머가 오디세우스의 사이렌과의 만남에서 우선 자연으로 되돌아감을 비판한다. 자연으로 돌아갈 수는 없기 때문이다. "사이렌과의 만남"은 신화와 계몽의 대립성이 농축된 암시들로 나타난다.

> 트로이로부터 이타카로의 험난한 귀향길은 자연의 힘에 비해 육체적으로 무한히 허약하며, 이제 자아의식 속에서 서서히 형성되는 '자아'가 신화를 통과하는 길이다. 자아가 싹트기 이전의 세계는 자아가 해쳐나가야 할 공간으로 세속화된다. 예전의 악마들은 지금은 문명화된 지중해의 먼 변방이나 섬에 있는 바위나 동굴 속에서 겨우 연명하고 있다는 것으로 이

412) M. 호르크하이머 & Th. W. 아도르노, 『계몽의 변증법』 (서울: 문예출판사, 1995), p.63.
413) 호르크하이머 & 아도르노, 『계몽의 변증법』, p.64.

제는 그들이 저 옛날의 원시적인 공포를 두르고 출몰하지는 않는다는 것이다. 그러나 오디세우스의 모험은 각각의 장소에 이름을 부여하며, 이러한 이름들을 통해 공간을 합리적으로 조망할 수 있게 된다. 주인공은 난파선 속에서 기진맥진하지만 나침반이 하는 일 비슷한 것을 터득하게 된다. 초라한 존재에 불과하지만 바다의 모든 부분을 알고 있는 주인공은 그러한 자신의 '무기력한 능력'으로 신화적 힘들을 무력화시키려 한다. '성숙한' 인간은 신화속에 있는 분명한 허위적 요소를 자각하게 된다. 그는 바다에도 육지에도 마귀란 없다는 것을 알게 되면서 마귀이야기는 전승되어 온 민간종교의 속임수에 불과하다는 것을 발견한다. 성숙한 눈에는 그러한 속임수에 넘어가지 않고, 즉 귀신의 속임수에 홀리지 않고 고향과 확고한 '소유'로의 귀환이라는 '자기유지'의 목표가 절대적으로 중요하게 여겨진다.[414]

『계몽의 변증법』 역시 분화의 문제를 근본문제로 본다. 또한 되돌이킬 수 있는 것으로도 보지 않는다.

과학과 문학을 명확히 구별하게 되면서, 이러한 구별을 근거로 이미 일반화되어 있던 분업이 언어에서도 행해졌다. 기호로서의 문자는 과학으로 나아간다. 다시 말해 음향, 그림, 본래의 문자로서 문자는 여러 상이한 예술로 분배되는데, 이 경우 각 예술에 첨가되는 무엇이나 공감각 또는 종합예술에 의해 문자가 복원되지는 않는다. 기호로서의 언어는 자연을 인식하기 위해 계산의 도구로 전락해야 하며, 자연과 유사해지려는 요구를 포기해야만 하는 것이다. 반면 형상으로서 언어는 완전한 자연이 되기 위해 모상이 되는 데 만족해야 하며 자연을 완전히 인식할 수 있다는 요구는 단념해야 한다. 계몽의 진전과 함께 '진정한 예술작품'만이 이미 존재하는 것의 단순한 모방에서 탈피할 수 있었다.[415]

414) 호르크하이머 & 아도르노, 『계몽의 변증법』, pp.81-82.

『계몽의 변증법』에서는 분화의 결과, 예술작품의 자율성이 나타남을 주장한다. 호르크하이머와 아도르노는 이 자율성에서 그들의 희망을 정지시키고 있다.

"계몽의 변증법"은 프랑크푸르트학파의 비판이론사에서 이 심미적 경험을 "역사"철학적으로 새롭게 이해하는 최초의 본격논술이었다. 다른 인식양식들보다 예술작품에서 새로운 가능성을 엿보았던 이 모티브는 그 뒤 호르크하이머의 대중문화론, 뢰벤탈(Leo Löwenthal)의 소설에 관한 이데올로기 비판적 연구, 벤야민의 문예이론, 마르쿠제의 미학이론 등에서 나타난다.[416)]

예술작품에서 이론적 반성을 담는 자격을 부여하는 이같은 비판이론 방법론은 미궁에 빠진다. 개념적 사유를 개념적으로 구성하여 비판하려는 것이 비판이론이라면 이 미궁을 벗어날 수는 없다. 아도르노는 전후의 그의 글들속에서도 근본적으로는 철학적 반성과 심미적 경험 사이를 미묘하게 움직이고 있음을 볼 수 있다. 그 사이는 우리에게 쉽게 포착되기 어려울 수 밖에 없다. 그것이 사이에 있었기 때문이다.[417)]

호르크하이머와 아도르노는 계몽의 변증법을 이성의 변증법으로 축소시킨다. 계몽의 전체상은 문예적 경험을 포함한다. 호르크하이머와 아도르노는 문화산업적으로만 감각을 이해하고 있다.[418)]

"계몽의 변증법"은 이성 개념속에는 인간들의 자유로운 공생이라는 이념을 뜻하는 일반성의 관심이 들어있다고 전제했다. 이성의 실천은, 시민들의 폭력관계들과 다양한 이해관심들을 진정한 일반적 이해관심이라는

---

415) 호르크하이머 & 아도르노, 『계몽의 변증법』, pp.43-44.

416) Axel Honneth, *Kritik der Macht*(Frankfurt am Main, 1985), pp.77-78 참조.

417) 호르크하이머 & 아도르노, 『계몽의 변증법』, p.64. 계몽은 유년기를 거쳐 성숙한 인간으로 발전하기도 하는 과정이기도 하다. 호르크하이머와 아도르노는 이 인지발달과정을 얘기한다.

418) Jochen Schulte-Sasse, "Einleitung: Kritisch-rationale und literlarische Öffentlichkeit", Christa Bürger, Jochen Schulte-Sasse, *Aufklärung und literarische Öffentlichkeit*(Frankfurt am Main, 1980), p.17 참조.

이성적(합리적)개념으로 지양할 수 있는 능력을 전제한다.

호르크하이머와 아도르노에서 "계몽"의 핵에는 이성이 자리잡고 있다. "계몽의 변증법"은 자연을 기술적으로 통제하는 능력의 발전은 인간자신의 고유한 자연의 실증적 경험에 대해 무력할 정도로 인간의 자연을 편성시킨다는 통찰을 보여준다.[419)]

아도르노는 프리히드리 폴록이 사용한 국가자본주의 개념을 수용한다. 이것은 원래 민족사회주의적 경제질서를 정치학적으로 분석하는 개념장치였으나, 『계몽의 변증법』에서 포스트리버럴리즘(Post-liberalism)시대의 자본주의 시대 일반을 규명할 때 수단으로 사용된다. 자본주의 경제질서가 관료제적 "명령경제"로 넘어가는 경향에 이 개념을 주목하고 있는데, 연구소 내 강한 비판이 없지 않다.[420)]

여하튼간에, 아도르노에서 "국가자본주의" 개념은 자본주의의 조직화방식을 이해하는 데 결정적이다. 전체 경제과정의 조정중심이 개별자본들 사이의 "자유로운" 경쟁에서 행정적 지배기구의 중앙집권화된 행정활동으로 넘어갔다는 통찰이다. 모든 사회적 행위영역들은 기술적 합리성 아래 두도록 국가기관의 계획 잠재력이 발휘해 나간다는 것이다.

아도르노는 파시즘을 비판하는 관점에서, 자유시장경제와 국가자본주의적 중앙집중행정을 대조시킨다. 그는 자유주의 시대를 경제밖의 지배가 행사해온 역사에서 소박한 하나의 에피소드로만 이해했다. 파시즘을 정치경제학적으로 분석하려는 원래의 목적이 강하였고 자본주의와 후기자본주의의 차이는 상대적으로 간과된다.[421)] 더구나 아도르노의 이른바 "총체적으로 관리되는 사회"라는 테제.[422)]

---

419) 호르크하이머 & 아도르노, 『계몽의 변증법』, p.20.

420) 노이만(Neumann)과 킬히하이머(Kirchheimer)가 그러했다.

421) 아도르노의 생애사에서 사상과 이론, 개념구성이 어떻게 바뀌는가를 여기에서 세세하게 추적할 수는 없다. 1968년 아도르노는 독일사회학대회 개최강연논고 「후기자본주의냐, 산업사회냐」에서 역사철학적 기본톤에서 처음이자 유일하게 벗어나는 모습을 보인다. 하지만 그속에서도 국가자본주의의 논리는 이어진다. Honneth, *Kritik der Macht*, p.87 참조.

아도르노는 이 테제를 사회과학적인 논증을 갖추어 정초지우지는 않는다.

국가조직관리에 의해서만 목적합리적 지배가 행사되는지, 아니면 국가 밖의 행정제도들에 의해서도 그렇게 되는 부분이 있는지, 중앙집중제적 지배기관의 행정조치가 자본주의적 경제시스템의 명령을 곧게 반응하는지, 아니면 정치권력의 자율성이 살아있는지에 따라 현재의 행정적 지배가 자본주의적 산업화속에서야 발전되어온 목적합리성이 국가행정력 차원에서도 실현되는 것인지, 아니면 문명과정 처음부터 행사되어온 합리성이 시대에 걸맞게 나타난 것인지. 이러한 의미들에 대하여 아도르노가 명백하게 논의하지 않는다. 오히려 그가 주목하는 것은, 사회가 행정적으로 철저하게 조직화 되어가는 과정이다. 그가 이 과정을 통찰하면서 얻는 결론은 "매개의 종말"이다. 이 "매개의 종말"은 『계몽의 변증법』에서부터 1960년대의 사회과학적 논술들에 이르기까지 연구주제의 주 모티브가 된다.

아도르노는 자유주의 자본주의 시장경제와 후기자본주의를 강하게 대조시킨다. 아도르노는 자유주의 자본주의를 이해할 때, 이념형적으로 접근한다. 매체로서 시장은 자본주의에서 사회적 매개의 전형적 형상이다. 시장이라는 매체는 국가행정개입이 없는 한에서, 통일성을 보증하는 행위의 고유한 사회적 영역으로 나타난다.

자유주의 자본주의의 사회적 하부구조를 그려낼 때 아도르노는 지나치게 추상적이어서 시민적 공론영역, 노동자계급의 자구조직체, 민중적 하부문화 등에서 자본주의적 산업화의 길을 넘어서려는 사회적 소통의 장들을, 또한, 갖가지 사회적 집단들이 자신의 경제적 요구를 관철시키려는 사회적 소통의 장들을 간과해 가는 경향을 보인다. 그는 시장영역이 정치·행정에 의하여 침해당하는 그 과정에서 경제적 재생산과 개인적 행위주체 사이의 사회적 결속이 해체되는 것을 연역하는 것이다.

아도르노는 자유주의 자본주의를 파악할 때 사회적 공론의 본질적인 여

422) Honneth, *Kritik der Macht*, p.88.

러 차원들을 사소하게 다루었고, 따라서 경제적 결정과정이 국가행정에 집중되어 간다는 통찰이 지나치게 확장되었던 것이다. 그는 자본주의 사회를 움직이는 다양한 사회적 결속관계 전체가 위협되는 것으로 과장했다. 아도르노의 "매개의 종말" 명제는, 후기 자본주의를 경험적으로 분석한 결과가 아니었고, 논리적 귀결이었다. 중앙집중적으로 조직화되면서, 자본주의는 사회내부의 사회성을 상실한다는 이 명제는 자유주의 자본주의를 오로지 시장이라는 매체에 의해서만 조직화되는 식으로 "환원주의적"으로 이해한 논리적 귀결이었다.[423]

Ⅲ. 보론: "계몽의 변증법"과 하버마스 · 리오타르 논쟁

하버마스는 프랑크푸르트학파의 명제 "계몽의 변증법"을 어떻게 수용하고 있는가? 혹은 어떻게 넘어서고 있는가? "계몽의 변증법"을 넘어서려는 양상은 다양하다.[424] 예컨대 하버마스와 리오타르를 비교관점에서 세워볼 수 있다. 우리가 여기에서 하버마스 · 리오타르논쟁에 주목하는 까닭은 우선, 후기구조주의와 아도르노사이에서 구조적 친화성이 강하다고 보는 최근의 해석경향에 대해 비판할 필요가 있다고 판단하기 때문이다. 그리고, 아도르노와 하버마스 사이의 친화성이 상대적으로 어떠한 지를 시사하려는 이유도 있다.

리오타르는 1973년 화가 자크 모노리(Jacques Monory)에 관한 에세이를 발표했다. 이 에세이에서 그는 보르헤스(Borges)의 『이미지너리 존재들의 책』(*Book of Imaginary Beings, Harm and Tworth*, 1974)에 나오는 다음 얘기를 원용한다.[425]

---

423) Honneth, *Kritik der Macht*, p.90.

424) 보러, 야우스, 뷔르거 등도 아도르노의 "계몽의 변증법"에 대한 각기 고유한 반응을 생산해내고 있다.

425) Peter Dews, "Adorno, Post-Structuralism and the Critique of Identity", *New Left Review*,

18세기 후반부 동안에 프랑스 파리에 출간된 *Lettres edifiantes et curieuses* 라 불리우는 책의 여러 권들 가운데 어느 한 권에서 예수회(The Society of Jesus) 신부 퐁테지오(Fontecchio)는 칸톤(Canton)의 범인의 미신과 오전에 관한 연구를 기획했다. 초고 행태의 개요를 하면서 그가 적어놓았던 것에는, 어느 누구도 잡지 못했고, 많은 사람들이 거울 깊은 곳에서 언뜻 보았다고 말해온 움직이는 빛을 내는 물고기가 있다고 기록해 놓았다. 퐁테지오 신부는 1736년에 죽었고, 그가 시작해 놓은 그 연구는 미완성인 채로 남아 있었다. 약 150년이 지난 다음, 질(Herbert Allen Giles)이 중단된 채 있었던 이 연구를 다시 이어갔다. 이 질에 의하면, 이 물고기의 존재에 관한 믿음은 누른 황제(The Yellow Emperor)의 전설시대에로 거슬러 올라가는 더 거대한 신화의 일부였다.

그 전설시대에서는 거울세계와 인간세계가 오늘날에서와 같이 서로 떨어져있지 않았다. 그 두 세계는 옆에 나란히 다르게 존재한다. 존재나, 색, 형상 어느 것도 같지 않았다. 두 왕국, 즉 거울왕국과 인간왕국은 조화를 이루며 살았다. 거울들을 거쳐 오갈 수 있었다. 어느날 밤, 거울인들이 땅을 침범했다. 그들의 힘은 거대했지만 피범벅이 된 전투의 끝에서 누른 황제의 마법이 뒤덮었다. 누른 황제는 침입자들을 굴복시키고, 그들을 거울속에 가두어 놓았다. 그들은 마치 꿈속에 있는 것처럼 인간들의 모든 행동들을 반복하도록 만들었다. 그는 그들의 힘과 형태를 박탈시켜서는 그저 노예적 반영(Reflections)에 불과하도록 축소시켰다. 그렇지만, 마법적 주문이 풀어질 날이 오리라.

가장 먼저 깨어난 것이 그 물고기였다. 거울 속 깊은 곳에서 우리는 대단히 희미한 선을 지각한 것이며, 이 선의 색은 그에 대한 다른 색과도 같지 않으리라. 그 후에서야 다른 형상 사물들이 움직이기 시작하리라.

리오타르는 이 얘기를 모던 주체에 대한 반란으로 원용한다. 주체성은

157(1986). 듀스는 보르헤스에서 새로운 기대를 걸고 있다.

반영(반성), 경험하는 자아의 표상(재료)으로서의 경험의 재현(표상)을 전제한다. 리오타르는 다음과 같이 설명한다.[426)]

> 보르헤스는 이들 존재를 세력으로 상상하며, 이 봉합선(재현과 재현된 것 사이의 봉합선)을 울타리로서 상상한다. 그는 황제, 폭정자 일반이 그의 지위를 유지할 때, 그 조건은 그가 유령들(거울 동물들)을 억누르고 그들을 투명한 벽의 다른 쪽에 가두어 두는 것이다. 주체의 실존은 이 벽에 다른 쪽에서 억압된 흐르는 죽음을 가져오는 세력들의 노예화에 그들을 재현하는 기능에, 의존한다.

동물이 반영(성찰)으로 전형됨으로써 충동이 인간화되는 과정은 에고(Ego)에 의한 지배로 나타난다. 그 지배의 댓가는 끔찍한, 경악스러운 고립이다. 아도르노는 『부정적 변증법』에서 자아(Self) 자신의 내재성 사이클 속에서 벗어나지 못하는 자아의 파토스에 대해서 끊임없이 이야기하면서도, 그러한 끔찍한 고립을 단절시킬 가능성에 대해서도 잊지 않고 기대한다. 자신만의 반영(성찰, 반성)일 수 없는 외재적 어떤 무엇과의 관련맺음은 주체성 그 자체의 심장에서의 긴장을 발생시켜야 한다는 것이다. 리오타르는 이 맥락을 잊고 있다.

리오타르는 동물들의 추상, 배척, 처벌을 힘, 억압, 포획 등의 단순한 행동으로 서술하고 말았다. 사실 보르헤스는 황제를 자신의 "마법술"을 사용하여, 동물들을 주문에 굴복시키는 것으로 서술한다. 주문이라는 개념은 아도르노의 "계몽의 변증법"에서 주요한 역할을 행사한다. 마법에 걸림은, 비가시적이고 겉으로 나타나지 않는 형태의 억압일 수 있다. 주문은 강압이 있는 자아됨(Selfhood)상태를 말한다. 이 상태에서 행위는 자율적이면

---

426) Jean-FrqnCois Lyotard, "Contribution des Tableaux de Jacques Monory", Gérald Gassiot-Talabot et al, *Figurations* 1960/1973(Paris, 1973), pp.155-156을 Peter Dews, "Adorno, Post-Structuralism and the Critique of Identity" 에서 재인용.

서도 동시에 타율적이고 자율성의 비본래적 제어된 주관적 환상이 일어나면서도 주체가 수행하기는 한다. 주문이라는 은유는, 사회화 과정에서 자기보존이라는 관심속에서 자연을 인간이 정복하는 과정에서의 한 측면으로 그려지는 억압적 상과 권능을 부여하는 상을 지니고 있다.

아도르노는 『부정적 변증법』에서 주문과 주체성의 관계에 대해 다음과 같이 쓰고 있다.

> 주문은 세계정신의 주관적 형식, 삶의 외재적 과정들에 대한 그것의 우선시를 내재적으로 강화한 형태이다.[427)]

아도르노에서는 외적 자연에 대한 도구적 지배는 내적 자연에 대한 억압과 병렬되어 나가지만, 주관성 그 자체의 활동을 망각하지는 않는다. 아도르노에서 강압적 동일성은 자연으로부터 해방되는 과정에서 거쳐야 하는 한 단계이고, 아도르노와는 달리, 하버마스에 와서는 자연으로부터의 해방이 소통적 감수성의 과격한 닫힘을 의미하지는 않는다. 아도르노에서는 그러한 만큼 강압적 동일성은 이제 자유의 계기를 내포하고 있으며, "자아됨의 주문"(Spell of Selfhood)은 단순히 자연적 억압의 확장은 원칙상 반성을 통해서 붕괴될 수 있는 환상이다. 아도르노는 주체의 죽음을 선언하지 않았다. 그는 항상 구성적 주체성의 현혹을 파기하기 위해서 주체의 힘을 사용해야 함을 주장했을 뿐이다. 후기구조주의와 아도르노와의 차이는, 아도르노의 『부정적 변증법』에서 다음과 같은 수사법적 표현에서 잘 나타난다.

> 우리가 주체를 단순히 제한할 때조차, 우리는 그 주체의 힘에 종말을 준다.[428)]

---

427) Adorno, *Negative Dialetics*, translated. by E.B. Ashtion(London: Rouledge & Kegan Paul, 1973), p.344을 Dews, "Adorno, Post-Structuralism and the Critique of Identity" 에서 재인용.

428) Adorno, *Negative Dialetics*, p.183을 Dews, "Adorno, Post-Structuralism and the Critique of Identity" 에서 재인용.

IV. 신비판이론의 호반: 하버마스의 세계

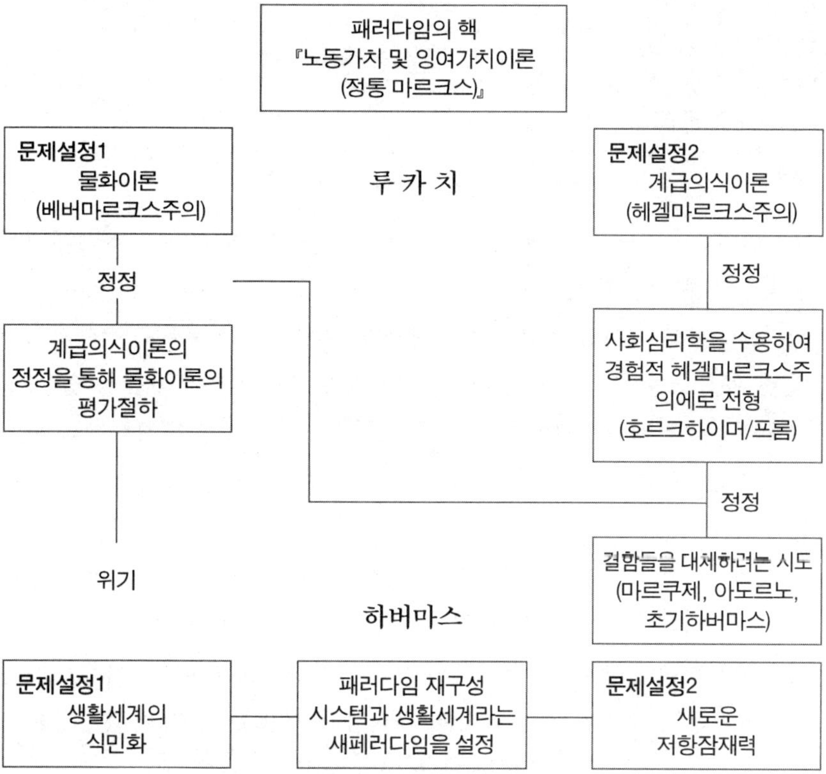

출전 : Hauke Brunkhorst, "Paradigmakern und Theoriedynamik der Kritischen Theorie der Gesellschaft", *Soziale Welt*, 1993년 제1호(1983), pp.22-56.

1. 위기분석의 구조변동

『후기자본주의에서의 정당화문제』에서 하머마스는 후기자본주의의 시스템 문제틀에 천착했다. 기본구조에서는 클라우스 오페의 자본주의 국가분석모델을 수용하였다.[429] 물론 그는 오페보다는 더 심도있게 행위주체의 위기까지 논술하였다. 다음은 그것을 도식적으로 요약한 것이다.

	시스템 위기	동일성 위기
경제적	경제적 위기	
정치적	합리성 위기	정당화 위기
사회문화적		동기부여 위기

하버마스는 자신의 이같은 위기분석을 소통행위이론을 구성해내면서 수정을 해나간다. 특히 생활세계의 개념을 적극 자신의 사회이론틀 속으로 끌어들이면서 위기의 개념은 변모해간다. 생활세계의 동학을 설명하면서 몇 단계를 구별한다. 생활세계의 합리화가 단계별로 진보해 오고 있는 형태를 띤다. 이 생활세계의 합리화와 상보적으로, 시스템의 복합성이 증대해오고 있는 모양을 그리고 있다. 이 단계별 진보과정을 크게 셋으로 구별할 수 있다.[430]

(1) 제 1단계 : "닫힌" 생활세계가 처음 단계를 구성한다. 상호행위와 생활의 상호양해 지평으로서 "닫힌" 생활세계는 모두에게 공통적이고, 모든 것을 포괄한다. "상호적" 행위의 보편적 맥락속으로 들어가지 않고, 신화되는 것으로 변화되지 않는 어떠한 낯선 상태, 어떠한 사건, 어떠한 인물도 없다.

이 "닫힌" 생활세계에서는 행태규범은 "총체적 제도"를 형성하는 양식을 띤다. 교환(시장) 관계와 권력관계도 이러한 양식의 행태규범을 따르고, 따라서 생활세계와 시스템은 분리되지 않은 채, 생활세계에 의하여 지배받는 통일성을 형성한다.

(2) 제 2단계 : 생활세계에서 도덕과 법에서 "2차적" 규범이 발전하고, 시스템에서는 내재적 동학을 가진 독립적인 구조들이 형성된다. 그리하여 복

429) 클라우스 오페, 『국가이론과 위기분석』(서울: 전예원, 1988) 참조.
430) Oswald Schwemmer, *Handlung und Struktur*(Frankfurt am Main, 1987), pp.232-234 참조.

합사회에 이르면, 어떠한 공통의 생활세계도 전제될 수 없다. 생활세계적 일상규범은 실천적(실제적) 문제들과 갈등들을 해결하기에는 충분하지 못하게 된다. 상호양해 매커니즘이 규범적으로 규제되는 일상소통영역에서 거부되면서, 합의의 차선층위로서 도덕과 법의 규범시스템이 성립한다. 하버마스는 이런 규범을 "제 2의 질서의 행위규범"이라 부른다. 교환과 배분의 관계에서 욕구와 이익, 가능성과 강압이 서로 맞물리면서 교환관계와 권력관계를 위한 "자연방관적" 구조들이 형성되어, 생활세계적 일상규범들로부터 벗어나며, (이 일상규범들에만 연결되지 않으며), 생활세계적 일상이해에서 점차 벗어난다. 이러한 의미에서 하버마스는 생활세계와 시스템 사이의 고리가 풀림(Entkoppelung)을 말한다.

(3) 제 3단계 : 하버마스는 생활세계가 시스템 속으로 해제되어버림으로 우리의 상호양해를 점차 더욱 더 매체가 넘겨받은 만큼, 우리의 상호양해가 언어로부터 벗어나게 된다. 언어란 하버마스에게서 상호양해 시도의 역사와 상호양해를 보증하는 것이고, 지금도 그러하다. 생활세계적 맥락들로부터 상호행위가 완전히 떨어져 버린다(Abkoppelung).[431] 하버마스는 생활세계에 기대를 걸고 있다. 생활세계는 원칙상 완전히 제한될 수 없는 가능성이 남아있다. 그것은 원칙상 열려 있다. 열린 생활세계라 말할 수 있겠다.

2. 소통행위이론과 그 비변증법적 시원설정[432]

1) 시스템 이론과 생활세계 이론

하버마스가 소통행위이론에서 관심을 가지는 맥락은 사회변혁의 역사적 주체가 누구인가를 적극 탐색하기보다는 규범에 관한 비판적 반성력을

431) 하버마스는 "Entkoppelung"과 "Abkoppelung"을 구별한다.

432) 이 부분은 『사회학의 명저 20』(서울: 새길, 1994)에 실린 서규환, 「소통행위이론, 하버마스」, pp.173-186를 각주를 살려 수정한 것이다.

높이고, 사회의 객관적 모순을 분석하며, 긴장과 갈등이 일어날 수 있는 영역을 밝히는 데 있다. 이 점은 하버마스의 정치이론이 지닌 성격이 무엇인지를 간접적으로 시사하고 있다. 소통행위이론에서 그가 주목하는 측면은 사회학적 지평에서 주체형성의 경험연구보다는 인식론적 지평에서 주체의 위상을 검토하는 일이다.

하버마스는 데카르트 이래의 의식철학의 한계를 극복하면서도 주체없는 이론의 전통속으로 빠져들지 않는다. 상호주관성에 근거를 두는 소통행위이론을 그는 발전시켜가고 있다. 의식철학과 헤겔주의의 역사철학을 극복하는 지성사적 맥락에서 하버마스의 "소통행위이론"의 의미는 결정적이다. 그는 헤겔주의를 청산하는 문제를 오랫동안 사색해 왔던 것이다.

이미 『이론과 실천』 신판 각주 한 곳에서 하버마스는 헤겔마르크스주의에 대해 회의한다.[433)]

> 이 책에서는 유적존재라는 이념을 세계사의 주체로 파악할 때 나는 무비판적일 때가 없지 않았는데, 이러한 무비판적 개념사용은 이 책 이후에 쓴 저술에서도 이어지고 있다. 보다 높은 층위에서 주관성발생의 중요성과 함축성을 내가 분명히 깨닫게 된 때는 사회의 소통이론에 관해 서설적 연구를 시작했을 무렵이었다.

마르크스주의 전통이 강하게 남아있던 헤겔주의적 형이상학의 전통을 지우는 한 귀결점이 이 소통행위이론인데, 여기에는 그의 정치이론을 보수화시키는 댓가를 치루고 있다.

하버마스는 내재적 비판에 호소하지 않는다.[434)] 그의 소통행위이론은 비역사적이고 전통적 생활형태에 내재한 구체적 이상을 검토하는 방식이 아

433) Habermas, *Theory and Practice*, pp.303-304; Martin Jay, *Marxism and Totality*(Polity, 1984), p.494에서 재인용.

434) Best & Kellner, *Postmodern Theory, Critical Interrogations*(New York, 1991), p.240.

니다. 비판의 규범을 도출해내는 곳은 내재적, 역사적 형태들이 아니라, 언어의 당연시된 보편성이다. 하버마스의 "비판이론의 언어학적 전회"는 준선험주의, 혹은 준근본주의 형태를 취한다.

하버마스는 계몽주의 합리성을 비판적으로 재구성하려 한다. 민주주의, 문화적 분화, 비판적 이성을 더욱 발전시키려 하면서도 도구적 이성이 생활의 거의 모든 영역들에 파고들고 있음을 두려워한다. 초기 프랑크푸르트학파들이 가장 치열하게 파고들었던 도구적 이성비판 그 자체보다는 이 비판을 구성하는 그의 사유방식이 새로운 논리다. 하버마스는 비판이론의 패러다임을 전환시키는데, 여기에 활용하는 지성은 미드(Mead)와 뒤르켐(Durkheim)이다.

소통행위이론을 발전시키는 과정에서 하버마스는 미드가 자아와 사회를 보는 시각에 주목한다. 개체화 과정은 곧바로 사회화 과정임을 의미한다는 주장 아래 하버마스는 미드의 보편논술이론을 재구성함으로써 아도르노가 추구했던 자유와 유화의 이념을 실현할 새길을 찾는다. 자유문제는 상호 이해에 근거한 상호주관성에서 형성되는 동일성 문제로 나타난다. 억압없는 사회와 유화 문제는 상호 이해와 자유로운 인정에 근거한 상호주관성 문제로 나타난다. 하버마스의 소통행위이론은 자아 실현이라는 심리학 범주의 특수주의와 합리적 자기결정이라는 윤리학 범주의 보편주의를 접목시키려는 시도다.

하버마스의 이 시도에는 이미 1960년대 중반부터 진행되어온 가다머와의 해석학 논쟁 이래 "비판이론의 언어학적 전회"가 더 깊게 흐르고 있다.

하버마스는 언어에 의해 매개되며 규범에 의해 안내되는 행동을 발생적으로 설명하면서 미드의 한계를 밝힌다. 미드는 역할 행동발달을 개체발생 관점에서 설명하였고, 계통발생 관점을 무시하였다. 좀더 구체적으로 말하면 미드는 자아에 대해 일반화된 타자의 태도를 취하는 과정을 적절하게 설명하지 않고 있다. 하버마스는 이 빈틈을 뒤르켐의 집합의식 개념을 도입하여 메꾸려 한다.

미드는 발달 과정에 영향을 미치는 외적 요인들을 충분하게 고려하고 있지 못하다. 그는 사회의 물적 재생산 과정에서 오는 제한조건들에 대한 깊은 비판적인 성찰을 보여주지 않는다.

뒤르켐은 『종교적 생활의 기본 형태들』에서 사회규범의 도덕적 권위는 그 뿌리를 신성한 것에 두고 있다고 주장한다. 가장 오래된 신성한 상징들에서는 제식적 실제에서 정착된 규범적 합의가 표현되고 있다. 규범적 합의가 제식으로 넓게 받아들여지고 있고 상징적으로 매개되고, 이는 집합적 동일성, 미드의 용어로 말하면 일반화된 타자의 고전적인 예다. 하버마스는 이러한 맥락에서 "신성한 것의 언어화"를 주장하고 있다.

> 소통행위에 근거를 두는 합리성 잠재력이 자유롭게 설정되는 만큼, 규범적인 것의 고고적 핵심은 해체되고, 세계관의 합리화, 법과 도덕성의 보편화 개체화 과정의 가속화가 일어난다. 바로 이러한 경향에서 미드는 자신의 소통적으로 합리화된 사회의 기획을 이상주의적으로 기초지운다.[435)]

언어는 베버 이래의 의미(Sinn) 문제를 해결하는 "방안"으로 등장한다. 의식에 앞서는 언어가 역사의 시원이라는 판단이 나타나 있다.

2) 신비판이론의 철저하지 못한 정치이론

생활세계 개념은 시스템개념과 마찬가지로 소통행위이론에서 가장 중요한 개념의 하나다. 생활세계개념은 사회행위론의 주관주의적 경향을 벗어날 수 있게 한다. 생활세계개념은 행위 정향의 명시적이고 의식된 수준보다는 묵시적이며 당연하게 받아들여진 수준을 인식하게 한다. 물론 그는 슈츠(A.Schütz) 등의 현상학적 사회학 전통에서 사용해온 생활세계론을 그

---

435) Habermas, *Theorie des kommunikativen Handelns II*(Frankfurt am Main, 1981), pp.74-75.

대로 수용하는 것은 아니다. 그것은 일종의 문화주의로서 생활세계에 작용하는 제도적 질서와 인성구조의 지평을 상대적으로 무시하기 때문이다.[436]

하버마스는 소통행위이론에서 마르크스, 루카치, 초기 비판이론 등이 발전시켜온 문화이론을 비판적으로 재구성한다. 생활세계가 관료제화 되고 화폐화 되는 이중의 과정을 그는 비판한다. 말하자면 자본축적 논리뿐만 아니라 정치행정 시스템이 생활세계의 고유한 논리를 위협하는 측면을 그는 고려하고 있다. 베버마르크스주의 전통에서 주목해온 자본주의적 민주주의 사회에서 일어나는 "문화적" 빈곤 현상을 다른 각도에서 재검토하고 있다. 하버마스의 "내적 식민화" 명제는 이른바 신사회운동들을 이론화 하는 그의 양식과 관련을 맺고 있다.

> 서구 선진사회에서는 지난 10내지 20년 동안에, 분배를 둘러싼 제도화된 갈등의 사회복지국가 패턴에서 여러가지 측면에서 벗어난 갈등이 발달해 왔다. 이 갈등은 물적 재생산 영역에서 터지는 것이 아니다. 그 채널도 정당이나 결사체가 아니다. 또한 그런 갈등은 시스템에 따르는 보상에 의해서 해소되지도 않는다. 이 새로운 갈등은 문화적 재생산, 사회적 통합, 사회화 등의 영역에서 일어나며, 그에 대한 저항의 형태는 하부제도적(subinstitutional)이거나 적어도 워외적이며, 소통적으로 구조화되는 행위영역 — 이는 화폐와 권력을 매체로 해서 일어나지 않는다 — 이 물화되는 것이 이 갈등의 저변에 있는 결함이다. 부차적으로는 그것은 사회복지국가가 제공할 수 있는 보상의 문제가 아니라 손상된 생활방식을 복구, 방어하고 생활방식을 개혁하는 문제다. 요컨대, 이 새로운 갈등은 분배문제에서가 아니라 생활형태의 문법과 관련한 문제에서 일어난다.[437]

---

436) 하버마스가 슈츠를 정당하게 비판했는지 여부는 다른 쟁점이다. 중기 이후의 슈츠가 하버마스의 비판을 벗어난다는 반론이 있음을 지적해 둔다. 특히 슈츠 연구가로 명성이 높은 리하르트 그라토프(Richard Grathoff)의 논술들을 참고할 것, 예컨대, Grathoff Richard & Waldenfels Bernhard(eds.), *Sozialität und Intersubjektivität*(München, 1983) 참조할 것.

하버마스는 선진대중민주주의 사회에서 등장하는 갈등을 기본적으로 방어적 입장에서 (생활세계의 고유한 논리는 보존한다는 그 측면에서) 확인하려는 듯하다.

베버의 현대성이론은 하버마스가 주목하는 핵심 맥락의 하나다. 베버는 도구적 합리성이 지배 영역으로 확장됨에 따라 의미가 파편화 되고 자유가 침해받는, 이른바 철의 둥지(iron cage)가 확대되는 경향을 주목하고 있었다. 관료제적 합리성의 확대로 특징지워지는 그 현대성은 다르게는 의미의 위기와 자유의 침해를 의미하기도 한다.

소통행위이론에서는 자본주의와 민주주의 사이의 긴장 관계를 확인하고만 있다. 국가기구는 집합적 목적을 정치적 결단이나 권력을 매체로 하여 현실화하는 기능으로 나타난다.[438] 선진자본주의사회에서 국기기구의 과제에서 결정적인 것은 시장을 대체하거나 아니면 시장의 기능적 결함을 메꾸는 일이다. 사적인 투자가 우선하고 자본축적의 동학은 유지되어 가고 있다.

하버마스는 소통행위이론에서는 공론영역은 자본주의와 민주주의 긴장이 잘 나타나는 핵심적인 예다. 하버마스에서는 여론과 인민의 의지는 한편으로 가치와 규범이 구체적인 형상을 취하게 되는 소통과정과 다른 한편으로 정치시스템에 의한 대중지지 생산 과정의 결과다.[439] 하지만 후자의 과정이 더 결정적이라고 본다. "사적영역이 경제시스템에 의해서 침해받듯이, 공론은 행정 시스템에 의해서 그러하다. 자발적이어야 할 의견과 의사가 관료제에 따라서만 완전히 형성되면, 대중지지의 동원화가 계획에 의존하게 되고 정치적 결정과 정당화 형성이 동일성을 형성시키며, 구체적인 생활맥락들에서 떨어져 버리게 될 가능성을 높게 한다.[440]

하버마스의 소통행위이론에서는 이같이 공론이론이 여전히 중요한 분

437) Habermas, *Theorie des kommunikativen Handelns II*, p.576.

438) Habermas, *Theorie des kommunikativen Handelns II*, p.255.

439) Habermas, *Theorie des kommunikativen Handelns II*, p.509.

440) Habermas, *Theorie des kommunikativen Handelns II*, p.480.

석지평이다. 국가와 경제에 영향력을 미치는 시민사회를 기본적으로 공론성의 증대로 확인하는 입장이 강하게 나타난다.

공론 영역은 생활세계의 한 부분을 구성한다. 문제는 생활세계를 구성하는 또 한 부분인 사적 영역에서, 푸코주의가 주목하고 있듯이, 권력과 지배가 작동하고 있고, 이것이 생활세계의 공론 지향성을 위협할 수 있다는 점이다. 하버마스는 『공론의 구조변동』(1962)에서 강조했던, 공론성이 위협받는 그 측면보다 『소통행위이론』에서는 공론의 긍정적 역할에 더 주목하고 있으며, 이것이 그동안에 발전되어온 공론영역의 왜곡 분석수준을 충분하게 흡수하지 못하게 만드는 요인이 되는 것 같다.

엘리트적 전문가들 사이에서 균열이 일어나서 생활세계의 파편화 현상이 짙어져서 생활세계 자체의 고유한 논리가 위협받는 문제도 있다. 하버마스의 이전 논술들에서 깊이있게 주목했던 이 문제 역시 상대적으로 뒤로 물러나 있는 느낌을 받는다. 물론 "생활세계의 내적 식민화" 명제는 논리적으로는 이를 흡수할 수는 있을 것이다.

하버마스는 생활세계를 개념지을 때도 "지배로부터 자유로운 소통"이라는 이념 아래 사회비판적 맥락을 중립화 시킨다. 이 이념은 『소통행위이론』에서 근본적으로 마르크스주의 전통에서 요청하는 지배없는 사회라는 해방이념을 실현하는 방식에서 근본적으로 왜곡된다. "지배로부터 자유로운 소통"은 소통행위이론에서 형식화되는 모습이 나타난다. 이 맥락에서 만하임의 지식사회학과의 비교가 의미있어 보인다.

하버마스의 소통행위이론에는 만하임(Mannheim) 이래의 지식사회학 명제가 흐르고 있다.[441] 이 명제는 두 부분명제로 구성되어 있다. 그 하나는 사유의 존재구속성 명제고, 다른 하나는 이 명제를 중립적으로 볼 수 있게 하는 자유부동하는 지식인 명제다. 이 후자의 명제는 막스 베버 이래의 가치자유성 요청 명제와 맞물려 있다. 가치자유성 요청은 정신과학적 논술의 가치판단 자유성을 전제로 하는 것이 아니라 정신과학적 논술의 이데올

---

441) Peter V. Zima, *Ideologie und Theorie*(Tübingen, 1989), p.99 이하.

로기성을 극복할 수 있다는 성찰성을 전제로 하고 있다.

만하임과 하버마스 사이에 흐르는 다르지 않은 흐름은 자연과학과 정신과학을 근본적으로 서로 다른 이질적인 영역으로 보았던, 특히 딜타이 이래의 해석학이다. 이 흐름을 염두에 두면서 내용을 좀더 자세히 살펴본다면 다음과 같다.

첫째, 정신과학은 실증적 검증을 다루는 자연과학과는 달리 질과 그 차별성을 다룬다.

둘째, 정신과학은 주체와 객체의 분리를 근본적으로 철저하게 설정, 요청하는 것과는 달리 주체가 객체와 맞는 관계에 주목한다. 객체는 해석하는 주체가 대화적으로, 소통적으로 반응하는 또다른 주체이다고 본다.

셋째, 이러한 맥락에서 객체를 조작의 대상으로 삼는 전략적/도구적 성격을 띠는 자연과학과는 달리, 정신과학은 연구자의 소통적 지위에 의해 특징지워진다.

넷째, 정신과학의 이런 소통적 지위에서 만하임은 정신과학의 비누적적 성격을 부각시킨다.

다섯째, 정신과학의 해석학적 소통적 성격을 분명히 하면서도 만하임은 학자의 반성적, 나아가 자기반성적인 지위를 연구의 기본 전제로 삼는다.[442]

하버마스의 소통행위이론은 이원론 늪에서 헤어나오고 있지 못하다. 형

---

442) 자유부동하는 지식인 명제에 대한 다양한 비판점들을 다시 기억할 필요가 있겠다. ① 자유부동하는 지식인들의 동질성 명제에 대한 비판, ② 역사적 과정에서 이들의 우연적 지위(상대주의 문제)에 대한 비판, 그리고 ③ 만하임식 지식사회학 그 자체의 이데올로기성에 대한 비판. Zima, *Ideologie und Theorie*, p.101. 지마는 하버마스의 소통행위이론을 만하임의 지식사회학을 비판하는 그 맥락에서 함께 비판한다. 보편성 요청에 대한 비판에 대해서는 상대주의가 대안이다. 화행이론에 대한 비판에 대해서는 언어의 단위는 문장이 아니라 논술이다. 상호주관성에 대한 비판 상호논술성이 대안이다. "집단들 사이에는 상호주관성이 주어져 있지 않다". Zima, *Ideologie und Theorie*, p.106.
지마의 논술이론은 궁극적으로 하버마스의 그것과는 차이가 있는데, 이 차이는 하버마스의 소통행위이론의 한계를 밝히는 주요한 지적 자극임이 분명하다. Zima, *Ideologie und Theorie*, p.113.

식실용적 지평과 사회과학적 지평의 이원론이 하버마스의 생활세계를 이원화시키고 있다. 물론 하버마스가 이원화 그 자체로 그치지는 않는다. 구체적으로 말하면 생활세계의 내적 식민지화 명제가 그것이다. 이 명제는 체제와 합리성(도구적 합리성)이 생활세계로 침범해 들어오는 맥락을 두 겹에서 이해하고 비판한다. 그는 루카치이래 서구마르크스주의에서 강조해왔던, 물화 경향에 대한 비판뿐만 아니라 권력에 의한 왜곡, 예컨대 관료주의적 의식의 침투, 확산에 대한 비판도 발전시키고 있다.

하버마스의 이원주의는 첫째, 생활세계 영역 그 자체에서 일어나는 권력들의 갈등 잠재력과 비동의 가능성을 통찰하는 길을 어둡게 하며, 둘째, 각 행위 유형을 행위영역에로 귀속시켜버리는 오류를 낳는다. 셋째, 시스템과 생활세계 사이의 다면적인 상호침투관계를 균형있게 설명하고 비판하지 못한다. 예컨대 왜곡된 생활세계가 시스템의 합리성을 왜곡시키는, 말하자면 시스템의 내적 식민지화 명제에 대한 비판도 중요하다.[443]

3) 문장과 논술

하버마스는 화행의 단위를 문장으로 보는 경향이 있다. 그의 저서 『도덕의식과 소통행위』[444]에서 그는 다음과 같이 말한다.

> 여러 발화자들은 동일한 표현을 다른 의미로써 사용해서는 안 된다.

화행이론에 제시하는 결정적인 메시지는 문장의 의미는 문장 언표 그 자체 속에서 이해되지 않고 그 밖과의 관계에서 소통된다는 것이다. 따라서

---

443) 더 상세한 비판을 위해서는 서규환, 『현대성의 정치적 상상력』(서울: 민음사, 1993) 특히 제8장을 참조할 것.

444) Habermas, *Moralbewußtsein und kommunikatives Hanedeln*(Frankfurt am Main, 1983), p.97. 또한 하버마스, 서규환 외 역, 『소통행위이론 I』(서울: 의암출판, 1995), pp.309-378참조.

화행이론 전통에서 보더라도 표현의 의미는 소통공동체에 따라 달라질 수 있다. 그러나 완전히 열려 있는 것은 아니다.

언어의 단위는 논술이다. 이렇게 출발하는 나의 논술이론은 하버마스가 소통행위이론의 시원으로 잡고 있는 그 생활세계 개념을 비판적으로 재구성하는 데서 시작한다. 이 맥락에서 나는 하버마스의 진리동의이론에 지적 자원이었던 계약이론들, 특히 루소를 다시 성찰한다.

루소에 의하면, 자연상태에서 사회로 이행해가는 그 전환점에 소통적 언어의 시원이 있다. 이 언어시원론은 언어가 하버마스가 말하는 형식실용론의 논리와는 다른 구성원리에 의해 움직인다는 것을 가리키고 있다. 이미 루소의 생활세계에는 모순과 갈등잠재력이 내재해 있다. 언어와 사회는 자연의 "위험한 대체"이다.[445] 시원점의 행위양식에서도 역시 이렇게 보면 도구적 합리성과 소통적 합리성의 대화가 결정적이다.

하버마스는 소통행위이론의 토대를 진리동의이론으로 보고 있다. 상호 양해를 지향하는 논술 속에서 논거들의 교환은 강제없는 합의를 낳는다는 그의 발상에 대해 많은 비판이 있었다. 항의에 작용할 수 있는 권력과 지배 문제를 그가 이론화 하지 않는다는 비판이 전형적이다. 하버마스는 이 비판을 받아들이지 않는다. 호르크하이머와 아도르노의 "계몽의 변증법"을 그는 다시 기억시키면서 이데올로기비판 전통을 강조한다. 흥미로운 내용은 이 맥락에서 그의 사상이 헤겔마르크스주의에서 발전해 왔음을 밝히는 것이다.[446] 물론 "소통행위이론"의 인식론적 틀은 이미 헤겔마르크스주의가 아니다. 아마도 의도만이 그러하리라.

하버마스는 "오늘날 해방의 가능성이 어디에 있느냐"는 질문에 다음과 같이 답하고 있다.

> 급진민주주의적 의사형성의 절차에 포함된 유토피아적 내용을 우리의

---

445) 서규환, 『현대성의 정치적 상상력』, p.259이하 참조.

446) Habermas, *Die nachholende Revolution*(Frankfurt am Main, 1990), pp.31-32.

네온불빛 대중민주주의의 거리에서 떼어내어야 합니다. 그렇게 하면, 적어도 발전경향들의 양면성을 우리는 볼 수 있습니다. 여기에는 자율적인 공론들의 탈중심화된 네트워크, 개별화된 생활스타일과 하부문화적 생활형태의 다양성, 이견을 제기하는 집단들의 비판잠재력, 즉 급진다원주의의 방향도 있습니다. 하지만 이와 동시에 종속중심다원주의와 불관용, 이방인 증오, 일탈적인 모든 것에 대한 공격성, 민족주의적 퇴행 자세 등도 성장하고 있습니다.[447)]

하버마스의 해방은 더이상 마르크스주의의 그것은 아니다. 자유주의에서 강조해온 다원주의를 더 급진화시키는 수준에서 제도적 해방의 폭은 닫히고 있다. 이것은 절차적 민주주의가 가진 유토피아, 달리 말해 소통적 이성에 기초한 그의 소통행위이론이 인간의 윤리 의식을 고양하고 있음을 반영하고 있는 것 같다. 소통행위이론에서는 궁극적으로 인간 윤리를 소통적으로 성숙시키는 논술이론을 이상으로 제시하고 있다.[448)]

---

447) Habermas, *Die nachholende Revolution*, p.34.

448) 에릭슨(Erik Erikson)의 자아발달이론 이래로 로렌스콜버그의 인지발달이론은 가장 광범위한 주목을 받고 있다. 심리학자, 교육학자, 철학자 등이 그가 발전시킨 모델에 관심을 기울이고 있는데, 국내에서 이에 대한 반응은 그렇게 크지 않은 것같다. 콜버그 이론은 미국심리학에서 주류인 행태주의(행동주의)에 도전함으로써 주목을 받는다. 삐아제가 발전시켜 놓은 인지도덕발달이론을 더욱 발전시켜가는 모습을 그는 보여주고 있다. 그가 발전시켜온 3층위, 6단계 도덕발달모델에 대하여 반론이 없지 않다.

(1) 방법론 자체에 대한 비판이 있다. 콜버그의 심리학에서 기본자아는 도덕적 사유의 형식이지, 사용된 주장논거들의 내용이 아니라는 비판이다. 콜버그는 보편적이고, 보편적인 단계이행(Sequence)를 주장하는데, 그가 사용하는 자료들이 제한되어 있어서, 그 보편성이 의심스럽다는 것이다.

(2) 콜버그가 도출하던 주요 명제들은 다음과 같다.

① 도덕발달의 경선적 연구를 해보면, 한단계에서 다음단계로 계속 이행해감을 알수 있다. ② 인간은 그가 어떠한 단계에 있든지 간에 그 자신의 단계, 바로 그 다음 단계까지만의 도덕적 사유를 이해할수 있는 문제이다. ③ 몇사람의 예외가 있기는 하지만, 도덕발달은 불가역적이다. 일단 윗단계로 올라서면 그 뒤로 역행하지는 않는다. ④ 문화적 교육과 경험은 도덕발달 속도내 영향을 미칠수는 있으나, 그 질의나 귀결 순서를 변화시킬 수는 없다.

이같은 콜버그의 도덕발달단계 모델의 정치적 성격에 대해 의문이 든다. 그의 도덕발달

Ⅴ. 신비판이론적 숲의 산책을 끝내면서

하버머스의 진리동의이론은 다음과 같이 요약할 수 있다.[449)]

첫째, 배타적으로 또 일차적으로 진술진리와 관련된다.

둘째, 이 진술진리를 참된 진술을 확고히 하는 절차를 통하여 규정된다.

셋째, 이 절차는 대화상황에서 출발하고, 성공한 합리(치)에 정향된다.

넷째, 합치란 궁극적으로 역사적 사실적 사건을 말하지 않는다. 규범적으로 참된 동의로서 사안에 맞게 합치된 것으로 이해된다.

다섯째, 참된 동의로서 타당한 것은 모든 자의, 혹은, 능력있는 모든 자의 잠재적 합치이다.

"이상적 논술의 이론들은 — 논리적 순환속에 있다." 이상적 논술이론들은 이론으로서는 "인륜적 근본법칙"의 타당성을(이상적 논술에서의 합리적 소통) 위한 척도 - 엄격히 말하면 물질적 척도 - 를 밖에서부터 그 대상에로("인륜성" 및 "인륜적 근본법칙") 끌어들여야 하면서도 그 척도를 그 대상영역에서 도출해내야 하기 때문이다("합의적 소통은 인륜성의 패러다임적 선택이며", 그러한 합의적 소통에의 의무 또는, 인륜적 근본법칙이다).

훼페(O. Höffe)는 하버마스와 아펠(Apel)이 칸트(Kant)에 대해 비판하는

모델이론은 ① 로크 자유주의에 그 기초를 두는 것같다. 하지만 그 자신이 스스로가 주장하는 내용은 자유주의의 범위를 벗어나는 인상을 준다. 정의, 인간권(기본권)의 상보성과 평등성, 각개인간의 존재의 존엄성에 근거한다. ② 6단계이론이 경험적으로 증명되지 않는다. 이를 더 세분하면 다음과 같다.

㈎ 자의적으로 경험자료들을 선택적으로 사용했다는 비판이 있다.

㈏ 비서구사회 가운데 5, 6단계가 존재하지 않는 예가 있다는 것이다. Simpson, Elizabeth, "Moral Development Research: A Case of Scientific Cultural Bias", *Human Development* 18(1975), pp.35-48.

449) Otfried Höffe, *Ethik und Politik*(Frankfurt am Main, 1979), p.252. 훼페가 하버마스의 진리이론에 대해 가한 비판의 핵심에 대해서는 훼페의 *Ethik und Politik*, pp.272-273을 참조.

바에 대항하여 대항논술을 전개한다. 이른바 칸트가 말하는 "이성의 사실"에 대하여.

칸트가 인륜법칙의 의식을 사실로, 즉 무엇인가 현실적인 것으로 간주하기 때문에, 다시 말해 무엇인가 허구적인 것으로 간주하지 않기 때문에 칸트가 "사실"을 말하고 있는 것이다. 인륜성이란 세계와 무관한 단순한 당위가 아니라 우리가 항상 이에 승인하는 무엇이라는 주장이다. 하지만 칸트에서 "이성의 사실"은 어떤 무엇을 정초화하는 기능을 행사하지는 않는다. 그것은 근본규범, 정언명법을 도출하지 않으며, 의지의 자율성을 정초지우지도 않는다는 반론이다.

이와 같이, 하버마스(및 아펠)의 논술윤리는 논리적 순환에 빠져 있다는 비판이 끊임없이 반복되어 왔는데, 이 반복에 대하여 뵐러(Dietrich Böhler)는 반론을 편다.[450] 논술윤리의 "실용론적" 반성은 "참된 인륜성"을 위한 밖에서부터 도입되는 척도를 필요로 하지 않기 때문이라는 반론이다.

논술윤리의 실용론적 반성은 진지하게 논증하는 주체로서의 과학적이며, 철학적인 "주체"에 대한 반성을 통해서만이 얻어지는 그러한 척도만을 설정하기 때문이다. 논증의 타당성을 위한 척도는 의미있는 논거에 의해서 더이상 논박가능성이 없어지고, 그런만큼 논리적으로 필연적인 것이다. 합리적으로 더이상 뒤로 파고들수 없는 척도이기도 하다. 논술윤리의 실용론적 최종정초의 모든 비밀은 그 정초가 이같이 도덕적으로도 적실성있는 척도의 정초라는 데에 있다. 실천적 논거를 포함하여 순수논술적 합의력의 척도는 합리적으로 더이상 뒤로 들어갈 수 없다는 명제에 모든 것이 근거해 있다.

한편, 뵐러는 훼페의 윤리개념들사이의 균열을 지적한다. 훼페는 한편으로는 칸트, 다른 한편으로는 칸트 밖에서 윤리개념을 구성하고 있다는 비

---

450) Dietrich Böhler, "Transzendentalpragmatik und kritische Moral", W. Kuhlmann & D. Böhler(eds.), *Kommunikation und Reflexion*(Frankfurt am Main, 1982), pp.83-123 또한 pp.94-95.

판이다. 윤리의 개념과 과제와 반성 개념이 혼합되어 있다. 윤리는 신아리스토텔레스주의적으로 윤리적으로 선한 것의 물질적 개념으로 정의되며, 그것은 "진정으로 윤리적인 반성"의 결과라는 것이다. 훼페에서는 목적론적 행복윤리의 논증양식 및 반성종류와 의무론적 규범윤리 사이에 아무런 차이도 없다. 이에 반하여, 논술윤리의 이성개념은 다원적이며, 비통합적이고, 그렇지만 비분리적이다.[451]

(1) 모순개념을 어떻게 이해하는가? 하버마스가 아도르노 등과의 차이를 보여주는 또 하나의 차원이다. 아도르노는 『독일사회학에서의 실증주의 논쟁』의 "서론"에서 "변증법적 모순은 논리적, 과학적 사상시스템 내에서 가시적이 되지 않는 실재적 길항들을 표절한다."고 주장한다. 아도르노는 모순의 비판을 거쳐 완벽한 변증법적 해결로 나아가려는 이상과는 거리를 취하고 있었다. 부정의 변증법에서도 그는 이 거리를 그대로 유지한다. 하버마스에서는 모순이 다르게 나타난다. 사회적 존재론의 개념에서가 아니다. 상호주관적 소통의 지평에서 일어난다. "정당화 문제"는 이 맥락에서 자본주의 사회에서의 모순이 사회적 상호작용의 지평에서 일어나고 있음을 논증해 가려는 시도였다.[452]

나는 여기에서 하버마스가 벌려온 여러 논쟁들 가운데 크게 주목받지 못한 논쟁 곧 쉬패만(Spaemann)과의 논쟁에 대해 주목해 보고자 한다. 이 논

451) Habermas, "Entgegnung", Axel Honneth & Hans Joas(eds.), 1986, p.337. 여기에서는 하버마스와 아펠사이에 벌어져 있는 이론적 차이에 대해서는 주목하지 않겠다. 별도의 연구가 필요하다.

452) 마르쿠제 역시 "변증법적 논리는 모순을 사상의 바로 그 본질에 속하는 필연성으로 이해한다면 …… 모순은 사상의 대상의 바로 그 본질에 속하므로 그렇게 되며, 그곳에서는 이성이 비이성이며, 비합리적인 것이 합리적인 것이다." H. Marcuse, *One Dimensional Man*(Boston, 1964), p.142를 Martin Jay, "The Debate over performative Contradiction: Habermas vs the Post-structuralists", Axel Honneth, Thomas McCarthy, Claus Offe, Albrecht Wellmer(eds.), *Zwischenbetrachtungen*(Frankfurt am Main, 1989), pp.172-173에서 재인용. 모순의 이러한 이해는 마르크스 이래의 "계몽의 변증법" 논리에서 흔히 볼 수 있는 특성이기도 하다.

쟁의 핵은 "유토피아"에 관한 것이었다. 쉬패만의 출발점은 정치적인 것의 본질은 지배라는 판단이다. 이 판단아래 하버마스가 주장하는 지배자유적 논술원칙과 지배자유성과 강압없는 합의의 이념을 비판한다.[453)]

쉬패만의 논거를 요약하면 다음과 같다. 자기 주장을 펴는 가운데 집합적 실천영역에 속하는 바가 정치적인 것이다. 의견과 관심(이익)이 달라서 분쟁이 생기는 속에서도 결정할 능력이 있는 집합적 의지가 만들어지는 과정이 정치적인 것의 중심이다. 정치의 주체는 집합적 의지를 구성하여 행위할 능력을 보증받지 못하면, 자신을 스스로 해체할 댓가를 치루어야 한다. 여기에서 일종의 홉스주의를 연상할 수 있다.

인간의 현존재의 유한성 속에서는 무엇을 행해야 하는 가에 관한 불일치는 항상 무한하다는 근본적 판단이 쉬패만에게 남아 있다. 누군가가 논쟁의 무한한 흐름을 단절시켜야 하고, 논의를 매듭지을 수밖에 없다는 것이다. 그 단절의 선언속에서는 지배가 행사되며, 구속력이 있어야 한다는 주장이다. 물론 쉬패만은 여기에서 정당성 문제를 제기한다. 모든 해당관련자들이 동의할 수 있는 척도에 따라 구속력을 얻는 정의가 정당성의 원칙이다. 내가 여기에서 주목하려는 내용은 아리스토텔레스주의로 회귀하려는 쉬패만의 논리가 설득력이 있다고 판단하는 것이 결코 아니다. 오직, 하버마스 · 쉬패만 논쟁에서 우리는 하버마스가 얼마나 "완벽한" 유토피아를 진리 이론적으로 전제하고 있는가를 파악할 수 있다는 사실에 주목할 뿐이다. 그렇다면 "계몽의 변증법"을 넘어서는 그의 사유는 이미 "계몽의 변증법"의 숲을 떠난 새의 날개짓에 불과하지 않을까. 아도르노와 비교해 보면, 하버마스에서 유토피아는 "완전한" 것이다. 모순에서 벗어나는 상호주관적 합의가 그것이다. 이는, "계몽의 변증법"이 정지함을 의미한다.

(2) 우리시대의 핵심문제들의 하나는 생태학적 문제이다. 이 문제는 절차원칙에 따라서만 해결될 수 없는 성질의 것이다. 그것은 "좋은 삶"이란

453) Robert Spaemann, " Die Utopie der Herrschaftsfreiheit", *Merkur* 8월호(1972) 참조.

무엇인가에 대한 탈형이상학적인 목적설정이 필요한 문제이다.

하버마스는 절차윤리론을 주장, 변호하면서 두 종류의 질문을 엄격히 구분하는 모습을 보인다. "일반적인 합리적인 상호양해" 기준에 근거하여 결정될 수 있는 질문만이 사실상으로 도덕문제이고, 좋은 삶에 대한 이해와 관련된 그런 종류의 질문은 적지않게 중요하지만 인간의 현존재양식("행복"하거나, "성공한" 삶 등)에 속한다는 것이다. 하버마스는 이 후자류의 질문은 도덕적이기보다는 질병치료적(klinisch)이라고 말한다.[454] "좋은 삶" 형태에 관한 논의와 그 선택이 건강의 문제만은 아님이 분명하다.[455]

생태학적 관점에서 좀더 구체적으로, 요약적으로 말하자면, 하버마스의 신비판이론의 결함은 다음과 같다.

첫째, "물적 재생산" 영역에서 외적 자연과 생활세계가 "식민지화 되고" "물화 되는" 현상들을 고려하지 못한다.

둘째, 이 영역에서의 생태학적, 경제적 측면에서의 "새로운 저항"을 철학적으로 위험하게 정초지우고 있다.

하버마스는 생태학적 문제틀을 망각하고 있는데, 이는 관심의 결여이기보다는 그의 이론체계 자체에 그 근거가 있다. 신비판이론을 생태학적 관점에서 다시 전환시킬 필요가 있다. 그렇게 하려면 시스템과 생활세계의 이분법을 넘어서야 할 것으로 보인다. 생태학적 통합과 인간학적 통합의 문제를 다룰 새로운 설정이 필요하다.

생활세계는 아래와 같이 문화, 사회, 인성으로 구조적으로 분화되지만, 구조적 보완이 필요하다는 것이다. 다음 그림은 그것을 도식적으로 예시해 주고 있다.

---

454) Habermas, *Theorie des kommunikativen Handelns II*, p.166 참조.
455) Charles Taylor, "Sprache und Gesellshaft", Honneth & Joas(eds.), 1986, p.47.

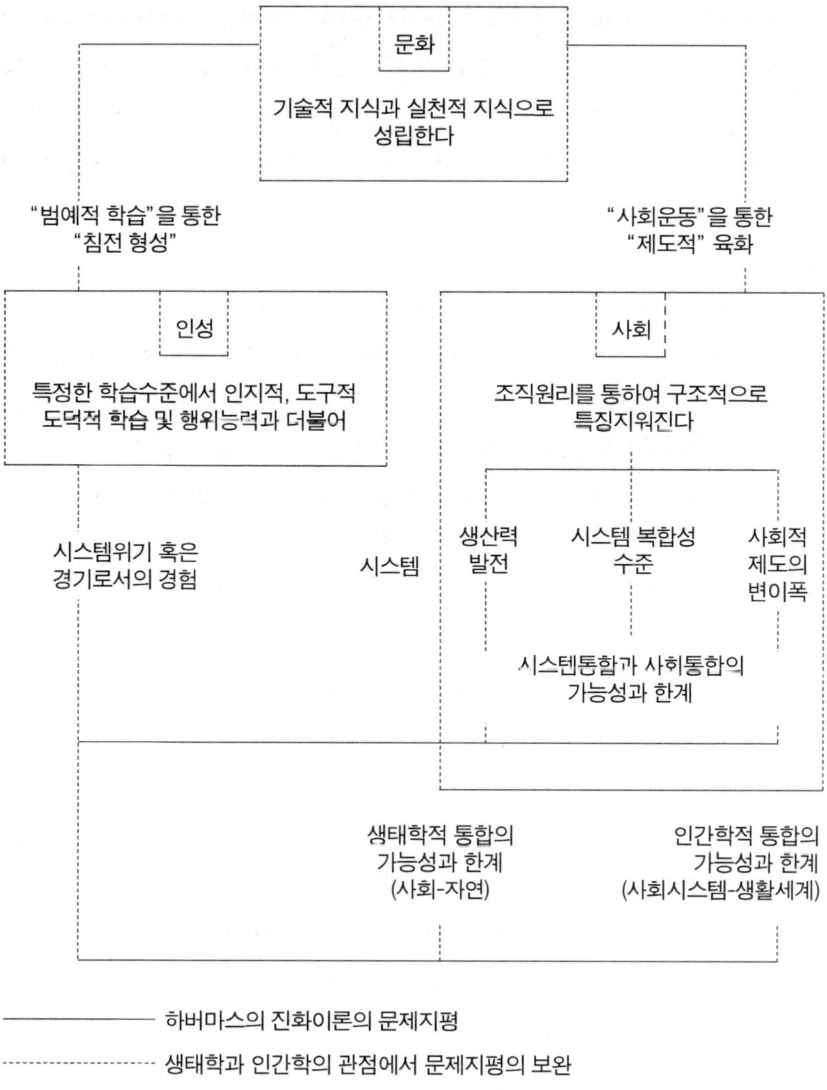

출전 : Max Preglau, *Wachstumskrise und Gesellschaftstheorie*(Frankfurt am Main & New York, 1987), p.309.

(3) 공론을 어떻게 이해하고 있는가? 하버마스에서는 공론에 행정적 시스템으로부터 사실상 완전히 분리된 생활세계에 귀속되어 있다. 공론이 정치시스템내에서 포착되지 않는다. 『소통행위이론』에서 이 같은 모양은 1973년 『후기자본주의에서의 정당화 문제』에서 이미 나타난다. 공론영역은 그 기능이 환원되어 있고, 구조적으로 탈정치화되어 있다.[456]

(4) 정의문제와 좋은 삶 문제를 날카롭게 분리하려는 하버마스의 시도는 이론설정에서부터 문제가 있다. 하버마스가 진리, 정당성(Richtigkeit), 본래성(Aufthentizität)을 엄격히 분리하면서도, 다른 한편으로는 이 세 요소의 종합같은 것을 말하고 있어서 복합적 설명이 필요하다.이상적 대화상황의 조건들이 적극 정당화되지 못하고 있다. 아마도 우리는 여기에서 다시 18세기 서구계약이론운동에서 말해온, 자연상태에서 사회상태에로의 이행문제틀을 다시 도입해야 할 것같다.[457] 하버마스는 이 점을 망각하고 있는 것이다.

생활세계가 언어만의 생활세계라면 그 생활세계는 오직 해석될 뿐이다. 생활세계에 대한 기대는 실현될 수 없다. 해석만이 아니라 실천도 문제이다.

(5) 후기자본주의에서의 예술의 지위와 기능. 벤야민, 아도르노, 마르쿠제 등 초기 비판이론가들에게는 소비적인 것이 사회이론적 반성의 중심을 이룬다. 하버마스에서는 이에 비해서 사적유물론을 재구성하는 — "정치경제학의 비판"을 재구성하는 — 관심이 전면에 부각되어 있다. 하버마스

---

456) 시스템이론에서는, 일반적으로, 정치시스템은 관료제적 행정, 당정책, 공론으로 해부분할되는 것으로 이해한다. 기능적으로 전달화된 하부시스템들이다. MacCarthy, "Komplexität und Demokratie", Honneth & Joas(eds.), 1986, pp.190-191. 하버마스식 공론이론(및 시민사회론)에 대한 더 상세한 비판을 위해서는 서규환, 「'시민사회와 민주주의' 에 대한 최근 논쟁」,《이론》5호(1993), pp.228-262 참조.

457) 서규환,『현대성의 정치적 상상력』, 제11장 참조.

는 경험적으로 논증되는 수준을 넘어서지 않으면서 아도르노가 진단한 "총체적 맹목화맥락"을 재구성하려 한다. 도구적 이성에 대한 비판 역시 이에 따라 정치경제학과 정치사회학의 비판에서 다시 정초되며 아도르노가 상대적으로 간과해온 예술의 매개 · 수용문제에 대해서 관심을 기울인다. 그가 정치적, 경제적 명령에서 벗어날 수 있는 가능성을 엿보고는 있다. 그렇지만 그 엿봄이 개별작품들의 분석을 통하여 설득력을 얻고 있지는 못하다. 그가 후기 자본주의적 사회의 정치와 경제가 기능하는 방식속에서만 주로 예술에 대해서 논의할 수 밖에 없는 이유는 무엇일까? 그것은 "계몽의 변증법"이 완벽한 형식적 유토피아로 정지되어 버리는 논술윤리의 구조가 예술의 본래성을 이론화하지 못하게 만들기 때문이다.

오디세이의 자기제한 형식과 내용은 다양하게 전형되어 왔다. 하버마스의 논술윤리 역시 그의 독특한 자기제한의 형식과 내용이다. "계몽의 변증법"은 새로운 자기제한을 요청하고 있다.[458]

458) Claus Offe, "Fessel und Bremse", Honneth et al.,(eds.), pp.739-774 참조할 것. 오페는 자기제한이라는 관점에서 '계몽의 변증법'에 대한 대응들을 조망하고 있다. 그 요청은 오직 루소의 언어시원론에로 일단 되돌아 가야하는 요청으로 나는 판단한다. Gyu-Hwan Seo, *Politik und politische Theorie der Kritischen Krisenwissenschaft*(Bielefeld, 1988)를 참고할 것.

제10장 클라우스 오페의 비판정치사회학

Ⅰ. 독일 사례

신사회운동과 정당의 관계를 논의하는 일은 결코 쉽지 않다. 신사회운동이 활성화 되어 녹색당이라는 구체적 제도로 발전한 선구적 사례는 역시 독일(서독)이다. 이 사례가 한국사회를 위한 일반적 모델이라고 논평하기에는 분명 역사적이고 구조적인 차이들이 있다. 하지만 그 사사하는 바에서는 분명히 짚고 넘어가야 할 몇 가지 중요한 내용이 포함되어 있다. 우선 그 내용을 살펴보면, 첫째, 독일에서는 노동운동의 경험을 거친 다음에 그것이 상당히 높은 수준으로 제도화된 이후, 신사회운동이 일어나 본격화되고 있다.

둘째, 이 제도화의 하나로서 독일은 좌파정당이 의회에까지 진출하여 자신의 목소리를 내고 있으나, 한국에서는 의회에서 좌파정당이 상대적으로 매우 약할 뿐만 아니라 사회 전반에 걸쳐서 좌파정당의 세력은 크지 않다.

셋째, 독일은 아마도 정당정치가 살아 있는 사례라는 판단에 크게 반론을 주장할 사람은 많지 않은 것이지만, 한국은 그러하지 않다. 즉 한국에서는 정당 일반에 대한 국민들의 불신이 높은 만큼이나 정당정치가 제자리를 잡고 있지 못하다. 다양한 굴적을 거쳐서 노동운동이 겨우 자리를 잡아가면서 신사회운동의 이슈들이 터지고 있다.

여기에서 나는 유럽, 특히 독일의 역사적 경험을 사회과학적으로 그리고 비판적으로 반성하여 이론화하고 있는 클라우스 오페(Claus Offe)를 중심으로 접근하고자 한다. 그러므로 우선 1970년대 이래의 이른바 국가론논쟁에 대해서 요약적으로 조망할 것이다. 이는 자본주의와 민주주의, 그리고 그 모순과 갈등을 이해하지 않고서는 신사회운동과 정당의 관계 역시 정당하게 논의되기 어렵다고 판단하기 때문이다.

II. 국가이론 전개에서 클라우스 오페의 위상

칼 마르크스의 저작에는 정치이론, 특히 국가이론이 없다고 관찰하는 시야가 어두운 자가 있다.[459] 자본주의 경제를 주제로 분석한 마르크스의『자본』과 양적으로 비견할 만한 정치이론서가 없다고 해서 마르크스가 정치이론을 등한시했다거나 또는 정치가 그의 사상에 주변적 매체였다고 간주하는 오류를 범해서는 안 된다.

마르크스의 정치이론은 (사회로부터 분리된) 그 국가를 제거하려는 시도보다는 국가와 사회의 분리 그 자체를 지양하려는 장엄한 시도에서 그 지성사적 특징이 있다는 것이다. 이 분리의 지양이라는 기획은 비판의 대상을 양면으로 전개할 것을 내포하고 있다. 그 하나는 국가와 사회의 분리 속에서 사회의 지배계급이 국가를 자신의 이익을 행사하기 위해 사용하는, 그 비밀스러운 국가와 사회의 일치는 비판하는 내용이다. 요컨대, 국가와 사회의 형식적 분리를 비판하고 실질적 · 내용적 (왜곡된) 일치를 폭로하는 과제이다. 다른 하나는 사회가 스스로 매개해야 하는 자기비판의 방향이다. 국가와 사회의 분리 속에서 사회의 자기매개는 지배계급이 결정해가고 있으므로 피지배계급은 자기반성을 거쳐 사회를 재구성해야 하는 과제이다. 마르크스는 「헤겔 법철학비판 서문(1834~1844)」에서 다음과 같이

459) 이를테면 보비오(Nobert Bobbio)와 이 정치이론가를 추종하는 이들을 들 수 있다. 구갑우 · 김영순 편,『맑스주의 국가이론은 존재하는가』(의암출판, 1992)를 참조하라.

말했다.

> 시민사회의 어떠한 계급도 자신과 대중에 감동을 줄 계기, 자신이 사회 일반과 조화하고 융합하여 사회 일반과 일치하여 사회 일반의 '일반적 대표자'로서 인지되고 인정되는 계기, 자신이 사실상 사회적 두뇌이며 사회적 심장인 계기, 이러한 계기를 불러일으키지 않으면 이 역할(전체 사회의 해방 — 인용자가 첨가)을 행사할 수 없다.[460]

마르크스는 계급이 집합적 행동자인 까닭에 이미 계급형성(class formation)의 논리를 날카롭게 지적하면서도, 타 계급을 포함하는 대중에게도 정당화될 수 있는 보편적 진리를 말하고 있다. 역으로 말해 마르크스는 지배계급도 이와 같은 종류의 보편적 진리를 사용하지 않고서는 자신의 계급지배도 불가능하다고 주장하는 것이다. 마르크스는 이 허위적 진리를 이데올로기라고 부르고, 이데올로기 비판을 실천운동의 근본적 지평으로 제시하고 있다.

마르크스에게서 헤겔의 법철학에 흐르는 "역사철학"은 이러한 이데올로기의 상징이었다. 그래서 마르크스는 「헤겔 법철학비판 서문」에서 이렇게 시작하고 있다.

> 독일에서 **종교의 비판**(원문은 이탤릭체)은 본질적으로 끝났고, 종교의 비판은 모든 비판의 전제다.

나는 여기에서 마르크스가 두 가지 종류의 종교비판을 시사하고 있다고 해석한다. 즉 전자의 종교비판은 우리가 일반적으로 말하고 있는 그 종교에 대한 비판, 말하자면 세속화 명제로 이해할 수 있는 성질의 것인 데 반해, 후자의 종교의 비판은 어떤 하나의 진리질서를 전제하는 형이상학에

---

460) *MEW 1*, p.388.

대한 비판으로 이해할 수 있는 것이다. 나는 이 후자의 종교를 종교성으로 달리 구별해 부르고 마르크스는 이 종교성의 비판을 시작하려고 했다고 본다. 마르크스의 그 메시지는 종교의 비판은 끝났으나 종교성의 비판은 끝나지 않았다는 새로운 인식론적 패러다임의 선언이었다. 좀 더 구체적으로 말하자면, 자본주의의 상품물신성은 헤겔의 역사철학적 법철학에 그대로 반영되어 있어서, 헤겔에 대한 비판은 자본주의의 이데올로기를 비판하는 것이고 자본주의 실제에 대한 비판의 전제이기도 하다. 헤겔이 국가와 사회의 분리를 인정할 수 있었던 인식론적 근거는 그가 재현 가능한 형이상학적 질서(종교성)를 전제로 했기 때문이다. 마르크스는 이 종교성 대신에 자신이 "실천"이라고 부르는 민중의 진리구성 행동을 제시함으로써 진리이론의 코페르니쿠스적 전환을 단행했던 것이다. 마르크스는 이러한 전환 아래 국가와 사회의 비분리를 의미했던 시민사회를 망각하지 않으려 했던 것이다. 나는 이 의미를 비판시민사회라는 논술어로써 살려보려 해왔다.[461)]

마르크스의 대안은 국가 그 자체의 폐지가 아니라 국가와 사회의 분리를 지양하는 것이다. 사회로부터 분리되지 않는 국가를 회복하는 일이다. 이러한 이론적 맥락에서 마르크스는 「유대인 문제에 관하여」에서 "민주주의적 국가, 현실적 국가는 자신을 정치적으로 완성하기 위해 종교를 필요로 하지 않는다"고 밝힐 수 있었다. 국가의 소멸이 아니라 "민주주의적 국가"가 마르크스의 유토피아이다.

국가와 사회의 분리라는 현대사회의 문제에 대응하는 이론적 태도는 실로 다양하기 그지 없다. 이는 자본주의적 민주주의 사회 일반의 정치제도적 한계에 관한 논의와 논쟁이라 말할 수도 있다. 이 쟁점에 대해서는 클라우스 오페가 그 핵심에 서 있는 이른바 1970년대 국가론 논쟁이 잘 말해주

---

461) 보다 상세한 논의를 보려면 서규환, 「국가의미론 - 비판시민사회의 이론화」, 『한국정치학회보』 24(1990), pp.325-350. 이 논문은 1989년 12월 한국정치학회 연례학술회의 발표문이었다.

고 있다. 그것은 국가와 사회의 분리라는 현대사회의 문제틀에 대응하는 이론적 태도에 관한 논전이었다. 국가와 사회를 매개시키는 이론적 접근은 우선 크게 둘로 식별해 볼 수 있다. 하나는 형식(형태)분석이고 다른 하나는 내용을 중심으로 하는 접근이다. 물론 여기에는 보수적 발상도 있고, 국가와 사회의 분리를 근본적으로 문제시하는 진보적이고 비판적인 발상도 있다. 나는 내용·형식을 한 축으로 잡고, 보수·비판을 다른 축으로 삼아 서로 교차시켜 지금까지의 국가와 사회의 매개시도를 유형화하고 이를 아주 간략히 설명하고자 한다.

	형식(기능)	내용(행위)
보수적	① (가) 체계이론 (나) 기술관료주의 명제	② (가) 다원주의 (나) 정치의 경제적 이론화
비판적	④ (가) 풀란차스 (나) 국가도출론	③ (가) 국가독점자본주의론 (나) 밀리반드

① (가) 이스튼(David Easton)의 정치체계 이론은 체제의 자율성을 추상적으로 전제한 다음, 체계의 기능변수들, 투입과 산출을 조사한다. 여기에서 매게의 문제는 이론구성의 차원에서 자연히 배제되어 있다.462)

(나) 프라이어(H. Freyer)와 겔렌(A. Gehlen)과 같은 이론의 전통에서 셸스키(H. Schelsky)는 산업사회의 복잡성 증대를 논거로 기술관료주의 명제를 제시했다. 이 명제는 체계이론과 크게 다를 바 없이 국가와 사회의 분리를 인정하고 실천문제와는 그 적실성이 없다는 순수 객관사실성을 강조한다. 즉 정치의 기술화이다.463)

② (가) 다원주의도 역시 국가와 사회의 분리를 전제로 하는 전형의 하나이다. 특히 전형적인 다원주의에서는 이익집단들의 경쟁은 일종의 "보이

462) 더 상세한 비판을 보려면 Ralph Miliband, *The State in Capitalist Society*(London: Quartet, 1969).

463) 서규환, 「제2장 현대관리사회론의 일차원성」, 『현대성의 정치적 상상력』(서울: 민음사, 1993), pp.37-38을 참조.

지 않는 손"에 의해 "자연스럽게", 다시말해 사회의 기본질서에는 저항하지 않는 정도에서 조정된다고 본다. 국가는 여기에서 계급중립적이다.[464)]

(나) 정치의 경제적 이론화 : 신정치경제학은 특히 다운스(A. Downs)가 발전시키고 있는데, 정치를 시장화시킨다. 신정치경제학은 정치행위의 내용을, 권력을 확보, 최대화하려는 목적으로 이해하는 데서 출발한다. 이는 경제행위이론을 정치이론화한 것으로 정치가들 혹은 정당들이 정치 "시장"에서 정치프로그램, 정치상품을 제시하여 최대한의 득표를 위해 서로 경쟁한 결과를 정치의 내용으로 본다.[465)]

③ (가) 국가독점자본주의론은 그 자체가 대단히 다양해서 간략하게 정리하기가 쉽지 않다. 그러나 국가를 독점자본의 이익을 관철시키는 도구로 파악하는 관점은 공통된 주장이다. 독점이익과 국가를 단선적으로 연결시키는 이 발상은 다원주의와 이념은 다르지만 설명하는 논리는 크게 다르지 않다. 즉, 개별자본들이 서로 경쟁하는 가운데 노동계급의 영향력이 가세하여 질적으로 다른 총이익이 성립한다는 것이다. 행위이론의 틀 내에서 국가독점자본주의론은 총자본의 이익을 의도하는 주체로 국가를 전제하고 있는데 그 국가는 "이익 중립적으로" 독점자본의 도구로 전제되어 있는 논리적 모순으로 보이고 있다.[466)]

(나), ④ (가) "밀리반드 - 풀란차스 논쟁"이 제기한 복합적인 주제들을 이곳에서 역시 치밀하게 다룰 수는 없겠다. 이 두 좌파이론가의 입장은 도식에서 보듯 근본적으로 그 인식론에서 상이하였고 이 때문에 쟁점은 심각한, 다시 말해 짧은 논쟁의 수준에서 해결될 수 없는 성질의 것이기도 했다. 나는 구조주의 르네상스의 기운이 한풀 꺽인 지금, 또한 그람시의 헤게

464) 물론 다원주의의 역사적 변이체가 다양하다는 점을 잊지 말아야 한다.

465) Anthony Downs, "Eine ökonomsche Theorie des politischen Handelns in der Demokratie", H. P. WidMaier (ed.), *Politische Öknomie des Wohlfahrtsstaates*(Frankfurt am main, 1974).

466) Wirth Magaret, *Kapitalismustheorie in der DDR*(Frankfurt, 1972). 신정치경제학과 국가독점자본주의론에 대한 더 상세한 비판을 보려면, Georg Vobruba, *Politik mit Wohlfahrtsstaat*(Frankfurt, 1983), pp.28-35 참조.

모니 개념이 지닌 실천적 의의가 보다 선명하게 조명된 지금, 이 논쟁을 재조명할 필요가 있다고 느끼고 있다. 다시 밀리반드의 『자본주의 사회에서의 국가』(1969)를 읽으면서[467] 느낀 지적 자극은, 무엇보다도 보수적 정치사회화이론을 극복하고 정당화 문제를 국가이론에 내포시키려는 밀리반드의 시도가 그람시의 헤게모니 이론에 토대를 두고 있다는 관찰에서 비롯되었다. 그의 대안은 일단 접어둘 수만 있다면, 그가 제기한 일종의 "문화적 마르크스주의"는 재평가해야 할 것이다. 우리가 풀란차스를 읽으면서 얻을 수 있는 지적 자극은 그가 『국가, 권력, 사회주의』(1977)끝에 "민주사회주의로의 길"에서 다음과 같이 날카롭게 밝히고 있는 곳에서 얻어낼 수 있다.

> 직접적인 토대민주주의를 제거하면 사회민주화가 일어나고 대의제 민주주의를 제거하면 국가의 사멸이나 직접민주주의의 승리가 달성되는 것이 아니라 오히려 새로운 유형의 권위주의 독재가 조만간에 나타난다.[468]

그는 서구의 사회민주주의와 현실사회주의를 국가주의로 파악하고 이를 거부하면서 "제3의" 민주주의를 허약하게나마 시사하고 저편으로 간 것이다.

④ (나) 국가도출론은 자신이 이해한 "정치경제학 비판"의 전통을 곧게 지키려고 한다. 이들은 자본주의가 지속되기 위해선 자신이 재생산할 수 있는 이상의 전제가 필요하다는 자본주의의 구조적 결함에 주목한다. 국가도출론 논쟁에는 알트파터, 히르쉬, 플라토브 · 후이스켄 이외에도 여러 뛰어난 학자들이 참가하여 그 자체 내에서 심각한 유형론을 통해 구별할 수

---

467) Miliband, *The State in Capitalist Society*. 풀란차스와 논쟁이 끝난 후, 그는 *Marxism and Politics*(Oxford University Press, 1977)를 내놓아 응답했다.

468) Nicos Poulantzas, *State, Power, Socialism*(NLB, 1978), pp.251-265.

있는 정도이기는 하지만, 자본주의적 사회화(Vergesellschaftung)에 내재한 이 구조적 결합에서 국가의 활동을 도출해 내고 있다는 점에서 일치점을 보인다. 이렇게 국가와 사회의 관계는 선험적으로 규정되고 기능주의적 틀에서 논리적으로 해석되고 있다.[469)]

국가와 사회, 체제와 행동을 매개시키려는 오페 역시 『자본주의 국가의 구조문제』(1972)[470)]에서는 그 이론적 의도야 어떠하든 간에 체계분석에 주로 관심을 포명하고 있는데, 대단히 섬세한 개념장치를 개발했다. 그는 정치체제의 선택성 기제를 다음과 같이 네 가지 차원에서 확인하고 있다. 첫째는 시민권, 물질적 자원과 정보의 사용능력의 한계, 관료제적 효율성 등으로 인하여 선택성이 작용하는 "구조의 차원"이다. 둘째는 사회문제를 선택적으로 인식케 하는 '이데올로기의 차원' 이다.셋째는 정책결정 '과정' 에 작용하는 선택성이다. "비결정으로서의 결정" 개념이 이를 잘 시사한다. 끝으로 넷째로는 경찰, 군대, 사법부와 같은 국가기구를 통해 억압조치를 취하거나 위협하는 '억압' 차원이 있다. 오페는 국가의 계급적 성격을 곧바로 이 네 차원에서 확인하지는 않는다. 이 선택성들이 다음 세 가지의 선택성과 구체적으로 결합할 때 국가의 계급적 성격을 말할 수 있다는 것이다. 그 첫째는 지배계급의 이익을 적극 지지하는 "조정적 선택성"인데, 나는 이것을 긍정선택성으로 바꾸어 부르고 싶다. 둘째는 반대세력을 억누르는 "억압적 선택성"이다. 여기에서는 마찬가지로 부정선택성으로 부르고 싶다. 그리고 오페는 여기에다 이 두 선택성을 은폐시켜야 하는 "은폐적 선택성"을 첨가하고 있다. "계급적 중립성이라는 외양을 가장함으로써만 정치적 지배는 계급지배로 행사될 수 있다"는 것이다. 그러나 오페는 여기에서 범주적 실수를 저지르고 있다. 은폐의 기능은 이데올로기의 차원에서만 작용하는 또 하나의 측면이기 때문이다. 이데올로기는 사실 표

469) 더 상세한 비판을 위해서는 Vobruba, *Politik mit Wohlfahrtsstaat*, pp.18-26을 참조.
470) Offe, *Strukturprobleme des kapitalistischen Staates*(Frankfurt am Main, 1972).

피에서 보면 진리이나 심층의 눈에서 보면 오류인 논술을 말하지만 대안논술을 배제시키는 기능도 한다.

오페는 국가의 계급성을 쟁점화하면서도 국가의 상대적 자율성 명제를 독특하게 제시했다. 이 명제를 개별자본들의 이익을 "간접적으로" 실현해가는 "세련된" 자본축적의 맥락에서 이해하는 여러 발상들과는 달리, 그는 자본축적과 정당성 사이의 모순적 긴장으로 이해했다. 그는 『직업교육개혁』(1975)에서는 국가와 사회를 매개시키는 보다 새로운 개념을 개발했다.

> 국가의 활동 내용을 국가밖에 있는 이익이나 구성물로 확인하려는 모든 시도가 순환논법에 빠지고 있다. 따라서 우리가 생각할 수 있는 출발점은 국가의 자기 자신에 대한 관심 이외에 달리 잡을 것이 없다.[471]

물론 그는 국가의 자기유지 관심은 대단히 불균등한 저항으로 나타나지만 계급과 (비계급) 집단의 저항력을 도외시하고 실현되지 않는다고 밝혔다. 결정적인 것은, 오페의 이 "국가의 자기 자신에 대한 관심"은 국가와 사회의 순환과정, 그러니까 국가와 시민사회의 "논리적" 비분리성을 규범적으로 요청하고 있는 것이다.[472]

이탈리아 국가론논쟁 역시 비판적 지성을 고양시키는 데 풍부한 사회학적 상상력을 자극한다. 칸트마르크스주의를 제시한 이탈리아의 델라 볼페 학파로부터 성장한 알튀세르, 꼴레티는 마르크스와 헤겔의 근본적 차이를 조명하는 철학연구 성과를 내기도 했지만, 레닌의 "국가와 혁명"을 재해석하기도 했다. 이 정치이론서의 이슈는 자본주의 국가의 장악을 폭력으로 할 것인가의 여부가 아니라,[473] 그 국가의 폐지 여부이다. 꼴레티는 부르주

---

471) Offe, *Berufsbildungsreform. Eine Fallstudie über Reformpolitik*(Frankfurt am Main, 1975), p.13.

472) 시민사회의 정치화는 이러한 요청에로 항상 되돌아가서 그 정당성을 부여받을 수 있다.

473) 이는 스탈린의 사망시까지 전통적 공산주의 입장이었다.

아국가 기제를 폐기하고 민중의 직접적 권력행사를 그곳에서 강조한다. 사회주의민주주의는 직접민주주의라고 그는 주장하면서 국가소멸론을 새삼 부각시켰다. 이에 대해 보비오는 "거의 붉지 않는" 자유주의 사회주의(Socialismo liberale)의 입장에서 "대의제 민주주의를 대신할 대안이 있는가"하고 반문했다. 그는 "현대 민주주의의 네 가지 패러독스", 즉 거대한 조직, 관료제, 기술관료제(전문화), 대중문화 등의 성장으로 직접민주주의도 노동계급운동의 성취이지만, 대중운동 역시 민주주의라고 주장했다. 이행문제는 부르주아 헤게모니 "밖에 있는" 대중운동과 그 조직(당)의 참여와 더불어 진정 해결될 수 있다는 것이다. 사실 후기 풀란차스의 국가이론 역시 이러한 "제 3의 길"을 모색하는 변화였다.

자본주의국가론의 다양한 쟁점은 산업화의 복합성 및 자본주의와 민주주의 간의 긴장과 갈등을 어떻게 보는가로 모아볼 수 있다. 현재의 비판에는 항상 미래의 기획이 개입하기 마련인데 아직 그 미래사회가 불투명하거나 구체적으로 기획되지 못한 채, 또 그렇기 때문에 비판은 종합을 얻지 못하고 있다. 그러므로 비판과 기획에 (배제되어 온)비제도적인 것들이 민주주의적으로 참여하여 제도정치의 개방성을 높여야 한다. 나는 이 복합적 맥락을 "제도정치와 비제도정치의 변증법"으로 정식화한 바 있다.

III. 정당정치의 위기와 신사회운동

녹색운동은 민주주의에 대한 근본적 의문을 제기했다. 기존의 정당정치치와 대의제민주주의의 한계를 정면에서 노정시켰던 것이다. 기존의 정당정치의 논리와 대의제민주주의의 한계는 녹색정치가 녹색운동이라는 사회운동으로 제기되었다는 사실에서 분명하다.

1. 독일녹색운동의 전개과정

서독 녹색운동을 범례로 삼아 녹색운동의 전개과정을 살펴보면, 다음과 같은 세 가지 단계로 구별할 수 있다.[474)]

1) 순수자연과학적 비판의 단계

이 단계는 서독의 경우 대체로 1971년에서 1974년까지의 시기에 해당한다. 이 단계에서 핵에너지를 반대하는 자들이 동원되기 시작했으나, 그 수준은 지극히 낮았다. 저항세력이 조직되는 형태도 지역 단위의 수준 이상으로 확대되지 못했다. 그리고 영향력을 발휘할 때 사용한 수단으로는 요구사항, 회합일정, 재판절차 등을 관할하는 해당 정부부처 내에서도 그러한 저항세력의 동원화 과정에 대해서 그렇게 심각하게 생각하지 않았다. 이 당시 어떠한 핵에너지 계획도 정치적인 저항을 받아 위험에 빠지는 사례는 없었다.

2) 사회과학적 비판의 가동 단계

이 단계는 서독의 경우 대체로 1974년에서 1976년에 걸치는 시기에 해당한다. 특정한 사건이 발발하는 계기로 저항세력이 중심을 형성하기 시작했다. 핵발전소, 화학단지, 알루미늄과 같은 대기술공업기획이 지역 경제에 대해 단순농업생산자들을 위협하기 시작했다는 사실이 점차 인식되어 갔다. 여기에서 환경문제는 "환경"의 문제를 넘어 경제문제와 직접 연계되어 나타난다.

자연은 여기에서 본격적으로 경제적 차원에서 이해되어가기 시작했으며, 이러한 자연의 훼손은 사회적 재생산과정을 위기에 빠뜨린다는 사실이 점차 유포되어 갔다. 이러한 과정에서 자본주의적 상업화 과정에 대한 저

474) Kaus-Jürgen Scherer&Fritz Vilmar(eds.), *Ein alternatives Sozialismuskonzept: Perspektiven des Ökosozialismus*(Berlin, 1984) 참조.

항의식이 고조되었다. 왜냐하면 그것은 삶의 공간을 무너뜨린다고 판단하기 때문이었다. 사회적 안전과 안정, 직접적 사회관계, 자본주의적 소외의 극복 등을 위해 복고적 경향이 나타나기 시작했다. 핵에너지에 대한 다양한 저항의 목소리가 퍼지는 가운데 저항의 대중화 현상이 속도를 얻어가지 시작했던 것이다. "시민이니셔니브"라는 이름으로 이들은 해당 관련 자들을 광범위하게 조직시켜 나가기 시작했다.

그러나 여기에서도 여전히 핵에너지 그 자체에 대한 저항보다는 핵에너지가 농업에 미치는 혁명적 (역기능) 결과에 대해서 공격했다. 저항의 형식은 비폭력적인 직접적인 운동이었다. 이에 대해 국가당국은 물리적 강제기구를 직접 사용했다. 하지만 국가의 "폭력"사용(이른바 "무력진압")은 저항을 오히려 "강하게" 만들어버리는 결과를 초래했다.

3) 갈등의 심화와 신좌파의 개입 단계

이 단계는 서독의 경우 갈등이 심화되면서 이때까지 시민이니셔티브운동과 그 갈등내용에 대해 소극적이거나 부정적이었던 집단들마저 개입하기 시작하는 시기이다. 그들은 대체로 신좌파적 집단들이었다. 그들은 1960년대의 제도권정치의 논리가 한계를 지니고 있다는 판단 아래 이른바 원외 운동을 전개했던 이들이었다. 그들은 원외운동의 에너지를 녹색운동을 위한 에너지로 활용하면서 투쟁의 대중적 기반을 넓혀갔던 것이다. 이들 신좌파집단을 구성하고 있는 사람들을 분석해 보면, 주로 대학을 졸업한 비교적 젊은이들로서 사회에서 새로운 계급을 형성하고 있는 자들이 대부분이었다. 그들은 물질적 가치를 더 이상 계속해서 추구하지 않고, 미래의 인간적 가치들을 추구하는 세력이었다. 이른바 탈물질주의를 실현하는 새로운 층을 형성하고 있었다.[475]

생산영역이나 소비영역에서 비자본주의적 자유조직체들이 결성되어 새

475) 물론 이들 사이에서 폭력을 사용하는 전략에 대해서 논란이 일어나고 그에 따라 내적 분열이 일어나기도 했다.

로운 운동의 형태를 띠면서 정치활동을 전개해 나갔다. 마침내 핵에너지의 근본적 정치화 경향이 강하게 대두하게 되었다.

녹색운동은 이러한 반핵운동으로 전개되는 양상을 띠었고, 이 과정에서 정치적 행동같은 것들이 세워졌다. 이 운동에서 그들이 확인한 정치적 행동의 원칙은 다음과 같이 정리될 수 있다.

- 비폭력원칙 : 비폭력의 원칙을 지킨다.
- 비대표제 : 시민이니셔티브의 대변인(대표자) 구속력을 갖는 것이 아니다.
- 탈이데올로기 : 명시적으로 "이데올로기문제"를 배제하며, 제3의 길을 모색한다. 산업사회에 대한 반산업주의적 비판을 발전시킨다.[476]
- 탈중심화결정모델 : 직접민주주의 원칙에 따라 조직을 구성할 때 탈중심화한다. 정책결정모델에서 위계질서를 배제시킨다.

이러한 행동원칙의 특징은 연대를 중심에 세우는 기본철학에 근거한다고 말할 수 있다.

2. 정당정치의 위기

대의제민주주의와 정당정치를 현대정치의 기본모델로 생각해 온 발상이 위기에 봉착하게 되면서 운동정치의 논리가 원외에서 힘을 얻어왔다.

독일에서 경쟁민주주의 체제가 정착해온 단계를 알아보자.[477] 제1단계

476) 산업주의적 산업사회론은 산업화를 대체로 체제들의 이질성을 보완시켜주는 것으로 파악하고 그러한 만큼 또한 긍정적인 것으로 보는 경향을 보인다. 그런데 비하여 반산업주의적 비판은 자본주의와 사회주의에 공통된 현상으로서 산업화를 인식하면서도 그것을 부정적으로 비판하려 한다.

477) Offe, "Konkurrenzpartei und kollektive Identität", Roland Roth(ed.), *Parlamenntarisches Ritual und politische Alternativen*(Frankfurt am Main & New York, 1980), pp.26-42.

는 민주주의정치의 기본적 요소로서 보통선거권이 실시된 것이 그 핵심이다. 제2단계는 제1차세계대전 이전 제2인터내셔널에서 좌파정당이 개혁주의적(개량주의적)이고 수정주의적인 전략을 취하는 단계이다. 이 시기 노동조합과 정당의 분리가 논쟁점으로 제기된다. 달리 말하면 대중파업이 논쟁의 핵으로 등장했던 시기이다. 제3단계는 평의회민주주의가 배제되고 의회주의가 전면적으로 제도화되었던 시기이다. 제4단계는 세계관적, 이념적 정당 모델에서 국민정당 모델, 포괄정당 모델로 전형되었던 시기이다.

그렇게 제도화된 기존의 경쟁민주주의 시스템으로는 환경론적 문제들을 제대로 해결할 수 없다는 공감대가 넓게 자리 잡는다. 경쟁정당 원리 속에서 하나의 경쟁정당이 아니라 완전히 새로운 정당원리가 필요하다는 판단이다. 이러한 맥락에서 오해를 사전에 막기 위해서 녹색당의 원칙과 레닌주의 원칙 사이에는 질적인 차이가 있다는 것을 먼저 말해야 한다.

단편화되고 비동시적인 것들이 성숙되지 못한 것들을 형성하고, 이러한 것들이 사회적, 정치적 투쟁과 갈등 , 그리고 긴장을 벌리고 있는 상황에 대해 레닌은 어떻게 통합적 전략을 구상할 수 있는가 하는 의문을 녹색운동의 이론가는 던지고 있다. 레닌의 해결책을 그들은 받아들이지 않았다. 레닌에게서 통합의 과제는 근본적으로 조직 실천가로서 엘리트, 지도자의 몫이다. 그러므로 그것은 밑으로부터의 상호소통의 매개화가 아니라 일방적인 억압을 전제로 하는 매개화라는 판단이다. 녹색정치는 통합의 과제를 이렇게 엘리트주의 형태로 제시하지 않는 데에 그 특징이 있다. 비엘리트주의의 입장을 취하고 의회를 부정하지 않는 사회운동의 논리를 제시한다. 요컨대 녹색운동의 비판정치학은 대중민주주의적 경쟁정당모델과 레닌주의적 간부정당모델 양자를 비판한다.

1960년대 학생운동 이래 서구의 의회주의는 강하게 도전받아 왔다. 정당 및 의회와 국민의 이익과 의사간의 관계를 분석하면서 신좌파의 의회주의 비판은 의회주의의 형식과 내용에서 일어나는 간극을 겨냥했다. 의회는 국민의 이익과 관심과 의사를 대변(대표)해주는 매개의 형식을 띠고 있음에도 불구하고, 실제에서는 내용의 면에서는 그렇지 않다는 비판이다. 이제 그 형식과 내용의 비판을 일단 다음과 같이 정리할 수 있다.

(1) 형식의 비판적 분석 : 경쟁정당이든 국민정당이든 간에 현재의 정치형식은 국민의 이익과 의사를 "선택적으로"(클라우스 오페) 반영한다. 자본주의적 사회에서 대의제는 지배하고 있는 자본주의 구조에 근거해서 국민의 이익과 의사를 축소, 왜곡, 변형시켜 반영하는 비재현적 기제로 나타난다. 이것은 전형적으로 혁명적 계급정당에서 국민정당(포괄정당, 오토 킬히하이머의 용어)으로 정당이 전형되어 가는 과정을 분석했던 과정에서 잘 나타난다. 현대 정당은 계급의 대변과 전체의 대변 사이에서 갈등할 수밖에 없는 딜레마를 의미하는 것이다. 국민정당은 경쟁정당으로서 특수한 이익을 제시하면서도 국민의 정당으로서 보편적인 이익을 제시해야 하는 이중적 과제 앞에 있는 것이다. 이러한 가운데 특히 좌파 쪽에서는 계급정당의 이미지를 크게 위축시켜야만 하는 형식을 취했던 것이고, 그러한 만큼 자신의 정체성 위기를 자초해왔던 셈이다.

(2) 내용의 비판적 분석 : 이러한 의회주의 형식에서 배제되는 내용이 무엇인가. 의회주의의 절차에서 빠져나가거나 그에 저항하거나 하는 그 내용이 무엇인가. 이 물음이 중요하다. 의회주의의 통로를 범람하는 집합적 필요가 있다면, 그것은 저항운동을 불러일으키고, 제도화의 범주에 포함되지 않는 하부문화와 주변화된 정치적 모티브들이 있다는 말이다.

(3) 그런데 (1)과 (2)의 과제 이상으로 중요한 것은 정당국가 형태와 이러한 재현과정에서 배제되는 정치적 내용 사이의 상호관계와 그 역학관계를 분석하는 과제이다. 클라우스 오페의 이론적 강점은 바로 이 과제를 예리하게 지적하고 해명하고 있다는 데 있다.

오페가 형식과 내용 사이의 상호관계라는 맥락에서 제기하는 논점은 정치 형식 때문에 형식에 저촉되는 정치 내용이 발생하는 역학관계를 분석하는 것이다. 의회주의적 대표(재현) 기제는 국민의 이익과 의사를 충분하게 대표(재현)하지 못하며, 더욱이 이러한 매개수준을 넘는 "국민의 이익과 의사"를 매개시키는 것처럼 외관상 보이게 한다. 이 뿐만 아니다. 통합의 범주에 속하지 않는 필요(욕구)와 요구를 누적시키는 기능도 하는 것이다. 의회주의의 한계는 이러한 맥락에서 발생한다. 국민의 이익과 의사를 완전하게 대표하지도 못하면서도, 매개되지 못한 국민의 이익과 의사를 억압시켜 배제시키지도 못한다는 것이다. 예컨대 내포도 배재도 못하는 딜레마가 의회주의의 형식과 내용의 매개화에 대한 오페의 명제이다. 오페가 적절하게 지적하고 있듯이, 헌법정치학적인 (그리고 헌법사회학적인) 문제가 등장할 때란, 사회적 갈등이 기존 절차 규칙에서 내포되지도 배제되지도 못할 때이다. 이를 우리는 구조적 위기라 부를 수 있다. 오페는 이를 "경쟁민주주의의 자기파괴적 경향"이라 이름지었다. 따라서 형식과 내용의 분리는 의회주의의 한계를 특징짓는 핵심이라 평가할 수 있겠다.

바로 이같은 한계 속에서 원외의 운동과 투쟁이 넓게 확산되고, 새로운 정치의 논의가 발전하는 것은 충분히 이해될 수 있다. 원외의 투쟁과 사회운동의 특징을 식별하는 과제는 이 한계의 인식 속에서 매우 중요하다.

첫째, **지역성과 불연속성** : 테마, 담지체, 등장하는 시간과 공간이 대단히 지역적이고 불연속적이다.

둘째, **이해관심의 일반성** : 그렇지만 이들은 인류의 관심과 이익, 생명의 관심 같은 일반적 관심사를 토대로 삼고 있다.

셋째, **전선의 모호성** : 이들의 이해관심이 대단히 일반적이며, 그러한 만큼, 갈등의 전선이 계급투쟁과는 다르게 모호하다.

3. 신사회운동의 논리

녹색운동의 비판정치학이 원외의 투쟁과 사회운동을 상대적으로 강조하지만 사회운동만을 고집하지는 않는다. 사회운동과 정당 모두가 녹색정치의 두 팔이다. 그렇다면 녹색정치가 정당이라는 팔을 가지는 이유는 무엇인가. 그것은 다음과 같다.

첫째, 대중민주주의적 경쟁정당이 현대사회의 복합성을 재현시킬 수 없고, 정당제도를 넘어서는 합리적인 제도도 정착시키지 못하고 있기 때문이다. 새로운 논리 속에서 녹색운동의 비판정치학이 정당의 새로운 형식과 내용을 모색하는 까닭이 여기에 있다. "단순화"하는 대중갈등 때문에 통합의 역할이 맡는 과제가 중요하다. 의회주의적 민주주의에서 정치적 공론은 의회만은 아니고 미디어, 선거전 등등에서 정당들이 서로 대결하는 가운데 발생하고 확산되고 왜곡되기도 한다. 그러한 공론의 제도들이 무대로서 역할을 담당하는 한에서, 그 무대를 활용하는 것은 많은 이점을 주는 것으로 판단되기 때문이다. 그러한 무대에서 테마와 갈등이 정치화되어 표현되는 것이다. 브레히트의 정치극을 그들은 잘 알고 있는 것이다.

둘째, 녹색정치가 정당의 형태를 띠어야 하는 또 하나의 이유는 지역성으로 서로 연결되지 못하는 갈등구조들이 테마, 공간, 사회성에 따라 서로 관련을 맺게 되는 장을 얻을 뿐만 아니라 그러한 갈등의 장들이 공통의 합리성을 구성할 가능성도 얻을 수 있기 때문이다. 물론 그러한 공통의 합리성이 미리 존재하거나 고정되어 있는 것은 결코 아니다. 갈등들이 일어나는 양상과 갈등을 이해하는 과정에 따라 상이한 다양한 합리성들이 서로 충동할 가능성이 없지 않다.

셋째, 정당의 구조나 정당형식을 띠어야만이 시민들이 적극 사회운동의 현장에 참여하지는 못하지만 또한 직접 관심을 적극 표명하지는 못하지만 그러한 갈등들이 정당의 형식 속에서 표명되었을 때 지지할 수 있는 길이 더욱 크게 열리기 때문이다. 시민들이 결정내릴 수 있는 합리적인 자료들을 정당의 형식을 가진 녹색정치가 보여줄 수 있는 것이다.

넷째, 원외의 투쟁이 지역 공간들에서 일어나지만 그것을 일반적 이해관심사의 범주를 대변시켜 내기 위해서 정당의 형식이 필요하기 때문이다. 정당의 형식은 일반적 쟁점들을 명시화함으로써 지역 공간에서의 투쟁이 지역성 내에서 끝나지 않고 일반적 공간으로 나아갈 수 있다.

녹색정치는 제도정치와 이런 점에서 다르다. 생태학적 반정치의 정치를 실현해나간다고 다소 아이러닉하게 녹색정치를 표현할 수도 있을 것이다. 경쟁정당의 논리와 녹색정치의 논리로 대별되는 두 논리를 다음과 같이 식별할 수 있다.

첫째, 경쟁정당정치의 논리가 정치행동의 정향점을 교환가치에 두고 있다면 녹색정치의 논리는 사용가치에 그것을 두고 있다. 전자를 신정치경제학적(다운스, 린드블룸)이라고 말할 수 있다면 후자를 정치사회학적이라고 말할 수 있다.

둘째, 전자가 투표수의 극대화하고, 국민정당 이후 특정한 정치를 실현하는 것이 아니며 또한 헌법적 문제가 발생하여도 상징적으로만 연역하고 있다면, 후자는 정치테마를 지지하는 것을 극대화하며 개헌가능성을 열어놓는 급진적 정치를 실현하려 한다. "개방적 헌법"(헤르만 헬러)론을 주장한다.

셋째, 전자가 공리주의적 사회과학을 넘어서지 않는다면, 후자는 정치경제학과 정치생태학을 매개시킨다.

넷째, 전자가 전통정치와 비판정치의 대결로 움직인다면, 후자는 긍정적 정치와 부정적 정치로 움직인다.

그리고 오페에 의하면, 녹색정치의 신사회운동에서 새로운 점이 무엇인지를 밝히고자 한다.[478] 그것은 다음 네 가지이다.

첫째, 정당과의 관계에서 구형태의 정당정치와 다른 점은 비제도정치의 논리를 근본적인 요소로서 사용한다는 점이다.

둘째, 신사회운동은 구사회운동과는 달리 근본적으로 정치적이다는 점이다.

셋째, 신사회운동은 "반동"의 형태를 취하지 않는다. 다시 말해서 경쟁

---

478) Offe, "New Social Movements Challenging the Boundaries of Institutional Politics", *Social Research*, Vol.52, Nr.1, pp.817-868. 또한 Offe, "Challenging the Boundaries of Institutional Politics: Social Movements since the 1960' s", Charles S. Maier(ed.), *Changing Boundaries of the Political*(Cambridge University Press, 1987).

정당정치모델 이전으로 되돌아가려는 것이 아니라는 점이다. 신사회운동은 사회운동 내에서 현단계를 특징짓는 운동이지만 신사회운동이 등장하기 이전에 먼저 발생한 다양한 사회운동을 배제하는 것은 아니다. 예컨대 자유주의적 부르주아운동은 법 앞의 평등, 기본권적 자유 등을 실현해온 18세기 이래 지속되어온 운동으로서 인정하며, 배분적 평등 이념을 실현하기 위해, 사적 소유와 경제권력에 대항하여 사회정의와 경제적 보장을 실현하기 위해 국가개입주의를 실시해온 사회민주주의적 노동운동 역시 인정한다. 신사회운동은 이러한 기존의 사회운동 옆에서 그리고 밖에서 안전, 평화, 여성, 반전 등을 목표로 통합, 인정, 존경 대 공포, 고통, 파괴의 전선을 세운다.

넷째, 반작용이지 않고 미래지향적이다. 그렇지만 완벽한 청사진을 미리 그려놓고 그것을 실현하고자 하지는 않는다. 새로운 사회에 관한 포괄적인 비전이나 제도적 디자인을 제시하지는 않는다.

4. 운동정치와 제도정치의 이행

클라우스 오페는 독일 사례를 중심으로 운동정치의 단계를 도약단계와 침체단게로 구분하고 그 특징을 규명한다. 그리고 오페는 운동정치의 제도적 자기전형에 관한 성찰을 통해 하나의 시안모델을 제시하면서 제도정치로의 이행에서 발생할 수 있는 이점과 문제점을 다음과 같이 밝힌다.

1) 제도정치화되었을 때 얻을 수 있는 이점은 다음과 같다.

첫째, 이른바 "무지개연합" 논리에 따르면, 많은 개별 이슈운동들이 선거투표를 통해 지지를 얻어냄으로써 서로를 강화시켜 내고, 개인적 차원에서 일어나는 저항사이클이 위, 아래로 움직이는 것을 어느 선에서 "중립화" 시킬 수 있다는 것이다.

둘째, 직접 행동하기를 꺼리거나 함께 참여하는 의사를 명시적으로 표명하지 않으려는 사람들에게도 지지를 얻어낼 수 있다는 점이다. 물론 공식적인 조직체 형식의 경우 회원으로 받아들이면 그 회원으로부터 회비를 얻어낼 수 있는 이점도 있다.

셋째, 오페는 서독의 법, 전통, 실제가 정당이라는 제도정치를 활용하는 것이 유리하게 되어 있다는 점을 든다. 서독은 다른 자유민주주의체제와는 다르게 정당민주주의로 규정하고 있으며 정당정치를 기본적으로 활성화하고 있다. 여기에는 두 가지 이점이 있다. 그 하나는 재정확보에 유리하다는 점이며, 다른 하나는 공론매체(라디오, 텔레비전, 등등)를 활용할 수 있다는 이점도 있다. 그리고 정당이라는 특별한 지위를 차지함으로써 발생하는 이점도 무시할 수 없다.

넷째, 경쟁정당 논리에서 발생하는 이점이 있다는 점이다. 정치시장에서 경쟁의 논리는 타자의 정치디자인을 재구성하도록 하는 간접적이며 비가시적인 효과를 발생시킨다는 것이다.

2) 그렇지만 오페는 제도정치로 진입할 경우 그로 인해 발행할 수 있는 문제점을 지적하는 과제를 잊지 않는다.

첫째, 각 개별 운동들이 가지는 정체성, 자율성, 특수성 등이 상실되거나 손상당할 위험이 발생한다는 점이다.

둘째, 지지하는 종류가 다양하고 이질적인데도 하나의 웅덩이에 집어넣어버리는 식의 무리가 발생할 수 있다는 점이다. 그리하여 핵심운동가들이 상대적 박탈감을 느끼고 그렇게 형성된 하나의 집합체에서 영향력이 감소하는 위험이 발생할 수 있다.

셋째, 정당으로 진입하였을 경우 자원을 획득하고 특권을 향유하는 이점이 발생하지만 이 이점은 비제도정치에서 활동했던 때 대표자들의 순수한 의지를 타락시키고 사회운동을 해야하는 근본적 요청에 위협을 가할 수 있다는 점이다.

넷째, 사회운동에서 출발하여 의회라는 정치무대에 들어가 활동할 수 있는 만큼이나 사회운동은 의회의 논리에 의해 역으로 영향을 받을 수 있게 된다는 점이다. 사회운동가로서 활동했던 당사자들이 의회라는 정치무대에서 기존의 의회대표자들과 다를 바 없는 동화현상이 일어나고 심화될 수 있다는 것이다.

3) 비제도정치에서 제도정치로의 이행, 그 한계와 새로운 가능성

오페는 사회운동정치라는 비제도정치에서 제도정치로 이행하는 과정에서 발생하는 일종의 양면성, 딜레마를 예리하게 분석하고 있다. 하지만 이러한 딜레마를 넘어서는 정치논리의 가능성을 그는 포착하고 있다. 사회운동의 정치에서 정당으로서의 정치로 이행하는 단선적 일방통행을 그가 주장하는 것이 아니다. 운동의 정치와 정당으로서의 정치, 이 양립가능성 같은 것을 오페는 새로운 가능성으로 보려는 것이다.

클라우스 오페는 바로 이러한 맥락에서 20세기 대략 초반 20년 동안에 일어났던 베른쉬타인(E. Bernstein), 룩셈부르크(R. Luxemburg), 카우츠키(K. Kautsky), 레닌(V.I.Lenin) 사이에 일어났던 논쟁을 다시 기억하려 한다. 요컨대 일단 평의회민주주의 쟁점이 다시 복구되었던 정치적 역사적 맥락에 주목했던 것이다. 물론 이 평의회민주주의 요소가 거의 대부분 녹색파들이 의회주의 패턴에 참여함으로써 빠져버리거나 억압당하여 1988년 경에 이르면 녹색당은 연방의회에서 기존 정당과 다른 차별점이 거의 없어져 갔던 경향을 그가 모르는 바 아니다.

여기에서 일단 운동의 정치와 의회의 정치의 차이를 밝혀보자. 첫째 이슈의 성격에서 차이가 있다. 전자의 경우 이슈들이 산발적이며 개별적인데 비하여 후자는 이슈들이 연계를 맺으며 결집적이고, 나아가 유권자 전체를 대상으로 삼고 의제를 발의하는 경향이 강하다는 점이다. 둘째 사건(들)에 대한 반응에서도 차이가 있다. 전자는 단기적이고 대결적인 경향이 상대적으로 강한데 비하여 후자는 장기적이며 대결적인 구조를 피하려 하는 경향이 강하다.

의회 내의 녹색파들은 이 차이를 인식하면서 운동정치에서 의회정치로 자신의 논술 구조를 곧바로 급속하고 효율적으로 전형해 나갔다. 이와 같은 급속한 전형과정을 추진해야 하는 이유로 오페는 다음과 같이 세가지를 든다.

첫째, 기존 정치제도의 장점을 활용함으로써 운동의 정치를 더욱 활성화할 수 있는 실질적인 이점이 있다는 점이다.

둘째, 녹색파들은 여전히 정치제도에 대한 확고한 대안에 대한 확신있는 모델이나 디자인을 가지고 있지 못하다는 점이다. 기존 제도권정치 속으로 들어가는 길이 현실적으로 유용한 유일한 대안이라 판단했다는 것이다.

그리고 셋째, 룩셈부르크 이래 서구마르크스주의 전통에 있는 지적 전통에서 볼 때 의회를 근본적으로 배제하는 것이 아니라는 교훈을 그들은 존중했다는 것이다.

5. 제도정치의 한계

1) 공공정책의 내재적 빈곤 명제

오페는 공공정책의 한계를 일반적으로 밝히면서 또한 특수하게는 서독의 특수한 상황을 고려하여 운동정치의 가능성을 이론화하려 한다.

오페는 자본주의국가의 일반적 성격을 조망한 다음, 국가의 활동을 배분적 활동과 생산적 활동으로 구별한다.

(1) 배분적 활동

a) 국가소유 자원을 배분한다.

b) 사회집단의 요구와 법에 대한 반응이다(' 정치').

c) 이러한 요구는 시간과 공간, 집단, 유형, 국가자원의 양을 감안할 때 적극적, 특정적이다.

d) 의사결정은 정치에 의해 이루어진다.

(2) 생산적 활동

a) 자본축적에 대한 위협에 대응하여 축적을 위한 투입요소가 생산된다(조직화된 생산과정이 요청됨).

b) 자본축적에 대한 위협의 제거를 바라는 요구가 갈등적이거나 불완전한 형태로라도 반드시 제거되는 것은 아니다.

c) 국가의 독자적 정책결정원리에 기초하여 정책결정이 이루어진다.[479]

이렇게 분류한 다음, 그가 확인하려는 핵심문제는 "자본주의 국가의 '생산적' 활동을 결정하는 정책수립의 형식적 규칙은 어떻게 기술될 수 있는가"하는 의문이다. 이 의문을 그가 던지는 이유는 자본주의국가의 기능과 국가의 내적구조 즉 제도화된 작용양식 사이에 잠재적 불일치가 있다는 점을 밝히려는 때문이다. 공공정책의 작용을 규정하는 형식적 결정원리는 기본적으로 관료제적 원칙, 목적합리적 행위의 원칙, 합의의 원칙이다. 오페는 이 세 가지 유형의 원칙 혹은 규칙이 각각 내재적 모순에 빠져 있음을 밝힌다. "관료제가 생산적인 국가활동의 수행에 관련된 조직 구조로서 채택되는 한, 효율적인 것도 아니어서 선진자본주의의 축적과정의 기능적 요구들에 비교하여 질과 양에 있어서 불충분한 결과들을 낳는다." 목적합리적 작용양식은 자본주의 국가에서는 무정형적인 유관변수들에 대한 일정한 정도의 통제를 전제로 하는데, 오히려 전형적인 경우는 생산과정의 포괄적인 계획에 요구되는 국가권력이 자본축적 단위들 자체에 의해서 국가에게 부인된다고 하는 것이다. 따라서 자본주의적 국가에 있어서 계획은 작용양식으로서는 내재적으로 불가능한 것같이 보인다. 계획 그 자체가 이 전체로서의 자본이나 개별적인 자본축적단위들의 반발행위를 불러일으킬 것이기 때문이다." 참여적 조직모델은 관료제적 규칙과 목적합리적 규칙과 마찬가지로 "국가의 생산적 활동에 부적합하다. 그것은 갈등과 항의를

479) 오페, 『국가이론과 위기분석』, pp.177-178. 그리고 오페는 국가기구의 작용규칙의 형식과 내용을 또한 구분한다.

명확히 드러냄으로써 국가와 자본축적과정 사이의 균형을 쉽게 "뒤엎어" 버릴 수 있기 때문이다."[480]

달리 말하여, 국가가 행사하는 공공정책에서 법적 규제를 행사하고 관료제적 감시를 실시하는 등 국가강제력을 행사하거나, 집합적 소비(Castells)와 집합적 투자, 조세정책, 국가보조금지원정책 등 재정자원을 조작하는 정책을 실시하거나 아니면 해당 국민들의 합의를 얻어내기 위해 홍보하는 전략을 구사하는 등의 정책을 펴지만 그 어느 것도 국가의 공공정책은 궁극적으로 볼 때는 충분하게 성공할 수 없다. 내재적 모순에서 벗어날 수 없다는 것이다. 공공정책의 내재적 빈곤 명제는 제도정치의 한계를 말하는 것이기도 하다.

2) 제도정치의 한계와 민주주의

독일은 시민사회에 대한 불신이 높았다. 오페는 홉스(Hobbes), 헤겔(Hegel), 베버를 거쳐 슈미트에 이르는 정치이론적 경로를 확인한 다음, 세계 2차대전 후 서독 기본법의 특징을 강한 국가주의 형태의 하나라 규정한다. 서독 기본법은 시민사회 내에서의 갈등에서 비롯하는 "전체주의" 가능성을 줄이는 데 그 최고의 목표를 두었던 것은 결코 우연한 것이 아니었다. 그 내용은 다음 세 가지이다.

첫째, 헌법상 정당의 지위가 강하다는 점이다. 정당은 시민사회의 수준에 있는 것이 아니라 국가의 수준으로 격상되게 그 위상이 높아져 있다.

둘째, 직접민주주의의 형태의 정치참여 양식이 없어져 버렸다는 점이다.

셋째, 의회와 정당의 입법 등의 활동에 대해 헌법재판소의 심사기능이 강화되었다는 점이다.

오페는 운동정치가 궁극적으로 계속 잔존해 나가리라는 이유를 밝힌 셈인데, 제도정치의 근본적 불완전성 때문에 제도정치 속으로 운동정치가 흡

480) 오페, 『국가이론과 위기분석』, pp.188-190. 더 자세한 분석을 위해서는 「제6장 자본주의 국가이론과 정책형성의 문제」를 참고하라.

수되어 사라지지 않으리라 판단하는 것이다. 제도정치의 불완전성은 구조적으로는 공공정책의 빈곤논리를 말하는 것이며, 다른 한편으로는 서독의 구체적 역사적 경험에서 비롯하는 것이다. 오페는 서독의 경우 제도적 학습과정이 완전하게 성공하지 못했던 이유를 독일의 사회학자 막스 베버의 개념을 사용하여 은유적으로 설명하고 있다. "책임윤리"의 과잉이 "심정윤리"의 과잉을 불러일으킬 수 있다는 것이다. 그러나 오페의 논술 속에서 그 적정 수준이 무엇이고 어디이며 그논리가 무엇인지를 구체적으로 발견할 수 없는 아쉬움을 느낀다. 오페는 서독 녹색당의 딜레마를 확인하는 수준에서 논술을 일단 매듭짓고 있는 것이다.

오페가 민주주의적 자본주의 시스템에서 제도정치의 구조적 한계를 조망하는 연구를 오래동안 지속해왔다. 새로운 연구대상이 아니다. "민주주의적 제도와 도덕적 자원"이라는 논문에서 그는 대표제와 복지국가모델을 예로 삼아 분석하면서 다시금 비제도정치의 필요성을 논증하고 있다. 특히 오페는 독일의 헌법학자이며 정치학자인 울리히 프로이스(Ulrich Preuss)와 함께 연구한 논문 「현대민주주의의 제도적 디자인」에서 개인주의와 연대주의를 비판하고, 제3의 방안으로서 상호교호성(reciprocity) 원리를 주장하고 있다.

오페는 자유민주주의 모델에 대한 제도적 대안을 모색하지만 제도적 차원에서는 더 이상의 대안은 없다는 "비관론적" 판단을 내리고 있는 듯하다. 이 경우 민주주의는 선택할 수 있는 대상으로서 덕목을 가지고 있는 것으로 판단되는 것이 아니라 선택의 여지가 없는 사실로 받아들여진다. 직접민주주의를 확대해 보는 방안을 그는 제도정치의 빈곤 속에서도 강조하고 있다. 시민들의 정치참여를 배제하고서는 현대 민주주의정치가 정당성을 얻을 수는 없다는 판단을 그는 내리고 있는 것이다.

이러한 판단 아래 현대 민주주의 현실의 변화양상을 이미 앞에서 우리는 어느 정도 예시한 바 있지만 그는 예리하게 포착한다.

첫째, 당 이데올로기가 탈급진화되어왔다는 점이다. 정당이 선거에서 승리하여 정권을 장악하려면 정치시장의 논리에 맞추어 프로그램을 조정해 나가야 하는 과제 앞에 서게 될 수 밖에 없다. 그렇게 조정되어 가는 과정을 좀더 자세하게 분석한다면 다음과 같다. 하나는 가능한 한 많은 유권자들에게 호소하여 최다득표를 하려 하며, 따라서 적대적 균열들을 만들 수 있는 프로그램 요인들을 가능한 한 최소화 하려는 고려를 한다는 점이다. 다른 하나는 다른 당과 연합할 태세를 갖추며, 협상할 수 있는 자세로 근본적인 정책을 제안하는 범위를 제한해야 한다는 점이다. 이 두 내용이 상호 결합하여 일관성 있는 정치적 목표나 구상을 해체하고 실용주의적으로 또한 한시적으로 적응해 나가야 한다는 것이다.

일반적으로 현대 정당관료조직이 수행하는 과제는 다음과 같이 정리될 수 있다. 첫째 물적, 인적 자원을 수집(당원비 및 기타 기부금, 당원, 후보자)하는 과제, 둘째 다양한 정치적 이슈들에 관해 당의 입장과 관련한 선전과 정보를 유포하는 과제, 셋째 정치시장을 개발하고 새로운 이슈를 확인하며 여론을 모니터링하는 과제, 넷째 (당) 내부의 갈등을 관리해야 하는 과제 등등이다. 이들 과제를 수행할 때 일반적으로 확인할 수 있는 패턴은 다음과 같이 두 가지이다. 그 하나는 당의 유권자 토대를 포함하여 유권자 일반의 사회적 구성요인(계급배경, 교육수준, 성, 직업, 연령 등)에 점차 동조해 가는 패턴이다. 다른 하나는 정당정치가 전문화하여 당의 전문경영관리층(특히 경영관리, 공공행정, 교육, 미디어, 이익조직 등에서 "전문"훈련을 받을 자들)의 정치적 발언이 더욱 강한 비중을 차지하게 되는 패턴이다.

둘째, 당조직이 관료주의화 하고 전문화하면서 일반 당원들이 무력화 되어가는 경향이 있다는 점이다. 오페는 이렇게 말한다. "정치시장의 외부적 환경을 개발하고 또 그것에 맞추어 나가려고 조직이 조정해가면 갈수록, 당 조직 내에서 민주적 논쟁과 갈등의 내재적 과정을 거쳐 당 정책을 결정할 여지는 더욱더 줄어든다." 다시 말해서 내부의 일치와 합의를 밖으로 표출하려는 것은 내부의 분할이 일어나고, 분파가 형성되며, 파벌이 형성되고 그리하여 갈등이 생겨나고 그것이 밖으로 전해지면 불이익을 당한다는 예상을 하고서 통제한 결과일 때가 대부분이다.

셋째, 당지지자들 사이에서 구조적, 문화적 이질성이 증대한다는 점이다. 현대정당은 현대사회의 구조적 변동에 따라 많은 다양한 요구들이 생겨나고 있다는 현실에 직면하여 그 요구들에 호소하여 지지를 얻어내어야 하지만 당의 정체성은 바로 이 이질성의 증대 때문에 위협받는다. 좌파정당이 자신의 토대인 계급성을 허물어 뜨리면서도 선거전에서 승리하려고 할 때 이 점은 분명하게 나타난다. 킬히하이머가 포괄정당론을 전개했을 때 그 핵심 내용의 하나가 바로 이것이었다.

3) 경쟁정당원리와 정당시스템을 위협하는 세 차원

현대경쟁정당원리는 바로 위에서 밝힌 제한들 속에서 민주주의와 자본주의를 동시에 인정해야 한다. 정치적 경쟁 원리 아래 또한 이 정치적 경쟁 원리를 위해서 현대정당은 당의 조직형태를 발전시켜오면서 당의 내재적 동학을 전개하는데, 일종의 비결정으로서의 구조적 선택성이 여기에 작용하고 있는 것으로 오페는 파악한다.[481]

자본주의와 민주주의는 양립가능한가? 이 물음이 현대사회의 동학을 비판적으로 연구해온 오페의 근본적 문제인데, 바로 이 문제에 대한 연구관점에서 오페는 ① 대중정당과 정당간 경쟁, ② 복지국가의 원리를 천착한다. 서구의 역사를 보면, ①과 ②가 동시적이라기 보다는 ①이 성립한 다음, 그에 이어서 ②가 성립되어 왔다.

이 자본주의와 민주주의의 양립가능성 명제를 보는 그의 시각은 자본주의 일반과 민주주의 일반의 공존이 아니라, 특정한 형태의 자본주의와 특정한 형태의 민주주의의 공존을 변호하는 것이다. 이제 그 자본주의적 민주주의의 논리에 대해서 짧게 살펴보자.

오페는 자본주의적 민주주의의 사회에서 경쟁정당 민주주의의 형식과

481) Offe, "Competitive Party Democracy and the Keynesian Welfare State: Factors of Stability and Disortanisation", *Policy Sciences* 15(1983), pp.225-246 여기에서는 p.231.

내용에 대해 숙고하면서 이 주제를 연구한 선구적 이론가들, 구체적으로 말하여 막스 베버, 로자 룩셈부르크, 로버트 미헬스(Robert Michels)의 이론들을 검토한다. 그는 이들 고전 사회과학의 성과들을 분석하고 종합하여 정당시스템의 위기를 진단하고 그 처방을 제시하려 한다.

오페는 다음과 같은 세 차원에서 정당시스템을 위협하는 요인들을 확인한다.[482] 첫째 공공정책에서 탈의회화 과정이 일어나고 있다는 점이다. 그가 특별히 주목해온 현상은 신조합주의(neocorporatism) 발상이다. 관료주의의 합리성모델(객관사실성의 법칙, Sachzwang)모델이나 의회를 중심으로 하는 경쟁모델과 비교해 볼 때 조합주의의 제도적 편성원리는 절차의 비공식성, 비공개성, 비공공성 등을 활용하여 합의를 도출해 내는 성격이 기본적으로 "자의적"이라는 특성이 있다. 물론 그것은 민주주의의 원칙에서 볼 때 결코 긍정적인 것이 아니다.

둘째, 대표(대의)과정에서 배제되어야 마땅한 일종의 권위주의가 나타난다는 점이다. 집회의 권리, 시위의 권리, 표현의 자유에 대한 권리 등등을 배제하는 정치적 억압이 정당시스템 내에서 일어난다면 그것은 사실상 경쟁 원칙을 공식적으로 제한하는 것을 의미하는 것에 다름 아니다. 이러한 경향을 좀더 자세하게 살펴보면, 다음과 같다. 첫째 반대자들에 대항하기 위한 것이라는 명분으로 당내 규율과 제제조치를 강화해 가는 경향이 짙어진다는 것이다. 둘째, 선거전에 돌입했을 때 공공정책의 행동지침과 프로그램과 관련해서 본질적인 대안들을 제시하는 경우는 거의 없어져 간다는 것이다. 셋째, 정당간의 경쟁의 의미가 실질적으로 줄어들고 있다는 것을 알려주는 또 하나의 경향은 연정형태가 빈번하게 일어난다는 것이다. 그리하여 정치적 공급을 카르텔화 하고 시장에의 접근을 닫아버린다는 비판이 일어난다.

셋째, 신사회운동들의 활성화 역시 경쟁정당시스템과 긴장하는 관계를

482) Offe, "Competitive Party Democracy and the Keynesian Welfare State: Factors of Stability and Disortanisation", p.228ff.

예시한다. 이 신사회운동등의 활성화는 첫째 요인과 둘째 요인의 확산과 심화와 무관하지 않다. 신사회운동은 "민속", "지역", "도시", "생태", "여성", "평화", "청년" 등등 대단히 이질적인 성격의 이슈를 중심으로 펼쳐지는 여러 운동을 가리키는 용어이다.

① 현대정당은 오늘날 거대한 조직체로서 구성원들과 공론에 대해 포괄적인 정향화를 제시해야 하는 정당의 고유한 기능을 점차 상실해 왔다. 현대정당은 결정해야 할 사안들이 매우 복합적이고 복잡하여 그것을 재생산하는 기능을 제대로 수행하고 있지 못할 뿐만 아니라 가치들이 다원화 하고 이익들이 또한 다원화해 가면서 정치적 생활 자체를 형상화 해야 하는 정치적 실행자로서의 고유한 정당기능을 또한 제대로 수행하고 있지 못하다. 정당과 그 지도자들의 정치적 리더쉽에 대해서도 의문이 강하게 제기되어 왔으며 나아가 도덕적인 차원에서도 강한 불신을 받고 있다. 오늘날 정당들은 근본적으로 기회주의적이며, 권력을 유지하기 위해서는 카르텔을 스스럼없이 단행하는 정략적 조작을 감행하는 현실을 우리는 목도하고 있는 것이다.

② 정당과 같은 거대한 정치적 정향공동체와 연대공동체는 현대사회가 점차 분화해 가고 개별화함에 따라 자신의 그 기초적 토대가 사라지고 있으며 소규모적이며 변화를 유연하게 흡수할 수 있는 정치적 선호형성체가 목소리를 높일 수 있으며 고개를 들 수 있다는 것이다.

물론 ①과 ②, 이 두 경향은 다시금 서로의 경향을 상승시키는 경향이 있다는 점도 지적해야 할 것이다.

게다가 현대정당의 위기를 진단하는 논술을 넘어서 이제는 정치적 집합체의 부드러운 죽음을 주장하는 논술들이 늘어나고 있기까지 하다. 정당이념의 빈곤, 적절한 프로필(profile)의 빈곤뿐만 아니라 정치적 무관심과 정치적 냉소주의의 정서가 확산, 심화되고 있다. 그러므로 정당은 자신의 지지자들을 동원화 시킬 능력을 상실하고, 정당의 재정적인 보장이 도전받게 되었으며, 카르텔을 형성하여 다수를 형성하는 전술을 사용함으로써 잠재적인 제3자에게도 부정적인 이미지를 양산시키고 있는 것이다.

이러한 경향은 사회가 자신의 발전목표를 설정하고 앞으로 나아갈 방향을 제시하는 제도적 수단에 대해서 깊은 반성을 촉구하게 한다. 현대정당의 미래라는 관점에서 그러한 반성의 층위를 다음과 같이 정리할 수 있다.

첫째, 정치적 시장의 논리를 더욱 철저하게 수용해 보는 층위가 있다. 예컨대 이른바 "합리적 선택"을 분석하는 다양한 새로운 이론들이 이러한 반성 층위에 관한 문제틀에 새로운 조망력을 던지고 있다.

둘째, 정치적 제도를 재구성해 보는 층위가 있다. 이와 관련하여 오페는 다음과 같은 두 가지를 제안한다. 하나는 정치적 공론의 논술적 과정을 위한 정치적 제도 시스템을 더욱 강하게 개방적인 시스템으로 전화시키는 길이다. 다른 하나는 정당(다른 결사체들을 포함하여)의 내적 민주화를 강화하는 길이다. 당내 민주화. 이 내용을 좀 더 구체적으로 살펴보자. 정치적 논술의 강화는 내가 비판시민사회라 부르는 그것의 활성화에 조응하는 발상이다.[483] 정치시스템 중심에 상대적으로 주변에 있었던 제도들, 예컨대 종교단체, 대학, 언론매체, 전문가집단, 시민이니셔티브, 사회운동단체, 또한 영화, 음악, 문학 등등 문화 예술 직업의 각 개인 등이 1970, 80년대를 통해 정치적 목소리들을 내는 데 크게 기여한 것이다.

"정당의 민주화"는 정치적 지원의 위기를 극복하는 또 하나의 층위로서 정당이 테마별로 사회적으로 문을 더욱 개방하자는 제안이다. 시민들이 능동적으로 인물과 사인을 정책적으로 선별하려 할 때 정당의 닫힌 조직 속에서만 갇혀 있다면 사회의 복합성과 복잡성을 흡수해 내지 못한다는 판단 때문이다. 정치엘리트들 사이에서만 논의가 진행된다면 그들이 대변한다고 말하지만 시민들의 결집된 실질적 의사와는 거리가 멀어지기 쉽다는 것이다. 개방성을 확대하지 않는다면, 정당이 재정 위기를 극복하기 위해서 새로운 양태를 취하려 해도, 또한 지금까지 테마화한 차원과는 다른 차원

---

483) 서규환, 「국가의미론 - 비판시민사회의 이론화, 《한국정치학회보》 24(1990), pp.325-350 참고하라.

에서 당의 정책수단을 개발하고 사용하려 해도, 당원 밖의 일반 지지자들에게서 도움을 거의 받지 못하게 되는 위험에 빠질 수 있다.

Ⅳ. 비판의 과제

클라우스 오페는 자본주의적 국가의 구조문제들을 조망하고, 신사회운동과 정당의 관계를 조망하는 연구를 선구적으로 개척해 왔다. 그는 신사회운동의 성립을 논리적으로는 자본주의와 민주주의 사이의 모순에서 찾고, 사회학적으로는 서구복지국가의 구조적 모순과 대응하는 신조합주의의 한계에 대한 도전으로 읽는다. 물론 그가 신사회운동(환경, 여성, 반전, 반핵, 대안 등등)의 원인이 자본주의에 있다고 판단하지는 않는다. 오히려 주어진 역사적 조건으로서의 자본주의가 이들 신사회운동 이슈들과 뒤얽혀 있다고 판단하며, 그러한 만큼 자본주의비판의 적실성을 배제, 망각한 채 신사회운동의 이슈에 접근하는 발상들(예컨대 잉글하트의 심리학주의적 발상과 신낭만주의화)을 비판할 뿐이다. 이 비판은 한국사회의 경우를 분석할 때도 타당성이 있다. 역사적 구조적 조건들이 다를 때 그 분석틀을 비판해석학적으로 그리고 창조적으로 원용하는 상상력이 필요하다.

참고문헌

김수정. 1991.「L. Althusser의 이데올로기론의 성립과 발전과정에 대한 일고찰」. 서울대학교대학원 사회학 석사학위청구논문.

김원동. 1996.「다니엘 벨: 정보화사회」. 박길성 외.『현대사회의 구조와 변동』. 나남.

김종길. 1996.「니클라스 루만: 중심없는 사회」. 박길성 외.『현대사회의 구조와 변동』. 나남.

김종엽.「웃음의 해석학, 행복의 정치학 — 프로이트의『'농담'과 그것의 무의식의 관계』에 대한 연구」. 문화와 사회연구회 1992년 5월 발표논문.

노진철.「루만의 자기준거적 체계이론과 성찰적 현실진단」.《과학사상》겨울호(2000).

도정일.「자크 라깡이라는 좌절/유혹의 기표」.《세계의 문학》56(1990년 여름호). pp.155-176.

라캉, 쟈크. 1994. 권택영 편.『욕망이론』. 민승기 · 이미선 공역. 문예출판사.

루만, 니클라스. 1996. 이남복 역.『생태학적 커뮤니케이션』. 유영사.

루만, 니클라스. 2001. 김종길 역.『복지국가의 정치이론』. 일신사.

룩스, 스티브. 1992. 서규환 역.『3차원적 권력론』. 나남.

박동진. 1999.「정보양식과 공론의 민주주의에 관한 연구 — 비판적 정보양식론의 관점을 중심으로.」인하대학교대학원 정치학 박사학위청구논문.

박영도.「현대를 넘어서 현대를 따라잡기-루만의 '현대를 다시 쓰기'에 대하여」.《문학동네》가을호(1997).

벨, 다니엘. 1990, 김진욱 역.『자본주의의 문화적 모순』. 문학세계사.

벨, 다니엘. 1991. 서규환 역.『2000년대의 신세계질서』. 디자인하우스.

벨, 다니엘. 1991.『제3의 기술혁명: 그에 따른 사회경제적 변화』. 한국통신초청강연집. 한국전기통신공사 출판부.

벨, 다니엘. 1992. 서규환 역.『정보화사회와 문화의 미래』. 디자인하우스.

벨, 다니엘. 1994. 송미섭 역.『교양교육의 개혁: 미국 컬럼비아대학에서의 경험』. 민음사.

벨, 다니엘. 1995. 고종원 역.『사라진 제국 다가올 제국: 다니엘 벨의 21세기 진단』. 조선일보사.

보드리야르, 장. 1992. 이규현 역.『기호의 정치경제학 비판』. 문학과지성사.

보드리야르, 장. 1993. 김진석 편.『섹스의 황도』. 정역본 역. 솔.

보드리야르, 장. 1994. 주은우 역. 『아메리카』. 문예마당.
보드리야르, 장. 1999. 배영달 역. 『사물의 체계』. 백의.
보드리야르, 장. 2001. 하태환 역. 『시뮬라시옹』. 민음사.
서규환. 「국가의미론 - 비판시민사회의 이론화」. 《한국정치학회보》 24(1990). pp.325-350.
서규환. 1991. 「다니엘 벨의 사회사상」. 『2000년대 신세계질서』. 디자인하우스. pp. 212-230.
서규환. 1992. 「제3의 비판권력론 - 권력의 변증법」. 스티븐 룩스. 『3차원적 권력론』. 나남. pp.109-151.
서규환. 「포스트00주의의 도전과 맑스주의의 위기」. 《경제와 사회》 1992년 여름호. 통권 14호. pp. 91-115.
서규환. 「맑스의 욕구이론, 그 해체와 재구성에 관한 노트」. 《문화과학》 제3호(1993). pp.73-96.
서규환. 1993. 『현대성의 정치적 상상력』. 민음사.
서규환. 「논술이론과 국가이론」. 『한국정치학회월례발표회논문집』. 1994년 4월 한국정치학회 월례발표논문. 한국정치학회. pp.129-156.
서규환. 「헤르만 헬러의 이미매락 정치」.《현대산업사회연구》 창간호(1995년 봄). pp.123-152.
서규환. 1995. 「정당정치의 위기와 신사회운동의 도전. 클라우스 오페의 비판정치사회학에 대한 연구노트」. 안희수 편. 『한국정당정치론』. 나남. pp.175-202.
서규환. 「비판이론의 숲 '계몽의 변증법'을 떠나가는 하버마스의 산책」. 계간 《황해문화》 1998 가을호.
서규환. 「니클라스 루만의 시스템이론에서의 패러다임 전환에 대하여」. 《정책분석평가학회보 》 제11권 제2호(2001년 12월). pp.201-221.
서규환. 「테크놀로지결정주의를 넘어서는 정보사회론 - Manuel Castells를 중심으로」. 《한독사회과학논총》 제15권(2005년 여름호). pp.165-182.
서규환. 2006. 『비판적 현대성의 정치적 이론』. 다인아트.
알튀세르, 루이. 1991. 김동수 역. 『아미엥에서의 주장』. 솔.
알튀세르, 루이. 1993. 권은미 역. 『미래는 오래 지속된다』. 돌베개.
오페, 클라우스. 1998. 한상진 편. 『국가이론과 위기분석』. 서규환 · 박영도 역. 전예원.
이병천 · 박형준 편저. 1992. 『마르크스주의의 위기와 포스트마르크스주의 Ⅰ』. 의암출판.

이병천 · 박형준 편저. 1993. 『마르크스주의의 위기와 포스트마르크스주의 II』. 의암출판.

제솝, 밥. 1985. 「영역이론에서 관계이론으로?: 풀란차스의 국가론」. 한국정치연구회 정치이론분과 엮음. 1993.『국가와 시민사회』. 녹두.

포스터, 마크. 1989. 조광제 역. 『푸코와 마르크스주의』. 민맥.

포스터, 마크. 「미디어 시대의 문화변동, 그 양상과 의미(대담)」. 《현대사상》 7호(1990). pp.42-60.

포스터, 마크. 1994. 김성기 역. 『뉴미디어의 철학』. 민음사.

포스터, 마크. 1998. 이미옥 · 김준기 역. 『제2미디어 시대』. 민음사.

포스터, 마크. 「사이버 민주주의. 인터넷과 공적 영역」. 《현대사상》 7호(1999). pp.61-82.

최문규 · 김희봉 · 조경식 · 서규환. 「새로운 매체현실과 문화변화」. 《독일어문학》11집. 8권 1호(2000). pp.257-322.

호르크하이머 · 아도르노. 1995. 김유동 역. 『계몽의 변증법』. 문예출판사.

홍성태. 1999. 「정보화 경제의 이데올로기에 관한 연구 — 정보주의와 정보공유론을 중심로」. 서울대학교대학원 사회학 박사학위청구논문.

Abercrombie, N et al. 1983. "Determinancy and Indeterminancy in the Theory of Ideology." *NLR* 142. pp.55-66.

Aitken, A. J. et al. 1978. "Discourse : Structure or Event?." C. Nelson & L. Grossberg(eds.). *Marxism and the Interpretation of Culture*. Macmillan Education Ltd.

Albrecht, S. 1980. *Hermann Hellers Staats- und Demokratieauffassung. Zum Zusammenhang von Demokratie und Sozialismus*. Dissertation. Hamburg.

Albrecht, S. 1984. "Zwischen Bewunderung und schroffer Abehnung. Hermann Hellers Auseinandersetzung mit Marx und dem Marxsimus." Ch. Muller & I. Staff (eds.). *Der soziale Rechtsstaat, Gedachtnisschrift fur Hermann Heller 1891-1933*. Baden-Baden. pp.503-520.

Althusser, L. 1971. *Lenin and Philosophy and Other Essays*. London: Verso.

Althusser, L. 1972. *Politics and History*. London: NLB.

Althusser, L. 1973. "On the Condition of Marx' s Scientific Discovery." *Theoretical Practice*. no.7-8.

Althusser, L. 1976. *Essay in Self Criticism*. London: NLB.

Althusser, L. 1977. "On the Twenty-Second Congress of the French Communist Part."

New Left Review No. 104.

Althusser, L. 1977. "Introduction: Unfinished History." D. Lecourt. *Proletarian Science?: The Case of Lysenko*. London: NLB.

Althusser, L. 1977. *For Marx*. London: NLB.

Althusser, L. 1978. "The Crisis of Marxism." *Marxism Today*.

Althusser, L. 1978. *Ce qui ne peut plus durer dans le parti communiste*. Paris: Franccis Masperso.

Althusser, L. 1979. "Der Marxismus als eine endliche Thoerie." E. Altvater und O. Kallscheuer(eds.). *Den Staat Diskurieren: Kontroversen über eine These von Althusser*. Berlin: Ästhetik und Kommunikation.

Althusser, L. and Balibar, E. 1979. *Reading Capital*. London: Verso.

Althusser, L. 1988. "Marchiavelle' s Solitude." *Economy and Society* Vol.17. no. 4.

Arendt, H. 1970. *Macht und Gewalt*. München.

Bahro, Rudolf. 1980. *Die Alternative. Zur Kritik des real existierenden Sozialismus*. Reinbek bei Hamburg: Rowohlt.

Baner, W. 1968. *Wertrelativismus und Wertbestimmtheit in Kampf um die Weimarer Demokratie*. Berlin.

Baudrillard, Jean. 1975. *The Mirror of Production*. London: Telos Press.

Baudrillard, Jean. 1981. *For a Critique of the Political Economy of the Sign*. Telos Press.

Baudrillard, Jean. 1982. *Der symbolische Tausch und der Tod*. München: Mattes & Seitz Verlag.

Baudrillard, Jean. et. al. 1983. *Der Tod der Moderne*. Tübingen: Konkursbuchverlag.

Baudrillard, Jean. 1987. *Forget Foucault*. New York: Semiotext.

Baudrillard, Jean. 1990. *Seduction*. London: Macmillan Education LTD.

Bell, Daniel. 1962. *The End of Ideology: On the Exhaustion of Political Ideas in the Fifties*. revised ed. New York: Free Press.

Bell, Daniel. 1966. *The Reforming of General Education: The Columbia College Experience in its National Setting*. New York: Columbia University Press.

Bell, Daniel. 1973. *The Coming of Post-industrial Society: A Venture in Social Forecasting*. New York: Basic Books.

Bell, Daniel. 1978. *The Cultural Contradiction of Capitalism*. New York: Basic Books.

Bell, Daniel. 1980. *The Winding Passage: Essay and Sociological Journeys 1960-1980*. New

York: Basic Books.

Bell, Daniel. 1981. "Models and Reality in Economic Discourse." D. Bell and I. Kristol (eds.). *The Crisis in Economic Theory*. New York: Basic Books.

Bell, Daniel. 1981. "The Information Society: The Social Framework of the Information Society." Tom Forester(ed.). *The Microelectronics Revolution*. Cambridge: MIT Press.

Bell, Daniel. 1988. "After world, 1988: *The End of Ideology* Revisited." *The End of Ideology* Cambridge: Harvard University Press.

Benton, T. 1984. *The Rise and Fall of Structural Marxism*. New York: Martin Press.

Best & Kellner. 1991. *Postmodern Theory, Critical Interrogations*. New York.

Blar, J. 1976. "Hermann Heller." *Demokratie und Recht*. (H.4) pp.120-142.

Blar, J. 1980. *Sozialdemokratische Staatslehre in der Weimarer Republik. Darstellung und Untersuchung der staatstheoretischen Konzeptionen von Hermann Heller, Ernest Fränkel und Otto Kirchheimer(mit einem Vorwort von Helmut Ridder)*. Marburg.

Böhler, Dietrich. 1982. "Transzendentalpragmatik und kritische Moral." W. Kuhlmann & D. Böhler(eds.). *Kommunikation und Reflexion*. Frankfurt am Main: Suhrkamp.

Bolaffi. A. 1984. "Verfassungskrise und Sozialdemokratie." Ch. Müller & I. Staff(eds.). *Der soziale Rechtsstaat, Gedachtnisschrift fur Hermann Heller 1891-1933*. Baden-Baden. pp.235-258.

Boswell, T. et al. "Recent Development in Marxist Theory of Ideology." *The Insurgent Sociologist* Vol.13. No.4. Summer 1986. pp.5-22.

Bracher, k. D. 1955. *Die Auffassung der Weimarer Republik*, Stuttgart/Dusseldorf.

Carswell, E. A. 1982. *Language, Semantics and Ideology*. New York: St. Martin' s Press.

Carswell, E. A. et al. 1983. "Ideology: Fortress or Paradoxical Space?." S. Hännien & L. Paldan. *Rethinking Ideology: Marxist Debate*. International General & IMMRC.

Carswell, E. A. et al. *Social Context of Message*. London: Academic Press.

Castells, Manuel. 1972. *The Urban Question*. London: Edward Arnold Ltd.

Castells, Manuel. 1979. *City, Class and Power*. New York: Macmillan.

Castells, Manuel. 1983. *The City and the Grassroots*. London: Edward Arnold Ltd.

Castells, Manuel. 1989. *The Informational City: Information Technology, Economic Restructuring and the Urban-Regional Process*. Cambridge: Basil Blackwell Publishers.

Castells, Manuel. 1997. *The Informational Age. Vol. 1. The Rise of Network Society*. Cambridge: Blackwell Publishers.

Castells, Manuel. 1998. *The Informational Age. Vol. 2. Power of Identity*. Cambridge: Blackwell Publisher.

Castells, Manuel. 1998. *The Informational Age. Vol. 3. End of Millennium*. Cambridge: Blackwell Publisher.

Clarke, Simon. ed. 1991. *The State Debate*. London: Macmillan.

Cohen, Jean L. & Arato, Andrew. 1992. *Civil Society and Political Theory*. The MIT Press, Cambridge: Massachusetts and London.

Dahrendorf, Ralf. 1980. *Die neue Freiheit*. Frankfurt am Main: Suhrkamp.

Derrida, Jacques. 1976. *Die Schrift und die Differenz*. Frankfurt am Main: Suhrkamp.

Derrida, Jacques. 1981. *Dissemination*. Chicago: The University of Chicago Press.

Dews, Peter. 1986. "Adorno, Post-Structuralism and the Critique of Identity." *New Left Review* 157.

Downs, Anthony. 1974. "Eine okonomsche Theorie des politischen Handelns in der Demokratie." H. P. WidMaier (ed.). *Politische Öknomie des Wohlfahrtsstaates*. Frankfurt am Main: Suhrkamp.

Ebbighausen, R. 1981. *Politische Soziologie*. Opladen: Westdeutscher Verlag.

Eliott, G. 1993. "The Lonely Hour of Last Instance: Louis Pierre Altrusser, 1918-1990." E. Ann. Kaplan and Michael Sprinker(eds.). *The Althusserian Legacy*. pp.233-239. London: Verso.

Elster, J. 1985. *Making Sense of Marx*. Cambridge UP.

Fehér, Ferenc & Heller, Agnes. 1979. *Ditaktur der Bedurfnisse*. Hamburg: VSA.

Foucault, M. 1966. *Les Mots et les Choes*. Editions Gallimard.

Frank, Manfred. *Das Sagbare und das Unsagbare. Studien zur neuersten französischen Hermeneutik und Texttheorie*. Frankfurt am Main: Suhrkamp.

Gruhl, Herbert. 1978. *Ein Planet wird geplündet*. Frankfurt: Fischer.

Günter, Tomas. 1992. "Welt als relative Einheit und als Letzthorizont. Zum azentrischen Weltbegriff in Niklas Luhmanns *Soziale Systeme*." Werner Krawietz und Michael Welker(eds.). *Kritik der Theorie sozialer Systeme*. Frankfurt am Main: Suhrkamp.

Gurevitch, Michael et al. 1982. *Culture, Society and the Media*. London: Methuen.

Gyuhwan Seo. 1988. *Politik und politische Theorie der kritischen Krisenwissenschaft*. Dissertation. Bielefeld.

Harbermas, J. 1962. *Struturwandel der Öffentlichkeit*. Berlin.

Habermas, J. 1981. *Theorie des kommunikativen Handelns* . 2Bde. Frankfurt am Main: Suhrkamp.

Harbermas, J. 1985. "Die neue Unübersichtlichkeit." *Merkur*. H. I. Januar. pp.1-14.

Habermas, J. 1990. *Die nachholende Revolution*. Frankfurt am Main: Suhrkamp.

Heller, Agnes. 1972. *Hypothese über eine marxistische Theorie der Werte*. Frankfurt am Main: Suhrkamp.

Heller, Agnes. 1978. *Philosophie des linken Radikalismus*. Hamburg: VSA.

Heller, Agnes. 1980. *Theorie der Bedürfnisse*. Hamburg: VSA.

Heller, Agnes. 1981. *Das Leben ändern*. Hamburg: VSA.

Heller, Agnes. 1987. *Beyond Justice*. Basil Blackwell Press.

Heller, Agnes. 1988. "On Formal Democracy." J. Keane(ed.). *Civil Society and State*. London: Verso. pp.129-145.

Heller, Agnes and Ferenc, F. 1988. *The Political Postmodern Condition*. New York: Columbia University Press.

Hennis. E. 1971. "Hermann Heller." *NPL* 16Jg. H16. pp.507-519.

Higgins, J. 1983. "Raymond Williams and Problem of Ideology." *Boundary 2*. XI. Fall/Winter. 1982/1983. pp.145-154.

Hirst, P. Q. 1976. "Althusser and Theory of Ideology." *Economy and Society* Vol. 5. no. 4, Nov. pp.385-412.

Honneth, Axel. 1985. *Kritik der Macht*. Frankfurt am Main: Suhrkamp.

Horkheimer, M. & Adorno, Th. W. 1969. *Dialektik der Aufklärung*. Fischer.

Jaeggi, U. 1976. *Theoretische Praxis, Probleme eines strukturalen Marxismus*. Frankfurt am Main: Suhrkamp.

Jay, Martin. 1984. *Marxism and Totality*. London: Polity Press.

Jay, Martin. 1989. "The Debate over performative Contradiction: Habermas vs the Post-structuralists." Axel Honneth, Thomas McCarthy, Claus Offe und Albrecht Wellmer(eds.). *Zwischenbetrachtungen*. Frankfurt am Main: Suhrkamp.

Jessop, B. 1982. *The Capitalist State*. Martin Robertson.

Jessop, B. 1985. *Nicos Poulantzas: Marxist Theory and Political Strategy*. London: St.Martin Press.

Kaplan, E. A. & Sprinker, M. ed. 1993. "Politics and Friendship: an Interview with Jacque Derrida." *The Althusserian Legacy*. London: Verso. pp.233-239.

Keane, J. 1984. *Public Life and Late Capitalism*. Cambridge Univ. Press.

Keane. J. 1984. "Introduction." C. Offe. *Contradictions of the Welfare State*. London. pp.11-34.

Kellner, Douglas. 1989. *Jean Baudrillard*. Polity Press.

Kennedy, E. 1984. "The Politics of Toleration in Late Weimar : Hermann Heller' s Analysis of Fascism and Political Culture." *History of Political Thought*. vol. V. No 7. Spring. pp.109-127.

Kirchheimer, O. 1964. *Politik und Verfassung*. Frankfurt am Main: Suhrkamp.

Kneer, Georg. 1992. "Bestanderhaltung und Reflexion. Zur kritischen Reformulierung gesellschaftlicher Rationalitat", Krawietz Werner und Michael Welker(eds.). *Krtik der Theorie sozialer Systeme*. Frankfurt am Main: Suhrkamp.

Krawietz, Werner & Welker, Michael(eds.). 1992. *Kritik der Theorie sozialer Systeme*. Frankfurt am Main: Suhrkamp.

Laclau, E. 1980. "Populist Rupture and Discourse." *Screen Education* 34.

Laclau, E. 1993. "Power and Representation." Mark Poster(ed.). *Politics, Theory and Contemporary Culture*. Columbia University Press.

Leser, N. 1984. "Universalien un Realien in Marxismus." Ch. Müller & I. Staff(eds.). *Der soziale Rechtsstaat, Gedächtnisschrift für Hermann Heller 1891-1933*. Baden-Baden. pp.487-502.

Lorenzer, A. 1977. *Sprachspiel und Interaktionsformen*. Frankfurt am Main: Suhrkamp.

Luhmann, Niklas (with Franz Becker). 1963. *Verwaltungsfehler und Vertrauensschutz. Möglichkeiten gesetzlicher Regelung der Rücknehmbarkeit von Verwaltungsakten*, Berlin: Dunker & Humbolt.

Luhmann, Niklas. 1964. *Funktionen und Folgen formaler Organization*. Berlin: Dunker & Humbolt.

Luhmann, Niklas. 1965. *Grundrechte als Institution. Ein Beitrag zur politischen Soziologie*. Berlin: Duncker & Humblot.

Luhmann, Niklas. 1965. *Ôffentlich-rechtliche Entschädigung rechtspolitisch betrachtet*. Berlin: Duncker & Humblot.

Luhmann, Niklas. 1966. *Recht und Automation in der offentlichen Verwaltung. Eine verwaltungswissenschaftlische Untersuchung*. Berlin: Dunker & Humbolt.

Luhmann, Niklas. 1966. *Theorie der Verwaltungswissenschaft. Bestandsaufnahme und*

Entwurf. Cologne-Berlin: Gorte.

Luhmann, Niklas. 1968. *Vertrauen. Ein Mechanimus der Reduktion sozialer Komplexität.* Stuttgart: Enke.

Luhmann, Niklas. 1970. *Soziologische Aufklärung 1. Aufsätze zur Theorie der Sozialer Systeme.* Opladen: Westdeutscher Verlag.

Luhmann, Niklas(with Jürgen Harbermas). 1971. *Theorie der Gesellschaft oder Sozialtechnologie. Was leistet Systemforschung?.* Frankfurt am Main: Suhrkamp.

Luhmann, Niklas. 1971. *Politische Planung. Aufsätze zur Soziologie von Politik und Verwaltung.* Opladen: Westdeutscher Verlag.

Luhmann, Niklas. 1972. *Rechtssoziologie.* Opladen: Westdeutscher Verlag.

Luhmann, Niklas. 1972. *Sociological Theory of Law.* translated. by Elizabeth King. Martin Albrow. London: Routledge & Kegan Paul.

Luhmann, Niklas. 1973. *Personel im öffentlichen Dienst. Eintritt und Karrieren.* Baden-Baden.

Luhmann, Niklas. 1973. *Zweckbegriff und Systemrationalität. Über die Funktion von Zwecken in sozialen Systemen.* Frankfurt am Main: Suhrkamp.

Luhmann, Niklas. 1974. *Gesellschftstheorie.* vervielf. Maniscript. Bielefeld.

Luhmann, Niklas. 1974. *Rechtssystem und Rechtsdogmatik.* Stuttgart/Berlin/Köln: Kohlhammer.

Luhmann, Niklas. 1975. *Macht.* Stuttgart: Enke.

Luhmann, Niklas. 1975. *Soziologische Aufklärung 2. Aufsätze zur Theorie der Gesellschaft.* Opladen: Westdeutscher Verlag.

Luhmann, Niklas. 1977. *Funktion der Religion.* Frankfurt am Main: Suhrkamp.

Luhmann, Niklas. 1978. *Die Wirtschaft der Gesellschaft.* Frankfurt am Main: Suhrkamp.

Luhmann, Niklas. 1978. *Organisation und Entscheidung.* Opladen: Westdeutscher Verlag.

Luhmann, Niklas(with Pfurtner, Stephan H.). 1978. *Theorietechnik und Moral.* Frankfurt am Main: Suhrkamp.

Luhmann, Niklas(with Karl Eberhard Schorr). 1979. *Reflexionsprobleme im Erziehungssystem.* Stuttgart: Klett-Cotta.

Luhmann, Niklas. 1979. Howard Davis, John Raffan and Kathryn Rooney(trans.). *Trust and power.* New York: Wiley.

Luhmann, Niklas. 1980. *Gesellschaftsstruktur und Semantik. Studien zur Wissenssoziologie der modernen Gesellschaft*. Bd. 1. Frankfurt am Main: Suhrkamp.

Luhmann, Niklas. 1981. *Ausdifferenzierung des Rechts. Beiträge zur Rechtssoziologie und Rechtstheorie*. Frankfurt am Main: Suhrkamp.

Luhmann, Niklas. 1981. *Gesellschaftsstruktur und Semantik: Studien zur Wissenssoziologie der modernen Gesellschaft*. Bd. 2. Frankfurt am Main: Suhrkamp.

Luhmann, Niklas. 1981. *Politische Theorie in Wohlfahrsstaat*. München: Olzog.

Luhmann, Niklas. 1981. *Soziologische Aufklärung 3. Soziales System. Gesellschaft. Organisation*. Opladen: Westdeutscher Verlag.

Luhmann, Niklas. 1982. *Liebe als Passion. zur Codierung von Intimität*. Frankfurt am Main: Suhrkamp.

Luhmann, Niklas. 1982. *The Differentiation of Society*. translated. by Stephen Holmes and Charles Larmore. New York: Columbia University Press.

Luhmann, Niklas. 1983. *Legitimation durch Verfahren*. Berlin: Neuwied. 1969. Frankfurt am Main: Suhrkamp.

Luhmann, Niklas. 1984. *Religious Dogmatics and the Evolution of Societies*. translated. by Peter Beyer. New York: E. Mellen Press.

Luhmann, Niklas. 1984. *Soziale Systeme. Grundriss einer allgemeinen Theorie*. Frankfurt am Main: Suhrkamp.

Luhmann, Niklas. 1986. *Love as Passion : the Codification of Intimacy*. translated. by Jeremy Gaines and Doris L. Jones. Cambridge. Mass: Harvard Univ. Press.

Luhmann, Niklas. 1986. *Ôkologische Kommunication. Kann die moderne Gesellschaft sich auf ökologische Gefahradungen einstellen?*. Opladen: Westdeutscher.

Luhmann, Niklas. 1986. *Was ist Kommunikation?*. M.S. Bielefeld.

Luhmann, Niklas. 1987. *Soziologische Aufklärung 4. Beiträge zur funktionalen Differenzierung der Gesellschaft*. Opladen: Westdeutscher Verlag.

Luhmann, Niklas. 1989. *Ecological Communication*. John Bednarz Jr.(trans.). Chicago: University of Chicago Press.

Luhmann, Niklas. 1990. *Essay on Self-reference*. Columbia Univ. Press.

Luhmann, Niklas. 1990. *Political Theory in the Welfare State*. John Bednarz Jr.(trans.). Berlin: Walter de Gruyter.

Luhmann, Niklas. 1990. Soziologische Aufklarung 5. Konstruktivistische Perspectiven. Opladen: Westdeutscher Verlag.

Luhmann, Niklas. 1990. *Zwischen Anfang und Ende. Fragen an die Pädagogik.* Frankfurt am Main: Suhrkamp.

Luhmann, Niklas. 1992. *Beobachtungen der Moderne.* Westdeutscher Verlag.

Luhmann, Niklas. 1993. Risk : *a Sociological Theory.* translated. by Rhodes Barrett. New York: Aldine de Gruyter.

Luhmann, Niklas. 1995. *Das Recht der Gesellschaft.* Frankfurt am Main: Suhrkamp.

Luhmann, Niklas. 1995. *Die Kunst der Gesellschaft.* Frankfurt am Main: Suhrkamp.

Luhmann, Niklas. 1995. *Social Systems.* John Bednarz Jr. and Dirk Baecker(trans). Stanford. Calif.: Stanford University Press.

Luhmann, Niklas. 1997. *Gesellschaft der Gesellschaft.* Frankfurt am Main: Suhrkamp.

Luhmann, Niklas. 1998. *Observations on Modernity.* William Whobrey(trans.). Stanford. Calif.: Stanford University Press.

Luhmann, Niklas. 2000. *Art as a Social System.* Eva M. Knodt(trans.). Stanford. Calif.: Stanford University Press.

Lyotard, J.-F.. 1973. "Contribution des Tableaux de Jacques Monory." Gérald Gassiot-Talabot et al. *Figurations* 1960/1973.

Mattes, Joachim. 1973. *Einführung in das Studium der Soziologie.* Reinbek bei Hamburg: Rohwohlt.

Meger, K. 1967. "Hermann Heller." *PVS* 8. pp.293-313.

Miliband, Ralph. *The State in Capitalist Society.* London: Quartet. 1969.

Mommsen, H. 1962. "Zum Verhältnis von Politische Wissenschaft und Geschichtswissenschaft in Deutschland." *Vierteljahreshefte für Zeitgeschichte* 10.

Müller, Ch. & Staff, I.(eds.) 1984. *Der soziale Rechtsstaat, Gedächtnisschrift für Hermann Heller 1891-1933.* Baden-Baden.

Norris, Ch. 1991. *Spinoza and the Origins of Modern Critical Theory.* Basil Blackwell.

Offe, Claus. 1972. *Strukturprobleme des kapitalistischen Staates.* Frankfurt am Main: Suhrkamp.

Offe, Claus. 1975. B*erufsbildungsreform. Eine Fallstudie über Reformpolik.* Frankfurt am Main: Suhrkamp.

Offe, Claus. 1980. "Konkurrenzpartei und kollektive Identitat." Roland Roth et. al. P*arlamenntarisches Ritual und politische Alternativen.* Frankfurt am Main & New York.

Offe, Claus. 1983. "Competitive Party Democracy and the Keynesian Welfare State: Factors of Stability and Disortanisation." *Policy Sciences* 15. pp.225-246.

Offe, Claus. 1984. "Korporatismus als System nichtstaatlicher Makrosteuerung? Notizen über seine Voraussetzung und demokratischen Gehalte." *Geschichte und Gesellschaft* 10. pp.234-256.

Offe, Claus & Guggenbenger, B(eds.). 1984. *An der Grenzen der Mehrheitsdemokratie. Politik und Soziologie der Mehheitsregel.* Opladen.

Osterroth, F. 1964. "Der Hofgeismakreis der Jungsozialisten." *Archiv für Sozialgeschichte* Bd. IV.

Pêcheux, M. & Wesselius, J. 1973. "Students and Workers in May in 68 Student Tracts" Aitken, A. J. et al. *Computer and Literary Studies.* Edinburgh: Edinburgh Univ. Press.

Pêcheux, M. 1971. "A Method of Discourse Analysis applied to Recall of Utterances." Carswell, E. A. et al. *Social Context of Messages.* Academic Press.

Pêcheux, M. 1978. "Are the Masses an Inanimate Object?." D. Sanckoff(ed.). *Linguistic Variation.* London: Academic Press.

Pêcheux, M. 1978. "Discourse: Structure or Event?." C. Nelson & L. Grossberg(eds.). *Marxism and the Interpretation of Culture.* Macmillan Education Ltd.

Pêcheux, M. 1982. *Language, Semantics and Ideology.* New York: St. Martin' s Press.

Pêcheux, M. 1983. "Ideology: Fortress or Paradoxical Space?." S. Hännien & L. Paldan. *Rethinking Ideology: Marxist Debate.* International Gerneral & IMMRC.

Poster, Mark. 1984. *Foucault, Marxism & History □ Mode of Production versus Mode of Information.* London: Polity Press.

Poster, Mark. 1985. *Second Media Age.* London: Polity Press.

Poster, Mark. 1989. *Critical Theory and Poststructuralism □ In Search of a Context.* Ithaca and London: Cornell University Press.

Poster, Mark. 1990. *The Mode of Information. Poststructuralism and Social Context.* London: Polity Press.

Poulantzas, N. 1977. *Die Krise der Diktaturen Portugal, Griechenland, Spanien.* Frankfurt am Main: Suhrkamp.

Poulantzas, N. 1978. *Classes in Contemporary Capitalism.* London: Verso.

Poulantzas, N. 1978. *Staatstheorie.* Hamburg: VSA.

Poulantzas, N. 1978. *State, Power and Socialism*. London: NLB.

Preglau, Max. *Wachstumskrise und Gesellschaftstheorie*. Frankfurt am Main & New York: Campus.

Preuss, U. U. 1976. "Der Staat als Bewu β t Produziertes Handlungszentrum." E-W. Böckenförde(ed.). *Staat und Gesellschaft*. Darmstadt.

Rädle, H. 1967. "Veröffentlichungen Hermann Hellers, eine Bibliographie." PVS 8. pp.314-322.

Rädle, H. 1969. "Erwachsenbildung und Staatsbürgerliche Erziehung. Die Volksbildnerischen Schriften Hermann Hellers." *Paedagogica Historica* pp.425-451.

Ralf, Dziewas. "Der Mensch - ein Konglomerat autopoietischer Systeme?." Werner Krawietz und Michael Welker(eds.). *Kritik der Theorie sozialer Systeme*. Frankfurt am Main: Suhrkamp.

Ricoeur, P. 1986. *Lecture on Ideology and Utopia*. Columbia Univ. Press.

Robbers, G. 1983. *Hermann Heller: Staat und Kultur*. Baden-Baden.

Rovatti, Pier Aldo. 1980. "Vorwort." Agnes Heller. *Theorie der Bedürfnisse*. Hamburg: VSA.

Saage, R. 1983. Rückkehr zum starken Staat?. Frankfurt am Main: Suhrkamp.

Sattler, M. 1972. "Hermann Heller." *Staat und Recht*. München, pp.147-164.

Scherer, Kaus-Jürgen. 1984. Fritz Vilmar(ed.). *Ein alternatives Sozialismuskonzept: Perspektiven des Ökosozialismus*. Berlin.

Schluchter, W. 1968. *Entscheidung für den sozialen Rechtsstaat*. Köln & Berlin.

Schluchter, W. 1984. "Hermann Heller, ein wissenschaftliches und politisches Portrait." Ch. Müller & I. Staff(eds.). *Der soziale Rechtsstaat, Gedächtnisschrift für Hermann Heller 1891-1933*. Baden-Baden. pp.45-64.

Schmid, M. "System, Handlung, Reduktion. Ein methodologischer Versuch." C. Mühlfeld & M. Schmid(eds.). *Soziologische Theorie*. Hamburg.

Schulte-Sasse, Jochen. 1980. "Einleitung: Kritisch-rationale und literlarische Öffentlichkeit." Christa Burger & Jochen Schulte-Sasse. *Aufklärung und literarische Öffentlichkeit*. Frankfurt am Main: Suhrkamp.

Schwemmer, Oseald. *Handlung und Struktur*. Frankfurt am Main: Suhrkamp.

Sontheimer|. K. 1978(1983). *Antidemokratisches Denken in der Weimar*er *Republik*. München.

Spaemann, Robert. 1972. "Die Utopie der Herrschaftsfreiheit." *Merkur*.

Sprinker, M. 1985. "Politics and Theory: Althusser and Sartre." *MLN* 100, 2. pp.991-1011.

Therborn, G. 1978. *What Dose the Rulling Class of Ideology*. London: Verso.

Therborn, G. 1980. *Ideology and the Power oh Ideology*. London: Verso.

Thompson, J. B. 1984. *Studied in the Theory of Ideology*. Cambridge: Polity Press.

Vobruba, Georg. 1983. *Politik mit Wohlfahrtsstaat*. Frankfurt am Main: Suhrkamp.

Voigt, R. 1984. "Soziale Homogenität als Voraussetzung des demokratisch-sozialen Wohfahrtsstaates - eine vergessene Erkenntnis?." Ch. Müller & I. Staff(eds.). *Der soziale Rechtsstaat, Gedächtnisschrift für Hermann Heller 1891-1933*. Baden-Baden. pp.397-412.

Waser, R. 1984. "Nationaler Kultursozialismus oder Aufhebung?." Ch. Müller & I. Staff(eds.). *Der soziale Rechtsstaat, Gedächtnisschrift für Hermann Heller 1891-1933*. Baden-Baden. pp.521-552.

Wiggerhaus, Rolf. 1978. "Die Geschichte der Frankfurter Schule." *Neue Rundschau* 89.

Wirth, Magaret. 1972. *Kapitalismustheorie in der DDR*. Frankfurt am Main: Suhrkamp.

Zellentin, Gerda. 1979. *Abschied von Leviathan*. Hamburg: Hoffmann und Campe.

Zima, P. V. 1989. *Ideologie und Theorie*. Tübingen.

후기: 저자의 말, 물음이 있고, 답이 있다

I. 내용과 형식

1) 한국정치사상학회에서는 저자와 독자의 현장에서 그 저서에 대한 서평을 하고, 토론을 벌리는 매우 흥미로운 제도를 정착화시키고 있다. 이를 편의상 서평심포지엄(*book symposium*)이라고 여기에서 부르겠다.
"난해한" 책은 읽지 않으려 하는 요즈음의 책의 풍속을 느끼면서, "난해한" 나의 책들에 대해 이같은 서평심포지엄을 열어 토론할 기회를 준 바에 대해 감사의 뜻을 표한다.[1] 또한 이 서평심포지엄이 발전적으로 지속해 나가길 기대한다. 이 기대 속에서 이것의 형식에 대해서 몇 가지 발언을 하고 싶다. 형식은 내용을 열기도 하지만 제한하기도 하기 때문이다.

형식에 대한 문제를 제기하는 까닭은 형식적이지 않다. 적어도 한국사회과학계에서는 형식에 대한 비판적 성찰이 없는 가운데 형식에 과도한 비중을 부여하는 (무의식적인) 비평이 과도하게 지배하고 있는 인상을 받는다. 각주가 없는 글은 논문으로 인정받지 못하거나, "---에 대한 연구노트"라는 제목을 붙이면, 정식논문으로 간주되기가 어렵다. 필자 스스로 연구노트라고 고백하고 있는데, 어떻게 정식논문인가 하고 부끄럽지 않게 발언한다.

1) 한국정치사상학회가 개최하는 정기학술대회 형식의 하나로서 2006년 12월 16일, 서강대 다산관에서 있었다.

니클라스 루만에 대해 "정치학적으로" 연구한 논문을 이른바 정치학자들이 주로 모여 있는 학회에 기고하면, 사회학회지에 투고하라고 충고하고 게재불가 입장을 표명한다. 어쩌면 책 제목을 에른스트 투겐트하트(*Erst Tugendhat*)처럼 『언어분석적 철학 입문에 대한 강의』[2]로 정한다면, 강의록이지, 전문학술저서는 아니라고 뻔뻔하게 용감하게 발언할 학자들이 적지 않을 것 같다. 또, 시각정치학을 정초하기 위해 미술사학자 파노프스키(*Erwin Panofsky*)의 도상학을 정치이론적으로 재구성하려는 "파노프스키의 도상개념에 대한 비판적 연구"라는 학위논문의 제목만 보고는 미술사 논문이지 정치학논문이 아니라고 "용기있게" 단언하는 폭언도 우리는 종종 경험한다. 나는 정치와 정치학의 내용과 형식에 대해, 그 역사적 전형에 대해, 정치학사에 대해, 학문적 관심을 가지고 있다.

2) 서평은 비평의 하나이다. 비평들에 대한 저자(작가)의 불만이 적지 않다. 저자의 작품을 제대로 이해하지도 못하면서 판단을 내리고 있다는 불만이 그 하나이다. 작품을 구체적 논거를 제시하면서 긍정하는 비평이 아니라 작품의 구체성과는 별도로 주례사적 찬사를 늘어놓는 이른바 주례사적 비평도 있고, 작품의 구체적 이해 이전에 막무가내로 폭언을 퍼붓는 폭력적 비평, 아니 반비평이 있다. 흔히 인상비평이라 불리는 후자의 경우에는 비평가에게 "난해한" 작품일 때가 대부분인 듯하다.[3] 나쁜 비평에 속하는 유형은 이 뿐만은 아니다. 작품비평과는 본질적으로 무관하게 비평가 자신의 에세이를 발표하는 장으로 삼는 유형도 있다.

그렇다면 좋은 비평의 기준은 있는가? 그것은 궁극적으로는 작품의 정당한 이해에 다름 아니다. 이 이해의 이해는 비평가의 관점에 따라 다를 수 있다. 예컨대 작품 그 자체를 이해하는 데 초점을 두는 텍스트주의가 있을

2) Erst Tugendhat, *Vorlesungen zur Einführung in die sprach-analytische Philosophie* (Frankfurt am Main: Suhrkamp, 1976).

3) 이와 관련해서 서규환, "<믿음과 사랑>에 대한 해석과 판단에 대하여", 2003년 한국정치학회연례학술대회발표문(외교안보연구원, 2003년 12월 3일)을 참조하라.

수 있으며, 텍스트 밖의 사회적 역사적 맥락을 고려해서 작품을 이해해야 한다는 입장이 있을 수 있다. 나는 후자의 입장을 취하는데, 텍스트주의자는 어떻게 서평해야 할 것인가? 책과 책이 소통할 언어가 없다고 판단하는 자에게 두 권의 책을 한꺼번에 논평하라고 요청하는 것은 "권력"인가? 구체적으로 언명된 그 두 권의 책만 논평하는 것은 가능하기는 한가?

비평은 비평을 읽는 독자가 비평의 대상인 그 작품을 읽지 않았다는 것을 전제로 독자로 하여금 작품을 읽도록 안내하려는 비평의 의도를 담고 있는 사례를 많이 볼 수 있다.[4] 이런 유형은 작품의 내용을 요약적으로 재현하는 것에 적지 않은 지면을 할애하고, 작품 그 자체에 대한 논평은 상대적으로 매우 짧게 지적하는 것으로 끝나는 경우가 대부분이다. 나는 이를 홍보형 비평이라 부른다. 물론 나는 작품현실에서 이같은 홍보형 비평의 긍정적 기능을 부인하려는 것은 아니다.

본격비평은 비평될 그 작품을 함께 보았다는 것을 전제로 하는 비평으로서, 작품의 정당한 이해에 기반을 두는 비판을 말한다. 그것은 비판적 비평이다.

그런데 나는 본격서평의 내용이 무엇이어야 하는지를 논의하는 데 보다는 그 형식이 내용 제한을 가져오는가에 대해서 논술하고자 한다. 서평의 형식에서 우선 눈에 띄는 것은 논문과는 달리 각주와 참고문헌 형식을 사용하지 않는 경향이 지배적이라는 사실이다. 또한, 글의 양이 논문과 비교해서 상대적으로 매우 적다는 사실이다. 그리고 이보다 더 결정적으로 중요한 점은 신간 저술을 주로 서평대상으로 삼고, 매우 제한된 시간 내에서 서평한다는 사실이다. 서평자가 저술을 면밀히 읽고 이해하고 논평할 시간적 여유가 충분하지 않다는 것이다. 앞에서 얘기했던 서평의 내용적 불충분성은 서평 형식의 이같은 제한에서 비롯할 수 있다는 점이다.

4) 한국간행물윤리위원회에서 간행하는 『계간 서평문화』를 읽어보라.

II. 요약가능한 것과 요약불가능한 것

1) 서평심포지엄의 형식상 저자는 "A4 10매 정도의 요약문"을 미리 만들어야 한다는 요건을 붙일 수 있을 것이다.

책은 "요약"될 수 있는가? 책의 핵심과 주변, 본질과 현상을 구별할 수 있다면, 저자는 핵심, 본질을 다시 그대로 말하려 할 것이다. 그렇다면, 책의 주변, 현상은 무엇 때문에 있었던 것일까. 오직 "핵심", "본질"만으로 구성된 책을 처음부터 기획하지 않았던 이유, 혹은 그렇게 할 수 없었던 이유는 무엇일까. 나는 책의 핵심과 주변, 본질과 현상을 구별하려는 텍스트 인식론을 비판하고 있고, 그런 한에서, 나는 책의 앞을 장식하는 서문 혹은 머리말의 자리에서도 이런 식의 암묵적인 관례적인 요약 주문을 받아들일 수 없다. 굳이 요약이라는 언어를 사용해서 말해야 한다면, 나의 책들은 내가 (더 이상 요약할 수 없는 한계에 이르도록)이미 "요약한" 그것들이다.

2) 요약문은 어떠한 역할을 행사하는가, 행사해야 하는가? 요약문은 그 자체로서 책의 이해로서 이해될 수 있는가? 그 자체로서 그렇게 이해될 수 있도록 요약문을 만들어야 하는가? 그렇고 그렇게 될 수 있다면, 요약문 밖에 있는 텍스트들은 잉여이거나 오해를 낳는 장애가 될 수 있다.

광고용 판촉물로서의 요약문? 원문을 읽도록 유혹하는 광고물이다. 음식, 세제 등과 같이 소모성 소비재의 경우, 판촉물은 맛보기로서 양적으로 더 많이 먹게 하는 일종의 광고이다. 그런데 이 경우, 판촉물은 본래적 상품의 그것, "본질"을 재현(대표)해야 한다. 판촉물이 본재와 다를 경우, 그것은 사기에 속할 수 있다. 과장광고나 허위광고. 설사 본재는 어느 부분에서나 동질적인 내용으로 구성된 것이었고, 그 일부를 판촉물로 제공하는 것이 요약이라고 하고 - 요약은 이 경우 본재를 먹을 수 있게 하는 유혹에 지나지 않지만 이미 본재의 핵심을 경험하게 하는 것이다 - 요약은 아직 책을 읽지 못한/읽지 않은 독자들로 하여금 그 때에서야 책을 읽게 하는 유혹으로 기능할 수 있다는 식이다. 그런데 책은 소모성 소비재와 같은 것인지 나는 의심한다. 책은 음식이 아니다.

좀 더 본격적으로는, 가령 책의 모든 쪽이 각기 내용적으로나 형식적으로 균등하다고 한다면, 그것의 일부가 전체를 대변할 수 있을 가능성이 있다. 이 가능성을 설사 인정한다고 할지라도, 요약 속에 포함되지 못한 대다수의 글은 잉여일 뿐이다. 저자는 글을 요약적으로 쓰지 못한 잘못을 저질렀음을 공식적으로 고백하는 셈이다. 그런데, 나의 글은 각 페이지의 내용이 균질하지 않으므로 요약될 수 없다.

III. 저자가 자신의 저서에 대해서 발언할 때

저자가 자신의 저서에 대해서 발언을 해야 하는 때가 물론 있다. 그렇게 발언할 때란, 내용적으로 책 밖의 상황이 질적으로 달라져서 그리고/혹은 저자의 판단력이 증대되어 이전의 과오를 깨닫게 되는 경우 그 책에 대해서 무엇인가 변호해야만 하는 입장에 처했을 때이다. 우리는 이 변론의 유형론을 그려볼 수 있겠다.[5] 다음과 같이 네 유형.

첫째, 기본적 부정 유형이라 부를 수 있는 사례가 있다. 루카치의 『소설의 이론』[6] 이 그 전형이다. 둘째, 보완적 수정 유형이라 명명할 수 있는 사례가 있다. 하버마스의 『공론의 구조변동』[7]. 셋째, 인쇄과정 중에 출간될 그 저서의 핵심주장과 관련된 다른 저자의 핵심저술이 출간되어 발언하지

---

5) 이 착상에서 2006년 12월 2일 오현철 교수는 사례 하버마스에 대해 일깨워주었다. 이 자리를 빌어 감사의 뜻을 전한다.

6) 1920년 초판, G. Lukaćs, *Die Theorie des Romans. Ein geschichtsphilosophischer Versuch über die Formen der grossen Epik* (Berlin, 1920). "1962년의 머리말". 한국어판은 심설당, 1985년.

7) J. Habermas, *Strukturwandel der Öffentlichkeit*, 1961년 초판. "1990년 신판 서문". 한국어판은 『공론장의 구조변동』(나남, 2001).

않을 수 없었던 프리드리히 슐레겔의 『그리스 창작의 연구에 대하여』. 우리는 이 유형을 슐레겔적 변론 유형이라 부르고자 한다. 넷째, 잘못된 비판과 오해를 바로잡으려 하는 강한 변론 유형이 있다. 벨의 『이데올로기의 종언』이 그 예이다. 조금만 더 각 유형에 대해 말하자.

(1) 기본적 부정 유형 : 루카치는 "머리말(1962년)"에서 자신의 지향점, 방향정립이 본질적으로 달라졌음을 명시적으로 밝히는 발언을 한다. 그는 다음과 같은 냉혹한 자기비판으로 머리말을 끝맺는다. "다시 말해 20년대와 30년대에서 중요한 역할을 한 여러 이데올로기의 전사(前史)를 깊이 알기 위해서 『소설의 이론』을 읽는다면, 우리는 이러한 비판적인 읽을 거리로부터 유익한 점을 찾아낼 수가 있을 것이다. 하지만 만약 우리가 이 책을 자신의 방향정립을 위해 손에 든다면, 그것은 단지 방향상실을 상승시키는 결과만을 초래할 따름이다. 아놀드 츠바이크는 젊은 작가 시절에 『소설의 이론』을 방향정립을 위해 읽은 바 있지만, 이때 그의 건강한 본능은, 이 책을 정면 거부하도록 만들었던 것이다."[8] 루카치의 가혹한 이 자기비판에 대해서도 지식사회학적 논의가 있지만, 전형의 하나이다.[9]

(2) 보완적 수정 유형: 하버마스: 하버마스는 자신의 발언을 "학문외적"인 것에서 찾고 있다. 『공론의 구조변동』을 출간했던 후히트한트(Luchterhand) 출판사가 매각되었고, 다른 출판사를 찾는 일이 생겼기 때문이라 한다.[10] 우리의 의문은 다음이다. 만약 출판사가 매각되지 않았다면, 그는 서문을 붙이지 않았을 것인가 하는 의문. 그는 이렇게 말하고 있다. "거의 30년이 지난 후 책을 처음 다시 읽으면서 문장을 바꾸고 삭제하고 보충하려는 유혹에 빠질수록, 나는 이러한 시도가 실행 불가능하다는

8) 루카치, 앞의 글, pp.24-25.

9) Andrew Arato and Paul Breines, *The Young Lukkacs and the Origins of Western Marxism*(New York: The Seabury Press, 1979) 참조.

10) 하버마스, "1990년 신판의 서문",앞의 글, pp.13-55, 여기에서는 p.13.

것을 더욱더 뚜렷하게 의식하게 되었다. 내가 손을 대었더라면, 나는 내가 왜 책 전체를 다시 쓰지 않는가에 대해 설명해야만 했을 것이다." [11] 출판사 매각이라는 계기가 아니었더라도 아마도 그는 신판서문의 내용을 담은 것을 늦어도 1992년 『사실성과 타당성』을 출간할 때 혹은 그 이전에는 발언했으리라 추측할 수 있다. 그는 초판(1961년)에서 신판(1990년)까지의 거리, "한 세대의 거리" [12]에 대해 직접 논평함으로써 변론을 펴나간다. 여기에서 그의 이 변론을 세세하게 논의하지는 못한다.[13] 하버마스는 1961년의 책 "연구 전체를 인도한 지향점을 이전과 같이 고수하" [14]고 있음을 밝히고, 불충분했던 분석 관점들에 대해 - 이 속에는 사회변동의 추세를 예감하지 못했던 것도 포함되어 있다 - 자기비판을 개진하고 있는 것이다.

(3) 슐레겔적 변론 유형: 1795년 12월 초에, F. 슐레겔은 "연구논문"을 완성하여 이미 출판사에 넘겨 처음 10장의 전지(全紙)가 인쇄된 상태였는데 실러(*F. Schiller*)의 *Über naive und sentimentalische Dichtung*이 출간되었던 것을 알게 되었고, 슐레겔은 1797년 제법 긴 "Vorrede"[15]를 집필하여 함께 출간한다. 그리하여 오늘날 슐레겔연구자들은 "연구논문" 출간일자를 "1795-1797" [16]로 말한다. 1795년부터 1797년 사이에 슐레겔이 "연구논문" 자체를 수정했는지 여부를 문헌학적으로 검토하는 연구와 논박이 있다.[17]

---

11) 하버마스, 신판서문, p.13.

12) 하버마스, 앞의 글, p.14.

13) 이와 관련하여 서규환, "지역언론의 빈곤과 비판적 공론", 『인천 민족예술』, 7호(2000년 상반기), pp.72-92, 여기에서는 특히 pp.77ff 참조하라.

14) 하버마스, 앞의 글, p.37.

15) F. Schlegel, *Über das Studium der Griechischen Poesie*, UTB1055, 1982, pp.135-146.

16) F.Schlegel, 앞의 책, p.133 참조.

17) Ernst Behler, "Einleitung. Friedrich Schlegels Studium-Aufsatz und der Ursprung des romantischen Literaturtheorie", in: F. Schlegel, 앞의 책, pp.13-132, 여기에서는 pp.118ff를 참조하라. 또한, Gyuhwan Seo, *Politik und politische Theorie der kritischen Krisenwissenschaft*, Diss. (Bielefeld, 1988)에서 쉘레겔 논의 부분을 참조하라.

(4) 강한 변론 유형: 벨은 "Afterword, 1988"[18]에서 1961년의 저서에 대한 그동안의 논평들이 어떻게 오해하고 있는지를 밝히고 비판하면서, "50년대의 정치적 이념들의 소진에 대해" 논의했던 저서의 주장이 "오늘"에도 여전히 타당하다는 주장을 펴고 있다. 50년대 이후의 전개는 50년대에 개진되었던 것으로 그가 확인한 현대성이 더욱 확산되었던 것으로 판단하고 있기 때문이다.[19]

그렇다면, 나는 나의 두 책 『비판적 현대성의 정치적 이론』(다인아트, 2006)과 『정치적 비판이론을 위하여』(다인아트, 2006)에 대해서 어떻게 발언해야 하는가? 출간된 지 얼마 지나지 않았으며, 그동안에 책 밖의 상황 변화가 책의 의미론에 대해서 말을 해야 하는 시점도 아니라고 판단하고 있는 나는 - 서평이 있기 이전에 - 무엇이라 말을 해야 하는가. 나는 "요약"의 말을 할 수 없다. 나는 말한다: 물음이 있고, 답이 있다.

IV. 서곡의 춤

1)

"요약"을 대신하여 나의 두 책 『비판적 현대성의 정치적 이론』과 『정치적 비판이론을 위하여』의 각 부분("새 책을 내면서"와 "서문")을 전한다. 그것들은 역사철학적 환유도 아니며, 제도 아니고, 더구나 상징도 아니며, 단지 책이란 장에 펼쳐질 총체적 춤을 구성하는 서곡의 춤이다.

2)

18) D. Bell, "Afterword, 1988," *The End of Ideology*(Cambridge, Massachusetts, and London: Harvard University Press, 1988), pp.409-447.

19) 서규환, 『비판적 현대성의 정치적 이론』(다인아트, 2006)에서 벨에 대한 논의를 참조.

(1) 새 책을 내면서

『현대성의 정치적 상상력』(민음사, 1993)을 내놓은 후 이제서야, 대화와 비판의 광장에서, 나의 사유가 책의 형식으로 다시 말한다. 논의하는 주제와 대상이 달라지면서 나의 정체성이 변화한다. 주제와 대상을 선택하는 과정 그 자체가 내재적으로 주관성의 전형을 몰고 오기 때문이다. 대상화는 이미 주체화이다. 일관성은 있다. 그것은 현대성의 다양한 유형을 식별하고, 그곳에서 대안을 찾아 재구성하려는 시도를 말한다. 나는 그것을 비판적 현대성의 재구성이라 부른다.

루카치는 그의 책 『소설의 이론』을 "행복한 시대"에 대한 회고로써 시작한다.

> "별이 빛나는 창공을 보고, 갈 수만 있고 또 가야만 하는 길의 지도를 읽을 수 있던 시대는 얼마나 행복했던가? 그리고 별빛이 그 길을 훤히 밝혀 주던 시대는 얼마나 행복했던가? 이런 시대에 있어서 모든 것은 새로우면서도 친숙하며, 또 모험으로 가득 차 있으면서도 결국은 자신의 소유로 되는 것이다. 그리고 세계는 무한히 광대하지만 마치 자기 집에 있는 것처럼 아늑한데, 왜냐하면 영혼 속에서 타오르는 불꽃은 별들이 발하고 있는 빛과 본질적으로 동일하기 때문이다. 다시 말해서, 세계와 자아, 천공의 불빛과 내면의 불꽃은 서로 뚜렷이 구분되지만 서로에 대해 결코 낯설어지는 법이 없다."

분명 루카치가 말했던 행복한 시대를 지나갔고, 루카치가 헤겔의 역사존재론에 근거하여 총체성을 철학화할 수 있었던 시대 또한 과거가 되었다. 그것은 현실적으로 진정한 총체성이 아니었고, 인식론적으로도 잘못된 정초화의 결과였다. "행복한 시대"의 총체성은 고대 그리스라는 폐쇄적 공간 속에서 공간의 진정한 파악없이 사념적으로 규정되었으며, 헤겔은 이 닫힌 총체성에 대한 기억을 철학적으로 사념했던 것이다.

인류의 역사에서 현재는 "총체성"의 시대가 현실화되고 있다. 전지구화 경향은 유적 존재로서의 인간을 사회학적으로 총체적으로 연관된 것으로 파악하게 한다. 예컨대 전지구적 생태학적 문제는 이제 인류의 생존을 위협하며, 지구촌의 다양한 문화들사이의 소통적 갈등이 일어나고 있다. 닫힌 총체성을 넘어서야 하지만, 탈현대주의나 해체주의처럼 총체성 그 자체를 해체해야 하는 것은 분명 오늘의 전지구적 문제틀은 물론 국민국가 내의 문제틀도 파악할 수 없게 한다. 나는 내가 열린 총체성이라 불렀던 그 길을 걸어왔다. 열린 총체성의 정치적 비판이론은 진리의 철학적 정초화 문제 뿐만 아니라 실천의 장이 역사적으로 사회적으로 구조변동을 경험하고 있는 현실의 규범적 비판이다.

나의 비판은 이론적 타자들과의 대화와 함께 발전한다. 그러므로 그것은 대화적 비판이라 부를 수 있다. 인간은 대화적 존재이다. 마하일 바흐찐(Michail M. Bachtin)이 논술하고 있는 바와 같이 사회를 매개하는 언어 그 자체가 언어들의 열린 대화이다. 말하고 행위하는 주체의 정체성은 타자들, 낯선 언어들과의 끊임없는 만남과 더불어 구성되어 간다. 나 또한 타자들이다. 비판되어야 할 것은 타자들을 수용하는 것 그 자체가 아니라 타자를 매우 제한되게 설정하고 있는 현실상황이다. 예컨대, 미국과 미국어를 중심으로 사유하는 그것이 문제이다. 좁은 나의 타자 속에 정주해서는 안된다. 나 밖으로 전개되고 있는 시간적 공간적 타자들과 적극 대화해야 한다.

사유와 이론의 타자들은 공간의 차이 - 공간은 시간과 분리되어 있지 않는 한에서 공간-시간의 차이 - 에서 발생할 수 있는 타자만은 아니다. 그것들에는 시간의 차이 - 시간은 공간과 분리되어 있지 않는 한에서 시간-공간의 차이 - 에서 발생할 수 있는 타자도 있다. 그리고 한 국민국가 내에서도 다양한 이질적인 이론적 시간들과 공간들이 있다.

타자들과 대화할 때, 타자들의 이론을 제한하는 역사적 사회적 조건들에 대한 비판적 반성이 없다면, 참된 대화는 질식한다. 또한, 나를 구성하는 그런 조건들에 대한 반성적 비판을 철저하게 행하지 않으면, 독단만이 성장할 뿐이다.

나의 비판이론에서 이론은 정치적이다. 이론은 "이데올로기"에서 출발하는 것이 아니다. 사회의 시원에는 이데올로기가 아니라 정치적 상상력이 있다. 나의 정치적 비판이론은 인류의 보편적 가치를 지향하고 실현할 수 있는 정치적 상상력에서 시작하고, 닫힌 진리질서를 형이상학적으로 가정하는 계몽주의를 부정할 뿐만 아니라, 정치를 시스템이론처럼 사회의 한 부분시스템으로 설정하여 분석하는 것도 비판하며, 사회의 자기구성적, 자기규율적 실천으로 규정한다. "사회"학은 "정치"학(*politology*)이고, 비판정치학은 비판사회학이다.

열린 총체성의 세계에서 내용과 형식은 분리될 수 없다. 이른바 사회과학 영역에서 글쓰기 관행을 보면, 내용과 형식의 분리를 가정하는 19세기 영국식 자유주의 사유를 넘어서고 있지 못하다. 그런 사유의 내용이 형식을 변화불가능한 것으로 이해하게 하며, 그렇게 고착된 형식이 다시 내용을 구속한다. "머리말(서론)"에서 시작하여 "결론"으로 완결되는 논문 서사구조 그 자체는 닫힌 총체성의 무의식적 표현을 나타내는 한 예일 따름이다. 오늘날 정치학, 경제학, 사회학, 오리엔탈리즘, 문화인류학 등으로 분화된 사회과학 연구 사유는 대체로 19세기 영국식 자유주의의 닫힌 총체성과 그 분화 가정 아래 묶여 있다. 이 사회과학적 "논문"이라는 형식이 자유로운 논술의 발전을 제약하고 있다. 논술의 시작은 열려 있으며, 그 끝은 끝이 아니다. 물론 나는 이런 사회과학의 분류화에 저항해 왔다. 외견상 "사회과학적"으로 보인다면, 그것은 기존의 분류화 폭력을 뚫고 나아가는 나의 저항력이 아직은 부족하기 때문이리라. 열린 총체성의 정치적 이론을 향한 강한 용기!

사상과 이론의 숲에서 열린 총체성의 이론화라는 길을 계속 걸어가며 더욱 넓고 깊게 사색의 대화를 해야 할 것이다.[20]

---

20) 서규환, 『비판적 현대성의 정치적 이론』(다인아트, 2006), pp.5-8.

(2) 서문

독일 빌레펠트(*Bielefeld*)대학교 역사학부 역사이론 세미나에 백발의 거장 라인하르트 코젤렉(*Reinhart Koselleck*) 교수가 문을 열고 들어섰다. 홍안의 엷은 미소를 지으며 그는 책의 시작을 읽어보자고 푸른 눈빛으로 말했다. 학생들은 어수선하게 저마다 가져온 장 자크 루소(*Jean-Jacques Rousseau*)의 Du Contract Social 책을 폈고, 읽었다. 학생들이 각기 책의 서언, 책을 시작하는 말로 (무의식적으로) 생각한 그것은 매우 달랐다. - 코젤렉 교수는 책의 표지를 읽는 것에서 세미나를 시작했다. 왜 Contract Social이 아니고 Du Contract Social인가?, 하고 그는 물었고, 책의 크기, 형태, 표지화, 책 제목, 저자이름, 출판사와 그 레이아웃 등등에 대해서 그 역사적 변화과정에 대해서 의문을 던졌다. 이 의문은 저자의 방법론 정립에 이르게 하는 "서문"(Vorwort)으로 작용했다.

서문은 시작하는 말/텍스트라는 뜻을 담고 있지만, 책을 시작하는 말은 아니다. 서문은 서문이 아니다.

책의 서문은 표지이다. 표지는 서문이라 말하지 않지만 서문의, 본론의, 아니 책 전체의 서문이다. 그런데, 표지에 대해서 저자는 무엇을 할 수 있는가? 책 제목을 정하는 것, 그리고? 책의 주체인 저자의 권한은 절대적이지 않다.

독자는 표지를 어떻게 읽는가? 표지의 시각적 언어를 어떻게 읽는가? 책의 저자는 책을 쓴 자이지, 그린 자는 아니라는 견해가 지배적이다. 대개의 경우, 저자는 화가가 아니다. 여기에서 여전히 읽고 쓰는 기능이 그리고 이미지를 "느끼는" 기능과 분리되어 있다. 저자는 책 전체에 대해서 주권적 지위를 가지고 있지 못하는 경우가 많다. 더구나 책이 상품으로 간주되는 한에서는. 그러므로 저자는 책의 완전한 주인은 아니라고 말할 수 있겠다. 그렇지만 출판사는 책 표지에 대해서 책의 내용과 무관하게 자의적으로 책을 시작하는 표지 언어를 그려서는 안 된다. 책의 내용을 파악하고 그것을 이미지로 표현해야 한다. 그러므로 저자는 표지에 대해서도 이미 말을 했던 셈이다. 물론 "나쁜" 출판사가 있다. 나쁜 사례를 준거하여 저자의 죽음을 주장할 수는 없다. 저자의 책 내용은 배타적으로 책 전체에 대해서 주권적 지위를 가지고 있지는 않지만, 책 (내용) 밖의 공간에까지 의미론적 맥락을 구성한다. 저자는 직접적으로 표현한 것을 넘어 표현하지 않은 것까지도 표현한다.

책의 서언, 책의 표지는 책의 얼굴이다. 서문 앞에 있는 책의 얼굴에는 저자의 이름이 있다. 저자라는 이름은 모든 텍스트에서 매우 강한 의미론적 언어이다. 책의 얼굴, 서문의 서문에 저자의 이름이라는 언어가 있어야 하는 정당한 이유가 있다. 저자의 이름은 책의 핵심 주제어에 속한다. "저자"가 떨어져 있고 흩어져 있던 책들과 글들을 잇게 하는 주체이다. 저자는 책의 안과 밖, 그리고 책 이전과 이후에, 있다. 저자는 텍스트적 자기정체성의 역사이고, 역사적 서사의 주체이며 결과이다. 저자의 이 책을 이해하기 위해서는 저자를 이해해야 하며, 독자가 지금 읽고 있는 이 책의 이해가 저자의 이해이다.

물론 저자 또한 독자이다. "자연"을 읽어내는 독자로서의 저자의 주권적 시대는 지나갔지만, 저자는 세계와 사회와 자연과 책과 사람을, 그 사이를, 읽는 독자이다. 책을 탈고하고 난 뒤에도 저자는 또 (다시) 읽고, 읽어야 한다. 저자는 자신의 이전의 글(들)을 망각할 자유가 없다. 오류와 실수에 대해서 겸허하게 고백할 책임에서, 자기비판할 책임에서 저자는 떠날 수 없다. 저자의 자기정체성은 이렇게 서사적이다.

서문은 서론과/이나 결론을 대체할 수 있다. 서문은 서론일 수 있다. 본론이 전개되고 결론에 이르는 논술구조에서 맨 먼저 위치하는 서론. 그렇지만 서문이 서론이어야 할 필연적인 이유가 있는 것은 아니다. 형식상 서론이 없는 텍스트가 있을 수 있는데, 서론은 처음에만 있고 사라지는 것이 아니라 텍스트의 시작에서 끝에 이르는 전 과정에 존재해야 한다. 이러한 의미에서만 서론은 본론의 시녀가 아니다.

서문의 형식과 내용은 상대적으로 자유롭다. 대체로 형식상으로 보면 서문은 "결론(末文)" 이후의 말이다. 그러므로 책 안에 있지만, 책 밖의 말이다. 그러나 실질적으로는 결론(末文) 이전에, 본론이전에, 구상했던, 쓰고자 했던 모든 것, 동기, 목적, 의도, 계기 등이 있었고 그것을 "뒤늦게" 구체적으로 표현한 것에 지나지 않는다. 그렇지만, 책 밖의 언어 공간인 서문 공간은 그것을 항상 표현해야 하는 의무의 장소는 아니다.

서문은 본문(혹은 결론)을 재현하는 공간으로 오랫동안 기능해왔다. 책의 총체적 내용을 총체적으로 요약할 수 있다고 믿었던 형이상학 시대의 종언을 수사법적으로 선언하면서 서문의 문제 틀을 급진적으로 탈구성하려 한 텍스트는 프랑스의 탈구조주의자 자크 데리다(*Jacques Derrida*)의 "비작품(非作品, *Hors d'Oeuvre*)"이었다. 서문이 본문을 총체적으로 요약할 수 있다면, 본문은 서문 앞에서 잉여일 뿐이고, 그렇게 할 수 없다면, 길을 잘못 들게 하는 독약이라는 식이다. 그리하여 데리다는 서문의 형이상학적 이해를 해체하면서 책의 끝을 선언한다. 서문은 책 밖의 책일 수 있고, 책 속의 책일 수 있다. 데리다가 전자에 형식적으로, 논리적으로 주목하여 책의 해체를 주장하는데, 그가 잊었던 것은 저자의 의미론과 함께 책 밖의 책과 책으로 책이 구성된다는 점이다. 텍스트의 주체로서 저자는 살아 있다. 서론은 본문과 다를 수는 있으나 그것을 본질적으로 위반할 수는 없다. 혹시 사실상(de facto)의 위반이 있을 수 있겠으나 해석학적으로 그것은 주체의 서사적 전형에 다름 아니다. 서문은 본문 이전과/이나 이후에 해석학적으로 선(先)지식과/이나 지식으로 작용하며, 그런 한에서 "추가텍스트"(*extratext*)(*Jacques Derrida*)가 아니다.

인간은 정치적 존재이다. 인간 자신을 제약하는 조건들을, 인간의 자유를 현실화하는 제약조건들을 스스로 결정해야 하는 범주와 밀도가 더욱 급진화되고 있다. 인간 주체의 자율성을 제약하는 역사적, 사회적 조건들을 분석해야 하는 과제는 중요하고, 그 이유는 분명하다. 그 조건들에 대한 비판적 성찰만이 자율력을 배양할 수 있는 기회가 생겨날 수 있기 때문이다. 인간 주체의 자율성은 궁극적으로 인간의 사유의 자율성이라 파악하고, 사유를 구조적으로 제약하는 언어의, 시스템의 조건을 폐쇄적으로 헌정하는 사유가 20세기 이후 점차 강화되어 왔다. 하지만 인간의 상상력은 언어의 감옥 속에 거주하지 않는다. 타자들과의 대화와 함께 상상력은 자율력을 발휘한다. 상상력은 언어 속에 갖혀 있는 것이 아니라, 상상력과 언어는 대화적으로 발전한다.

이 책 『정치적 비판이론을 위하여』는, 『현대성의 정치적 상상력』, 『비판적 현대성의 정치적 이론』과 함께 현대성의 정치이론과 사회이론과의 제법 긴 대화를 일단 정리하는 의미를 갖는다.[21)]

21) 서규환, 『정치적 비판이론을 위하여』(다인아트, 2006), pp.5-8. 그리고 책을 구성하는 각 논술이 발표되었던 이른바 출전은 책의 참고문헌을 통해서 확인할 수 있다.

[증보개정판] **정치적 비판이론을 위하여**

초판 1쇄 펴낸날 / 2006년 2월 27일 ● 증보개정판 1쇄 펴낸날 / 2011년 8월 31일 ● 지은이 / 서규환
● 펴낸이 / 윤미경 ● 펴낸곳 / 도서출판 다인아트 출판등록 1996년 3월 8일 제87호 인천광역시 남동구 구월3동 1096-19
032+431+0268 / 0269(fax) e-mail : dainart@korea.com ● 인쇄 / 국제문화사 ● 제본 / 을지제본

값 / 15,000원
ISBN 978-89-89014-93-5